Josef Nussbaumer
unter Mitarbeit von Guido Rüthemann

Gewalt.Macht.Hunger

Geschichte & Ökonomie 13

herausgegeben von Josef Nussbaumer

ISSN 1022-2308

(=Weltchronik der Katastrophen Bd. 3)

Josef Nussbaumer
unter Mitarbeit von Guido Rüthemann

Gewalt.Macht.Hunger

Teil I: Schwere Hungerkatastrophen seit 1845

Mit einem Vorwort von Al Imfeld

StudienVerlag
Innsbruck
Wien
München
Bozen

© 2003
by Studienverlag Ges.m.b.H.
Amraser Straße 118, A-6020 Innsbruck
e-mail: order@studienverlag.at
www.studienverlag.at

Die Drucklegung dieser Arbeit wurde durch die finanzielle Unterstützung der Universität Innsbruck, des Landes Tirol, der Österreichischen Entwicklungszusammenarbeit im BMaA, des Bundesministeriums für Bildung, Wissenschaft und Kunst, des Universitätsfonds der Stadt Innsbruck sowie der Nestlé AG ermöglicht.

Österreichische
Entwicklungszusammenarbeit

Buchgestaltung nach Entwürfen
von Kurt Höretzeder/Circus, Innsbruck
Satz: G. Rüthemann
Umschlaggestaltung: Markus Anderwald

Gedruckt auf umweltfreundlichem,
chlor- und säurefrei gebleichtem Papier.

Die Deutsche Bibliothek – CIP-Einheitsaufnahme
Ein Titeldatensatz für diese Publikation ist bei der Deutschen Bibliothek erhältlich.

ISBN 3-7065-1558-X

Alle Rechte vorbehalten. Kein Teil des Werkes darf in irgendeiner Form (Druck, Fotokopie, Mikrofilm oder in einem anderen Verfahren) ohne schriftliche Genehmigung des Verlages reproduziert oder unter Verwendung elektronischer Systeme verarbeitet, vervielfältigt oder verbreitet werden.

Inhalt

Al Imfeld: Hungersnöte in den letzten 150 Jahren
    Analytische Anmerkungen eines Zeitzeugen   7
Zu diesem Band   15

1   ABstieg: Erste Annäherung an Hunger   17

1.1   Eine Hunger-Definition mit Zündstoff aus dem Jahr 1735   20
1.2   Orientierungstafeln   21
  1.2.1   Die schlimmsten Hungerkatastrophen   23
  1.2.2   „Schwerste" Einzel-Katastrophen des 20. Jh.   34
  1.2.3   Das Katastrophengeschehen der 1990er-Jahre   34
  1.2.4   Die schleichende Großkatastrophe   37
1.3   Einige Bilder als nonverbale Annäherung   41

2   UNterWELTen
    Zu schweren Hungerkatastrophen seit 1845   47

2.1   Hungersnöte – reine Naturkatastrophen?   49
  2.1.1   „Vergiss Deine Frau". Dürre und Trockenheit   49
  2.1.2   Der „tüchtige" Engländer und der „faule" Ire.
        Andere Hunger-„Natur"-katastrophen   74
  2.1.3   Wenn Äpfel faulen, ist nicht der Baum der Teufel
        (Kurzresümee)   92
2.2   Versprechen vom Paradies: Umgemünzt in Hungerterror   97
  2.2.1   Verhungern neben der Fülle:
        Stalins Hungerholocaust in der Ukraine 1929-1933   98
  2.2.2   „Eine tüchtige Frau bringt auch ohne Lebensmittel eine
        Mahlzeit auf den Tisch."
        Die Hungersnot in China unter Mao 1958/61   105

2.2.3	Radikaler Entwurzelung durch Terror folgen Hunger und Elend. Die kambodschanische Hungersnot (1975 ff.)	123
2.2.4	Das politische Kalkül mit der Dürre: Zum äthiopischen Desaster 1983-1985	130
2.2.5	„Einmal satt essen – nur ein Traum." Nordkorea heute	134
2.2.6	Revolutionäre mit engelhaften Zungen schufen unendlich viel Hunger (Kurzresümee)	139
2.3	Kriege und Bürgerkriege als „Väter" des Hungers	143
2.3.1	Hunger als „Nebeneffekt" von Kriegsgeschehen. Die letzten Hungersnöte in Westeuropa	144
2.3.2	Mit Hunger schießen: Aushungern als Kriegswaffe	183
2.3.3	KriegsRABENVÄTER (Kurzresümee)	219
3.	Wende.Punkt	229
3.1	Statt Aushungern im Krieg: Den Krieg aushungern	232
3.2	Statt Hungerterror: Terror dem Hunger	235
3.3	Statt Dürrehunger: Den Hunger austrocknen	238

Anmerkungen	249
Literatur- und Quellenverzeichnis	283
Abkürzungen	300
Quellenangaben zu den Abbildungen der Seiten 41 ff.	301
Verzeichnis der Tabellen	301
Verzeichnis der Grafiken	302

Al Imfeld*

Hungersnöte in den letzten 150 Jahren
Analytische Anmerkungen eines Augenzeugen

Hungersnöte fallen ganz selten unter Katastrophen im üblichen Sinn. Sie sind von anderen gewollt, von Menschen gemacht; sie sind Folgen falscher Politik oder Interesselosigkeit.

Hunger: (politisch) gewollt?

Hungersnöte sind zu einem Mittel der Politik geworden: Herrschaft und Macht drehen denen, die widerstehen oder von geringem Interesse sind, den Hahn ab – wie es vulgär heißt. So hart das klingt, so hart werden folgenreiche Taten gesetzt bzw. eben nicht gesetzt. Außer in Süd- und Nordafrika wird momentan auf dem Kontinent Afrika minimal wenig investiert. Hier liegen, weltweit gesehen, die Investitionen der transnationalen Gesellschaften (TNC) unter einem Prozent.

Ein Argument der sechziger und siebziger Jahre sticht nicht mehr, muss umgedreht werden. Damals hieß es, die Agromultis würden das Brot der Armen wegnehmen; heute heißt es, die Armen kämen nicht zu Brot, weil es keine Investitionen und daher keine Arbeit und noch weiter gesehen keine Industrialisierung gebe. Auf diese Falle ging Frau Axelle Kabou in ihrem (bereits) Klassiker „Weder arm noch ohnmächtig" (Basel 1993) ein. Indirekt behauptet sie, dass Afrika Hunger leiden müsse, weil keine Industrialisierung nach der Unabhängigkeit 1960 eingesetzt habe.

---

* Al Imfeld hat seit gut 30 Jahren über den Hunger in der Welt in Zeitungen, Zeitschriften und im Radio berichtet. Er schrieb eine erste Deutung eines anderen Hungers mit dem Buch *Hunger und Hilfe*. (Zürich 1985). Sein Buch *Brotlos. Die schöne neue Nahrung* (Zürich 1998) geht der Zukunft des täglichen Brots in Kontinentalkulturen nach.

Hungersnöte erscheinen zwar wie Katastrophen, wenn die Vorgeschichte weggelassen wird. Wenn eine Gegend bzw. deren Bevölkerung längere Zeit unterdrückt wird, wenn ihr zu viel Steuern oder Tribut abgenommen werden oder wichtige Unterstützungen nicht ankommen, dann entsteht eine Hungersnot.

Hunger und Bevölkerung

Eine Hungersnot entsteht nicht, wie vor allem angelsächsische Wissenschaftler/innen glauben (und ich muss es schon als Glaube bezeichnen), durch Übervölkerung. Wäre dem wirklich so, dann müssten Länder wie Luxemburg oder die Schweiz ständig am Limit zu Hungersnöten sein. Ich nehme – bewusst – ein afrikanisches Beispiel: In Nigeria hätte, entsprechend solchem „Glauben", das Igboland längst vor dem Biafrakrieg an Hunger leiden müssen; doch dieser kam erst mit dem Krieg und der Schließung der Grenzen. Andererseits muss auch ich sagen, bei Machtdruck ist eine große Bevölkerung leichter auf Hunger anfällig.

Ein anderes modernes Märchen wird von der Privatwirtschaft verbreitet. Diese behauptet, dass die Landwirtschaft ihre chemischen und genetischen Produkte brauche, um die Produktion zu steigern und dem Bevölkerungswachstum Paroli zu bieten. Die Agrarchemie hat damit stets ihre private Forschung und auch ihren Profit gerechtfertigt, doch erst in neuester Zeit fallen Augenblenden und Ideologien weg und heißt es sachlich und ehrlich: „Wir sind den Shareholders verpflichtet." 1999 wurde es an der Universität Zürich beim großen internationalen Ernährungsforum von Professoren und Forschern, Industriellen und TNC-Managern wohl erstmalig klar ausgesprochen: „Wir sind hier für Geldverdienst. Wir sind keine Wohltätigen-Institution."

Hunger als Warnzeichen

Hungersnöte – und das ist eine neue Erkenntnis – sind ein Aufschrei gegen ein Regime, welches die Bevölkerung nicht mehr erträgt. Es gab in den letzten 150 Jahren etliche Notlagen, wo Menschen so etwas wie einen kollektiven Selbstmord anstrebten. Da Selbstmord etwas Unrühmliches und Ehrenrühriges ist, stirbt man so, dass der Tod dem Regime zugeschoben wird.

Es gibt verschiedene Hinweise aus der Hitler- und Stalinzeit, wo große Bevölkerungsteile nicht hätten an Hunger sterben müssen. Es wäre irgendwo noch immer etwas zum Überleben zu holen gewesen, doch die betroffenen Menschen taten es nicht und starben lieber.

So wurde Hungersnot zum Brandmal.

Im Sahelgürtel haben wir eine weitere Schattierung einer solchen Hungersnot erlebt. Menschen hungerten, damit sie Aufmerksamkeit erhielten. Viele afrikanische Menschen leben vom Wahn, Europa hätte sie vergessen und sie würden „uns auf den weißen Kontinenten" (für Afrikaner/innen sind deren Bewohner alle Europäer) nichts mehr bedeuten. Mit Hungerhilfe binden sie Europa an Afrika. Mit ihrem Aufschrei – so glauben sie – kann die Welt sie nicht wie Dreck behandeln.

So wird Hunger zum Verzweiflungsschrei.

Hunger als Kampfwaffe: einige Variationen

Den größten Zynismus habe ich in Südsudan mitangesehen. Die Hungersnot 1998 schien fürchterlich und grenzenlos, doch was auffiel: Die Männer fehlten. Bloß Kinder und Frauen hungerten und sie sollten hungern, verriet mir eine Frau, damit Hilfsgüter von außen kämen, die Geld – für Waffenkäufe! – bringen würden. Das war nun wirklich die verrückteste Umkehr des Schlagworts „Hunger als Waffe" aus den sechziger Jahren. Hunger musste her, um weitere Munition für einen total verworrenen Krieg kaufen zu können.

Fast Gleiches erlebte ich im Massenlager von Goma, im damaligen Ostzaire, wo sich um die 500.000 rwandische Flüchtlinge befanden, wieder vor allem Kinder und Frauen. Die Männer waren auf dem Kriegsbazar. Goma wurde 1997 zum größten Waffenverkaufsplatz Afrikas. Ein schöner Teil der Nahrungsmittel, von außen eingeflogen, wurde in bares Geld umgemünzt. Genauso wurde in Somalia mit Hungersnot gespielt. Als die Amerikaner am Kopf einer UN-Hilfsrettungsaktion 1993 eines Nachts, wundersam ausgeleuchtet, einfielen, mussten für die Fernsehkameras Hungerbilder her. Hungernde wurden aus allen Teilen des Landes nach Mogadishu geholt. Hungersnot sollte zur Rechtfertigung einer – wie sich bald herausstellte – sinnlosen Operation Restore Hope werden.

Vieldeutige Hungersnöte

Hunger ist Vieles: Seine Not ist längst nicht nur physisch. Vom Alarmzeichen bis zur wirklichen Katastrophe gibt es wohl hunderte von Hungerformen.

Im Himalaja leben bis heute Heilige und Asketen und hungern bewusst. Sie können sich so ins Hungern einüben, dass sie bei einem Flocken Brot und etwas Wasser überleben. Wer abgeschieden und in karger Gegend lebt, kann den Hungerkünstler antrainieren. Wer jedoch im Einkaufsparadies herumhetzt und Farben und Gerüche wahrnimmt, der bekommt einen unwiderstehlichen Hunger. In solcher Umgebung verhungert jeder Mensch rascher als in der Wüste oder im Berggebiet. Menschen, die in die Stadt kommen, wollen heran an die Fettnäpfe der Reichen. Der Neid macht sie hungriger als gelassene Menschen.

Beim Nachbarn schmeckt das Essen besser und wer zum Nachbar schielt und dort ein auch für sich wünschenswertes Essen erblickt, beginnt zu hungern, innerlich und äußerlich, physisch wie psychisch.
Ein weiteres Phänomen des Hungers wird immer mehr bekannt. Der Mensch isst, um etwas zu werden. Er isst anderen nach, ahmt sie nach oder will das essen, was seine Vorbilder essen. Hat er jedoch keinen Zugang zu diesen Speisen, behagt ihm sein eigenes Essen nicht, er wird hungrig und gerät langsam in eine Notlage.

Es braucht endlich eine Sozioanalyse

Die Hungersnot ist daher ein auf allen Ebenen sehr komplexes Ding: philosophisch, medizinisch, spirituell oder folkloristisch. Das Wort Katastrophe erklärt nichts mehr und ist eine pure Feststellung mit einem wertenden Etikett von einst.

Wir müssen endlich eine Parallele zur Psychoanalyse in diesem Bereich finden: eine Sozioanalyse, eine ins Tiefere sozialer Vorgänge gehende Methode, um Vorgänge, die den meisten Menschen unbekannt, jedoch unbewusst wie Alb-Träume oder Schreckens-Symbole vorliegen und nach Deutung rufen, erkennen zu können. Und hierfür sind nun in dieser Chronik tabellarisch alle Hungersnöte der letzten 150 Jahre vorgestellt. Tabellen und Aufzählungen erklären noch keine Katastrophe, aber sie können zur Grundlage einer Tiefenanalyse werden.

Noch einige weitere Stichworte dazu aus der Hungerkatastrophen-Geschichte der letzten 150 Jahre:

- Die irische Hungersnot war ein zweifaches Aufbäumen gegen die Engländer und die Enge im eigenen Land. Mit dem Hunger wollten die Iren die Briten anklagen, und gleichzeitig gab er ihnen eine Chance, nach den USA auszuwandern. Vorher hätte ihnen dabei niemand geholfen. Mit dem Hunger erzwangen sie sich ein anderes Leben.
- Die indischen Hungersnöte waren ein Aufschrei des Volkes, das wusste, dass es ihm schlecht ging, aber dies vor Ausländern niemals zeigen und sagen durfte. Indien als Staat gab eine andere Welt vor als die der Dreiviertelsmehrheit. Bauern und Bevölkerung gingen 1965-67 just zu jenem Zeitpunkt in den Hunger-Stand, als ihre Regierung mit der Grünen Revolution als Fortschrittsmanifest vor die Welt trat. Die damalige Hungersnot war – als tiefensoziales Zeichen verstanden – letztlich ein Protest dieser Menschen. Die andere Seite erschrak heftig. Ich war als Evaluator 1966 in den drei Häfen Kalkutta, Bombay und Madras. Die Amerikaner hatten Indien Hungerhilfe geschickt; die Regierung nahm einerseits in Washington an und andererseits verbot sie den Hafenarbeitern, den Weizen zu lichten. Die gesamte Hungerhilfe verrottete in den drei Häfen. Hier wurde Hunger zur Bestrafung der eigenen Bevölkerung eingesetzt.

Das offizielle Indien hatte ursprünglich eine Politik des Verschweigens der Hungersnot versucht. Das war auch der Grund, warum es eine Mutter Teresa, aber auch andere christliche Liebestaten, zunächst nicht anerkannte, sogar stark dagegen polemisierte. Erst später, als dies nicht mehr durchzuhalten war, begann die Regierung ein Doppelspiel und alles, was von Mutter Teresa und vielen anderen getan wurde, für sich zu beanspruchen. So gelang es ihr einerseits, selbst die intellektuellen Inder im Ausland auf ihre Seite zu bringen. Andererseits wurde die eigene Bevölkerung diszipliniert. Hilfslieferungen wurden zwar angenommen, aber nicht verteilt.

- Kurz zuvor, ebenfalls 1966, war ich das erste Mal in China. Ich sah Hunger, mehr als später jemals in einem afrikanischen Land. Die Bauern gaben diese Not nicht zu, für sie war es ein Übergang zu einer besseren Welt. Sie nahmen diese Härte auf sich. Sie glaubten und hatten Hoffnung. So konnten sie ihren Hunger ertragen.

Als ich kurz danach, also nach der Kulturrevolution, wieder im Lande war, durfte ich die Bauern von früher nicht mehr besuchen. Warum? Sie hungerten grausam, wie ich durch meine allmählichen Recherchen vernahm. Sie hatten also die frühere Hoffnung, die selbst Hunger vergessen ließ, aufgegeben und flohen in den Hunger, in der Hoffnung, die Regierung – oder vielleicht auch die Welt – würde etwas für sie tun. China jedoch schloss sich gnadenlos nach außen ab. Seine Machthaber betrieben nicht jenes indische Spiel mit dem Anschein einer offenen Gesellschaft. Sie wussten genau, dass fast niemand in den Hintergrund, aufs Land hinaus, zu den Bauern ging, und taten auch alles, dies zu verhindern. Erst Jahrzehnte später sollte langsam die Dimension vom damaligen Leiden und Sterben in China durchsickern.

Zu den vielen afrikanischen Hungersnöten, vom Sahel über Angola bis nach Südzimbabwe, habe ich bereits Deutungshinweise versucht. Hier ging es ebenfalls um mehr als „nur" um Hunger, wie die folgenden drei Geschichten zeigen:
- Für den Süden Zimbabwes wurden nach einer schauderhaften Dürre 12 Millionen Tonnen Mais als Hungerhilfe ins Land gebracht. Leider hatte der Mais die falsche Farbe: er war gelb. Das hungernde Volk aß ihn nicht – trotz des scheinbaren Hungers. Die Hilfswerke mussten ihn später als Viehfutter freigeben.
- In der Sahelzone wurde zur Zeit der schrecklichsten Not 1972 grobes Mehl zum Backen verteilt. Weil daraus kein Weißbrot entstand, aßen die Hungernden die Brote nicht. Sie gaben als Grund verschmutztes Mehl an. Es musste Weißbrot sein, französisches Baguette.
- Zwischen 1970 und 1973 war ich als Hungerreporter und Hilfswerkberater fast dauernd im Sahel unterwegs. Viele scheinbar hungernde Menschen, allen voran die Frauen, meinten immer wieder, es wäre doch besser, wenn die Europäer ihnen Videogeräte mit entsprechenden Filmen senden würden. Warum? Die Antwort einer Frau: „Zu essen finde ich für meine drei Kinder immer irgendwo etwas. Aber ich will die Welt sehen. Ich kann

nicht in die Stadt wie die Männer. Ich bin hier vereinsamt und abgeschlossen von der Welt."

Hungerkatastrophen sind Zeichen oder Hinweise. Sie sagen etwas anderes als einfach Hunger aus. Sie wollen deshalb gedeutet sein.
Die Hilfswerke haben dazu kaum oder keine Zeit. Gerade deshalb ist ein Werk wie das vorliegende so wichtig. Von der Zusammenstellung müssen wir zur Deutung kommen. Wir treten vielleicht langsam in eine neue Phase der Hungerhilfe ein, weil die meisten Menschen primär nicht an Brotmangel leiden, sondern am nicht Ernstgenommenwerden ihrer Lage oder ihres Menschseins.

Gewidmet unserem Freund Amadeo Eberle
sowie den Mitarbeiterinnen und Mitarbeitern
im Projekt *Tierra - Vida*, Cali.

*„Wer zur Genealogie des Bösen den Teufel braucht,
unterschätzt den Menschen."*
Lüdger Lütkehaus[1]

Zu diesem Band

„Die Hungernden füllen sich den Magen mit Erde". Diese schaurige Feststellung ist nicht etwa der Anfangszeit des im vorliegenden Band zu behandelnden Zeitabschnittes (ca. 1845 bis 2000) entnommen, sondern einer Ausgabe der Frankfurter Rundschau vom 23. Juli 2002 (Seite 7). Sie findet sich unter einer größeren Fotografie zweier hungernder Schulkinder, welche an einem Straßenrand in Simbabwe einzelne Maiskörner aufklauben, die von einem Lastwagen heruntergefallen waren. Rund 13 Millionen Menschen – so heißt es im Text – bedrohe im südlichen Afrika eine schlimme Hungersnot. Erste Hungertote waren zu beklagen und die dringend benötigte Lebensmittelhilfe käme „für viele Menschen ... bereits zu spät".

Die Fettleibigkeit der Amerikaner verursacht *direkte* Gesundheitskosten von über 100 Mrd. US-Dollar pro Jahr. In der Neuen Zürcher Zeitung waren dazu am Tag zuvor, am 22. Juli 2002 auf Seite 16, die Ergebnisse einer Untersuchung zu dieser Frage zu lesen. Diametraler könnten zwei Meldungen zu ein und demselben Thema nicht sein.

Aus den Katastrophenregionen im südlichen Afrika berichteten Rotkreuz-Verantwortliche, die Menschen versuchten sich den Magen wenigstens mit Erde, Wurzeln und Blättern zu füllen. Menschen in Mitteleuropa, den USA oder Japan können dies zu Beginn des 21. Jahrhunderts in der Tat kaum nachvollziehen – auch wenn noch so oft behauptet wird, die Welt sei zum „globalen Dorf" geworden.

„Gewalt.Macht.Hunger" ist der dritte Band der Weltchronik der Katastrophen. Er folgt der „Gewalt der Natur" (erschienen bei edition sandkorn, Grünbach 1996, [2]1998) bzw. den „Tragödien" (ebd. 1999) und handelt von jener Gewalt und Macht der Menschen, welche viel zu oft das Skandalon Hunger produzierte und bis zum heutigen Tage produziert bzw. nicht verhindert.

Es war ein langer und oft schwermütiger Gang durch diese Täler der Tristesse voll Hunger und Leid. Obwohl ich mir immer der Gnade der eigenen historischen und geografischen Geburt bewusst war, verließ mich des Öfteren der Mut und auch der Wille, an diesem Band weiterzuarbeiten. Das Manuskript lag so wochen-, ja monatelang, ohne dass daran gearbeitet wurde. Zu guter Letzt war es einerseits das Ökonomieprinzip der sonst intensiven „Zeitvergeudung" und die Aufmunterung einiger Freunde, die sich ebenfalls mit dem Manuskript auseinander setzten und mich immer wieder ermutigten, es endlich fertig zu stellen. Nur zwei Namen seien dafür stellvertretend und dankend erwähnt, Erich Kaufer und Paul Tschurtschenthaler. Auch die Mitarbeit und das gelegentliche Drängen von Guido Rüthemann spielten dabei eine nicht unwichtige Rolle.

In Zeiten, in welchen viel vom 11. September 2001, von der Achse des Bösen usw. geredet wird und immense Mittel zur Terrorbekämpfung in Geheimdienste, Überwachungstechnologien oder neue Waffensysteme gesteckt werden, möge eines nicht vergessen werden: So tragisch, unverzeihbar und schlimm die Ereignisse von New York waren, in vielen anderen Ländern ereigneten sich in den letzten 150 Jahren oft über Monate und Jahre hinweg Katastrophen des Hungerterrors, welche die Totenbilanz des 11. September 2001 Tag für Tag bei weitem übertrafen! Um dagegen ein wenig anzukämpfen, auch dazu wurde dieses Buch geschrieben. Es gehört zu solchen Bemühungen, gelegentlich aktuelle Ereignisse im historischen Konztext zu relativieren. Denn: Wirksame Prävention hätte bei den schwersten Katastrophen zuerst anzusetzen, selbst wenn es nicht die Meistzitierten sind.

Josef Nussbaumer *Innsbruck, im Herbst 2002*

„Kindermord ist ein Verbrechen wie jeder Mord, aber ein verhungerndes Kind, das heißt das Zulassen, dass es verhungert, ist eine Versündigung an der ersten, grundlegendsten aller Verantwortungen, die es überhaupt für den Menschen geben kann."

Hans Jonas[2]

ABstieg
Erste Annäherung an Hunger

Überlebende schwerer Hungertragödien berichten selten genug, welch unmenschliche Erfahrungen sie durchzustehen hatten und miterleben mussten. So wird jede Darstellung über die vielen Großkatastrophen hinter deren wahren Schrecken zurückbleiben. Die wenigen Zeugnisse sind wichtige Quellen. Ihre Verfasserinnen und Verfasser schildern extreme und tödliche Not, berichten über höllische Ungerechtigkeit und teuflische Brutalität. Dagegen schreien sie auf. Notrufe, die zu Geschichte wurden, bleiben als Warnsignale weiter aktuell: als Warnung vor neuen Barbareien. Über die Dokumentation hinaus wird der vorliegende Band zum Mahnmal.

Tod oder Leid platziert der Benetton-Fotograf Oliviero Toscani provokativ als Motiv auf Plakatwände, wenn er modische Jeans bewerben will. Er setzt bewusst einen Kontrapunkt zu jener öffentlichkeitsbestimmenden Wirklichkeit, die durch das Fernsehen und insgesamt die zunehmend privatisierte Medienlandschaft geschaffen wird und vieles einfach ausblendet. Anlässlich eines Vortrages bei der ars electronica hat er dies in Linz am 4. September 2001 dargestellt und einen Bezug zur Frage des Hungers wie folgt hergestellt: „Andere Kulturen werden von uns durch künstliche Authentizität geschluckt. Niemand müsste hungern, die Vertriebskanäle sind da. Marken töten Menschen, Millionen sterben, weil Medikamente gegen Aids zu teuer sind. Wir müssen die gesamte menschliche Rasse als eine Marke begreifen. Basierend auf gegenseitiger Achtung statt Macht, auf Liebe statt Angst."[3]

„Marken töten." Ob das Produkt nun ein Handy, Benzin, ein Medikament oder auch Babynahrung sei, immer wieder stehen große und mächtige Unternehmen wegen dieses Vorwurfs im Blickpunkt öffentlicher Auseinandersetzungen.[4] Wenn sich hinter Gütern des alltäglichen Bedarfs bis hin zu Lebensmitteln tatsächlich so viele betreffende Gewalt versteckt, wie es Toscani in den Raum stellt: Ist dann Hunger Folge auch dieser Gewalt? Und wenn Gewalt Gegengewalt erzeugt, gilt dann umgekehrt: Hunger macht Gewalt?

Nur wenige Tage nach dem Vortrag des erfolgreichen Werbefotografen lenkten am 11. September 2001 El Kaida-Terroristen die von ihnen gekaperten Flugzeuge in die beiden Türme des World Trade Center von New York und auf das Pentagon in Washington und plötzlich waren diese Fragen für viele alles andere als nur mehr akademische oder juristische! Aber zu billig ist es, eine solch schreckliche Aktion nur als Re-aktion, Gegengewalt zur Verelendung zu verstehen. Damit würde der politische Terror als ein sehr komplexes Phänomen verkannt, ebenso wie das Faktum, dass die Täter selber wohlhabenden Familien entstammten. Nicht übersehen werden kann trotzdem: Auch die so gezielt und öffentlichkeitswirksam eingesetzten Gewaltanschläge haben Sympathisanten gefunden und zu ihnen zählen sehr arme und hungernde Menschen. Die Dimension des „Hunger macht Gewalt" schwingt in den Ereignissen jenes düsteren Septembertages insofern mit.

Gewalt.Macht.Hunger. Die beiden vorliegenden Bände wollen und können keine umfassende theoretische Analyse aller drei Begriffe sein. Ihren Ausgangs- und den Schwerpunkt insbesondere des zweiten Teiles bildet eine kleine Chronik der Hungerkatastrophen der letzten Jahrhunderte. Beide Teilbände erscheinen in Weiterführung der „Weltchronik der Katastrophen", die bisher in der edition sandkorn erschien. Es liegt in der Natur von spektakulären, schweren Katastrophen, dass sie primär von offener, manifester Gewalt geprägt werden. Entsprechend steht diese Dimension von Gewalt hier im Vordergrund. Trotzdem wird im Einleitungskapitel die Bedeutung von latenter, struktureller Gewalt für das Hungergeschehen erkennbar und dabei wird – wie bereits in den anderen Bänden der Weltchronik – deutlich: Das still und kontinuierlich sich Ereignende oder auch das mit Macht ins Abseits Gedrängte kann oft noch schlimmer und gefährlicher sein als all das, was sich spektakulär mit großer Wucht aufdrängt bzw. dem Wahrnehmen aufgedrängt wird. Unter anderem deswegen wird im Schlusskapitel dem Ankämpfen gegen dieses machtvoll und leise Wirkende zumindest ansatzweise einiger Raum gewidmet (vgl. 3.3).

Die Auseinandersetzung mit der Frage, inwieweit das Katastrophengeschehen als durch Menschen bedingt zu verstehen ist, begleitet alle Bände dieser Weltchronik. Gerade die Hungerkatastrophen zeigen erschreckend, wie verheerend die Lebenschancen so vieler Menschen durch Machthungrige beeinträchtigt wurden und werden.

Der Einstieg ins Thema gleicht einem steilen Abstieg. Er führt vorerst zu einem Definitionsversuch aus dem 18. Jahrhundert. Gleich dieser erste Schritt enthüllt so manches hier zu Lande noch immer bestehende kannibalistische Vorurteil als nicht verarbeitete eigene Geschichte. Dem folgen statistische Hinweise zu Europa (seit dem 13./14. Jh.) bzw. zu allen Kontinenten (seit Mitte des 19. Jh.). Die Dimensionen verschiedener Katastrophenarten werden jener des (Aus-) Hungerns gegenübergestellt. Scheinbar nüchterne Zahlen lenken den Blick bei diesem zweiten Schritt auf das beängstigende Ausmaß einer Unterwelt von Hungertoten. Ihr gingen ganze Unwelten an Leid und Schmerz voraus. Darüber vermitteln Fotos und Bilder nonverbal einen weiteren Eindruck.

Der vorliegende Band geht keiner angenehmen Geschichte nach, aber völlig falsch wäre es, sie aus diesem Grund einfach in sich ruhen zu lassen. All das in ihr aufscheinende Unrecht und Elend darf nicht verdrängt und schon gar nicht vergessen gemacht werden. Dieses Zweite wird gerade bei den schrecklichsten Untaten – solche sind die meisten Hungerkatastrophen – immer wieder versucht. Zu oft wird Hungertod als Schicksalsschlag verniedlicht und werden damit die ihn bedingenden Unrechtsordnungen und Übeltaten verschleiert. Solche Zusammenhänge zu erkennen und – öffentlich – aufzuarbeiten, zählt zu jenen Punkten, welche für eine Wende hin zu einer hungerfreien Welt zu beachten sind/wären.

1.1 Eine Hunger-Definition mit Zündstoff aus dem Jahr 1735

„In sittlichem Verstande heißet Hunger Mangel nöthiger Lebensmittel, es sey wegen Mißwachs, Kriegs-Verheerung, verhinderter Zufuhr oder durch andere Zufälle. Was vor eine empfindliche Plage dies sey, ist daher zu schlüßen, daß die, so in der gleichen betrübten Umständen befinden, auch derer abscheulichsten und der Natur wiederlichsten Dinge nicht schonen, dieselben zu ihrer Nahrung anzuwenden ... Ob nun bey solchen Begebenheiten ein Mensch den anderen umbringen, und mit dessen Fleische sein Leben erhalten möge, wird unter denen Sitten-Lehrern gefraget ... Die Rechtsgelehrten aber erkennen doch eine gelindere Strafe wider einen, der in solchem Falle sich an eines anderen Leben vergrieffen."

Dies ist in einem der verbreitetsten deutschen Lexika des 18. Jahrhunderts, dem 64bändigen „Großen vollständigen Universallexikon aller Wissenschaften und Künste ... des Erdreichs ... aller Potentaten, Gelehrten ... Künstler, Päpste ..." von Zedler zu lesen.[5] Hunger wird hier in engem Zusammenhang mit dem gesehen, was zum Unmenschlichsten zählt. Als ein Auswuchs von Hungerleiden wird vom Verzehr tabuisierter Nahrungsmittel und – noch in der ersten Hälfte des 18. Jahrhunderts – von Menschenfresserei in Mitteleuropa berichtet, die offensichtlich bis ins juristische Leben eine Rolle spielte und für die im Falle extremsten Hungers „eine gelindere Strafe" anerkannt wurde. Liest man als Zeitgenosse des beginnenden Dritten Jahrtausends einen solchen Text, ohne die Quelle zu kennen, wird man ihn der dunkelsten Vergangenheit eines entfernten Gebietes zuordnen. Weit verbreitete Vorurteile holen einen ein. Sie trügen, wie sich zeigt.

Die Definition birgt Zündstoff und entlarvt kannibalistische Vorurteile zumindest teilweise als Projektion, als Verdrängen unbekömmlicher Fakten eigener Geschichte. Zwar sind seit dem Aufzeichnen des zitierten Textes mehr als zweieinhalb Jahrhunderte vergangen, die Vorurteile bestehen weiter, die Aufarbeitung dieses Teils der eigenen Geschichte ist noch immer zu wenig geleistet.

Die Ursachen, die in jener Definition angeführt werden, bestehen bis heute. *„Mangel nöthiger Lebensmittel, es sey wegen Mißwachs, Kriegs-Verheerung,* *verhinderter Zufuhr oder durch andere Zufälle"* hat ein nicht unerheblicher Teil der Weltbevölkerung bis zum heutigen Tag zu erleiden, ja es ist zu befürchten, dass sich dies in näherer Zukunft kaum ändern wird. Dies obwohl beim FAO-Welternährungsgipfel in Rom im Juni 2002 neuerlich das Ziel der UN-Millenium-Deklaration vom September 2000 formuliert wurde, nämlich die Zahl der zurzeit rund 800 Millionen Hungernden unseres Globus bis zum Jahr 2015 zu „halbieren". Darauf werden sich zu Recht viele Initiativen um eine Verbesserung der Situation berufen, einklagbar ist eine solche Absichtserklärung aber nicht.[6] Festzuhalten gegenüber dem lexikalischen Hinweis aus dem 18. Jahrhundert gilt es jedoch: Als Zufall können und dürfen die hungerbedingenden Faktoren nicht (mehr) betrachtet werden.

Die vorliegende Arbeit (Band 1) untersucht den Zeitraum seit etwa Mitte des 19. Jahrhunderts, wobei eine wichtige Einschränkung gemacht werden muss. Nicht primär das „Hungern" an sich wird behandelt, dies würde den Umfang bei weitem übersteigen. Vielmehr werden „Hungertiefs", die extremen Hungerkatastrophen der letzten eineinhalb Jahrhunderte beschrieben. Um beim Zitat aus dem „Zedler" zu bleiben, es werden primär jene Hungerkatastrophen untersucht, in denen das unerträgliche Hungerleid die Menschen – im Extremfall – sogar vor Menschenfresserei nicht zurückschrecken lässt. Noch im 20. Jahrhundert stößt man immer wieder auf diese traurige Tatsache, weil bis heute viel zu oft Millionen Menschen – aus den verschiedensten Gründen – extremen Hungersituationen ausgesetzt sind bzw. werden. Der Lexikonbeitrag von 1735 ist leider noch immer aktuell.

Und nochmals: Viele Schattierungen des Hungerleides müssen ausgeblendet bleiben. Vor dem Grauen hunderttausender menschlicher Einzelschicksale versagt das menschliche Sprachvermögen.

1.2 Orientierungstafeln

„Ein einzelner Tod ist eine Katastrophe. Eine Million Tote ist Statistik." Stalins[7] zynische Aussage muss Statistiker warnen. Wer einen anderen tötet, ist ein Mörder. Wer Tausende umbringt, wird zum Helden. Elementare menschliche Grundrechte werden im Krieg außer Kraft gesetzt, in ihr Gegenteil verkehrt. Nicht nur für Stalin war Hunger eine der Kriegswaffen.

Ab einer gewissen Größe von Zahlen versagt die menschliche Vorstellungskraft. Grauen und Elend, die sich hinter ihnen verbergen, werden eher verdeckt denn offen gelegt. Sich dieser Tatsache bewusst zu sein, ist eine Voraussetzung dafür, um nicht der Gefahr einer zynischen Zahlenspielerei zu verfallen, die im Extrem bei Stalins Aussage endet.

Um bei der Katastrophenvorsorge die richtigen Schwerpunkte zu setzen, müssen die bedrohlichsten Risiken erkannt sein. Dafür können statistische Darstellungen – trotz all ihrer Gefahren – wichtige Orientierungshilfen sein. Die meisten der hier vorzulegenden Grafiken sind Tafeln über unermessliches Leid, ein qualvolles Hungern bis zum Tod von Millionen und Abermillionen Menschen. Die Wirklichkeit, zu welcher die folgenden Seiten vorwiegend führen, ist jene des homo homini lupus. Der Mensch ist des Menschen Wolf.

Vom weisen Wesen, vom homo sapiens, als das sich Menschen oft gerne selber bezeichnen, wird im Folgenden herzlich wenig zu sehen sein, ganz zu übersehen ist diese andere menschliche Seite trotzdem nicht. Im Gegenteil zeigen viele Geschichten von wahren Heldinnen und Helden: Völlig ausrotten dürften sich die ebenfalls vorhandenen Fähigkeiten zu Gutem nicht lassen. Dafür stehen die Beispiele von Personen, die in den gleichen Zeiten extremsten Elends, in den erschreckendsten Abgründen wahrhaft Bewundernswertes leisteten. Als Gegenpol zu den Orientierungstafeln des Grauens gilt es die Erinnerung an diese Hoffnungsträgerinnen und -träger wach zu halten.

Nach dem vergangenen 20. Jahrhundert – es wurde bisweilen auch als das blutigste bezeichnet – ist es nicht absehbar, ob es je gelingen wird, den Kannibalen, den Wolf im Menschen zu zähmen. Immer notwendig und unverzichtbar wird es sein, dafür die Geschichte des allzu vielen Unrechts aufzuarbeiten. Für die hier behandelte Zeit ist Hunger eine ihrer düstersten und ausgedehntesten Regionen. Gegenwärtig hätte die Katastrophenprävention dessen Ausrottung in vielen Teilen der Erde allerhöchste Priorität einzuräumen. Möglich wäre dies. Schon längst bestehen weltweit die Voraussetzungen dafür. Hungern und Verhungern müsste niemand mehr, wenn es nur gewollt würde.

1.2.1 Die schlimmsten Hungerkatastrophen

Chronologisch beginnt die vorliegende Arbeit dort, wo Wilhelm Abel seine bahnbrechende Untersuchung „Massenarmut und Hungerkrisen im vorindustriellen Europa" beendet: in der Mitte des 19. Jahrhunderts. In der Hunger- und generell der Katastrophengeschichte markiert jene Zeit eine Zäsur. Bis in jene Jahre standen für Katastrophen zufalls- oder naturbedingte Ursachenbündel im Vordergrund. Solange spielte menschliches Zutun eine weniger prägende Rolle. Ganz außer Acht lassen kann man es auch bis dahin in den seltensten Fällen. Seit Kriege geführt werden, gab es beispielsweise kriegsbedingten Hunger, und diesen gibt es bis heute. Militärisch geführte Konflikte wird man nie mehr als schicksalhaft erklären können, auch wenn es Zeiten und Gesellschaften gegeben haben mag, die Krieg als von Göttern abhängiges Geschehen erlebt und gedeutet haben mögen.

Die wissenschaftlichen, technischen, wirtschaftlichen und gesellschaftlichen Entwicklungen seit 1850 blieben nicht ohne Einfluss für das Verständnis von (Natur-) Katastrophen. Deren Folgen lassen sich nun nicht mehr länger auf „verrückt spielende" Naturgesetze zurückführen, sondern werden wesentlich mitbedingt durch menschliches Verhalten, durch menschliches Handeln bzw. Nichthandeln. Unerklärliche schicksalhafte Schläge oder (strafende, böse) „acts of god" lassen sich nicht mehr länger als ihre Ursachen anführen. Seit gut 150 Jahren nimmt der „man-made"-Anteil stetig zu. Europäerinnen und Europäer erlebten diese Veränderungen mit als Erste. Abel bezeichnet die Hungersnöte in der ersten Hälfte des 19. Jahrhunderts, die quer durch Europa zu beobachten waren, als die „letzten Krisen vom alten Typ" auf diesem Kontinent. Heute gibt es keine Regionen und kaum mehr Katastrophenarten, für welche diese sehr grundlegende Veränderung nicht zutreffen würde.

Die Arbeit Wilhelm Abels unterscheidet sich von der vorliegenden in zweierlei Hinsicht. Sie ist thematisch breiter angelegt als es in dieser der Fall ist. Umgekehrt verhält es sich mit dem geografischen Untersuchungsraum. Untersuchte Abel für Europa die nahe verwandten Phänomene der Massenarmut und des Hungers, so war hier eine Einschränkung auf die schwersten Hungerkrisen, die extremsten Hungersnöte notwendig, nicht zuletzt, weil sie den gesamten Globus umspannend in Betracht gezogen werden. Selbst das „stille" Verhungern, das jährlich bis heute noch immer millionenfach stattfindende Hungersterben außerhalb „spektakulärer" Katastrophenereignisse, wird kaum berücksichtigt. Es hätte den Rahmen dieser Untersuchung gesprengt, wäre dies oder auch (wie bei Abel) der Aspekt der Massenarmut miteinbezogen worden.

Im nächsten Abschnitt wird ein zusammenschauender Blick auf Hungersnöte im vorindustriellen Europa geworfen. Er ist nur möglich, weil er Abels „Versuch einer Synopsis" folgen kann. In den Grafiken 6 und 7 werden erste Blitzlichter auf das Hungern seit der Mitte des 19. Jahrhunderts gerichtet.

Massenarmut und Hungerkrisen in Europa

„Es gibt eine Art Naturgesetz in der Ernährungswirtschaft der Völker, daß in Zeiten des Wohlstandes die Genußwerte, in Notzeiten die Nährwerte der Nahrungsmittel die Verbraucherurteile und von dorther – im Zusammenhang mit anderen Faktoren – auch die Preise der Nahrungsmittel bestimmen." (Abel 1974, 395) „Hunger ist der beste Koch", sagt der Volksmund und meint letztlich etwas ganz Ähnliches insofern, als im Sprichwort ja immer auch mitklingt: Bei großem Hunger schmeckt (fast) alles. Für jene, die nur zu fragen brauchen, was, aber nicht, ob überhaupt etwas zu Essen da ist, können die Aspekte des Geschmackes, der Qualität und des Genießens im Vordergrund stehen. Das Außergewöhnliche der unmittelbar vergangenen über fünf Jahrzehnte in West- und Mitteleuropa liegt darin, dass selbst in Regionen, denen viel zur Selbstversorgung an Lebensmitteln fehlt (Tirol/Österreich z.B.), eigentlich niemand mehr Hunger zu leiden braucht (vgl. dazu Nussbaumer/Rüthemann 2000). Diese neue Situation hat sehr rasch zu ganz anderen Problemen geführt, zu (gesundheitlichen) Belastungen durch Überernährung oder zu einer Überproduktion mit Überschüssen, die teilweise kaum mehr gelagert werden können. In der bisherigen Ernährungsgeschichte Europas ist dies neu und bisher einmalig: jedenfalls für die Zeit seit dem Mittelalter, wie W. Abel (1974) in seiner Untersuchung zeigt. Die Voraussetzungen für eine zumindest an Quantität „glückliche Periode" waren und wurden mit der Industrialisierung seit ca. 1850 geschaffen. Bis diese sich jedoch tatsächlich entfalten konnten, bedurfte es weiterer rund 100 Jahre, die eines ganz deutlich zeigten: Zur Ausrottung des Hungers bedarf es zusätzlich der Überwindung des Krieges. Beides ist bisher nicht gelungen, was auf dem „alten Kontinent" im letzten Jahrzehnt des 20. Jahrhunderts wieder besonders schmerzlich in Südosteuropa erlebt werden musste.

Genauere Zahlen für Opfer der Hungerkatastrophen auch nur für die jüngere Zeit nennen zu wollen, stößt auf vielfältige Schwierigkeiten. Doch Ziffern existieren und wo sie – wie im Folgenden immer wieder zu zeigen sein wird – selbst um ein Vielfaches voneinander abweichen, geben noch die niedrigsten von ihnen Zeugnis über eine äußerst bittere, unmenschliche Realität. Aus den Jahrhunderten, die Abel untersuchte, fehlen solche Angaben meist und der Historiker muss Anhaltspunkte aus anderen Quellen suchen. Beispielsweise findet er sie in demographischen Aufstellungen, in Aufzeichnungen über Geburten-, Sterbe- oder auch Eheschließungen, in Preistabellen für Getreide oder generell für Lebensmittel. Abel nennt seine Studie „Versuch einer Synopsis". Er unternahm eine Zusammenschau über einen langen Zeitraum und viele Länder und hatte dazu die unterschiedlichsten Einzelstudien herangezogen. Es kann hier nicht darum gehen, seine Synopse nochmals mit wenigen Sätzen zusammenfassen zu wollen. Lediglich möglich ist die Konzentration auf wichtige Aussagen zur Verbreitung des Hungers im vorindustrialisierten Europa.

Exemplarisch weist Abel mit Zahlen des Historikers H. Blaschke am Beispiel von Geburten und Todesfällen im Kurfürstentum Sachsen sowie anhand der Roggenpreise von Leipzig für die Jahre 1764 bis 1787 nach, wie in den Notjahren 1770-72 angesichts damaliger schlechter Ernten sich nicht nur die Roggenpreise mehr als verfünffachten und sich nur wenig zeitverzögert ein durchschnittlicher Geburtenüberschuss von rund 20.000 Babys jährlich innerhalb weniger Monate in eine Todeszacke verwandelte und so im Jahr 1773 ein Mehr von über 60.000 Todesfällen gegenüber den Neugeburten registriert werden musste (vgl. Grafik 1, nach: Abel 1974, 253, Abb. 56).

Für eine Zeit extremer Not ist ein solch sprunghaftes Ansteigen der Sterbefälle letztlich wenig überraschend. Wo sich eine Kurve wie die hier Abgebildete findet, verweist sie auf eine Krisenzeit. Ähnlich schwarze Todeszacken aus ganz anderen Zeiten – um nur auf zwei weitere Beispiele zu verweisen – kennzeichnen die Hungersnot in China 1958 ff. (vgl. unten Kap. 2.2.2) ebenso wie die Hungerjahre während des Ersten Weltkrieges in Tirol (vgl. dazu

Bevölkerungsbilanz und Roggenpreis im Hungerjahr 1772

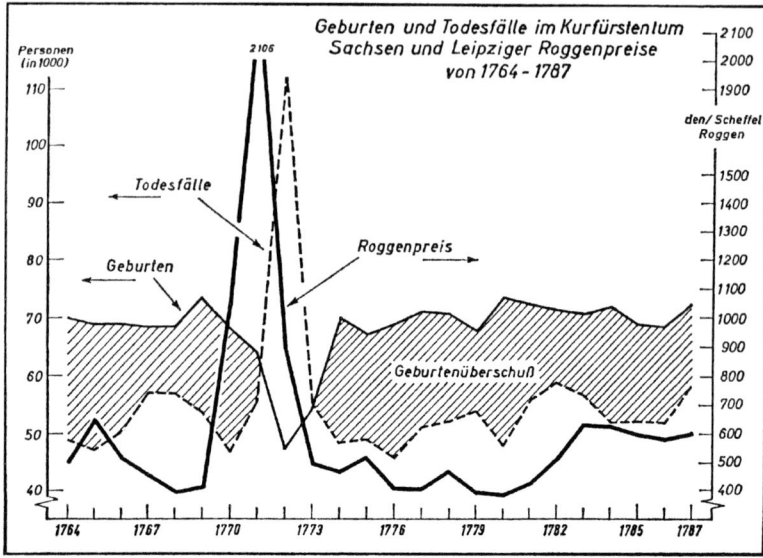

Grafik 1, Quelle: Abel 1974, 253

Nussbaumer/Rüthemann 2000, 87). Der Ausschlag der Kurve wird zum Indiz für die Schwere der Katastrophe. Je größer die Not, desto steiler steigen meist auch die Preise für lebenswichtige Grundnahrungsmittel. Abel veranschaulicht die Parallelität von Todesrate und Preisexplosion grafisch eindrücklich und leider ist sie, obwohl kein Naturgesetz, immer wieder festzustellen.

Für Genf oder London im Jahr 1773 hält Abel einen leichteren Anstieg der Todesrate fest, ähnlich hoch wie damals in Sachsen war ein solcher dagegen in Augsburg, Berlin oder Karlstad und Uppsala (vgl. Grafik 2, nach: Abel 1974, Abb. 55). Eine wahrlich todbringende Hungerwelle hatte ganz Mittel- und Nordeuropa zu Beginn der 1770er-Jahre überrollt. Auch das karge Land Tirol war davon nicht verschont geblieben. Bedauert dürften hier jedoch einige der Betroffenen ihre frühere Verstocktheit haben. Denn die habsburgische Kaiserin Maria Theresia hatte auf Grund von Erfahrungen rund 30 Jahre früher von Wien aus mit einer Initiative zur Lagerhaltung versuchen wol-

Die Sterberate in weiteren europäischen Städten

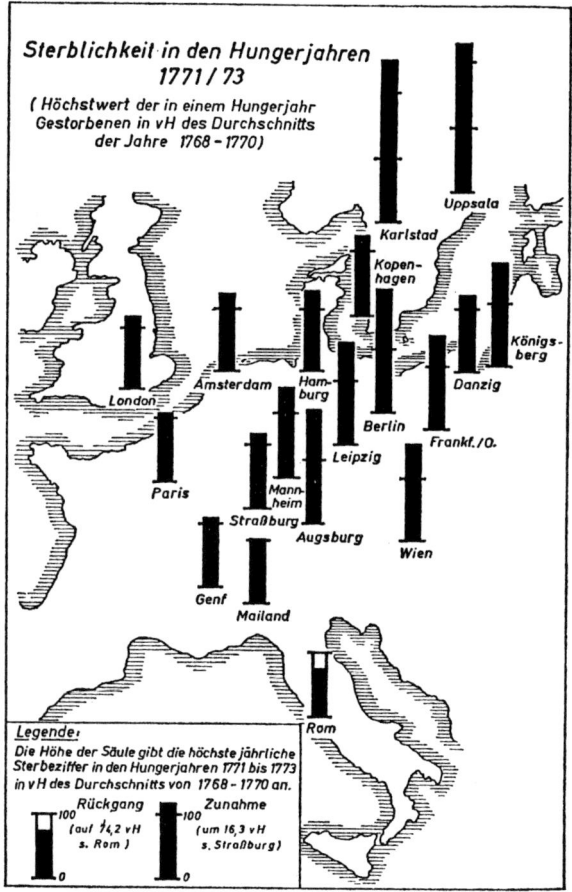

Grafik 2, Quelle: Abel 1974, 252

len, in günstigeren Zeiten für eine neuerliche Notzeit besser als bisher vorzusorgen, war aber damit am regionalen Widerstand im Land der Gebirge gescheitert (vgl. Nussbaumer/Rüthemann 2000, 50 ff.).

Als Anhaltspunkt für eine vielleicht noch ausgedehntere Hungersnot in Europa ziemlich genau 200 Jahre früher verwendet Abel den Vergleich von

Getreidepreissteigerung während der Hungerperiode 200 Jahre zuvor

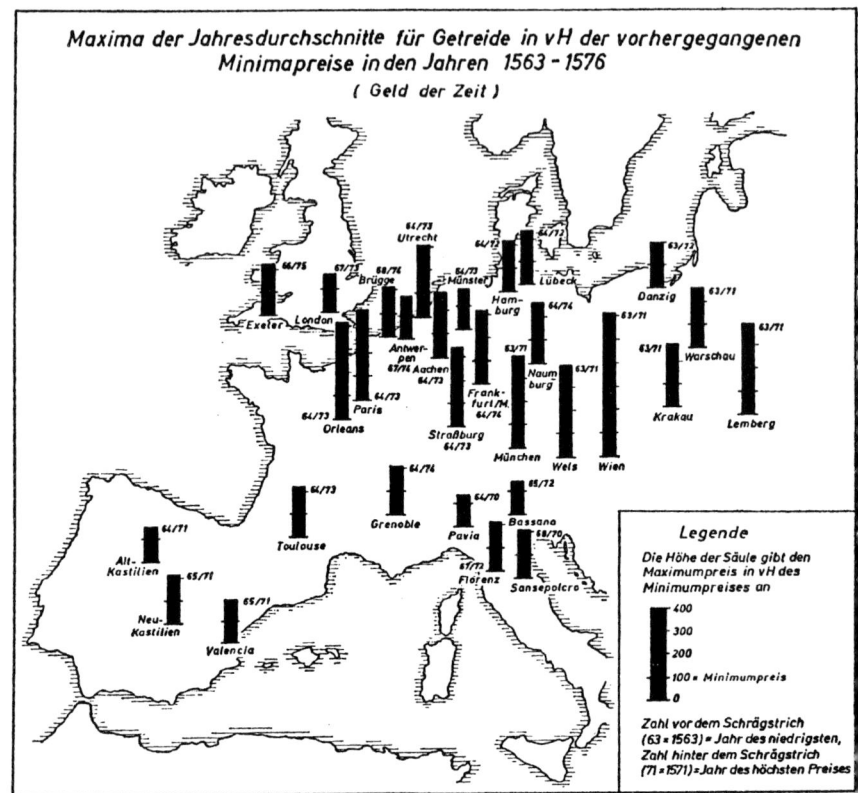

Grafik 3, Quelle: Abel 1974, 74

Minimal- und Maximalpreisen für Getreide aus etwas mehr als einem Jahrzehnt (1563-1576). Preissteigerungen von 400 % waren zu Beginn der damaligen 70er-Jahre keine Seltenheit, in Wien erreichten sie 1571 gegenüber 1563 gar eine Erhöhung von rund 600 % (vgl. Grafik 3, Abel 1974, 74, Abb. 11). Wieder fehlen die Hinweise auf Grund von Todesfällen und Geburtenziffern nicht, die auf das Hungersterben weisen. Auch wenn entsprechende Angaben für die Zeit dieser Not eher spärlich zu finden sind, die wenigen Hinweise deuten auf jene Parallelität, die in Grafik 1 abgebildet ist. Und wie-

Ein Blick oder "Sprung über die Jahrhunderte"

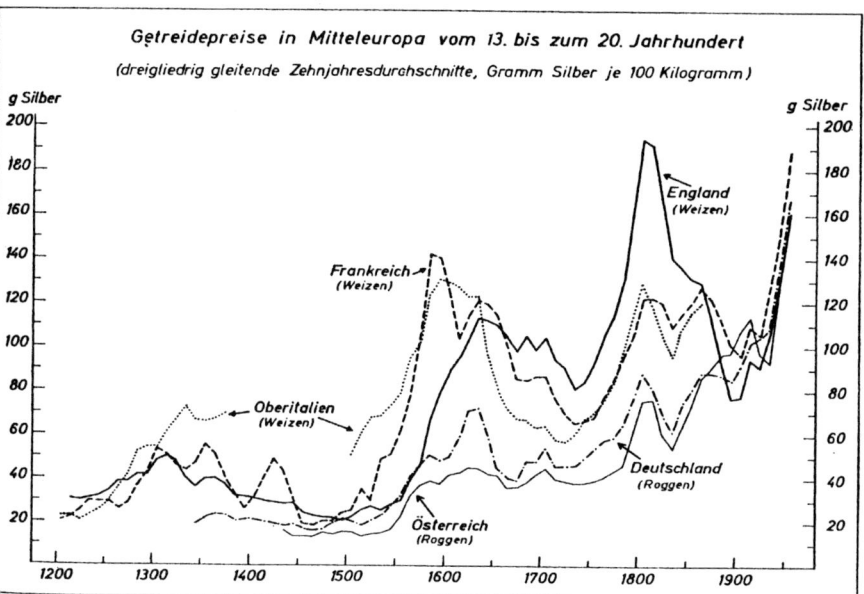

Grafik 4, Quelle: Abel 1974, 119

der lassen sich die Beobachtungen von Abel auch für das Land Tirol jener Jahre bestätigen. Von Schmelzer (1972) liegt eine eindrückliche Zahlenreihe von Getreidepreisen aus dem Ort Rattenberg über eine Periode von rund 400 Jahren (1480 bis 1850) vor, die ihrerseits belegt: Preisspitzen weisen auf Notzeiten. Getreide war in Tirol 1571 dermaßen knapp und teuer, dass Kinder Gras zu essen begannen wie „das unvernunftiglich vieh" (Nussbaumer/ Rüthemann 2000, 18, 32 ff.).

Bei Abel finden sich Abbildungen über europäische Lebensmittelpreise sogar über mehr als 700 Jahre. Auch sie spiegeln die schwankende Versorgungslage und weisen auf verbreitete und langdauernde Notzeiten. Dabei werden viele lokale und zeitliche Verschiedenheiten nivelliert und schon gar nicht vermögen sie markante Unterschiede zwischen Vermögenden und Armen darzustellen, wie der Autor selber zu bedenken gibt. Hier kann nicht auf seine vielfachen Differenzierungen eingegangen werden. Die ganz generell erkennbare ansteigende Tendenz der Getreidepreise von 1200 bis 1850 ist ein Indiz auf eine zunehmende Verknappung der Lebensmittel innerhalb Europas im Verlauf dieser Jahrhunderte (vgl. Grafik 4, Abel 1974, 119, Abb. 23). Für diesen Trend sind Phasen eines steilen Preisanstiegs verantwortlich, welchen eine Verschärfung der Not entspricht. Auch wenn immer wieder Zeiten der Entspannung erkennbar sind, langfristig umzukehren vermochten diese die schlechter werdenden Ernährungsmöglichkeiten für breite Schichten nicht. „Wenn der Historiker den Sprung über die Jahrhunderte nicht scheut", schreibt Abel, so sieht er, „daß das, was im Spätmittelalter noch Küche und Keller auch des einfachen Mannes füllte, im frühen 19. Jahrhundert in der Menge verringert, in der Art verändert und im begehrten Effekt verwandelt war: Der Nährwert der Nahrungsmittel hatte sich nach vorne geschoben, der Genußwert war zurückgedrängt worden. Fleisch und Fisch, Braten, Steak und feine Soßen blieben den wenigen vorbehalten, die über entsprechende Mittel verfügten." (Abel 1974, 397f.).

Abel setzte das Ende seiner Darstellung bewusst in die Mitte des 19. Jahrhunderts. Er unterstreicht damit eine Zäsur, die, bedingt durch die damals einsetzenden wissenschaftlich-technischen Entwicklungen, in jene Zeit fällt. Dieser Einschnitt ist für die vorliegende Fragestellung von grundlegender Bedeutung. Bei allen noch so entlastenden und erleichternden Preiseinbrüchen, die oft kurzfristig exorbitanten Steigerungen folgten und auch folgen mussten, der langfristige Trend der Kosten für lebenswichtige Nahrungsmittel war in Europa über Jahrhunderte hinweg steigend und damit umgekehrt für breite Bevölkerungsschichten der Genusswert der Durchschnittsverpflegung fallend. Immer wieder waren die Möglichkeiten der Versorgung am Limit. Bis zu jener Jahrhundertmitte und bereits seit Langem war beispielsweise das Input-Output-Verhältnis in der Landwirtschaft durchschnittlich etwa bei einem Wert von rund 1:5 (bis 1:7) gelegen. Seither konnte diese Relation kontinuierlich und insgesamt um ein Vielfaches gesteigert werden. Der bisher beobachtbare langfristig Trend des Preisanstiegs begann sich umzukehren. Generell fallen seitdem die Preise von Lebensmitteln, wiederum bei kurzfristig durchaus heftigen Ausschlägen (vgl. Grafik 5).

Bananen und viele andere exotische Früchte werden in den hiesigen Obstregalen so billig angeboten wie heimische Äpfel. Im Langzeitvergleich steigt

*Preise im 20. Jh. für Getreide, Fleisch, Milchprodukte und Zucker**

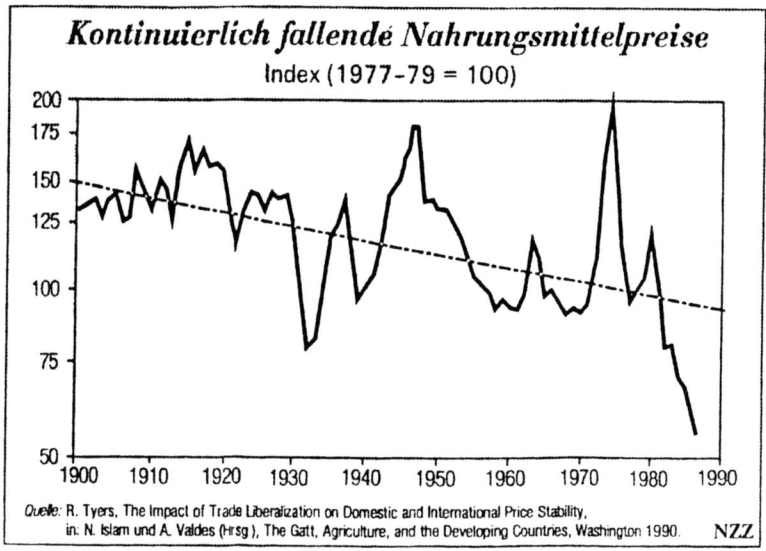

Grafik 5 aus: NZZ v.12./13. Febr. 1995, 19.
* *Eportpreise in US$, deflationiert mit dem US-Produzentenpreisindex und gewichtet nach Exportanteilen in den Jahren 1977-79.*

der Genusswert wieder seit Einsetzen der industriellen Revolution vor gut 150 Jahren und dies in einem Ausmaß, wie es sich früher kaum jemand nur in den süßesten Träumen vorzustellen wagte. Daran ändern alle aktuellen Skandale nichts, ob es sich nun um BSE, Maul- und Klauenseuche oder die vielen anderen von den Wein- bis zu Ölskandalen handelt. So ernst diese zu nehmen sind und so gewissenhaft gegen sie, gerade im Interesse der Qualitätssicherung, vorzugehen ist: Eines bleibt – und das wird bei den Debatten um diese Missstände nur zu gerne übersehen – weit skandalöser. Trotz der generell fallenden Preise, das heißt trotz der heute und schon seit Jahrzehnten grundsätzlich für alle ausreichenden Produktion verhungern noch immer Millionen Mitmenschen, folgt Katastrophe auf Katastrophe.

Globaler Überblick über Hungerkatastrophen seit 1850

Vor Hungerkatastrophen blieb Europa auch in den letzten 150 Jahren nicht verschont. Sie waren nicht ausschließlich, aber doch zum überwiegenden Teil kriegsverursacht. Die Jahre während und nach den beiden Weltkriegen stechen in Grafik 6 heraus. Noch weit schrecklichere Hungerjahre zeigen sich außerhalb Europas. In Kapitel 2 wird auf sie systematischer einzugehen sein.

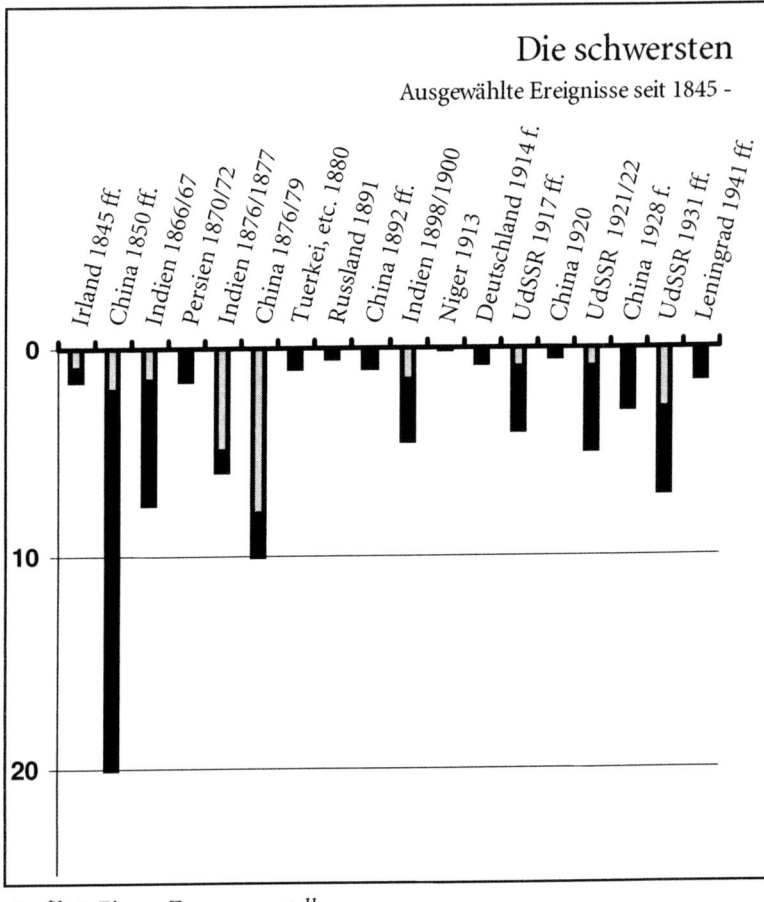

Grafik 6: Eigene Zusammenstellung

Die Aufarbeitung der Hungergeschichte führt zu kaum vorstellbaren Abgründen menschlichen Handelns, und vielleicht mit zu den finstersten Kapiteln der Menschheitsgeschichte überhaupt. Durch sie werden all die großen Fortschritte, die im 20. Jahrhundert erreicht werden konnten, mehr als getrübt. Wenn ein Gesamturteil über diese letzte Periode des zweiten Jahrtausends negativ ausfällt, dann zu einem maßgeblichen Teil wegen der Inhumanität bei Hungerkatastrophen.

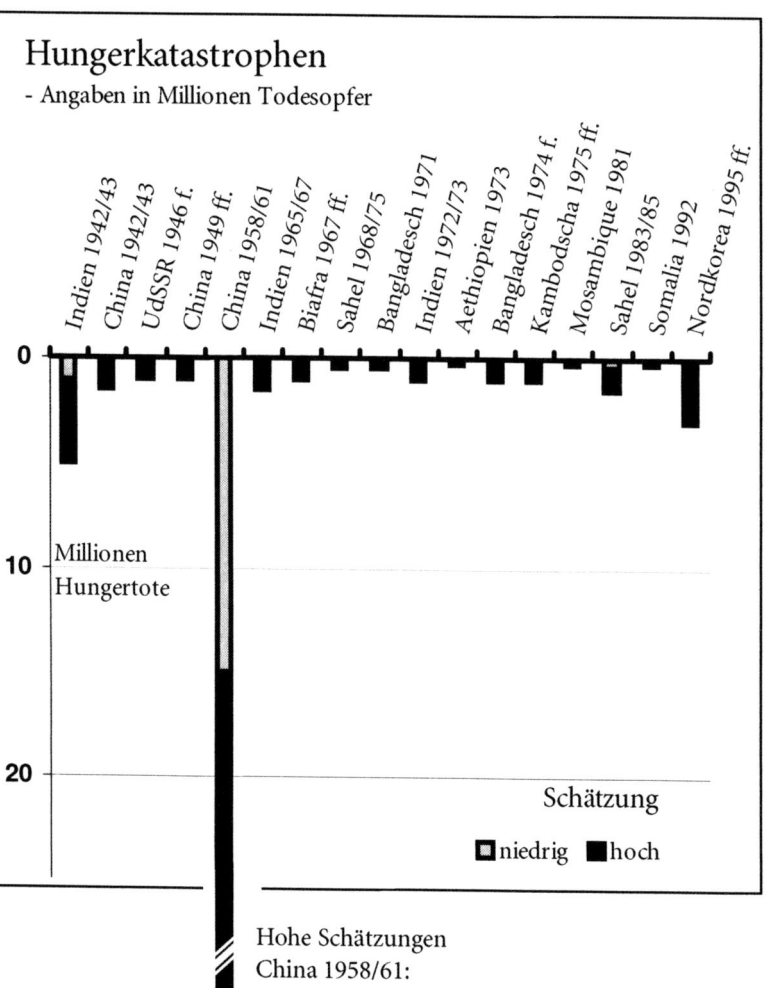

1.2.2 „Schwerste" Einzel-Katastrophen des 20. Jh.

Ein erstes – sicherlich sehr grobes – Indiz für eine Gewichtung der verschiedenen Katastrophenarten kann eine Gegenüberstellung des jeweils schlimmsten Ereignisses sein, die in Tabelle 1 für das 20. Jahrhundert aufgelistet werden – trotz Gefahr der Statistik. Die Schwere, die dem Hunger im Katastrophengeschehen zukommt, kann kaum überschätzt werden und noch vor Krieg ist dieser als Erstes zu nennen. Als Kriterium galt die Zahl an Todesopfern, die zu beklagen waren.

Heute lässt sich nicht einmal sagen, ob der Zweite Weltkrieg mit seinen (zurzeit geschätzten) 50 bis 60 Millionen Toten, wovon viele durch Hunger umkamen (vgl. Kapitel 2.3), das katastrophalste „Einzelereignis" des 20. Jahrhunderts war. Wenn die schlimmsten Vermutungen zur chinesischen Hungersnot von 1958 ff. stimmen (vgl. 2.2.2 sowie 2.2.6), wäre diese noch folgenschwerer gewesen als der II. Weltkrieg – mit dem großen Unterschied, dass über Maos' Hungersnot kaum gesprochen wird.

Die weiteren Ereignisse von Tabelle 1 haben ebenfalls einen (zumindest indirekten) Bezug zur Hungerproblematik. Ob es sich um die weltweite Grippe (Influenza)-Epidemie von 1918 ff., um die Dürre in der Ukraine 1921, um die Überschwemmungen in China 1931 handelt, immer ist auch Hungerleid mit dabei. Oder anders gesagt: je mehr Menschen einer Katastrophe zum Opfer fallen, je größer eine solche ist, umso größer ist die Wahrscheinlichkeit, auch Hunger zu begegnen.

1.2.3 Das Katastrophengeschehen der 1990er-Jahre

Wenn weltweit die jährlichen Todesopfer verschiedener Katastrophenarten gezählt werden, kommt Hungertod ebenfalls eine große Bedeutung zu. Dies gilt noch für die jüngst vergangenen Jahre, was gleichzeitig bedeutet: Der Ausrottung von Hunger, die möglich ist, wäre endlich oberste Priorität zu geben.

Tabelle 2 versucht in rudimentärer Form eine recht grobe Skizze zur jährlichen Opferbilanz einzelner (beinahe willkürlich ausgewählter) Katastrophenarten zu geben. Wie viele Menschen dabei zur Zeit jährlich weltweit an Mangelernährung und Hunger sterben ist kaum bekannt. De facto dürfte

Tabelle 1: Die „größten" Katastrophen im 20. Jahrhundert (Versuch einer Zusammenstellung je nach Katastrophenart und Einzelereignis)

Art: Ereignis (Zeit/Jahr)	Tote	Quelle
HUNGER: Maos' Hungersnot (1958 ff.)[8]		
niedrige Zahlenangabe	15.000.000	Nussb.1996a, 18 f.
hohe Angabe	75.000.000	Domes/Näth 92, 46
KRIEG[9]**: Zweiter Weltkrieg (1939-1945)**		
niedrige Angabe	52.000.000	Pointner 95, 353
hohe Angabe	60.000.000	GT 1996, 375
EPIDEMIE/SEUCHE: Weltweite Grippe/Influenza (1918-19)		
niedrige Angabe	20.000.000	Pointner 95, 121
hohe Angabe	40.000.000	Brown al.1999, 122
DÜRRE: Dürre in der Ukraine (1921 ff.)		
niedrige Angabe	1.200.000	OFDA 1987, 169
hohe Angabe (inkl. man-made Anteil)	5.000.000	Conquest 91, 69
ÜBERSCHWEMMUNG: Jangtsekiang in China (1931)		
niedrige Angabe	1.400.000	MRück 1988, 24
hohe Angabe	3.700.000	BGD 1977, 67
STURMFLUT: Bangladesch (1970)		
niedrige Angabe	150.000	Wijkman 1986, 108
hohe Angabe	> 1.000.000	Rezanov 1981, 129
ERDBEBEN: Tangschan/China (1976)		
niedrige Angabe	240.000	Nussb.1996b
hohe Angabe	bis: 1 Mio.	Salent. 1978, 93
VULKANAUSBRUCH: Mt. Pelee/Martinique (1902)		
niedrige Angabe	26.000	Nussb.1996b
hohe Angabe	40.000	Nussb.1996b

die Totenzahl eine Dimension annehmen, die in Summe nur mehr von der Katastrophe der Seuchen (v.a. den Infektionskrankheiten) übertroffen wird. Alle anderen Katastrophen erweisen sich – gemessen an der Opferbilanz –

Tabelle 2: Katastrophentote im jährlichen Durchschnitt weltweit

Bereich, Zeitraum	Tote	Quelle
A) „ZIVILISATIONSKATASTROPHEN" (Jahresdurchschnitte)		
HUNGER/Unterernährungstote:		
Zeitraum: 1990er Jahre	10.000.000	Hohem. 94, 46[10]
Mangelernährung/1990	5.881.000	George 2001, 179
SEUCHEN:		
HIV/AIDS 2000	2.943.000	WHO 2001,42
Tbc 1993	2.709.000	WHO, Rep.1995, 18
Malaria 1993	2.000.000	WHO, Rep.1995, 18
Masern 1993	1.160.000	WHO, Rep.1995, 18
„APARTHEID DER GESCHLECHTER":		
Durch Benachteiligung	1.500.000	UNICEF nach:
gegenüber Jungen sterben	Mädchen	FR 20.IX.94, 26
KRIEGE:		
Zeitraum 1900-1994	895.124	Pointner 95, 366
Zeitraum 1945-1992	482.125	Sivard 93, 21
Zeitraum 1945-„jetzt"	612.245	GT 1996, 375
Zeitraum 1945-1982	921.053	Pointner 95, 353
Tote durch Kleinwaffen um 2000	500.000	NZZv.5.VII.01, 3
SONSTIGES:		
Straßen-Verkehrstote 2000	1.260.000	WHO 2001, 44
Straßen-Verkehrstote 1993	885.000	WHO, Rep. 1995, 19
Selbstmorde 1993	779.000	WHO, Rep. 1995, 19
„Alkoholtote" 1990	773.000	George 2001, 179
Drogentote 1990	100.000	George 2001, 179
B) „NATURKATASTROPHEN" (Jahresdurchschnitte)		
Stürme, Sturmfluten	20.564	WDisRep. 2001, 179
Überschwemmungen	9.775	WDisRep. 2001, 179
Erdbeben	5.925	WDisRep. 2001, 179
Lawinen/Erdrutsche	955	WDisRep. 2001, 179
Vulkantote	94	WDisRep. 2001, 179

als weit weniger schlimm. Selbst die Anzahl der Kriegsopfer ist um ein Vielfaches niedriger, als jene der Hungertoten auch wenn seit 1945, dem Ende des Zweiten Weltkrieges, durch kriegerische Ereignisse jährlich etwa rund 500.000 Menschen (niedrigere Schätzung) bis knapp eine Million Menschen (hohe Schätzung) umgekommen sind. Und die Zahl an Opfern durch so genannte Naturkatastrophen bleibt dem gegenüber fast harmlos. Statistisch betrachtet! Keineswegs sollen mit einer solchen Aussage die Schicksale Einzelner oder jene der Zehntausenden Toten, die beispielsweise jährlich durch Stürme oder Sturmfluten zu beklagen sind, zynisch bagatellisiert werden.

1.2.4 Die schleichende Großkatastrophe

Die Gegensätze berühren sich: Die Invasiones, die „illegal" durch die Ärmsten besetzten Grundstücke, bilden einen viele Kilometer breiten Gürtel um den Stadtkern der kolumbianischen Millionenstadt Cali. Von deren staubigen Wegen zwischen den Blech- und Kartonhütten, in denen Menschen und Kinder hausen, denen das Notwendigste zum Überleben fehlt, sieht man immer wieder auf den Wolkenkratzer eines einheimischen Kaffeeplantagenbesitzers. Ende der 1970er-Jahre ließ dieser seinen riesigen Repräsentationsbau, damals das höchste Haus der Stadt und eines der größten Gebäude des Landes, errichten. Auch viele Jahre später stand dieser Neubau noch immer leer. Die Wohnungen und selbst die Büroräume konnte sich niemand leisten, was den Bauherrn offenbar wenig kümmerte. Nur ganz wenige Leute arbeiteten dort, sie hatten das Haus vor möglichen Eindringlingen zu bewachen.

Die Wahrnehmung dieses Gegensatzes anlässlich eines Besuches bei Amando Eberle (ihm ist dieser Band gewidmet) bleibt unvergesslich. Ganz direkt stand man in einem sozialen Spannungsfeld, konkret war das Bild eines global bestehenden Missverhältnisses zu erblicken.

1,2 Milliarden Menschen weltweit müssen heute noch unter jener niedrigen Armutsgrenze vegetieren, die mit einem Dollar/Tag festgesetzt ist. Sie leiden an chronischer Unterernährung. Weiteren rund 1,6 Milliarden Menschen stehen lediglich ein bis zwei US$/Tag zur Verfügung.[11] Der Skandal dabei: Weltweit werden heutzutage genug Nahrungsmittel produziert, nämlich rund 10 % mehr als notwendig wären, um alle mit Grundnahrungsmitteln versorgen zu können (Ramonet 1999, 1).

Was einer Gesellschaft „wichtig" ist, das erfasst sie relativ exakt. Niemals würde eine seriöse Bank über ihre Gewinne oder Verluste Angaben akzeptieren, die um ein Vielfaches von einander abweichen. Oder: Welche Steuerpflichtigen würden unwidersprochen hinnehmen, wenn eine Behörde das Abgabeerfordernis von einem Mehrfachen des tatsächlichen Einkommens berechnen würde. Oft genug bleibt trotzdem nur der gerichtliche Weg, um die – alle Beteiligten bindenden – Aussagen und Angaben festmachen zu können. Unterschiedliche Interessen prägen die Art, wie man zu konkreten und verbindlichen Ziffern gelangt.

Mit der Qualität, wie ein Phänomen dokumentiert wird, wird auch eine Aussage darüber getroffen, welchen Stellenwert man ihm beimisst. Informationen über Katastrophen werden oft ungenügend dokumentiert. Oder wo dies doch geschieht, bleiben sie nicht selten kaum zugänglich. So schwer es festzustellen ist, wie viele Menschen jedes Jahr verhungern, so gering scheint der politische Wille, diesen Skandal tatsächlich auszurotten.

1989 veröffentlichte D.C.M. Platt ein Buch mit dem Titel „Mickey Mouse numbers in world history: The short view". Platt weist nach, dass statistische Angaben über vielerlei Bereiche wie das Welteinkommen, die Bevölkerungsentwicklung oder auch den Welthandel (insbesondere für die Zeit vor dem Zweiten Weltkrieg) sehr unzuverlässig sind und eher einer „Mickey-Mouse-Statistik" entsprechen. Für Hunger allerdings gilt dies in einem besonderen Ausmaß. Die Gründe dafür sind vielfältig:

- Es gibt keine Institution, deren *primäre* Aufgabe und Intention es ist, Angaben über Hungernde und Verhungerte zusammenzustellen.[12]
- Die Problematik der Überschneidung bedeutet eine große Schwierigkeit: Die Anzahl der an Unterernährung Verstorbenen ist oft nur schwer von Angaben z.B. über todbringende Seuchen zu trennen. Solche Grenzen lassen sich selten präzise ziehen.[13] Analoges gilt für das siamesische Zwillingspaar Krieg und Hunger. In einem Kriegsfall werden vor allem bei den Toten unter der Zivilbevölkerung kaum Unterscheidungen getroffen, ob sie auf Grund einer direkten Kriegseinwirkung oder wegen Hungers starben.
- Oft wird der Begriff „Opfer" ungenau verwendet, d.h. es kann nicht mehr unterschieden werden, ob sich eine Angabe auf Todesopfer oder „nur" auf Betroffene bezieht. Auch die deutsche Sprache ist diesbezüglich nicht exakt.

- Hunger und Hungerkatastrophen ereignen sich vielfach in Regionen, deren Bevölkerungszahl lediglich rudimentär statistisch erfasst ist. Dementsprechend unsicher sind dann Zahlen über Verstorbene.
- Hungerkatastrophen fanden und finden immer wieder unter „Ausschluss der Öffentlichkeit" statt. Nicht selten erfährt man erst im Nachhinein von einer Tragödie. Geradezu ein „klassisches" Beispiel ist die Hungersnot von 1930 ff. in der Ukraine, die Stalin vor der Weltöffentlichkeit zu vertuschen suchte. Ähnliches geschah unter Mao-Tsetung. Die chinesische Hungersnot von 1958 ff. wurde im Westen erst rund 25 Jahre später erstmals überhaupt bekannt bzw. öffentlich wahrgenommen. In vielen einschlägigen Arbeiten wird sie bis heute mit keinem einzigen Wort erwähnt. An aktuellen Beispielen, die jahrelang nicht wahrgenommen wurden, ist auf das Hungerleid im Sudan oder in Nordkorea hinzuweisen.
- Umgekehrt dienen Todesopfer (auch Hungertote) einem Regime bisweilen dazu, ein Vorgängerregime an den Pranger zu stellen. Dies kann zu eigenartigen Phänomenen führen.
Als z. B. 1979 in Kambodscha das Terrorregime von Pol Pot gestürzt worden war, gab die neue Regierung die Volkszahl des Landes mit 4,5 Millionen und nur ein Jahr später (1980) mit 6,5 Millionen Menschen an. Gemäß diesen Zahlen hätte sich die Bevölkerung in nur einem Jahr um beinahe 50 % vermehrt. In der Tat wäre dies ein demographisches „Wunder". Was war passiert?
1979 unmittelbar nach dem Sturz von Pol Pot wollte das Nachfolgeregime der internationalen Staatengemeinschaft nachweisen, wie schrecklich Pol Pot´s Schergen waren, wie viele Kambodschaner massakriert wurden und durch Hunger umgekommen waren. Eine niedrige Bevölkerungszahl war dafür der beste Beweis. Ein Jahr später stellte sich für das Land ein ganz anderes Problem. Nun sollte dessen Bevölkerung von der internationalen Staatengemeinschaft Hilfe zukommen, und zwar nach Pro-Kopf-Berechnungen. Ab sofort lag es auf der Hand, mit einer möglichst großen Volkszahl aufwarten zu können und die Bevölkerung hatte dementsprechend rasch anzuwachsen.[14]
- Je weiter eine Hungerkatastrophe zurückliegt, umso schwieriger bis unmöglich wird es, deren jeweilige Dimension exakter abschätzen zu können.

Die in dieser Arbeit zu den einzelnen Katastrophen zusammengestellten Zahlenangaben sind somit immer cum grano salis zu verwenden. Wo bekannt, werden die verschiedenen, zum Teil sehr unterschiedlichen Schätzungen zu ein und demselben Ereignis angeführt.

Bis heute bleiben insgesamt die statistischen Angaben zum Hungerproblem recht unbefriedigend. Für die Zeit Ende der 1980er-Jahre meinen etwa Sara Millmann und Robert W. Kates, dass die Schätzungen alleine über die Hungernden „vary by a factor of three".[15] Mit dieser Angabe haben sie noch untertrieben (vgl. Grafik 7).

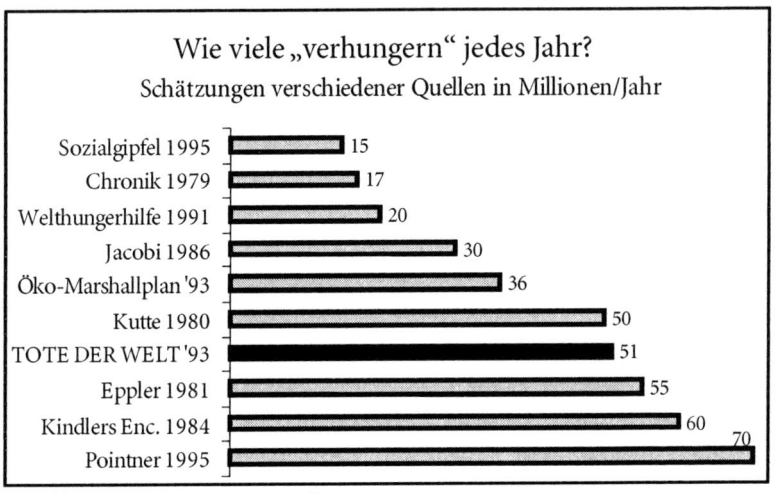

Wie viele „verhungern" jedes Jahr?
Schätzungen verschiedener Quellen in Millionen/Jahr

Sozialgipfel 1995	15
Chronik 1979	17
Welthungerhilfe 1991	20
Jacobi 1986	30
Öko-Marshallplan '93	36
Kutte 1980	50
TOTE DER WELT '93	51
Eppler 1981	55
Kindlers Enc. 1984	60
Pointner 1995	70

Grafik 7: Eigene Zusammenstellung

Obwohl die „Hungerbilanz" so negativ ausfällt, ist in der Literatur ein sonderbares Phänomen festzustellen: Die Hungerproblematik wird statistisch vielfach weit extremer dargestellt, als sie ohnedies schon ist. Zu Hauff finden sich in Publikationen Angaben, die weit über das Ziel hinaus schießen. Die kleine Zusammenstellung in Grafik 7 gibt diesbezüglich Hinweise. Wenn festgehalten wird, in einem Jahr würden an Hunger mehr Menschen sterben als insgesamt überhaupt zu beerdigen sind – auch solche Angaben kann man finden [16] – werden noch die einfachsten Regeln der Mengenlehre verletzt.

Jenseits solcher Übertreibungen wiegt der Hungertod zusammen mit den Infektionskrankheiten auf der Katastrophenskala am schwersten.

1.3 Einige Bilder als nonverbale Annäherung

1907/08, Südwestafrika: Hereros, fliehend vor der dt. Kolonialmacht

1921, Provinz Samara, UdSSR: Kannibalen mit ihren Opfern

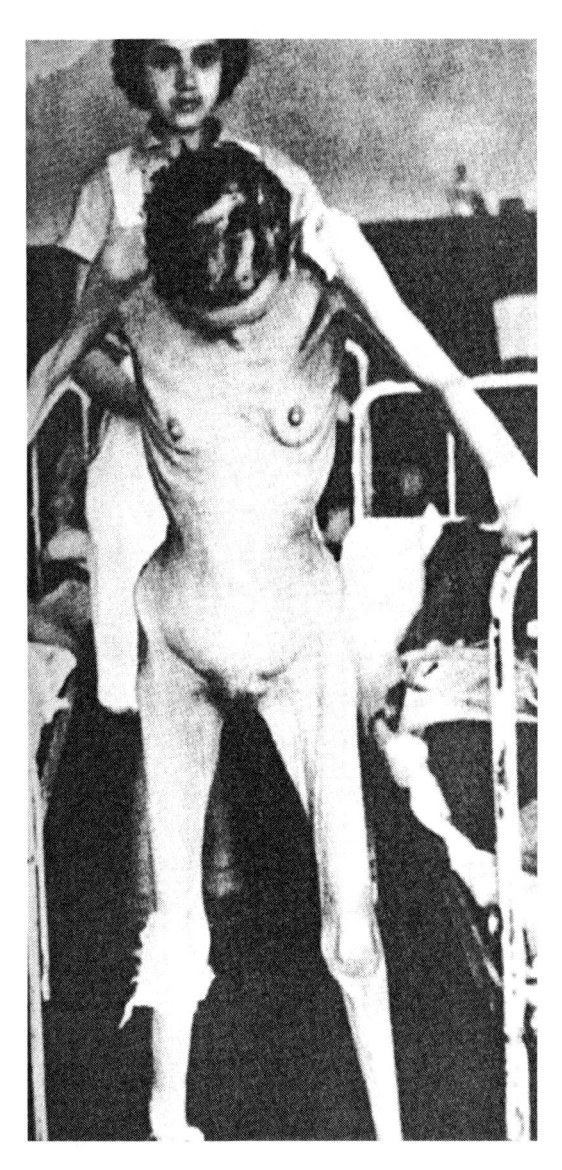

2. Weltkrieg, Ungarn: „Wissenschaftliches" Hungerexperiment der Nazis

1958 ff., China: Staatsbankett zur Zeit der schweren Hungersnot

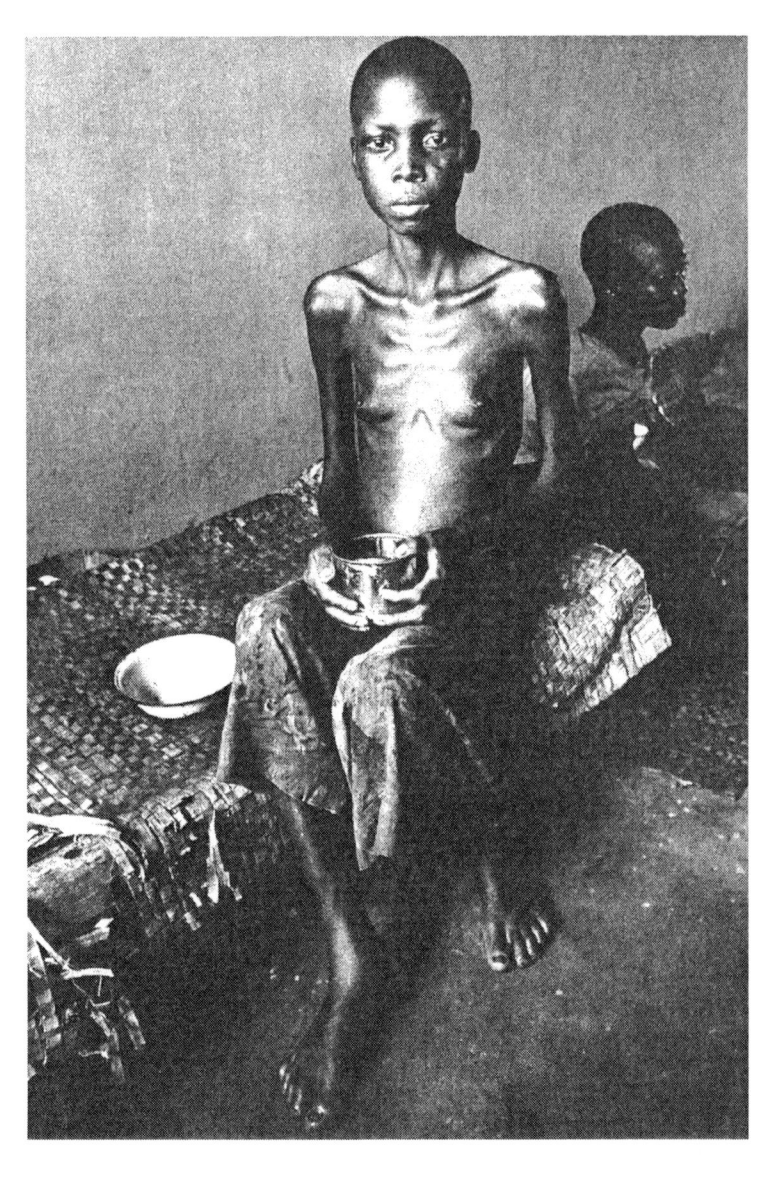

1968/69, Biafra: Hungeropfer infolge des Krieges

1990er-Jahre, Nordkorea: Kinderzeichnungen zu Hunger und Krieg

„Das 20. Jahrhundert hat keine neuen Ideen, Visionen oder Utopien in die Welt gebracht, die der Geschichte einen Sinn geben könnten. Die Leichenfelder der Geschichte, die wir gesehen haben, verbieten jede Sinngebung und jede Theodizee, jede Forschrittsideologie und jede Globalisierungslust."
Jürgen Moltmann[1]

2 UNterWELTen
Zu schweren Hungerkatastrophen seit 1845

Wären alle Verhungerten der vergangenen Jahrhunderte auf einem gemeinsamen Friedhof bestattet worden, wäre er schier endlos tief und lang. Es bräuchte eine Totenstätte von ungeheurem Ausmaß. Gäbe es einen solchen Ort und wären die Gebeine von Dürreopfern jeweils in einen anderen Raum gelegt worden, als jene, die auf Grund einer durch Krieg verursachten Hungersnot verstorben sind, wären diese verschiedenen Grabkammern von höchst unterschiedlicher Größe.

Wer sich mit Hungerkatastrophen auseinander setzt, wird zu unvorstellbaren Abgründen an Inhumanität geführt. Die unmenschlichsten Diktaturen – so ist im Verlauf der Geschichte immer wieder zu beobachten – versuchten ihre wahre Fratze zu verschleiern und unternahmen, solange es ging, alles, um in einem ganz anderen Lichte zu erscheinen. Gäbe es den Friedhof der Verhungerten, wären die Opfer solcher Machtregime in die tiefsten, aber bei weitem nicht kleinsten Keller zu liegen gekommen. Nur wie eine Vorstufe dazu würden sich die Katakomben aus der Zeit der Christenverfolgungen mit ihren in langen Gängen aufgeschlichteten Totenköpfen ausnehmen.

Würden Perioden der Unmenschlichkeit als Unwelt bezeichnet, diese Unterwelt enthüllte deren ganzes Ausmaß. Allein während der letzten eineinhalb Jahrhunderte wären in ihr letzte Ruhestätten für weit über 100 Millionen alleine bei Einzelkatastrophen Verhungerte zu graben gewesen. Dabei sind alle jene nicht mitgezählt, die jeden Tag eines jeden Jahres einem „leisen" Hungertod erliegen, die auf Grund andauernder Mangelernährung zu „Normalzeiten" Opfer einer schleichend kriechenden und daher wenig beachteten Alltagskatastrophe werden. Millionen Menschen sind auch heute noch davon betroffen (vgl. vorne Kap. 1.3). In den folgenden Kapiteln wird von „spektakulären" Hungerkatastrophen der letzten eineinhalb Jahrhunderte berichtet. Trotzdem sollte dieses gegenwärtige Hungerleid nicht vergessen werden, diese schwer in Zahlen festzumachende Katastrophe, die kontinuierlich an vielen Orten unseres Globus existiert.

Die Darstellung erfolgt nicht chronologisch, sondern nach systematischen Gesichtspunkten. Ausgewählte Beispiele werden folgenden drei Kategorien zugeteilt:
- „Natur"katastrophen (wie Trockenheit, Überschwemmungen oder andere vergleichbare Auslöser) und Hungersnöte
- Planwirtschaftliche Agrarpolitik und Hungersnöte
- Krieg und Hungersnöte

Die Zuteilung war nicht immer eindeutig möglich, oft gibt es Überschneidungen. Die Darstellung anhand dieser Kategorien ermöglicht die Analyse der Ursachen von Hungerkatastrophen[2] besser als wenn sie rein chronologisch erfolgt wäre. Jedoch dürfen Kategorien und Ursachen nicht verwechselt werden.

Mit der Kategorie „planwirtschaftliche Agrarpolitik" wird hier die grobe Zweiteilung aus der Zeit des „Kalten Krieges" aufgenommen. Durch deren Verwendung soll nicht (indirekt) unterstellt werden, mit „kapitalistischer Agrarpolitik" auf der anderen Seite wäre Hunger nicht in Zusammenhang zu bringen. Denn sehr wohl muss diese sich z.B. den Vorwurf gefallen lassen, die Verteilungsfrage ungenügend im Auge zu haben, wie sich in den Kapiteln zu den Naturkatastrophen, aber auch zu den Kriegen zeigen wird. Ideologisch argumentierte „planwirtschaftliche Agrarpolitik" u.a. damit, dieses (Verteilungs-) Defizit beheben zu wollen. Dies wurde mehrfach mit äußerster Gewalt und teilweise (sehr) stümperhaft versucht, sodass das versprochene Paradies auf Erden jeweils für Millionen, ja für Dutzende von Millionen Menschen genau im Gegenteil endete: im brutalen Hungertod. Diese Katastrophen bedurften einer eigenen Kategorie. Der Versuch, sie der Natur in die Schuhe zu schieben, lässt sich an ihnen ebenfalls beobachten.

So gewaltig und dem Menschen feindlich gesinnt sich die Natur bisweilen präsentierte (und immer noch präsentiert), in den seltensten Fällen kann sie alleine für eine Hungersnot verantwortlich gemacht werden, ganz im

Gegenteil. Dies galt schon in historisch früheren Zeiten, aber gilt viel mehr für die Gegenwart. So sind – um vorwegnehmend ein erstes Ergebnis anzudeuten – in den vergangenen 150 Jahren bei vielen Hungersnöten Faktoren nachzuweisen, die primär (oder ausschließlich) mit menschlichem Handeln zusammenhängen. Viel schwieriger ist es dagegen eine Hungersnot zu finden, die zur Gänze natürlichen Auslösern zugeschrieben werden kann. Gerade die schlimmsten Hungerkatastrophen der jüngeren Vergangenheit weisen einen hohen „man-made" Anteil aus.

2.1 Hungersnöte – reine Naturkatastrophen?

Ein „zu wenig" an Wasser ist historisch betrachtet und gemessen an der Zahl der Todesopfer die schlimmste „Natur"katastrophe. Neben Dürre verursachte vor allem ein „zu viel" an Wasser Hunger. Lange Regenperioden (Nässe und Kälte), überdurchschnittlicher Regen (Überschwemmungen), große Sturmfluten bzw. Flutwellen haben die Ernährungslage oft und oft aufs Unangenehmste beeinträchtigt. Auf beides wird in diesem Kapitel einzugehen sein und sich zeigen: Selbst da, wo es auf den ersten Blick am wenigsten vermutet wird, spielt das Agieren von Menschen eine wesentliche Rolle. Die Natur der Katastrophe ist nicht bloß natürlich.

2.1.1 „Vergiss Deine Frau" Dürre und Trockenheit

Dürre ist *„nicht so viel Wasser, wie die Menschen benötigen"*. Der Landwirtschaftsminister von Niger, Ari Toubo Eibrahim (zit. nach: Wijkman/ Timberlake 1986, 51), beschrieb 1982 mit dieser recht einfachen Definition die Naturkatastrophe, als deren beklemmendste Folge Hungersnöte auftreten. Collins und Moore Lappe (1978, 131) betonen zurecht die Verantwortung von Menschen, wenn sie schreiben: „Trockenheit ist ein natürliches Phänomen, der Hunger ein menschliches".

Hunderte Millionen Menschen litten alleine im 20. Jahrhundert an den Folgen von Dürre und Trockenheit, viele Millionen starben daran. Trotz alledem werden Dürre und Trockenheit in der Hunger- und Naturkatastrophenforschung äußerst stiefmütterlich behandelt.[3] Beispielsweise übersieht Robin Clark (1994, 72) in seinem Buch über Wasser deren Dimension und Ausmaß, wenn er behauptet, dass „von allen Naturkatastrophen [...] Überschwemmungen die meisten Toten" verursachen. Er quantifiziert dies auch und meint, 40 % aller Sterbefälle der „Natur"katastrophen würden durch Überschwemmungen bedingt. Bei aller Vorsicht, die bei solchen Schätzungen zu walten hat, dürfte der Anteil der Überschwemmungstoten unter 20 % liegen, der World Disasters Report (1995) beziffert ihn gar nur mit 8,7 %. Für Dürretote wird in dieser Studie ein Anteil von 53,1% an all den durch „Natur"katastrophen ums Leben gekommenen Menschen genannt. Eigene Berechnungen ergaben einen noch wesentlich höheren Wert von 76,5 % (vgl. dazu: Nussbaumer 1996c, S. 18 f. und 159-166).

In der imaginären Gruft für Hungerkatastrophenopfer erschreckte bereits die Dimension jener Kammer, in der jene Toten lägen, die wegen „natur"-verursachten Widerwärtigkeiten verhungert waren. Und würden jene, die hier zu beerdigen gewesen wären, mit argumentieren können, wiesen sie auf jene vielfach übersehenen Faktoren, die dabei von Menschen zu verantworten sind.

Tatsächlich haben Dürrehungersnöte einen beträchtlichen „man-made" Anteil. Unter anderem folgende Faktoren lassen eine „Natur"- zu einer Sozialkatastrophe werden:
- falsche Agrarpolitik, wie etwa zu intensive Tierhaltung, Nichtberücksichtigung wasserarmer Pflanzen, Getreideanbau in ökologisch dafür nicht geeigneten Bereichen etc.,
- relative demographische Überbeanspruchung eines Gebietes,
- ungerechte Verteilung knapper Wasserreserven,[4]
- keine bzw. nur ungenügende Realisation von Vorbeugemaßnahmen, z.B. von Bewässerungsanlagen oder sonstigen Infrastrukturen (Verkehrswege, Vorratslager etc.),
- zu spätes Reagieren vonseiten der Herrschenden auf sich anzeigende Dürrekatastrophen, wie es etwa in Äthiopien in den Jahren 1973 f. und 1984 f. zu sehen war,
- politische Wirren in einem Land, die beispielsweise 1921 ff. in der UdSSR

- oder 1991 f. in Somalia ein Reagieren auf die Dürre verunmöglichten,
- ungenügendes politisches Gegensteuern auf handels- und preisökonomische Effekte, die regelmäßig bei Dürren auftreten und die schon in der biblischen Josefgeschichte geschildert werden.

Seit sich Märkte global gestalten lassen, sind auch die Auswirkungen weltumspannend. Hunger und Hungersnöte ereignen sich nicht mehr notgedrungen dort, wo die Dürre am ausgeprägtesten ist. Durch die internationalen Austauschbeziehungen oder durch Preissteigerungen bei knapper werdenden Lebensmitteln können sie in Regionen fernab vom Dürregebiet verlagert werden. Dies belegen Erntejahre wie 1972 oder 1988. Große Trockenheit in verschiedenen Getreideanbauregionen der Erde ließ jeweils die Preise auf den Weltmärkten stark ansteigen. Nach der extremen Dürre von 1972 in der UdSSR stiegen diese bis in die zweite Hälfte des Jahres 1973 gegenüber dem Vorjahrespreis um fast 130 %. Die Sowjetunion hatte damals 28 Millionen Tonnen Getreide aus den USA importiert. Auf Grund leerer Getreidespeicher stieg auch der Preis für Reis, die Verteuerungen schufen gravierende Probleme für viele arme Länder. Indirekt hatte die Dürre in der UdSSR in Ländern wie Pakistan oder Indien zu Versorgungsengpässen geführt (Nussbaumer 1996c, 163 f.).

Millionenfach verdursten und verhungern in Trockenzeiten Rinder und Schafe, was ebenfalls nicht ohne Auswirkungen auf Versorgungslage und Märkte bleibt. Darauf soll hier nicht näher eingegangen werden, lediglich auf die Dimension solchen Sterbens sei wenigstens an einem (extremen) Beispiel hingewiesen: Zwischen 1897 und 1904 sollen in Australien fünfzig Millionen Schafe und 4,5 Millionen Rinder verendet sein.[5]

Eine exakte Abgrenzung zwischen natürlichen und menschlichen Faktoren bei Hungerkatastrophen durch Dürre oder andere Naturphänomene fällt oft schwer. Die Trennlinie hat sich im Verlauf der Geschichte stark verschoben und heute können die „man-made" Ursachen kaum mehr unterschätzt werden. Collins/Moore Lappe fassten dies in dem oben zitierten Satz zusammen: „Trockenheit ist ein natürliches Phänomen, der Hunger ein menschliches".

Dass beim Kampf gegen Dürre und damit um Wasser die Armen oft das Nachsehen haben, weisen Wijkman/Timberlake (1986, 72 ff.) für den Nordosten Brasiliens anschaulich nach. Der brasilianische König Don Pedro II. hatte schon im 19. Jahrhundert ein Gelübde abgelegt, demzufolge kein Edelstein in seiner Krone bleiben solle, solange der Nordosten Brasiliens unter Dürre zu leiden habe. Es blieb ein leeres Versprechen. So wenig wie damals wurde später versucht den Notleidenden tatkräftig beizustehen. Nicht weniger als 17 Dürreperioden peinigten seit Beginn des 20. Jahrhunderts bis Mitte der 80er-Jahre die armen „nordestinos". Über 10.000 von ihnen verhungerten allein in den Jahren 1992/93 (vgl. IDNDR 1998, 122). Ende 1997/Anfang 1998 wurde diese Region – sie ist mehrfach so groß wie Deutschland – wieder von einer Dürre heimgesucht (vgl. NZZ v. 22. Juni 1998, Verm. Meld.). Die verschiedenen Maßnahmen zur Bekämpfung der Dürrefolgen dienten bislang unverhältnismäßig mehr den Reichen (Großgrundbesitzern, reichen Bauern etc.) als den Armen.[6]

In den letzten 150 Jahren sind in fast regelmäßigen Abständen Dürrehungersnöte rund um den Globus aufgetreten, die jeweils weit über eine Million Tote forderten. Sie sind in Grafik 8 zusammengestellt. Keine andere „Natur"katastrophe war Anlass für nur annähernd so viele Opfer. Indien, China, Russland, Teile Afrikas (besonders die Sahelzone), der schon erwähnte Nordosten Brasiliens und andere geografische Räume wurden und werden immer wieder von absoluten Niederschlagsdefiziten heimgesucht und Menschen millionenfach buchstäblich ausgetrocknet. Recht drastisch und konkret umschreiben die Tuaregs aus dem Sahelgebiet große Dürrekatastrophen. Ausdrücke wie *„Vergiss deine Frau"* oder *„Verkauf von Kindern"* gelten bei ihnen als Synonyma für Dürrejahre (Wijkman/Timberlake 1986, 60). Die Sprache gelangt an ihre Grenze, wenn es darum geht, das Grauen von Dürrekatastrophen zu beschreiben, ein Grauen, das im schlimmsten Fall zu Kannibalismus führt: so 1877 in China und 1921/22 in der Ukraine/UdSSR, um nur zwei Beispiele zu nennen.

Hungersnöte in Indien und China (1850-1900)

Der permanente Nahrungsmangel im Asien des 19. Jahrhunderts gehört zu den traurigen Kapiteln der Weltwirtschafts- und -sozialgeschichte. China und Indien verzeichneten schon damals eine hohe Bevölkerungsdichte, sodass

Hungerkatastrophen in diesen Gebieten immer untrennbar verbunden waren mit oft millionenfachem Massensterben. Mehr als 100 Millionen Chinesen und 20 Millionen Inder seien allein im 19. Jh. gestorben, weil sie ihre Handvoll Reis nicht bekamen, berichten André Glucksmann und Thierry Wolton in ihrem Buch „Politik des Schweigens" (1989, 293). Allein während der hier untersuchten schlimmsten Dürreperioden verhungerten zwischen 25 (niedrige) und ca. 50 (hohe Schätzung) Millionen Menschen (vgl. Tab. 3).

Schwere **Dürrekatastrophen** seit 1850

Weltweit: Weniger Todesopfer nach 1960

Angaben in absoluten Zahlen

Indien 1866/67
Persien 1870/72
Indien 1876/1877
China 1876/79
China 1892 ff.
Indien 1898/1900
Niger 1913
China 1920
UdSSR 1921/22
China 1928 f.
Indien 1942/43
China 1942/43
China 1959/62
Indien 1965/67
Sahel 1968/75
Indien 1972/73
Aethiopien 1973
Mosambik 1981
Sahel 1983/85
Somalia 1992

Schätzung
☐ niedrig   ■ hoch

Millionen Todesopfer

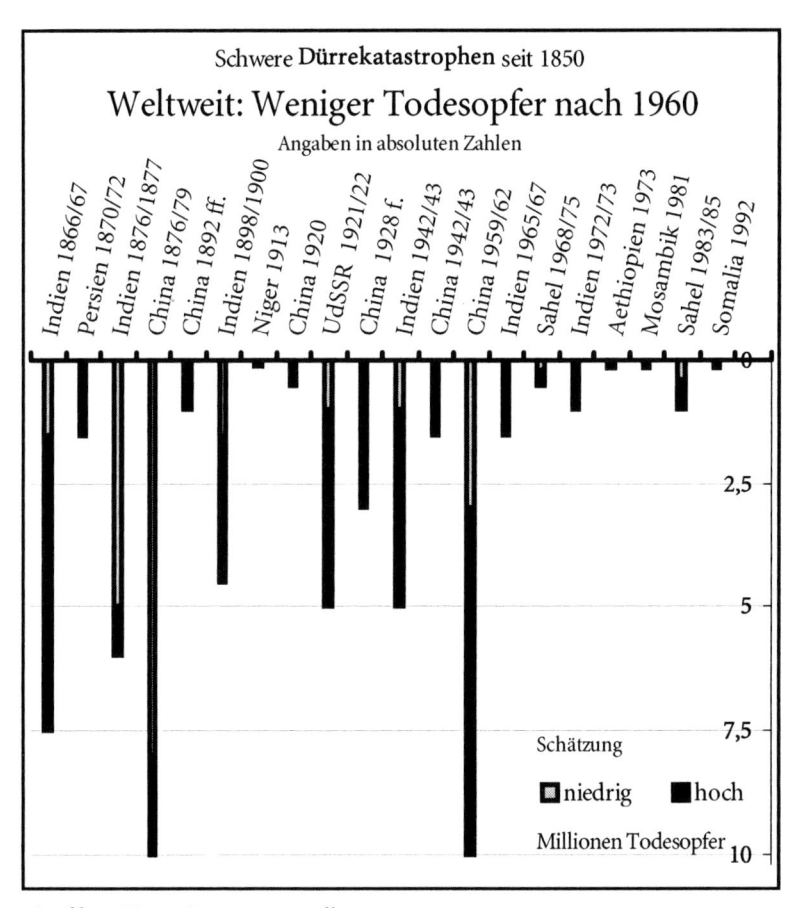

Grafik 8: Eigene Zusammenstellung

Tabelle 3: Große Hungersnöte in Indien und China 1850-1914 (Auswahl/Schätzungen)[7]

Zeit	Land	Tote	Quelle
1850-65	China	2.000.000	Globale Trends 1996, 375
	Taiping-Rev.	20.000.000	Nussbaumer 1999, Anm. 4
1866 f.	Indien	1.000.000	Oltersdorf 1996, 13
		1.500.000	Davis 1992, 82 f.
		7.000.000	M´s gr. K-Lex.IX 1909, 657
		10.000.000	Kingston/Lambert 1980, 85
1869	Indien	1.200.000	Enc. As. (1884) 1976, 1075
		1.500.000	Masefield 1963, 13
1876 ff.	Indien	4.000.000	Castro 1959, 202
		5.000.000	Pearce 1990, 178
		> 6.000.000	Davis 1992, 72 f.
1876 ff.	China	9.000.000	Oltersdorf 1996, 13
		9.500.000	Davis 1992, 72 f.
		13.000.000	Ho 1959, 231
1887	China	900.000	MRück 1988, 24
		2.500.000	Katastrophen 1991, 136 f.
		7.000.000	Davis 1992, 100 ff.
1892 ff.	China	1.000.000	Ho 1959, 233
1898	Indien	1.000.000	Davis 1992 83
1899 ff.	Indien	1.250.000	OFDA 1987, 85
		2.250.000	Nash 1977, 733
		3.250.000	Enc. Brit.IV/1985, 675 f.
1905 ff.	Indien	?	Bhatia 1963, 343
1909 f.	China	?	Ho 1959, 300

Die Folgen der Dürreperioden wurden durch Unfähigkeit oder Unwilligkeit der nationalen und internationalen Behörden (im Falle Indiens vor allem der britischen Kolonialverwaltung) verschlimmert und führten zu katastrophaler Unterversorgung. Auslöser für eine gewaltige Hungersnot im Indien der Jahre 1866/67 (besonders in der Gegend von Orissa) waren Regenfälle, die um zwei Monate vor der normal erwarteten Monsunregenzeit nur unbebaute Felder bewässerten. Die gesamte Ernte war verloren, für viele die Existenz lebensbedrohend gefährdet. Der nächste Monsunregen blieb völlig aus, eine weitere Ernte war verloren, die Situation verschlimmerte sich dramatisch. Weite Bevölkerungsteile litten Hunger, 10 Millionen Menschen (nach hohen Schätzungen, vgl. Tab. 3) verhungerten. Aus Orissa wird berichtet, dass 27 % der Bevölkerung starben, in gewissen Gebieten Bengalens sollen drei Viertel der Bevölkerung „hinweggefegt" worden sein (Enc. As. 1884, 1074). Mitten in der Hungersnot lief übrigens – um an einem Beispiel das Verhalten der britischen Beamten zu illustrieren – ein Getreideschiff vor der Küste der betroffenen Region auf Grund. Die Verwalter vor Ort gestatteten allerdings nicht, dass das Getreide an die Hungernden verteilt würde, weil das Schiff unter allen Umständen an den Bestimmungsort Kalkutta fahren sollte. In der Folge verfaulte das Getreide in den Lagerräumen des Schiffes, während die Beamten endlose Debatten darüber führten, wie es an seinen Bestimmungsort gebracht werden könnte (vgl. Kingston/Lambert 1980, 85).

Als ursächlicher „man-made" Anteil muss die sträflich vernachlässigte Vorsorgepolitik gelten: Obwohl Dürreperioden in dieser Gegend nicht selten waren, war es bislang verabsäumt worden, Wasserdämme zu bauen. Auch den Transportmöglichkeiten zur Verteilung von Lebensmitteln war bis dahin kaum Beachtung geschenkt worden. In beiden Bereichen sollte diese Hungersnot einiges bewirken. Sowohl der Ausbau des Eisenbahnnetzes als auch der Bau von Staudämmen zum Betreiben von Bewässerungsanlagen wurde ab nun in Erwägung gezogen (Alsdorf 1940, 69). Mittels der Stauseen sollte insbesondere eine regelmäßigere Bewässerung ermöglicht und Auswirkungen der Dürreperioden zumindest gemildert werden. Mit einem verbesserten Eisenbahnnetz sollten Nahrungsmittel schneller und effizienter transportiert und verteilt werden können. Die nächste Hungerkatastrophe kam jedoch zu schnell. So konnten die geplanten Maßnahmen noch keine Wirkung entfalten. Die Jahre 1876-1879 sollten zu der wohl schlimmsten Hungerperiode Indiens (und Chinas) werden (vgl. Tab. 3).

In den Jahren 1875 und 1876 war in Südindien erneut der Monsunregen ausgeblieben. In der Provinz Maisur z.B. sollen die Ernten 1876/78 nur ein Sechzehntel einer Durchschnittsernte erreicht haben. Millionen Hektar landwirtschaftlicher Boden verdorrten, die Preise für Nahrungsmittel stiegen in schwindelerregende Höhen. Für die Einkommensschwächeren war es bald unmöglich, noch Lebensmittel zu kaufen. Auf Grund der vorherrschenden Freihandelsdoktrin wurde der Nahrungsmittelhandel in keiner Weise beeinflusst und die britische Regierung sah keine Veranlassung, ihre Wirtschaftsdoktrin zu ändern. Selbst der Export von Getreide aus den Hungergebieten wurde nicht unterbunden (Collins/Moore Lappe 1978, 118). Dies bedeutete das Todesurteil für Menschen vieler Regionen. Insgesamt sollen 36 Millionen Inder von der Hungersnot betroffen gewesen sein. Augenzeugen berichteten von schrecklichem Elend. „Ein Herr, der durch ein Tal im Bezirk Wynaad fuhr, zählte 29 Leichen auf dem Weg. Ein Kaffeepflanzer, der in einer Hütte Zuflucht suchte, fand dort sechs verwesende Leichen. Täglich sieht man in den Straßen von Madras Mütter, die ihre Kinder zum Kauf feilbieten." (Katastrophen 1991, 134). So und ähnlich lauten die Berichte aus dem damaligen Südindien. In Madras stieg die Sterblichkeit von 19,7 auf 70,2 Einwohner pro Tausend, die Zahl der Geburten fiel dagegen auf ein Viertel. Viele der in den Hilfsstationen tot geborenen Kinder waren sozusagen „in utero" verhungert. Dazu kam eine Atrophie der weiblichen Genitalorgane und ein Erlöschen der männlichen Zeugungskraft (Pfeiffer 1882, 3). Bis zum Herbst 1877 hatte sich die Hungersnot vom Süden bis in den Norden Indiens ausgebreitet, zu den Verhungerten kamen auch viele Seuchentote. Erst Ende 1878 linderte sich die Not.

Auf Grund dieser Erfahrungen wurde erstmals in der Geschichte Indiens mit dem so genannten „Famine Code" ein System entwickelt, das helfen sollte, einen drohenden Hungernotstand rechtzeitig erkennen zu können und Maßnahmen zu treffen, um die Menschen zumindest vor dem Sterben zu bewahren (Katastrophen 1991, 134). Zudem sollte ab dem Jahr 1877 einer drohenden Hungersnot budgetär mit einer Art „Hungergeld" entgegengewirkt werden. Unter dem Posten „Famine Relief and Insurance" wurden 1.500.000 Pfund Sterling bereitgestellt (Buchenberger II, 1893, 299). Diese Versuche glichen eher den auf einen heißen Stein fallenden Tropfen. Bei folgenden Hungersnöten konnten durch sie die Mägen vieler nicht gesättigt werden.

Etwa zur gleichen Zeit litten große Teile der Bevölkerung Chinas an einer ähnlich erbarmungslosen Hungersnot. Im Nordwesten des Riesenreiches soll drei Jahre kein Regen gefallen sein. Von dieser Dürre waren rund 70 Millionen Chinesen betroffen (Walford 1878, 444). Nach chinesischen Regierungsquellen kamen zwischen 1876 und 1878 etwa 9,5 Millionen Menschen ums Leben, diverse Missionsberichte schätzen die Zahl der durch Hunger- und Seuchentod Umgekommenen sogar auf 13 Millionen Menschen. Diese Jahre zählen in jeder Hunger- und Katastrophenchronik zu den schlimmsten der Neuzeit.[8]

Als die Situation sich zuzuspitzen begann (im Winter 1875/76), befahl der kaiserliche Hof in Peking, in den Tempeln besondere Gebete zu sprechen. Selbst der achtjährige Kaiser Kuang-hsü flehte bei den Göttern um Regen für das Volk. Traditionelle Bräuche lebten wieder auf. So ließ sich etwa der Friedensrichter der Stadt Weifang (Provinz Shandong) als Zeichen seiner Bußfertigkeit von seinen Bediensteten an Hals, Handgelenken und Füßen in Ketten legen. So gefesselt zog er durch die Stadt zum Haupttempel, um dort um Regen zu beten. Der Prozession folgten Scharen von Gläubigen, bedeckt mit Kränzen aus Weidenlaub und Zweigen, den traditionellen Mitteln gegen Trockenheit (Katastrophen 1991, 132 f.). Ebenso glaubten westliche Missionare an einen Ausweg durch Bekehrung der Chinesen zum „wahren Glauben", dem Christentum. „Wenn das Volk Regen haben will, muss es den toten Götzenbildern abschwören und sich dem lebendigen Gott zuwenden", predigte der baptistische Missionar Richard Timothy aus Wales. Damit hatte der Missionar zwar Erfolg, die Lage der Bevölkerung im betroffenen Gebiet wurde trotzdem immer hoffnungsloser.[9]

Nachdem 1876 das letzte Getreide verbraucht war, begannen die Menschen „Ulmenrinde, Rübenblätter und Grassamen zu essen", schrieb Richard Timothy an die Missionsgesellschaft in London. „Wenn auch das nicht mehr möglich ist, reißen sie ihre Häuser nieder, verkaufen das Holz und essen fast überall das verfaulte Kauliangschilf (Sorghumstängel), mit dem die Dächer gedeckt sind. Tausende leben davon, und Tausende sterben, weil sie nicht einmal das haben." (Katastrophen 1991, 133). Und da die Hungernden bald auch keine Häuser mehr hatten, zogen sie in große unterirdische Höhlen, die bis zu 240 Menschen fassen konnten. Viele starben in dieser drangvollen Enge schon nach einigen Wochen. In der Not wurden Kinder verkauft, Frauen in die Prostitution getrieben. Hungrige Dorfbewohner raubten, plünderten und mordeten. Die Regierung reagierte darauf mit harten Strafen, jede Gesetzesabweichung wurde drastisch geahndet. Enthauptungen waren an der Tagesordnung, besonders gefürchtet war der so genannte „Sorgenkäfig", in dem man Verbrecher dem Hungertod überließ. Trotz solch harter Strafen ließ sich Recht und Ordnung nicht aufrechterhalten.

Im Gegenteil: Einzelne verfielen ob der Verzweiflung in anarchischen Kannibalismus.[10] In Shanxi beispielsweise – hier war es im Winter 1877/78 bitterkalt – sollen sich die Menschen kaum getraut haben, in die Kohlegruben des Landes zur Arbeit zu gehen, was nicht ohne Auswirkung auf die Energieversorgung blieb. Zu sehr sollen sie sich geängstigt haben, von Kannibalen überfallen, beraubt und möglicherweise sogar wie das Fleisch des eigenen Maultieres oder Esels auf dem Markt feilgeboten zu werden.[11] Wer nur irgendwie in der Lage war, versuchte aus den Hungergebieten zu fliehen. Oft waren aber die Menschen zu schwach, die wenigen Wege, so heißt es, "waren mit Leichen gesäumt".[12]

Die Verkehrsverbindungen waren extrem schlecht, ein Verkehrsnetz – besonders im Landesinneren – teilweise kaum vorhanden. Dies verunmöglichte es weitgehend, von anderen Landesteilen Nahrungsmittel in die Hungerregionen schaffen zu können. Ohnedies waren infolge korrupter Verwaltungen kaum Vorräte vorhanden. Wieder verschlimmerten "man-made" Faktoren die drei Jahre ohne Regen immens.

In Indien und China hatte in der zweiten Jahrhunderthälfte eine lange Periode des Mangels großen Schrecken verbreitet. Die eben geschilderten Jahre stellen darin den Tiefpunkt dar. In China sollen, so Krebs (1892, 206), zwischen 1870 und 1890 lediglich die Jahre 1882 und 1883 dürrefrei gewesen sein. Sonst herrschte immer irgendwo im Lande todbringender Lebensmittelmangel. Die Not ließ nicht nur Unzufriedenheit entstehen, regelmäßig wurde diese in (regionalen) Unruhen und Aufständen offen zum Ausdruck gebracht. Noch zu Beginn der 1890er-Jahre rumorte es weit herum (vgl. Grafik 9).

Gegen Ende des Jahrhunderts wütete im Süden und Westen Indiens wieder eine große Hungersnot: auf einem Gebiet von bis zu 800.000 Quadratkilometern (der 10fachen Fläche des heutigen Österreichs) und in einem Lebensraum für 60 bis 70 Millionen Menschen (Davis 1992, 83). Nach pessimistischen Schätzungen starben in den Jahren 1896 und 1897 fünf Millionen Inder den Hungertod (Becker 1996, 273). Im Hissardistrikt (Punjab), er war von besonders intensiven Dürren betroffen, soll im Jahr 1897 nicht weniger als 92 Prozent (!) des gesamten Viehbestandes zu Grunde gegangen sein.[13]

China: Dürre und Unruhen 1889-1892

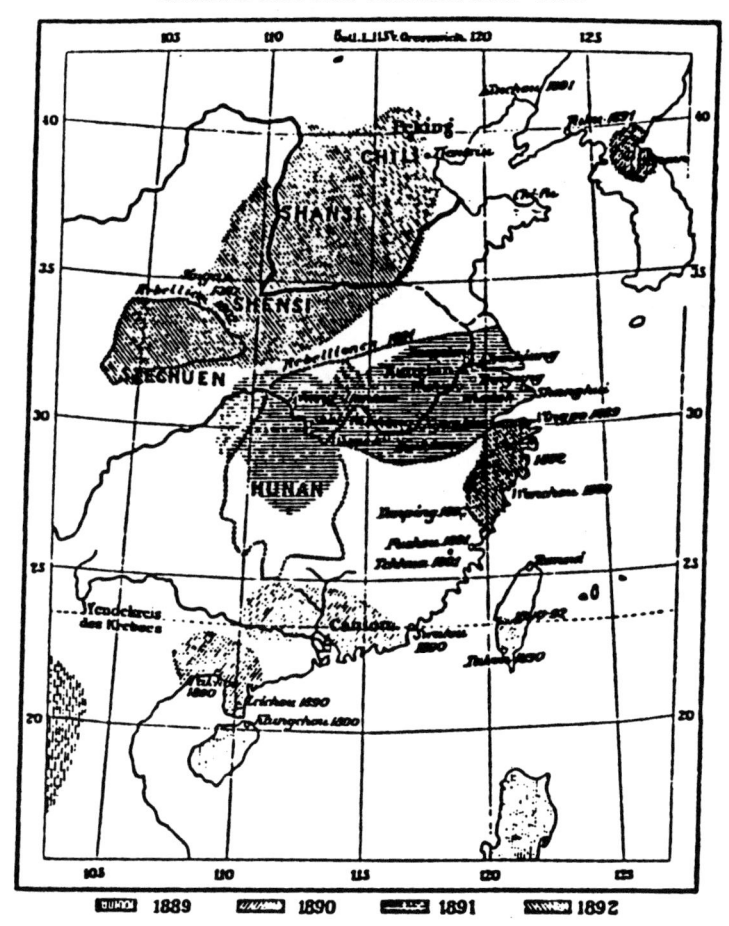

Grafik 9, aus: Krebs 1892, 108.

Primäre Auslöser dieser Tragödien waren natürliche Faktoren. Trotzdem: Durch rechtzeitiges wirtschaftliches/politisches Gegensteuern (z.B. Lagerhaltung, Ausbau von Bewässerungsanlagen sowie Transportsystemen, sozialer Verteilung etc.) wäre es möglich gewesen, die Folgen dieser natürlichen Phänomene zumindest etwas zu mildern.[14] Den „man-made" Anteil für die

Tabelle 4: Große Hungerkatastrophen außerhalb Europas 1939-1945 (Schätzungen)

Jahr	Land	Tote/Folgen	Quelle
1939	China	200.000	Davis 1992, 73
		500.000	OFDA 1995, 50
		1.000.000	OFDA 1987, 43
		„Millionen"	Katastrophen 1991, Anhg.
Auslöser waren Überschwemmungen, denen eine Hungersnot folgte.			
1940	Kap Verde	20.000	OFDA 1987, 36
1941 ff.	Sahel	?	Schiffers '76, 198
In Äthiopien kommt es zu einem Viehverlust von 75 bis 90%			
1942 f.	China	1.000.000	Nash 1977, 734
		1.500.000	Davis 1992, 73 ff.
		2.000.000	Arnold 1988, 18
		3.000.000	Davis 1992, 73 ff.
Es kam zu Kannibalismus			
1942 ff.	Indien/Bangladesh	1.000.000	Rothermund 1985, 145 f.
		1.500.000	Davis 1992, 83 ff.
		1.900.000	IDNDR 1993, 19. X.
		2.000.000	Imfeld 1985, 130
		3.000.000	Kingston/Lambert '80, 85
		4.000.000	Davis 1992, 83 ff.
Außerhalb Chinas und der UdSSR soll es die größte Hungersnot des 20. Jahrhunderts gewesen sein. Wegen des 2. Weltkrieges trat sie kaum ins öffentliche Weltbewusstsein.			
1943	Burundi	35.000	OFDA 1987, 2
		50.000	Masefield 1963, 14
1944 ff.	Sahel	?	Schiffers 1976, 41

geschilderten Fälle schätzen oder benennen zu wollen, hängt ganz davon ab, von welchen Voraussetzungen man ausgeht, von welchen Bedingungen man annimmt, sie wären (mehr oder weniger leicht) zu erfüllen gewesen oder eben nicht. Tatsache bleibt: Es ist nur wenig geschehen. Spekulationen darüber, was hätte sein können, vermögen den Verstorbenen nicht mehr zu helfen. Um solche Voraussetzungen zu streiten lohnt sich jedoch, um bessere Strategien zur zukünftigen Minimierung der Dürrewirkungen gewinnen zu können.

Ist die Natur im 20. Jahrhundert für Indien zahmer geworden?

Trotz erheblicher Zunahme der Bevölkerung fielen die indischen Hungersnöte von 1942/44 und von 1965/67 – bei all ihrer Tristesse – in der Dimension weit weniger schlimm aus als noch jene des 19. Jahrhunderts. Ist die Natur zahmer geworden oder hatten die besseren Transportbedingungen und eine bessere „Vorsorgepolitik" (erste) Früchte getragen? Welche Rolle spielte der Wandel hin zu einer demokratischeren Regierungsform dabei, dass große Hungersnöte auf diesem Subkontinent in den letzten 50 Jahren kaum mehr zu beobachten waren?

Zum Ursachenprofil des „Dürre-Hungers" 1942/44

Menschen in einer Dürreregion kann es ergehen wie den Kastanien von Bäumen am Straßenrand, die überfahren und von niemandem aufgelesen werden.

In den Jahren 1942/44 verhungerten zwischen einer und vier Millionen (je nach Schätzung vgl. Tab. 4) Menschen unter ungeheuren Gräueln. Die Leichen der Verhungerten, schreibt Jose de Castro (1959, 202 f.), bedeckten „die Straßen von Kalkutta in solcher Menge, daß ihre Beiseiteschaffung unmöglich war". Einen englischen Militärarzt, der sich damals im Hungergebiet aufhielt, zitiert er mit folgenden Worten: „Die Hunde hatten davon ihre besten Tage. Sie fraßen das Menschenfleisch, bevor die städtischen Behörden die Körper derer, die in den Straßen der Stadt Hungers starben, hinwegschaffen konnten." Laut Hobhouse tötete diese indische Hungersnot mehr Menschen, als im ganzen Zweiten Weltkrieg „östlich von Suez zwischen 1941 und 1945 starben".[15] Mag sein, dass diese Formulierung etwas übertrieben ist, wenn man die Schlachtfelder in Südostasien mit berücksichtigt. Jedenfalls stellt dieses indische Hungerfiasko das Schlimmste der letzten sechs Jahrzehnte auf dem Subkontinent dar.

Lester Brown spricht von der Hungersnot in Bengalen während des Zweiten Weltkrieges[16] als der „letzten großen Hungersnot, die den Wechselfällen des Wetters zuzuschreiben ist" (vgl. Collins/Moore Lappe 1978, 119). Trifft

Tabelle 5: Ursachen der indischen Hungersnot von 1942/1944

HUNGERURSACHEN	Quelle
Natur	
Trockenheit und Dürre	OFDA 1987, 85
„Letzte große Hungersnot, die den Wechselfällen des Wetters zuzuschreiben ist."	Lester Brown nach: Collins/Moore Lappe 1978, 119
Schwere Regenfälle, Taifun, Flussüberschwemmungen	Davis 1992, 83 f.
Braunfäule	Mooney 1991, 64
Mensch und Natur	
„Excessiv Rain and wartime difficulties of supply"	Masefield 1963, 14
Mensch	
Zweiter Weltkrieg, falsche Entscheidungen der indischen Regierung; Habgier	Davis 1992, 83 f.
Zusammenbruch des Transportwesens infolge von Kriegswirren	Bev. Ploetz II, 349
Getreideexport trotz Trockenheit und schlechter Ernte	Collins/Moore Lappe 1978, 118
Verteilung: „Die Nahrungsmittel gingen dorthin, wo das Geld war."	Collins/Moore Lappe 1978, 118
Landwirtschaftsstruktur: Vernachlässigung der Produktion von Lebensmitteln, Steigerung des Baumwollanbaus etc.	Collins/Moore Lappe 1978, 118
Horten	Keys et al. 1950, 786
Spekulation	Kingston/Lambert '80, 85
„Reisesser wussten nicht, was sie mit Weizen anfangen sollten"	Tannahill 1973, 404

diese Einschätzung zu oder wurde diese Tragödie nicht zusätzlich durch eine ganze Reihe von „man-made" Faktoren verschärft?

Ein Blick auf das Ursachenprofil der Katastrophe mag zur Beantwortung hilfreich sein (vgl. dazu Tab. 5).

Länger ist die Liste der „man-made" Faktoren. Auf die Frage: „Was there a food availability collapse?" antwortete Amartya Sen einmal mit einem klaren „*No*", auf eine Zweite: „What was the general economic climate" nur knapp mit „*Boom*". Für ihn wurden die Hungernden und Verhungerten dieser Jahre ganz klar Opfer einer Verteilungskrise (Sen 1986, 163). Pointiert meinen Glücksmann und Wolton (1989, 308), Indien sei seither von einer so extremen Hungersnot verschont geblieben, nicht so sehr wegen der landwirtschaftlichen Produktivität, sondern dank der Existenz einer freieren Presse. Unter demokratischeren Rahmenbedingungen, in einem freieren Land würde früheres Aufdecken von Missständen den Staat zwingen, schneller zu handeln und zu reagieren, bevor der schlimmste Fall eintrete.[17]

Wenngleich seit jenen Tagen Indien von Hungersnöten mit der Dimension à la 1942 ff. verschont blieb, so blieb das Land weiterhin anfällig. Noch sind sie nicht ein für alle Mal besiegt, es traten weitere solche, wenn auch etwas weniger gravierende Perioden auf: etwa 1957/58, oder 1965/67 (vgl. den folgenden Abschnitt) und 1972/73.

Akaler Sandhane, ein junger, engagierter Filmemacher aus Kalkutta drehte 1980 über die Katastrophe von 1942/44 den Streifen „Spuren einer Hungersnot"[18]. Dabei löste die Filmcrew – so wird in einer Story über sie erzählt – durch ihre Einkäufe Preissteigerungen bei Lebensmitteln aus, die im Drehgebiet zu Versorgungsschwierigkeiten führten. Das Filmteam musste die Dreharbeiten dort abbrechen. So gefährdet Indiens Ernährungslage nach wie vor ist, im Gegensatz zu China ist es bei der weiterhin auftretenden Unbill gelungen, deren ärgste Folgen zu mildern oder weitgehend zu vermeiden.

Teilerfolge

Das Ausbleiben eines Monsunregens 1965/66 löste wieder einmal eine große Dürre aus. Konnten 1964 noch rund 94 Millionen Tonnen Getreide geerntet werden, so sanken die Erträge in den beiden Folgejahren auf rund 80 Millionen Tonnen (Weber/Ehlers 1988, 52). Rascher und wirksamer als früher wurde diesmal versucht, gegen zu steuern. In der Hauptstadt Delhi wurde bereits im Dezember 1965 mit der Verteilung der ersten drei Millionen Lebensmittelkarten für Reis, Weizen und Zucker begonnen. Durch Zwangsbewirtschaftung bei Grundnahrungsmitteln sowie durch weitere Maßnahmen konnte die drohende Hungersnot zwar nicht abgewendet aber deren Folgen im Vergleich zu vorausgegangenen Trockenperioden erheblich abgeschwächt werden (Chronik 1965, 194; Chronik d. 20. Jh., 95).

Wie früher hatte die Dürre ein gewaltiges Ausmaß: Die indische Regierung erklärte im Februar 1966 sieben der sechzehn Unionsstaaten zu Katastrophengebieten. Die Ernährungslage spitzte sich bald zu. Nach einer Mitteilung aus Neu-Delhi von Ende Oktober 1966 standen in den Unionsstaaten Bihar und Uttar Pradesh rund 100.000 Dörfer mit fast 30 Millionen Einwohnern am Rande des Verhungerns (Chronik 1966, 166).

Staatshaushalt, Preispolitik, Entwicklungspläne, Demokratieverhalten, alles war von der Hungersnot betroffen (Chronik d. 20. Jh., 959; Rothermund 1985, 158). Beispielsweise wurden bei Hungerprotesten Ende Februar und Anfang März 1966 in West-Bengalen 5.000 Demonstranten festgenommen. Es war zu blutigen Ausschreitungen mit Verletzten gekommen. Im Juli 1966 wurden in Uttar Pradesh 500 Personen verhaftet, die einen Generalstreik gegen die Regierung von Indira Gandhi organisieren wollten (Chronik 1966, 30, 48 und 118). Im November und Dezember desselben Jahres bekämpften sich Hindus und Moslems in blutigen Auseinandersetzungen wegen eines Schlachtverbotes für Kühe. Mehrere Tote waren zu beklagen. Die rund 50 Millionen Moslems bestanden noch nach dem entsprechenden Erlass der Unionsregierung für zwei Bundesstaaten vom 14. Dezember auf der Erlaubnis, Rindfleisch essen zu dürfen. Für sie sei dies eine wichtige Nahrungsquelle (Chronik d. 20. Jh., 972 f.).

Nebst der Zwangsbewirtschaftung werden weitere vergleichbare Maßnahmen gesetzt. So erklärte die Staatsregierung von Bihar damals Teile der Provinz zu Hungernotstandsgebieten. Damit wurde eine Art Notbremse gezogen. Nach indischer Gesetzgebung wird die Landessteuer für Hungernotstandsgebiete automatisch erlassen und ausstehende Kredite an den Staat werden gestundet (Chronik 1967, 62).

Wichtig war ebenso die Auslandshilfe. Schon im Februar 1966 hatte UN-Generalsekretär Sithu U Thant einen Appell an die „reichen Nationen der Welt" gerichtet. Insbesondere die USA versuchten dem Land zu helfen. Indiens damalige Premierministerin Indira Gandhi, neue Regierungschefin seit Januar 1966, erreichte im März 1966 anlässlich ihres offiziellen USA-Besuches bei US-Präsident Lyndon B. Johnson, dass die USA über sechs Millionen Tonnen Getreide zusätzlich in Aussicht stellten (Chronik 1966, 18, 50 und 70). Auch 1967 lieferten die USA erhebliche Mengen Weizen an Indien. Die deutsche Bundesregierung gewährte dem Land Kredite zum Ankauf von Kunstdünger (vgl. dazu Chronik 1966, 48 und 86) und parallel konnten viele Privatspenden aufgebracht werden. Die evangelische Aktion „Brot für die Welt" finanzierte im Sommer 1966 Kinderausspeisungen in 1.300 Orten. Zehntausende Kinder wurden so mit täglich wenigstens einer warmen Mahlzeit versorgt.

All die Maßnahmen in Indien und die internationalen humanitären Hilfeleistungen linderten die Misere, konnten die Not aber nicht völlig beseitigen (vgl. AdG, 12351; Singh 1975). Im April 1967 wurde „amtlich" von den ersten 500 Verhungerten in Bihar berichtet. Noch Jahre später wird die damalige Situation ganz unterschiedlich bewertet: Für die OFDA (Office of U.S. Foreign Disaster Assistance/Washington, D.C.) gab es „keine Toten", wohl aber 100 Millionen (sic!) Betroffene (OFDA 1987, 86). Die Münchener Rückversicherung (1988, 27) und das deutsche IDNDR-Komitee (1996, 92) sprechen dagegen von 1.500.000 Toten (vgl. Tab. 6).[19] Dass die Dürreperiode nicht wie früher zu noch viel höheren Totenzahlen geführt hatte, war zumindest ein Teilerfolg.

Als Indien 1987 infolge eines neuerlich schlechten Monsunjahres unter einer „Jahrhunderttrockenheit" litt, konnte eine weitere Hungersnot abgewehrt werden. Die Regierung hatte diesmal bereits ein System der Lebensmittellagerung und -verteilung aufgebaut und konnte das Volk durch

Tabelle 6: Schätzungen zu den Hungertoten in Indien 1965 ff.

Hungertote	Quelle
0 (sic!)	OFDA 1987, 86
1.000e	Enc. Brit. IV/1985, 675 f.
1.500.000	Münchener Rück 1988, 27
1.500.000	ORF, Dimensionen v. 27. IV. 1993
1.500.000	Deutsches IDNDR HB 1996, 92

die Folgen der unvermeidlich schlechten Ernte hindurchsteuern. „Die Hungersnot, die keine war" lautete damals die Schlagzeile.[20]

Im Frühjahr 2000 wurde Indien erneut von einer verheerenden Dürre heimgesucht. In Gujarat sprach man sogar von der „schlimmsten ... seit hundert Jahren".[21] Rund 50 bis 100 Millionen Menschen sollen davon betroffen gewesen sein, in vielen Regionen musste der Notstand ausgerufen werden.[22] Trotz dieser schweren Schläge der Natur, gelang es in diesen Fällen eine Hungerkatastrophe, wie man sie aus der langen Geschichte des Landes kennt, zu vermeiden.

Zu Beginn des 3. Jahrtausends ist das Ernährungsproblem in dem Riesenland noch nicht gelöst. 300 Millionen Inder gelten als „mangelernährt".[23] Beim „People's Science Congress", einer Tagung von Nichtregierungsorganisationen und Instituten, die sich für nachhaltige Entwicklung und Landwirtschaft einsetzen, wurde Anfang 2001 festgehalten, im Lande verrotteten rund 50 Millionen Tonnen Nahrungsgetreide. Um die hohen Preise aufrecht erhalten zu können, sollen laut einer Ankündigung der Regierung zwei Millionen Tonnen ins Meer gekippt werden.[24] Wie ein siamesisches Zwillingspaar ist Hunger mit dem Verteilungsproblem verbunden.

Sahel-Getreide wurde selbst in Dürrezeiten verschifft

„Von neun Uhr morgens bis nachmittags um fünf Uhr gibt es keinen Horizont. Dann hängt ein Hitzeschleier über dem Land (...) *Man trinkt Wasser, nicht um den brennenden Durst zu löschen, sondern um nicht verrückt zu werden.* Die Brunnen sind ausgetrocknet und das einzige Wasser sind gelegentliche Quellen, von denen die meisten zu mineralhaltig sind, als dass man davon trinken könnte ... Beinahe jeden Tag kommt ein Lastwagen oder ein Landrover hier an, der Nahrungsmittel bringt. Aber nichts für die Tiere und nur 200 Gramm Milchpulver oder 500 Gramm Hirse pro Person. Die Kinder bekommen von dem Milchpulver Durchfall. *Auf einer 400 Meilen (640 km) langen Reise sah ich nur 4 Kühe, und die fraßen ihren eigenen Dung.*"

Auf Schilderungen wie diese aus Niger – das Zitat stammt von einem europäischen Reporter[25] – könnten jene zurückgreifen, die in der Unterwelt der Hungertoten die Umstände zu schildern hätten, welchen Qualen die Opfer hinter dieser nächsten Tür einmal ausgesetzt waren.

Während des gesamten 20. Jahrhunderts musste der Sahel mehrere Dürreperioden mit verheerenden Hungerfolgen erdulden. Die Exporte brachen trotzdem nicht ab.

Der Sahel ist nicht Afrika, aber liegt dort: Die Krise der Jahre 1968-1974

Die Liga der Rot-Kreuzgesellschaften rüttelte im August 1973 die Weltöffentlichkeit mit der Schreckensnachricht wach, in der Sahelzone und in Äthiopien seien 13 Millionen Menschen und 80 Prozent des Viehs vom Hungertod bedroht (Chronik 1971, 131). Vor allem die Kinder litten an Eiweißmangel und starkem Muskelschwund. Viele Menschen erkrankten an Tbc, Fleckfieber, Malaria, Typhus oder Lungenentzündung. Nach 1911/1914 und 1941 ff. war dies in diesem Gebiet bereits die dritte schlimme Dürreperiode des Jahrhunderts. Ihren Tiefpunkt erreichte sie in den Jahren 1973/1974. 1981/85 folgte eine Vierte.[26]

Ende der 1960er und Anfang der 1970er-Jahre hatte sich eine schwere Dürre quer durch den afrikanischen Kontinent von Senegal bis nach Äthiopien und Somalia gezogen und Länder betroffen, in denen 100 bis 120 Millionen Menschen lebten. Der größte Teil von ihnen (ca. drei Viertel) lebte direkt von der Landwirtschaft. In geradezu klassischer Weise wirkten „Mensch" und „Natur" zusammen. Mit Klötzli (1993, 367 nach: Widstrand) lässt sich dies wie folgt kurz zusammenfassen:

- Einerseits nahmen die Herden der Nomaden erheblich zu: Der traditionell hohen Bewertung der Viehherden (bei fehlenden Alternativen zur Kapitalbildung) waren in den 1960er-Jahren – teilweise gefördert durch Entwicklungshilfegelder – verschiedene Veränderungen entgegengekommen. Dazu gehören eine bessere tierärztliche Betreuung, Erfolge bei der Wasserversorgung durch tieferen Brunnenbau, die effektivere Bekämpfung des Raubwildes.
- Andererseits hatten die Kolonialmächte den Fruchtanbau gefördert. Später waren es einheimische Eliten, die dies weiterverfolgten und welche die sesshaften Bauern oft mittels Steuer-, Geld- und Pachtwesen an die Produktion von agrarischen Exporterzeugnissen, so genannten „crash crops" (wie Erdnüssen, Baumwolle etc.) banden. Viele dieser Produkte

beanspruchten die afrikanischen „Grenzböden" zu stark, ökologischer Raubbau war die Folge.
- Die Konkurrenz zwischen Sesshaftigkeit und Nomadentum ließ das Weideland knapp werden, was dessen Übernutzung zusätzlich verstärkte.
- Durch solche Übernutzung erodierten in weiterer Folge die Böden.

Als in dieser Phase der intensivierten agrarischen Ausbeutung im Sahel eine – sich im Rahmen der üblichen Schwankungen bewegende – Trockenperiode auftrat, kam es zur Katastrophe.

Die Existenzgrundlage für Millionen Menschen und deren Tiere wurde vernichtet. In einem kurzen Streifzug durch die einzelnen Länder wird das Leid und die Notlage am Tiefpunkt der Katastrophe grob skizziert:

SENEGAL: Das Land bot ein äußerst heterogenes Bild. Während der Hungersnot liefen in den Häfen von Senegal Schiffe mit Nahrungsmitteln aus den Industrienationen ein. Gleichzeitig verließen andere Schiffe den Hafen, voll von Baumwolle und Erdnüssen, die im Sahelgebiet gewachsen waren. Hätten viele der hungernden Menschen und Tiere überleben können, wenn die Landwirtschaft auf die Bedürfnisse der einheimischen Bevölkerung ausgerichtet gewesen wäre? (Collins/Moore Lappe 1978, Klappentext).

MAURETANIEN: Die Dürreperiode löste einen wahren Strom an „Umweltflüchtlingen" aus. 250.000 Menschen (ein Fünftel der Gesamtbevölkerung) wanderten in die Städte ab und trafen dort auf jene ehemaligen Bauern, die ihr Land schon früher verlassen hatten (Wöhlcke 1992, 49).

MALI: Das Leben von 250.000 Menschen hing ausschließlich von der Lebensmittelverteilung ab.

ELFENBEINKÜSTE: Dieser Staat mit einer damals vergleichsweise stabilen und entwickelten Wirtschaft war das Ziel von vielen, die vor der sich ausbreitenden Wüste flüchteten (Wöhlcke 1992, 49).

BURKINA FASO: Von ihrer Heimat, dem ehemaligen Obervolta, verabschiedete sich ein Sechstel der Gesamtbevölkerung. Rund eine Million Menschen wanderte aus. Delumeau berichtet in seiner „Geschichte der Angst", dass sich hier die Leute in jenen Jahren aus Angst vor dem Hungertod und wegen der Gefahr, unbegraben irgendwo tot liegen zu bleiben, z.T. „noch selbst lebendig begraben haben" (Delumeau 1989, 171; Wöhlcke 1992, 49).

NIGER: Auch hier waren 200.000 vom Hungertod bedrohte Menschen von der Verteilung von Lebensmitteln abhängig. In jenem Teil Nigers, der an Algerien und Libyen grenzt, standen ungefähr 100.000 Tuareg vor dem Ende ihrer traditionellen Lebensweise. Vergeblich hatten sie mit den wenigen ihnen noch verbliebenen Kamelen und Ziegen auf Regen gewartet, der die Wüste normalerweise innerhalb von drei Tagen in Weideland verwandelt. Nach sieben Dürrejahren waren die Samen des Wüstengrases vertrocknet und tot.

NIGERIA: In der Sahel-Region, dem Norden des Landes, sollen rund 100.000 Menschen an den Folgen von Dürre und Hunger gestorben sein.[27]

TSCHAD: Es verendeten schätzungsweise über eine Million Rinder. Die notleidende Bevölkerung musste zusätzlich für politische Querelen zwischen den USA und dem Tschad büßen. Als nämlich in einer New-Yorker Zeitung das „Lastwagenmonopol" des Landes der Sabotage bei der Lebensmittelverteilung beschuldigt wurde, untersagte Ende Oktober 1974 der Präsident des Landes, N'Garta Tombalbay, die Annahme amerikanischer Lebensmittelhilfe (Chronik 1974, 174)!

SUDAN: Auch hier herrschte große Hungersnot. Viele Rinder verendeten, etwas besser konnten sich Ziegen und Schafe behaupten.

ÄTHIOPIEN: Es wurden besonders die Provinzen Nord-Schaa, Harrer, Wollo und Tigre hart getroffen. Als im Mai 1973 der stellvertretende Gouverneur der Provinz Wollo einen dringenden Hilfsappell in die Hauptstadt Addis Abeba schickte, wurde dieser als „geheime Verschlusssache" behandelt. Der Autor wurde versetzt, die Regierung blieb untätig. Wertvolle Zeit verstrich. Erst später setzten Hilfsaktionen diverser Missionskirchen ein. Für viele Äthiopier kamen diese zu spät, 100.000 bis 200.000 Menschen starben allein in diesem Land den Hungertod (Glucksmann/Wolton 1989, 18 und 37). Bei rechtzeitigem Gegensteuern durch die Behörden wäre dies vermeidbar gewesen. Zur Zeit der größten Hungersnot sollen viele Lebensmittel im Lande verrottet sein. Zudem verkaufte Äthiopien aus der Notreserve 20.000 Tonnen Getreide an den Jemen (Schiffers 1976, 198; Chronik d. 20. Jh., 1089).

Letztlich zeitigte die äthiopische Hungersnot auch politische Folgen. Kaiser Haile Selassie versuchte vergeblich das Desaster geheim zu halten. Die Belastungen und die Unzufriedenheit mit dem Regime bewirkten im September 1974 den Sturz des Monarchen, der seit 1930 an der Macht gewesen war.

Im März 1974 brachten nach sechsjähriger Dürre sintflutartige Regenfälle in zahlreichen Provinzen im Landesinneren gewaltige Überschwemmungen. Viele Tiere, die die Dürre überstanden hatten, ertranken in den Fluten.

Hatte vorher die Dürre die Landwirtschaft in den Ruin getrieben, so bedrohte jetzt das Wasser ganze Landstriche und führte zu Knappheit und Hunger.[28] SOMALIA: Im östlichsten Teil dieses afrikanischen Dürre-Hungergürtels wurden Hunderttausende Nomaden ihrer Existenzgrundlage beraubt, Maßnahmen zur Um- und Ansiedlung waren die Folge.[29] Im Juni 1975 hieß es aus Ogaden, an der Grenze zwischen Äthiopien und Somalia, dass etwa 800.000 Menschen infolge Dürre am Rand des Hungertodes stünden. Zehntausende seien bereits gestorben. Zehntausende wurden zudem in Notlagern untergebracht (Chronik 1975, 102).

Der Sahel ist nicht Afrika, aber liegt dort. In breiten Teilen der westlichen Öffentlichkeit setzte sich in den vergangenen Jahrzehnten ein Bild fest, das Afrika mit hungernden Kinderaugen gleichsetzt, eine in vielerlei Hinsicht viel zu grobe Verallgemeinerung. Die Auswirkungen der Dürre [30] – oft anthropogen verstärkt – verursachten unbestritten enorme Hungersnöte und viele weitere Beeinträchtigungen von Menschen und Tieren. Hunderttausende Menschen kamen ums Leben (vgl. Tab. 7), ebenso Millionen Tiere.[31] Traditionelle Lebensformen (Nomadenwesen) wurden zerstört oder zumindest schwer in Mitleidenschaft gezogen. Völkerwanderungen (Umwelt-

Tabelle 7: Angaben zu Todesopfern durch die Dürre in der Sahelzone und in Äthiopien 1968 ff.

Zeit	Ort	Tote	Quelle
1968/73	Nigeria	100.000	Davis 1992, 86 f.
1968/73	Sahel	bis 250.000	Wöhlcke 1992, 49 f.
1968/74	Sahel o. Äthiopien	500.000	Enc. Brit.IV/'85, 675 f.
1969	Sahel	100.000	OFDA 1987, 159
1972/75	Sahel/Äthiopien	250.000	IDNDR HB 1996, 92
1973	Äthiopien	100.000	Enc. Brit.IV/'85, 675 f.
		100.000	OFDA 1987, 65
		200.000	Glucks./Wolt. '89, 18/37
1974	Somalia	19.000	OFDA 1987, 166
1975	Ogaden, etc.	„Zehntausende"	Chronik 1975, 102

flüchtlinge) von erheblicher Dimension wurden ausgelöst. Auf der politischen Bühne war durch die Hungersnot unter anderem die Revolution in Äthiopien mitverursacht worden.

Zum ersten Mal waren 1983/85 mehr Menschen in Afrika als in Indien von Dürre betroffen

Nur zehn Jahre später suchte eine nächste schwere Dürre Afrika heim.[32] Sie betraf rund 24 Länder mit etwa 150 Millionen Menschen. Bereits Mitte des Jahres 1983 warnte die FAO vor einer Hungerkatastrophe „noch nie gekannten Ausmaßes" (SN v. 27. Juli 1983, 1 und 20. Aug. 1983, 2). Tatsächlich waren die Folgen für viel zu viele katastrophal (vgl. Tab. 8). Im Verlauf der Dürre der Jahre 1984/85 flüchteten allein aus den fünf Ländern Burkina Faso, Tschad, Mali, Mauretanien und Niger mehr als zwei Millionen Bürger/innen. Wie auch diese Krise dazu beitrug, das Bild von Afrika als „Kontinent des Hungers" zu verfestigen, illustriert W. Michler am Beispiel der grafischen Gestaltung (vgl. Grafik 10a und b). Über die Situation in Äthiopien zu dieser Zeit wird unten in Abschnitt 2.2.4 gesondert zu berichten sein.

In Niger war die Hälfte der Bevölkerung (drei Millionen Menschen) von der Dürre betroffen. Die Fulani und die Tuareg gerieten in große Not, nach-

Tabelle 8: Angaben zu Todesopfern durch die Dürre in der Sahelzone und in Äthiopien 1983-1985

Ort/Zone	Tote	Quelle
Tschad	3.000	OFDA 1987, 40
Sudan	150.000	OFDA 1995, 214
Sudan	250.000	Standard 14.XI.90, 2
Äthiopien	300.000	OFDA 1987, 65
Sahel	> 500.000	IDNDR HB 1996, 93
Äthiopien	900.000	Glucksmann et al. 1989, 27
Äthiopien [33]	1.000.000	Glucksmann et al. 1989, 27
Sahel	> 1.000.000	Davis 1992, 77 f.
Sahel	2.000.000	Katastrophen 1991, Anhg.

Die Hungerkatastrophe von 1984/85 in Afrika:
Die 24 (bzw. 21) von der Dürre betroffenen Staaten
Mit Karten wie diesen operierten die Ernährungs- u. Landwirtschaftsorg.
der UN (FAO), das Fernsehen sowie Zeitungen oder einige Hilfswerke.

Grafik 10a, Quelle: Michler 1991, 18f.

dem sie zwei Drittel ihrer Herden verloren hatten. Bis Juni 1985 waren aus diesen Gegenden rund 400.000 Nomaden in die Städte abgewandert. Die Bevölkerung z. B. der mauretanischen Hauptstadt vervierfachte sich in etwa. Die historischen Städte Chinguetti, Tichitt, Oualata und Ouadane wurden von Sanddünen, „die wie Gletscher vorwärtsdrängen", regelrecht belagert. Die einzige größere Autostraße Mauretaniens, vielsagend als „Highway of Hope" getauft, war unpassierbar (Wöhlcke 1992, 50). Im Sudan, auf der östlichen Seite des Kontinents, verhungerten 150.000 bis 250.000 Menschen (vgl. Tab. 8), nur weil die Nahrungsmittelhilfe aus dem Ausland zu spät kam.

Die Hungerkatastrophe von 1984/85 in Afrika: Betroffene Regionen

Auch diese Karte enthält – worauf W. Michler hinweist – noch Ungenauigkeiten, da exakte meteorologische Daten nicht zur Verfügung standen.

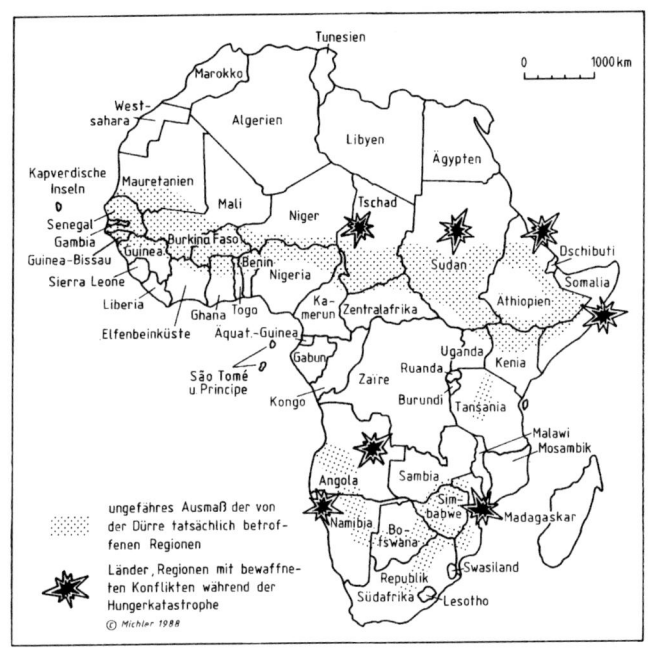

Grafik 10b, Quelle ebd.

In jenen Jahren waren Teile Indiens ebenfalls schwer von einer Dürre (und Lebensmittelknappheit) in Mitleidenschaft gezogen worden. Allerdings – so meinen jedenfalls Wijkman/Timberlake – waren in Afrika „*zum ersten Mal mehr Dürreopfer als in Indien*" zu beklagen, was auch ein Blick auf Grafik 6 bestätigt. Betraf die Dürre in Indien eine Region mit rund 120 Millionen Menschen, so war in Afrika das Wohngebiet von 150 Millionen Menschen tangiert.[34]

Bei etwas ausgewogenerer Verteilung vorhandener Lebensmittel hätten 1983-1985 wesentlich weniger Menschen verhungern müssen. Weltweit litten damals viele hundert Millionen Menschen an ungenügender Versorgung und alleine in den trockenen Dürrezonen verloren ein bis zwei Millionen Menschen ihr Leben. Gerade in diese gleiche Zeit fällt mit 344 kg (1984) die weltweit höchste Prokopfgetreideproduktion der letzten 50 Jahre, vermutlich sogar der letzten 150 Jahre. Global betrachtet lassen sich somit von der Produktionsseite die Hungerjahre 1984 und 1985 nicht erklären, ganz im Gegenteil. Wie sehr Hungersnöte bisweilen – neben der Dürre – auch von menschlichen Faktoren beeinflusst wurden, sei weiter unten gerade am damals größten Hungerdesaster Afrikas, der äthiopischen Hungersnot unter Mengistu, gezeigt (vgl. 2.2.4).

2.1.2 Der „tüchtige" Engländer und der „faule" Ire Andere Hunger-„Natur"katastrophen

In der katakombenartigen Unterwelt der Verhungerten befänden sich, vielleicht irgendwo in einem Seitengang, zum Teil relativ alte Kammern. Sie wären nicht ganz so groß wie viele andere. Es fänden sich darin die Toten von Hungerkatastrophen bedingt durch Schlechtwetter aller Art, Frühjahrsfröste, Kälteperioden im Sommer, übermäßige Regen, Überschwemmungen, Wirbelstürme, bis hin zu Vulkanausbrüchen, Fäulnisbefall oder Pflanzenkrankheiten etc. Durch sie wurden und werden Ernten zerstört und Versorgungsengpässe ausgelöst, die immer wieder Todesopfer forderten und gelegentlich noch immer fordern, obwohl heutzutage mehr Möglichkeiten des Gegensteuerns bestehen.

Die Darstellung bleibt hier auf wenige zeitlich und geografisch weit auseinander liegende Beispiele beschränkt. Im Großen und Ganzen betrachtet ereignete sich eine solcherart verursachte Notzeit in Europa letztmals in der Mitte des 19. Jahrhunderts. Irland war damals besonders betroffen.

In Bangladesh wirkten sich Überschwemmungen verheerend auch auf die Lebensmittelversorgung aus.

In einem Exkurs wird schließlich auf einen Vulkanausbruch im zweiten Jahrzehnt des 19. Jahrhunderts mit globalen Auswirkungen auf die Ernährungssituation eingegangen. Dies ist ein doch speziellerer Fall.[35]

Europas letzte „Schlechtwetter"-Ernährungskrisen

Vor allem die Jahre 1845 und 1846 hatten in vielen Regionen Europas zu Missernten und in Folge 1846/47 zu ausgeprägten Ernährungskrisen und Hungersnöten geführt. Der Winter 1844/1845 brachte ungewöhnliche Kälte. Die Wintersaat erfror in weiten Teilen des mittleren und nördlichen Europas; sie wurde umgepflügt und vielfach durch Kartoffelanbau ersetzt. Zunächst gediehen die Kartoffeln auch gut, doch im Hochsommer (Juli) stellten viele Zeitgenossen fest, dass eine zunächst nicht enträtselbare Krankheit diese befallen hatte. Aus Belgien wird berichtet, dass beinahe 90 % der Ernte vernichtet wurden, in Flandern sogar über 90 %. Auf den Kopf der Bevölkerung bezogen, erbrachte die Ernte des Herbstes 1845 in Flandern nur 27,5 kg gegenüber 325 kg in den vorangegangenen Jahren (Abel 1974, 366).

Die Kartoffelkrankheit breitete sich zudem relativ schnell und weitflächig aus. Nebst Irland war sie in Frankreich, Deutschland, Österreich zu finden. Wie groß die Ernteausfälle in diesen Ländern waren, ist kaum exakt anzuführen, Schätzungen belaufen sich auf ein Drittel bis zur Hälfte einer Durchschnittsernte (Abel 1974, 366).

Dies führte zu starken Steigerungen bei Lebensmittelpreisen, was wiederum die Nachfrage nach anderen Gütern schwächte. Darunter aber litt das Gewerbe und speziell die „Heimindustrie". Durch Betriebsschließungen und Entlassungen waren vor allem die ärmeren Schichten nicht mehr in der Lage, die (gestiegenen) Lebensmittelpreise zu zahlen, ihre Ernährungssituation verschlechterte sich sehr. Eine Spirale der Not war in Gang gesetzt.

Schon vor der eigentlichen Hungerkatastrophe im Winter 1846/47 war in vielen Gebieten Europas die soziale Lage äußerst angespannt. Feld- und Walddiebstähle waren an der Tagesordnung und vielfach die einzige Möglichkeit, um der „Gefahr des Verhungerns und Erfrierens" zu entrinnen.[36] Aus dem oberen Erzgebirge meldete die Leipziger Allgemeine Zeitung am 10. März 1844: „Unsere Not scheint nur der Anfang einer noch größeren und unser Gebirgsleben tief erschütternden zu sein ... Ein Teil des Obererzgebirges erscheint jetzt fast als eine einzige wandernde Bettlerfamilie, welche Trost und Hülfe sucht bei ihren ebenfalls verarmten Nachbarn." Um die gleiche Zeit schrieb die Magdeburger Zeitung, „daß in einem böhmischen Dorfe des Erzgebirges kürzlich eine Mutter mit dem Säuglinge an der Brust vor Hunger gestorben gefunden worden sei." In Kurhessen, so der Schwäbische Merkur im April 1844, „ist die Not unbeschreiblich groß ... Die armen Spinner können ihren Bedarf an Kartoffeln nicht mehr bezahlen und haben oft in drei bis vier Tagen kein Stück Brot zu essen". (Alle Zitate nach: Abel 1974, 361).

In dieser äußerst angespannten ökonomisch-sozialen Lage kommt es nun in den Jahren 1845 und 1846 in Europa verbreitet zu erheblichen Missernten und zur „Kartoffelkrankheit". Der Winter 1846/47 wird in vielen Gebieten als eine Zeit nie gekannter Not bezeichnet, vergleichbar nur mit jener der Hungersnot von 1816/17. Die Preise für Kartoffeln (=Brot der Armen) und Getreide zogen stark an. Erst als im Spätfrühling 1847 die Erwartung einer guten Ernte nach zwei Missernten sich immer mehr bestätigte, schien das Schlimmste überstanden zu sein. Zuvor hatte das Gespenst des Hungers neuerlich seine Fratze gezeigt, für viele mit dem Hungertod als Folge. Im Königreich Württemberg z.B. musste während des Hungerwinters 1846/47 zeitweise ein Fünftel bis ein Viertel der Bevölkerung unterstützt werden, um sie vor dem Hungertod zu retten (Matz 1980, 24; Hippel 1976, 284). Man hatte dazu erstmals auch größere Mengen Getreide in den USA aufgekauft. In Bremen wurden zu jener Zeit etwa 65.000 Portionen Suppen an 46.000 Bedürftige ausgegeben (Herbig 1980, 117). In Frankfurt/Main gab man jedem Bürger seinen Brotbedarf, einen sechspfundigen Laib, um 32 statt um 43 Kreuzer. Insgesamt soll diese Unterstützungsaktion 184.860 Gulden gekostet haben. In Jena bildete sich ein Verein, der die „fehlende Concurrenz der Bäcker dadurch ersetzte, dass er Korn kaufte, selbst backen ließ und das Brot 5-6 Pfennige unter der Bäckertaxe abliess" (Pfeiffer 1882, 25 und 26).

Im Frühjahr 1847 nahmen in Lille (Frankreich) von einer Bevölkerung von 76.000 Einwohnern nicht weniger als 29.000 Menschen eine Armenunterstützung in Anspruch. In der Normandie „lebte die Bevölkerung geradezu vom Betteln". In Paris empfing etwa ein Drittel der Bevölkerung Unterstützungsgelder, an 450.000 Personen mussten Gutscheine ausgegeben werden (See 1936, 265).

Solche Beispiele wären aus ganz Europa zu nennen. Für viele war die Unterstützung nur ein kleines Krümel und zu wenig zum Überleben. Quer durch den Kontinent forderte die Not den Hunger-, aber auch den Seuchentod. Allein in der preußischen Provinz Schlesien starben um 1847 rund 16.000 bis 20.000 Menschen an (Hunger-)Typhus.[37] Rund 80.000 Schlesier seien damals an „Hunger-Leiden" erkrankt, im Kreis Pless z.B. zählte man eine Todes-

Subsistenzunruhen in Europa 1846/47

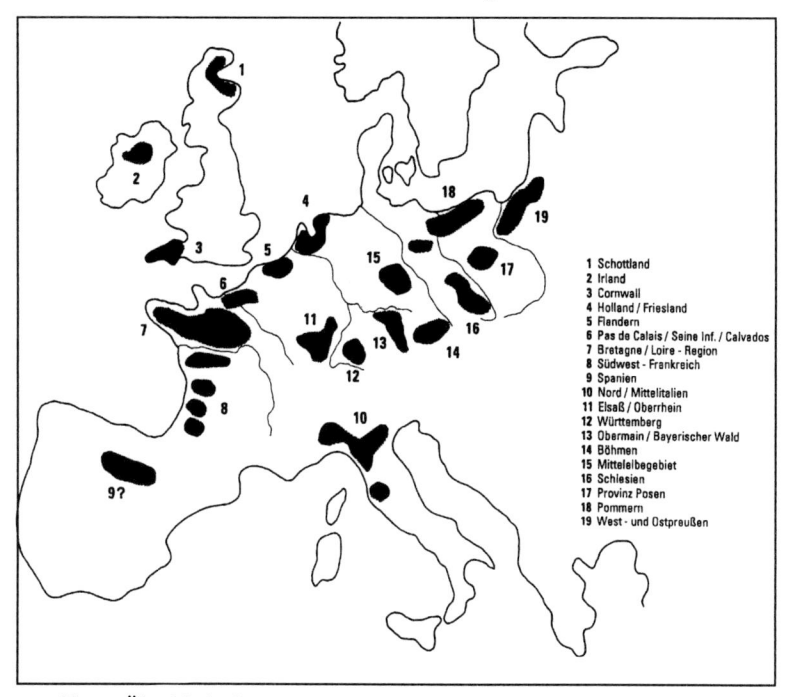

1 Schottland
2 Irland
3 Cornwall
4 Holland / Friesland
5 Flandern
6 Pas de Calais / Seine Inf. / Calvados
7 Bretagne / Loire - Region
8 Südwest - Frankreich
9 Spanien
10 Nord / Mittelitalien
11 Elsaß / Oberrhein
12 Württemberg
13 Obermain / Bayerischer Wald
14 Böhmen
15 Mittelelbegebiet
16 Schlesien
17 Provinz Posen
18 Pommern
19 West - und Ostpreußen

Grafik 11, Überblicksskizze aus: Gailus 1990, 214

rate von 10 %. Insgesamt kam es in Preußen zwischen 1844 und 1847 zu einer Steigerung der Todesrate um 25 %, von 403.000 auf 512.000 Gestorbene pro Jahr (Abel 1974, 388).

Aus BELGIEN wird von 46 Gemeinden (besonders in der Provinz Antwerpen und Brabant) eine Ruhrepidemie wegen Nahrungsnot gemeldet (Haeser III, 711).

In den ÖSTERREICHISCHEN LÄNDERN der Habsburger Monarchie sank durch Hungersnot und Epidemien die Volkszahl während der Jahre 1846 bis 1849 von 17,65 Millionen auf 17,4 Millionen (Bev. Ploetz II, 164).

Aus HOLLAND wurde ebenfalls eine „crise de subsistance" gemeldet, in der SCHWEIZ musste man aus Mangel an Weizen und Dinkel zum Import von Hafer als Brotgetreide Zuflucht nehmen (Seuffert 1857, 247).

Besonders schlimm war die Situation in RUSSLAND. 1846/47 gab es durch Hagelstürme und Frühlingsfröste äußerst niedere Getreideerträge.

Die Folge war eine Hungersnot, die „population movements in search of food" auslöste (Kahan 1989, 140). Die Hungerkatastrophe wurde 1848 noch durch eine gewaltige Cholera-Epidemie weiter verschlimmert, der allein im ersten Halbjahr 1848 rund 670.000 Menschen erlagen (HB d. Europ.Gesch. V, 649).

Wie Teuteberg (1972, 70) andeutet, werden von diesen Krisenjahren „keine Fälle von Kannibalismus mehr berichtet, wie bei Hungerkrisen im Mittelalter und noch im 17. Jahrhundert". Das ehrt die Menschen von damals.

Politisch blieb der Mangel jener Zeit – wenig überraschend – nicht ohne Folgen: Große Gebiete Europas glichen einem brodelnden Kessel. Von Ost bis West und von Nord bis Süd kam es zu Unruhen und so genannten „Kartoffelrevolutionen". Allein für Deutschland erwähnt Teuteberg (1995, 155) nicht weniger als 193 regionale Hungerrevolten. Manfred Gailus versuchte in seinem Buch „Straße und Brot" die Hungerunruhen zu „kartografieren". Seine Skizze gleicht einem Unruhe-Fleckerlteppich – verstreut über ganz Europa. Er ortet nicht weniger als 19 Regionen, in denen 1846/47 die Not und die Knappheit an Lebensmitteln zu plötzlichem Aufruhr führte (vgl. dazu Grafik 11). Mit Ausnahme von Kriegs- und Nachkriegszeiten suchten Ernährungs- und Hungerkrisen von der Dimension der 1840er-Jahre Europa in der Folge kaum mehr heim.[38]

Ein Sporenpilz aus Amerika verdirbt die irischen Kartoffeln

Auf Irland lebten 1751 schätzungsweise rund 2,5 Millionen Menschen. Bis 1841 – während nur knapp eines Jahrhunderts – hatte sich die Bevölkerung mehr als verdreifacht und ist auf über acht Millionen angewachsen (Grafik 12). Ermöglicht wurde dies nicht zuletzt durch ein einziges Nahrungsmittel, die Kartoffel. Große Familien ließen sich dank ihr selbst auf sehr kleinen Höfen mit zum Teil nur einem Hektar Anbaufläche ernähren (Lamb 1989, 335). Rund drei Millionen (!) Iren sollen um 1840 „praktisch ausschließlich von Kartoffeln" gelebt haben. Dazu gab es etwas Buttermilch und an der Küste Fisch (FR v. 11. März 1995, M5). Als Anfang der 1840er-Jahre der Sporenpilz,

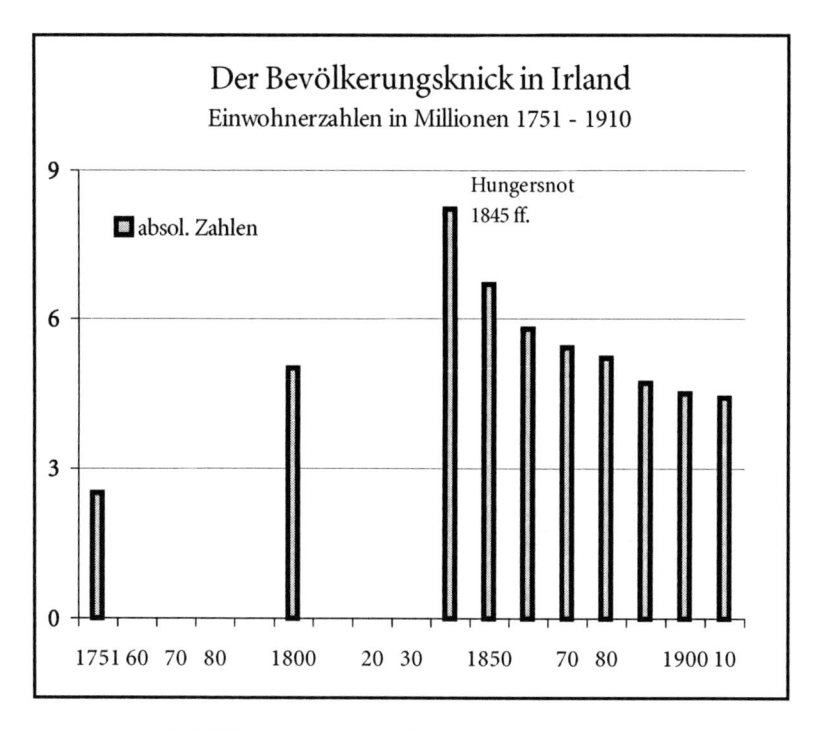

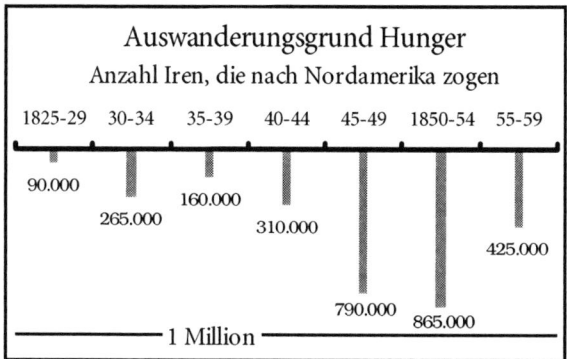

Der Bevölkerungsknick in Irland
Einwohnerzahlen in Millionen 1751 - 1910

□ absol. Zahlen

Hungersnot 1845 ff.

1751 60 70 80　1800　20 30　1850　70 80　1900 10

Auswanderungsgrund Hunger
Anzahl Iren, die nach Nordamerika zogen

1825-29　30-34　35-39　40-44　45-49　1850-54　55-59

90.000
265.000
160.000
310.000
790.000
865.000
425.000

——— 1 Million ———

Grafik 12 und 13,
Quellen: Matis H. 1988, 137/353; NZZv.18.07.98, 13; HBdEWSG Bd. IV, 474;
Bd. V, 14. (Grafik 12); NZZv.18.07.98, 13 (Grafik 13).

ein Kartoffelfäulnispilz, vermutlich mit einer Schiffsladung aus Amerika eingeschleppt wurde,[39] fand dieser günstige Bedingungen vor und vermehrte sich schnell.[40] Besonders ab dem Jahr 1845 kam es zur Katastrophe. Noch am 20. August 1845 war man in Erwartung einer guten Ernte sehr optimistisch. Das Freeman's Journal jubelte: „Die Kartoffeln gedeihen so prächtig, wie es die Farmer in ihren kühnsten Träumen nur wünschen können" (Schulte 1995, 56). Anfang September 1845 berichteten Dubliner Zeitungen über das erste Auftreten der Kartoffelfäule in Südostirland. Anfangs bezeichnete man die Krankheit als „Cholera". Sie sollte sich zu einer Hungerkatastrophe ausweiten, die 150 Jahre später als „größte Naturkatastrophe Europas" (FR v. 11. März 1995, M5) bezeichnet wurde.[41]

„Gott hat die Fäule geschickt, ...

Klimatische Zufälle dürften in Irland die Ausbreitung der Kartoffelkrankheit beschleunigt haben. Bis zum Spätherbst 1845 hatten sich die eingeschleppten Organismen durch die Herbstwinde bei Temperaturen von über zehn Grad Celsius und einer beständig über 90 % liegenden Luftfeuchtigkeit explosionsartig vermehrt und bereits über 17 von 32 Grafschaften ausgebreitet. Lamb weist in seiner Klimageschichte darauf hin, dass gerade der Herbst und Winter 1845/46 in dieser Gegend besonders mild waren, das warme Wasser des Golfstroms habe sich über die (damals) üblichen Grenzen hinaus bis an die Küsten Europas ausgedehnt.

Glücklicherweise konnte 1845 zumindest ein Teil der Ernte eingebracht und somit gerettet werden. 1846 hatte dann die bis dahin unbekannte Braunfäule durch den feuchten Sommer die ganze Insel überzogen und die gesamte Ernte vernichtet (Lamb 1989, 279 und 335; Johansen 1993, 474). Der darauf folgende Winter war ausgesprochen kalt, manche bezeichneten ihn als den „kältesten seit Menschengedenken". Schnee soll monatelang die Felder bedeckt haben. Dies bewirkte, dass es 1847 kaum mehr eine Kartoffelfäule gab, allerdings stand insgesamt nur mehr ein Achtel der notwendigen Saatkartoffeln, die man für eine normale Ernte gebraucht hätte, zur Verfügung. In der Not hatte man das Saatgut schon vorher verzehrt, was eine weitere große Minderernte zur Folge hatte (Kingston/Lambert 1980, 82). Rund fünf Jahre lang grassierte die Hungersnot, dabei dürften die Jahre 1848 und 1849 die schlimmsten gewesen sein, in letzterem grassierte zusätzlich eine Choleraepidemie. 1850 hatte es nur noch in einigen Grafschaften schwerere Missernten gegeben.

Auch Medick (1985, 98) bezeichnet die irische Hungersnot – gemessen an der Zahl der Toten und der Ausgewanderten – als „die verheerendste der Europäischen Neuzeit". Die Zahlen über jene Menschen, die damals Hungers oder wegen einer durch ihn mitverursachten Krankheit (wie bspw. Typhus, Fleckfieber, Cholera) starben, differieren erheblich, ebenso jene über die Ausgewanderten (vgl. Tab. 9). Am häufigsten werden 1 bis 1,5 Millionen Tote und nochmals so viele, die auswanderten, genannt.[42] Insgesamt dürfte rund ein Viertel der irischen Bevölkerung entweder ums Leben gekommen oder ausgewandert sein: ein demographischer Kollaps, der sonst nur bei großen Kriegen vorzufinden ist. Der Westen und Süden der Insel waren am stärksten betroffen, wie Martin Schaffners Karte (Grafik 14) zeigt.

Tabelle 9: Schätzungen über Tote und Auswanderer der Irischen Hungersnot 1845 ff.

Tote in Millionen	Auswanderer in Millionen	Quelle
0,6	1,5	Vogel 1923, 160
0,8	0,7	Meyers gr.TLex. 1981, X, 125
1,029.552	1,180.409	Davis 1992, 85 f.
1	>1,0	Castro 1959, 263
1	1,5	Schulte 1995, 56
1-2	1-2	Mooney 1991, 61
1,5	1,2	Kingston/Lambert 1980, 82 f.
2-3		Masefield 1963, 13

... die Engländer brachten den Hunger."

Pat Mooney (1991, 62) weist mit seinem Satz pointiert auf die Rolle der Engländer an der irischen Katastrophe hin. Der Pilz war Auslöser der Not. Es würde aber die Tatsachen verdrehen, allein dem Schmarotzer die Schuld zuzuschreiben. Immer wieder werden in der Literatur zwei „man-made" Faktorbündel für den „Great Famine" genannt:

a) Die irische Hungersnot als Ergebnis einer langen Ausbeutungsgeschichte. Dieses Argument, das der politischen Geschichtsschreibung entstammt und auf die lange Ausbeutungsgeschichte Irlands durch England hinweist, ist in vielen Arbeiten zur irischen Geschichte zu finden.[43] In einem jahrhundertlangen Kampf – die Namen von Heinrich II. (Anjou-Plantagenet; Kg. 1154-1189) oder Oliver Cromwell (Landprotektor 1653-1658) sind hier zu nen-

Übersterblichkeit in Irland 1846-1850 nach Grafschaften
(Sterbefälle in % je zur Bevölkerung v. 1851)

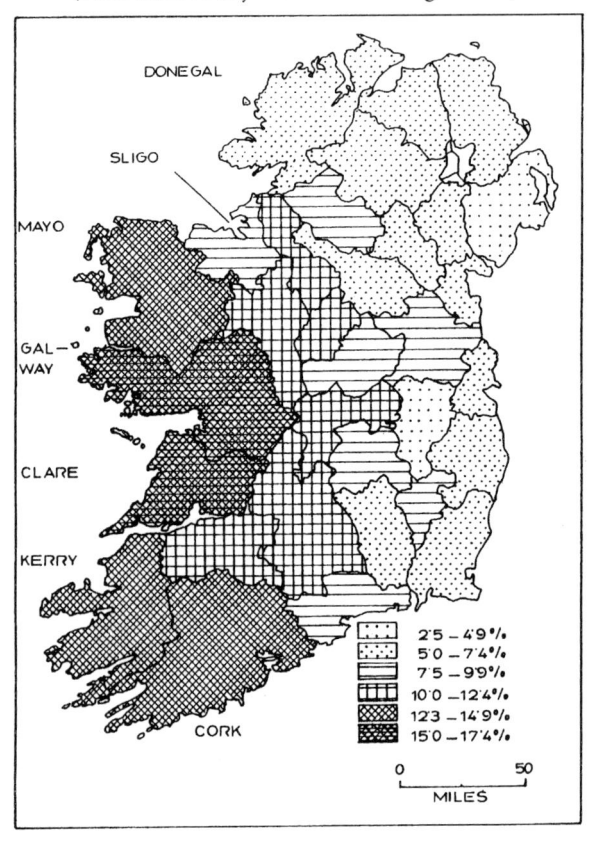

Grafik 14, aus: Schaffner 1985, 50.

nen – wurde die irische Bevölkerung unterworfen. Spätestens seit der großen Schlacht um Irland im Jahr 1690, als Wilhelm von Oranien die irisch-französische Armee besiegte, begann für die katholischen Iren der Weg in die Knechtschaft. Wilhelm bezahlte seine Armee mit dem Land der Besiegten. Nur 14 % (!) des Bodens durften die „Eingeborenen" behalten. Manche Protestanten hielten selbst dies noch für zu viel. Der Kauf „protestantischen" Bodens wurde Katholiken verboten, ebenso der Abschluss langfristiger Pachtverträge. Im Erbfall musste katholischer Grundbesitz zu gleichen Teilen unter den Söhnen des Erblassers aufgeteilt werden, was eine Aufsplittung zu Klein- und Kleinsthöfen zur Folge hatte. Konvertierte das Mitglied einer katholischen Familie zur Staatskirche, ging der gesamte Grundbesitz an diese über. Nach und nach schrumpfte der katholische Anteil an irischem Grundbesitz auf 5 %, die irischen Bauern waren abhängige Pächter und Tagelöhner geworden. Am ökonomischen Aufstieg, der in England stattfand, konnten sie nicht teilnehmen, produzierten aber (als Arbeitsleistung für die Pacht) Weizen für die Engländer, während sie selbst von den Kartoffeln lebten. Im Revolutionsjahr 1789 berichtet der französische Konsul aus Deutschland: „Die Iren können nur deshalb Weizen ausführen, weil sie in der überwiegenden Mehrzahl selbst keinen verzehren; nicht der Überfluß geht außer Landes, sondern das, was überall sonst als das Notwendigste angesehen wird. Das Volk begnügt sich auf drei Vierteln dieser Insel mit Kartoffeln. So ernährt ein armes, aber an Entbehrungen gewöhntes Volk eine Nation (England), die über weit größere Naturschätze verfügt." (zit. nach: Schulte 1995, 57). Die außenpolitische Lage der napoleonischen Kriege mit der großen Nachfrage nach „heimischem" Getreide verstärkte dies noch.

Das Pachtrecht im größten Teil Irlands hatte die Großgrundbesitzer seit Langem veranlasst, immer kleinere Parzellen meist nur auf ein Jahr zu vermieten. Dies war ein weiterer Hauptgrund für die Hungerkatastrophe. Es hemmte die Entwicklung einer produktiven Landwirtschaft, nicht zuletzt weil die Pächter bei Auflösung des Pachtverhältnisses keinen Anspruch auf Entschädigung für die von ihnen vorgenommenen Investitionen (z.B. Bodenverbesserung) hatten. Ein wesentlicher Anreiz zur Produktivitätssteigerung war dadurch blockiert.[44] Von einigen rühmlichen Ausnahmen abgesehen betrachteten die irischen Grundherrn ihren Besitz überwiegend als reine Geldquelle, ohne für eine angemessene Pflege zu sorgen (Elvert 1996, 341). Selbst dem Londoner Parlament war die ökonomisch und sozial angespannte

Lage in Irland nicht unbekannt. Nach dem „Dritte(n) Bericht der Kommission zur Untersuchung der Lage der ärmeren Klassen in Irland" von 1836 war ein großer Teil der Bevölkerung auf Dauer nur unzulänglich mit den elementarsten Lebensnotwendigkeiten versorgt.[45] Der Kartoffelpilz ließ die soziale und ökonomische Lage nur mehr explodieren.

b) Hartnäckige Vorurteile bedingten verspätetes Gegensteuern und Helfen. In einem politisch und ökonomisch so ausbeuterischen Umfeld sind der Hilfsbereitschaft enge Grenzen gesetzt. Die lange bestehenden Vorurteile zwischen Iren und Engländern verfestigten zudem das gegenseitige Misstrauen. So wurde von einer großen meinungsbildenden Instanz wie „The Times" in einem Kommentar von 1846 die Kartoffelfäule mit folgenden Argumenten sogar als Segen willkommen geheißen: „Wir können annehmen, dass ein Volk, das mit anständigem Essen großgezogen worden ist, hartnäckig und verbissen gegen die entwürdigende Zumutung eines armseligeren Unterhalts kämpfen wird ... Daher betrachten wir unsererseits die Kartoffelfäulnis als einen *Segen*. Denn wenn die Kelten erst einmal aufgehört haben werden, Kartoffelfresser (potatophagi) zu sein, dann müssen sie Fleischfresser werden. Und mit dem Geschmack von Fleisch wird der Appetit danach wachsen und mit dem Appetit auch die Bereitschaft, es zu verdienen." (Zitiert nach Johansen 1993, 474). Solche Vorurteile vom „tüchtigen" Engländer und „faulen" Iren erschwerten die Hilfsbereitschaft und rechtfertigten die Weizenexporte während der Hungersnot. Auch Geflügel, Schlachtvieh und Butter wurden ausgeführt, ganz zu schweigen von den hohen Pachtsummen, die an Landlords im Ausland zu überweisen waren (Mooney 1991, 60; Schulte 1995, 59).

Die damalige Wirtschaftsideologie des Laisser-faire[46] verhinderte ein konsequentes Vorgehen gegen die Misere. Zu sehr sah man in Arbeitsbeschaffungsmaßnahmen und sonstigen Hilfestellungen die Gefahr, die „Faulheit" der Iren nur zu verlängern. Wäre es nach dem Willen führender Wirtschaftsfachleute gegangen, sollte die Rettung Irlands nur von privaten Initiativen ausgehen (vgl. Elvert 1996, 346). Als die Not unbeschreiblich wurde, waren irische Hilfsorganisationen gezwungen, Getreide aus England zu überhöhten Preisen zu reimportieren – Getreide, das in Irland geerntet und dann exportiert worden war (Mooney 1991, 61). Zudem benutzten viele Grundbesitzer die Notlage ihrer Pächter und setzten sie wegen nicht bezahlter Pacht auf die Straße. Verzweifelte, verhungernde Familien wurden weinend aus den Hütten geschleift, deren Dächer und Wände riss man sofort ab. Ganze Dörfer wurden entvölkert, damit Weizen statt Kartoffeln angebaut werden konnte (Kingston/Lambert 1980, 83). Innerhalb weniger Jahre wechselte ein Drittel (!) des irischen Bodens den Besitzer.[47] Der „Great Famine" bewirkte eine tief greifende Veränderung ländlicher Besitzverhältnisse.

Die große irische Hungersnot erweist sich geradezu als „Paradebeispiel" für eine durch Ausbeutung (mit-) verursachte Tragödie, die strukturell im schon lange bestehenden kolonialen Status Irlands angelegt war, nämlich seiner politischen und ökonomischen Abhängigkeit von einem anderen Land, England.[48] Der konkrete Auslöser, die Kartoffelfäulnis, offenbarte deren dunkles Gesicht, die Funktionsweise dieser Struktur von ihrer grausamsten Seite. Wäre es nicht vielen Iren gelungen, ihr Leben in einer waghalsigen[49] Überfahrt nach Amerika zu retten, die große irische Hungersnot hätte noch ärgere Folgen angenommen. Tatsächlich war der Antritt einer solchen Reise äußerst riskant. Nur wer absolut nichts mehr zu verlieren hatte, setzte sich diesem Wagnis aus. 1847 erreichte jeder Dritte (!) Quebec, das angestrebte Tor zu Amerika, nicht oder nur tot. Von der Gefährlichkeit mussten damals alle gewusst haben, wurden doch die Kähne für die Exilwilligen auch „Sargschiffe" genannt.

Zum 150-jährigen Gedenken an diese Tragödie hat der irische Bildhauer John Behan die Skulptur eines „Hungerschiffes" geschaffen. Das irische Mahnmal steht mittlerweile vor dem UN-Gebäude in New York[50] und zurecht an diesem prominenten Ort. Symbolisch an jene Geschichte erinnernd weist es auf eine der Herausforderungen von heute und auf die aktuelle Massen-Emigration hin.

Dublin und Belfast gelang es, vor allem in den letzten Jahren, ihre Länder zu beachtlichem Wohlstand zu führen. Nicht zuletzt deswegen verschlägt es mittlerweile osteuropäische und afrikanische Flüchtlinge auch in diese Region. So wie damals die Iren in Quebec an amerikanische klopfen nun sie in irischen oder spanischen Küstenregionen bzw. auch mitten im Kontinent an europäische Grenzbalken. Doch aus historischen Erfahrungen zu lernen, scheint schwierig. Heute sehen dies, wie viele andere EU-Bürgerinnen und Bürger, so manche auch in Irland mit großer Skepsis, ihrer eigenen ganz ähnlichen und noch immer nachwirkenden Geschichte zum Trotz.

Eine Hungersnot bremst die Bevölkerungsexplosion nicht

In Bangladesch bricht im Herbst 1974 eine Hungersnot aus, die vielen Menschen das Leben kostet. Die Angaben differieren zwischen 100.000 (Weingärtner, Oltersdorf 1996, 13) und einer Million (Chadha/ Teja 1990, 46), also um den Faktor 10. Seit der Gründung des Staates im Jahre1971 gehört das Land zu jenen Ländern, in welchen für die ärmeren Schichten immer großer Mangel an Nahrungsmitteln herrschte und herrscht. Der Unabhängigkeitskampf von Pakistan hatte sich als sehr verlustreich und schmerzvoll erwiesen. Mindestens eine Million Menschen und hauptsächlich Zivilpersonen, sollen großteils durch Hunger und Massaker ums Leben gekommen sein (Sivard 1993, 21). In den unmittelbaren Jahren nach der Unabhängigkeit, von 1971 bis 1973, wurde Bangladesch in der bis damals größten Hilfsaktion in der Geschichte der Vereinten Nationen, der „United Relief Operation in Dacca" (UNROD), mit Nahrungsmitteln versorgt. Ab März 1973 war die UN-Organisation dann nur mehr für die Koordination von Nahrungsmittelhilfen zuständig (Chronik 1973, 46). Die Ernährungslage blieb aber weiter angespannt. In dieser Situation vernichtete im Sommer 1974 eine riesige Überschwemmung fast die ganze Ernte. Sie ist Auslöser für eine enorme Hungersnot, deren Gründe in der Literatur äußerst kontrovers diskutiert werden:

- Als „klassisch" gilt der Versuch, die Überschwemmungen des Sommers 1974 – also eine „Natur"katastrophe – für die Not verantwortlich zu machen. Durch die Flut, welche riesige Gebiete, nach der Encyclopaedia Britannica (Bd IV 1985, 675 f.) „nearly half of the country", überschwemmte, sei die Reisernte vernichtet worden. Der „Natur"katastrophe sei dann die Hungerkatastrophe gefolgt. Diese Darstellung erscheint schnell einmal einleuchtend, zudem passt sie gut zu vielen historischen Erklärungsversuchen.
- Dass die Hungersnot durch eine „Natur"katastrophe bedingt worden wäre, dies ließ sich allerdings nach anderen Autoren weder durch einen Rückgang der Reisproduktion noch durch eine Schrumpfung des verfügbaren Nahrungsgetreides belegen. Amartya Sen, er erhielt 1998 den Nobelpreis für Ökonomie, beispielsweise beantwortet die Frage „Was there a food availability collapse?" mit einem klaren „No" (Sen 1986, 163). Wenn es zu einer Hungersnot kam, statistisch aber weder die Produkti-

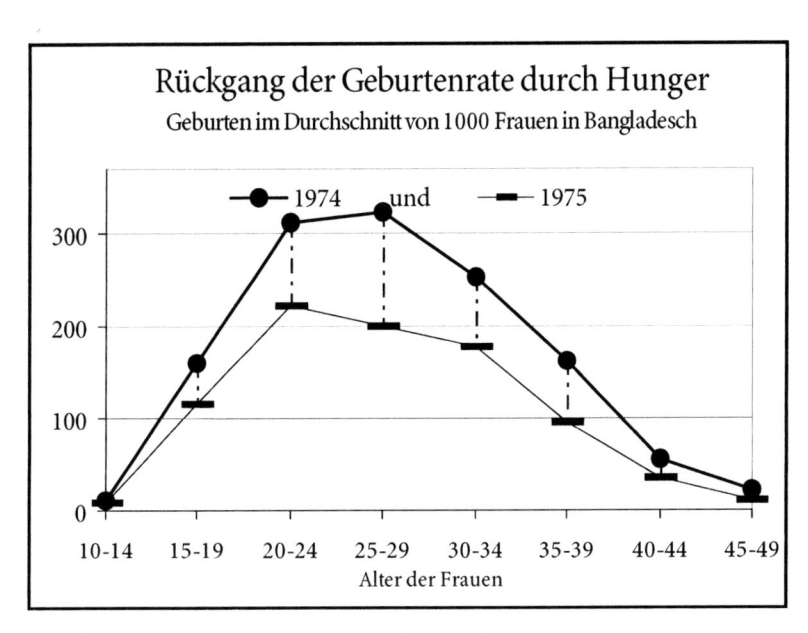

Rückgang der Geburtenrate durch Hunger
Geburten im Durchschnitt von 1000 Frauen in Bangladesch

[Diagramm: Kurven für 1974 und 1975, x-Achse: Alter der Frauen (10-14 bis 45-49), y-Achse: 0 bis 300]

Grafik 15, Quelle: Watkins/Menken 1985, 657.

on noch die Verfügbarkeit der Nahrungsmittel zurückgegangen waren, welche anderen Ursachen werden dann angeführt? Einige Beobachter sehen in einer Aufstockung der Lager den Grund. Die durch die Flutkatastrophe ausgelösten Erwartungen von steigenden Lebensmittelpreisen hätten die Händler veranlasst, ihre Waren zurückzuhalten. Allerdings ist auch diese an sich plausible Annahme weder verifizier- noch falsifizierbar. Es liegen keine Daten über die privaten Lagerbestände an Getreide vor.[51] Belegt sind allerdings Getreideausfuhren nach Indien auch während der Zeit großer Not.

- B. Chadka und R. Teja erweitern den Ansatz A. Sen's. Sen vertritt die Meinung, dass die großen Hungersnöte des 20. Jahrhunderts nicht durch einen Rückgang der Nahrungsmittelproduktion pro Kopf hervorgerufen wurden, sondern vielmehr durch die abnehmende Fähigkeit des einzelnen Menschen aus seinem Einkommen oder Vermögen Nahrungsmittel zu erwerben.[52] Chadha/Teja erweitern dieses Argument mit folgender Überlegung. Die expansive Geld- und Fiskalpolitik des Landes habe zu einem steilen Anstieg der relativen Preise für Nahrungsmittel geführt, was wiederum einen direkten Nachfrageausfall (Preiseffekt) bedingt und indirekt die Arbeitslosigkeit gerade im Lebensmittelproduktionsbereich gesteigert habe. Dabei – so Chadha/Teja – könnten die individuellen Folgen dieser expansiven Geld- und Fiskalpolitik sogar von größerem Gewicht gewesen sein, als die direkten Effekte. „In Ländern, in denen häufig Hungersnöte auftreten, führt eine stark asymmetrische Vermögensverteilung und das faktische Fehlen eines sozialen Netzes dazu, dass die überwiegende Mehrzahl der Bevölkerung nur durch den Verkauf ihrer Arbeitskraft (d.h. Beschäftigung) Nahrungsmittel erwerben kann. Eine Beschäftigung zu erlangen ist jedoch keineswegs einfach, und unfreiwillige Arbeitslosigkeit ist in Entwicklungsländern stark verbreitet." (Chadh/Teja 1990, 47). Dies sei auch im damaligen Bangladesch der Fall gewesen.

So weit drei recht verschiedene Erklärungsversuche. Unabhängig davon bleibt Faktum, dass viele Arbeiter und Bauern aus den ländlichen Gebieten in Auffanglager oder Städte und Großstädte abwanderten. Viele sind „nach einigen Tagen des Umherirrens auf den Straßen der Städte einfach (zusammengebrochen) und starben" (Alamgir nach: Chadha/Teja 1990, 46). Die Sterberate stieg 1974/75 auf 58 Promille (Watkins/Menken 1985, 651).

Auf die Geburtenrate hatte die Hungersnot kurzfristig signifikante Auswirkungen. Wurden 1974 etwa bei 1.000 Frauen im Alter von 25 bis 29 Jahren rund 323 Geburten registriert, so sank die Geburtenanzahl in dieser Altersgruppe im Jahr 1975 auf rund 200, also um mehr als ein Drittel (vgl. Grafik 15). Trotz dieses heftigen Einbruches hatte die Hungersnot auf die Bevölkerungsentwicklung insgesamt wenig bis keine sichtbaren Auswirkungen. Betrug die Bevölkerung des Landes Anfang der 1970er-Jahre etwas über 70 Millionen Einwohner, so stieg sie 1981 auf rund 90 Millionen und überstieg Anfang der 90er-Jahre bereits die 110 Millionengrenze.[53] Im Durchschnitt der letzten 20 Jahre stieg somit die Bevölkerung um rund zwei Millionen Menschen pro Jahr. Individuelles Leid, selbst wenn es sich zehn- oder gar hunderttausendfach wiederholt, ist heute in der statistischen Zahl der gesamten Bevölkerungsentwicklung kaum zu erkennen. Irland hatte in den Jahren der extremen Not vor 150 Jahren noch einen demographischen Kollaps erlebt.

Aber ebenso wie seinerzeit die nordeuropäische Insel Getreide nach England hatte auch Bangladesch von seiner Kornernte Teile nach Indien zu liefern, da der riesige Nachbarstaat eine nur wenig zufrieden stellende Menge an Reis oder Weizen hatte einfahren können (Enc. Brit. IV/1985, 675 f.). Zudem sperrte die indische Regierung im Oktober 1974 die Grenzen für Flüchtende aus Bangladesch. Mit Grenzschutztruppen wurde der Auswanderungsstrom der Hungernden von Indien fern gehalten, die Ärmsten waren im Hungerkessel Bangladesch eingeschlossen (Chronik 1974, 158).

In ähnlicher Weise wie die „Times" Irlands Leid als Segen bewertete, begrüßen zynische Bevölkerungsstrategen gelegentlich Katastrophen wie Hungersnöte oder Kriege als Ereignisse, die geeignet wären, ein zu hohes Wachstum von Geburtenraten zu bremsen. Ihnen lässt sich das vorliegende Beispiel entgegenhalten. In ihrer Sprache formuliert: Die Hungersnot 1974 in Bangladesh hat sich als „Blindgänger" erwiesen, was die Bevölkerungsexplosion des Landes betrifft. Tatsächlich blieb ein markanter kurzfristiger Fruchtbarkeitsrückgang bei Frauen im gebärfähigen Alter um fast ein Drittel langfristig gesehen ohne Folgen auf das Ansteigen von Geburten.

Für niedrigere Gebärziffern sind humane Maßnahmen wie Bildung und Sozialpolitik weit zielführender.[54] Jene stellen sich bisweilen auf ungeplanten, verschlungenen Wegen ein, wie Nigel Barley, Leiter der Abteilung für Völkerkunde am British Museum in London, berichtet (in: Die Zeit v. 22.12.98, 33): „Es ist nahezu unmöglich, sicher vorherzusagen, wie Mensch und Technik interagieren. Als effizienteste Maßnahme zur Senkung der Geburtenrate erwies sich in Ägypten nicht etwa eine Werbecampagne für Geburtenkontrolle, sondern der Einbau elektrischer Beleuchtung in den Häusern. Menschen sehen die Welt mitunter durch ganz verschiedene Brillen, nichts variiert so sehr wie die Vorstellung von dem, was selbstverständlich sei".

Zuerst ertrinken Menschen, dann verhungern viele[55]

Überschwemmungen lösten im Laufe der Geschichte immer wieder Hungerkatastrophen aus: Besonders verheerend dann, wenn sie große Gebiete bei ohnehin angespannter Ernährungslage kurz vor der Ernte überfluteten. Beim großen Hochwasser von 1887 in China starben viele, die nicht ertrunken waren, durch die folgende Hungersnot. Ebenfalls verstärkte die große chinesische Überschwemmung im Jahr 1959 (manche Autoren sprechen von zwei Millionen Toten) den massiven Hunger jener Zeit.

Im Herbst 1947 vernichtete in der Region Kalkutta (Indien) eine Überschwemmung 100.000 Tonnen Reis, zudem kamen mehrere Tausend Rinder um. Damals wurde etwa eine Million Menschen obdachlos. Die politischen Schwierigkeiten im indisch-pakistanischen Konflikt erschwerten die Versorgungsmaßnahmen derart, dass eine Hungersnot ausbrach, „die Tausenden das Leben" kostete (Chronik 20. Jh., 700).

Verschmutztes, schlammiges Wasser als ideale Brutstätte für Seuchenerreger erhöht die Gefahr für verschiedene Infektionskrankheiten (Cholera etc.) stark, zumal durch Hochwasser die Trink- und Abwassersysteme zerstört werden (können). So trifft man nach Überflutungen regelmäßig auf das tödliche „Hunger- und Seuchen-Gespann". Paradoxerweise besteht in einer Situation des „Zuviel" an Wasser das erhebliche Risiko, zu verdursten.

Wie Dürre zählen Pilze (vgl. Irland), Heuschrecken, Vulkane oder Wirbelstürme etc. zu jenen naturbedingten Auslösern, durch welche Menschen und Tieren großes Leid zufügt wird. Neben Trockenheit am verheerendsten jedoch sind Überschwemmungen und zunehmend Sturmfluten, die möglicherweise durch Stürme auf Grund der Erderwärmung ausgelöst werden.[56] Sie treffen vor allem tropische Gebiete und vielfach ohnedies ärmere Gesellschaften und können
- die gesamte Ernte eines betroffenen Gebietes vernichten,

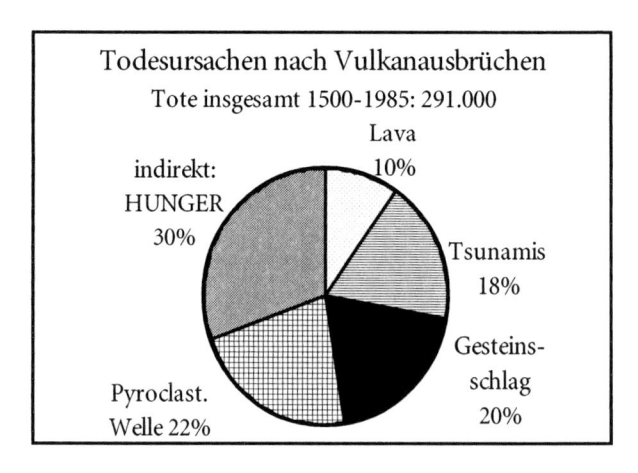

Todesursachen nach Vulkanausbrüchen
Tote insgesamt 1500-1985: 291.000
- Lava 10%
- Tsunamis 18%
- Gesteinsschlag 20%
- Pyroclast. Welle 22%
- indirekt: HUNGER 30%

Grafik 16, Quelle: Tilling 1990, 160 (nur Katastrophen mit mehr als 300 Toten).

- die landwirtschaftlichen Produktionsmittel völlig oder teilweise verheeren,
- ernährungsrelevante Versorgungseinheiten (Lagerhäuser, Infrastrukturanlagen etc.) zerstören,
- ganze Flotten von kleinen Fischerbooten kentern lassen, wobei gelegentlich hunderte Fischer ertrinken,
- oft kilometerweit bis ins Landesinnere landwirtschaftlich genutzte Böden ausschwemmen oder versalzen. Baumplantagen wie Bananen können von Wirbelstürmen auf Jahre sehr nachhaltig getroffen werden.[57]

Exkurs: Hunger durch Vulkanausbrüche

Was haben Vulkaneruptionen mit Hungersnöten gemein, bzw. die „leise" Katastrophe Dürre mit dem spektakulären Glutauswurf? In beiden finden sich Hungertote.

Grob gilt es zu unterscheiden zwischen direkten und indirekten Todesursachen. Lava- und Schlammströme (Lahars), Aschenregen, Gesteinsschlag, Gaseruptionen, Glutlawinen etc. zerstören Leben, auch menschliches, und sie bewirken eine ganze Reihe anderer Ereignisse. Sie können z.B. Tsunamis auslösen oder Wetter und Klima erheblich beeinflussen. Beides wiederum kann Ernteergebnisse ernsthaft beeinträchtigen und in letzter Konsequenz zu Hungersnöten führen. Gemessen an Todesopfern sind nach Schätzungen von Robert I. Tilling (1990, 160; vgl. Grafik 16) solche indirekte Folgen gravierender als jene anderen.

Insbesondere aus der vorindustriellen Zeit sind mehrere Beispiele von Auswürfen überliefert, durch welche gewaltige Mengen an Asche und feinen Staubteilchen in große Höhen der Atmosphäre geschleudert wurden, was wiederum zu gravierenden Wetterverschlechterungen in rund um den Globus verstreuten Regionen und in Folge zu Hungerkatastrophen geführt hatte. Als 1783 in Island der Laki-Spalt und im selben Jahr in Japan der Mt. Asama ausbrachen, soll es durch die riesigen Schmutzwolken, die die Sonneneinstrahlung absorbierten, in Japan und weit darüber hinaus bis ungefähr 1786 recht kalt gewesen und zu beträchtlichen Ernteausfällen gekommen sein. In Nord-Japan verhungerten damals, so schreiben manche Autoren, „many hundred thousand people" (Arakawa 1955, 102).

Ähnlich sollen wegen des Tambora-Ausbruch im April 1815 auf Indonesien 80.000 Personen verhungert sein. Ein Volumen von über 90 Kubikkilometer Magna wurde bei dieser Eruption in die Luft und feinere Partikel davon bis in Höhen von 60 oder 70 km geschleudert mit Folgen für das Klima rund um die Welt, wie Schmincke (1994, 441) schematisch darstellt. Als *„Jahr ohne Sommer"* oder *„Achtzehnhundertundzutodegefroren"* wird 1816 bezeichnet (Lane 1952, 197; Nussbaumer 1996b, 2 und Nussbaumer/Rüthemann 2000, 61 ff.). In Teilen sowohl der USA als auch Europas war es ein extrem kaltes und nasses Jahr. Die Sonnentage jenes ganzen Sommers seien an den Fingern beider Hände abzählbar gewesen, was auch heutzutage eine Riesenkatastrophe wäre. Man denke nur an die Folgen für den Fremdenverkehr oder an jene für die Landwirtschaft. Ernährungsgeschichtlich ist 1816 als absolutes Hungerjahr in die Geschichte Mitteleuropas eingegangen. Die Bevölkerung in den Alpentälern ernährte sich z.T. von in Wasser aufgekochter Kleie, abgekochtem Heu, Stroh oder Moos etc.

Durch einen Vulkanausbruch ist ein derart massiver (indirekter) Einfluss auf die Ernährungssituation in neuester Zeit nicht mehr belegbar wie eine bei D. Schönwiese (1994, 170) veröffentlichte Grafik zeigt. Sie illustriert den Zusammenhang zwischen vulkanischer Tätigkeit und Temperaturentwicklung während der letzten rund 250 Jahre.

Treffen „leise" und „laute" Katastrophen zusammen, bedeutet diese eine besonders explosive Mischung. Dies zeigt ein Vulkanausbruch ebenso wie eine Industrietragödie mit den Folgen von Tschernobyl. Weltweit etwa eine Milliarde Menschen haben aufgrund dieses Desasters ihre Ernährungsgewohnheiten geändert.

2.1.3 Wenn Äpfel faulen, ist nicht der Baum der Teufel (Kurzresümee)

Im Winter wird in Hamburg wie in vielen anderen europäischen Städten Frischgemüse aus dem Sahel angeboten. Wenn gleichzeitig Getreide oder Milch- und andere Pulver aus Europa für Hungernde in den Sudan geliefert werden, weisen alleine diese beiden Beobachtungen darauf hin, dass die Not dort zumindest keine reine Naturkatastrophe sein kann. Die Spenden für Hilfslieferungen werden trotzdem mit dem Verweis auf die vernichtende

Dürre gesammelt und auf beiden Kontinenten mag es Interessen geben, denen es nur recht sein kann, wenn dies so gesehen wird. Die Mitglieder einer jugendbesessenen Gesellschaft verlangen nach jungem Frischgemüse. Es soll den Konsumierenden auch in der kalten Jahreszeit, wenn selbst aus Süditalien nur Tomatenmark geliefert werden kann, angeboten werden. Umgekehrt orientieren sich viele Schwarze an den Standards westlicher Gesellschaften und deren Kultur(en) und wollen ein helles Brötchen und Pulver für weiße Milch, auch wenn dies für andere in ihrem Land hohe Opfer erfordern kann.

Werbestrategen knüpfen nicht umsonst bei im Verborgenen liegenden oder tabuisierten Wünschen an. Sie wissen: Der Mensch isst, was er sein möchte. Der Mensch ist, was er isst. Umgekehrt rücken extreme Situationen – eine Hungersnot – individuell sowie gesellschaftlich oder wirtschaftlich üblicherweise kaum wahrnehmbare Gegebenheiten ins Zentrum der Aufmerksamkeit. Krisen bringen das Unangenehme zum Vorschein. Der Einsturz glatt polierter Oberflächen entlarvt die unzureichende oder falsch berechnete Statik der tragenden Säulen. Wer nur ihre Sprünge pflastert und neue Oberflächen dranhängt, restauriert zwar die Fassade, aber stellt sich der aufgeworfenen Aufgabe nicht bzw. wiederum nur oberflächlich ungenügend.

Als Antwort auf eine Hungerkrise nur Notpakete zu senden, ist ähnliche Scharlatanerie. Wenn Menschen Land fehlt, weil dieses für die Exportproduktion verwendet wird, wenn sie keine Möglichkeit zu einem Einkommen finden, mittels welchem sie das Notwendigste für den täglichen Bedarf zu erwerben vermöchten, dann helfen notgeplagten Überlebenden einer Krise die Geschenke maximal vorübergehend. Mittelfristig kann ein solches Pflaster zusätzlichen Schmerz bringen. Daran hat sich seit Irlands Not um 1850 bis heute ebenso wenig geändert, wie an den weit verbreiteten Vorurteilen, mittels welchen es immer wieder gelingt, die Interessen von jenen zu decken, deren Portefeuilles durch die zu Grunde liegende (gesellschaftliche) Schieflage profitabel wachsen. Es wurde bereits im einleitenden Abschnitt 1.1 darauf hingewiesen: Die Verurteilung von Fremden – im Extrem als Kannibalen –, die selbstgerechte Distanzierung von sich Überlegen-Wähnenden verdeckt die unverarbeitete eigene Geschichte. Ausweglose Not und unsägliches Leid treibt Menschen zu Unvorstellbarem.

Verändert haben sich die geografischen Dimensionen und Orte der Krisen. Über große Perioden waren sie in Europa oftmals stärker als in den großen asiatischen Ländern. Schließlich waren in der zweiten Hälfte des 20. Jahrhunderts erstmals in Afrika mehr Hungerkatastrophentote als in Indien zu beklagen. Die für Menschen schlechten Launen der Natur wandern seit je rund um die Welt, die aufgezeigten Verschiebungen bei den Hungersnöten aber sind ihrerseits ein Indiz dafür, dass diese keine „Natur"katastrophen (mehr) sind. Wilhelm Abel setzte als Ende für seine Untersuchung der europäischen Hungerkrisen wohl bewusst die Mitte des 19. Jahrhunderts. Nicht, dass es seither in Europa keine Hungersnöte mehr gegeben hätte, ganz im Gegenteil. Aber spätestens seit damals können Hungersnöte letztlich nicht mehr als Folge einer natürlichen Unbill betrachtet werden, die es als rein solche aus heutiger Sicht vermutlich kaum je gegeben hat. Sind für die Jahrhunderte vor jener Zäsur die „man-made" Anteile jedoch als (mehr oder weniger) gering zu betrachten, so sind diese seither enorm gestiegen und heute von fast ausschließlicher Bedeutung. Fast überall kommt ihnen die erste und wichtigste Rolle zu. Die Mortalitätsrate von „Natur"katastrophen ist im Verlauf des 20. Jahrhunderts tendenziell und kontinuierlich gesunken (vgl. Nussbaumer ²1998, 12). Das gilt auch für „natur"bedingte Hungersnöte. Sie sind keine Naturkatastrophen mehr; und jährlich noch immer x-millionenfach Verhungernde keine Opfer eines ungünstigen Wetterklimas. Solche Aussagen erklären nichts, aber sollen ablenken, wegführen von den unter der aufgerissenen Oberfläche erkennbaren Realitäten.

Zu hungern bräuchte heute niemand. Im Vergleich zu einem Vulkanausbruch oder Erdbeben sind selbst akute Hungerkrisen meist ein „leises", eben wenig beachtetes Katastrophenereignis, vielfach jedoch weit todbringender als jene. Für die in einer Notsituation in einer allerersten (meist kurzen) Phase notwendigen Lebensmittellieferungen bestehen weitgehend leistungsfähige Transportsysteme, wenn nicht anders, jedenfalls als Luftbrücke. Der kurzfristigen Notwendigkeit folgt mittelfristig vielfach Vernachlässigung, wenn nicht falsche Prioritätensetzung. Der leise schleichende Charakter solcher Krisen, der sie für mediale Schlagzeilen und somit das öffentliche Interesse bald einmal als unwichtig erscheinen lässt, verstärkt diese Tendenzen.

Noch leiser, trotzdem noch zahlreicher sterben jene, denen ebenfalls das Lebensnotwendigste fehlt: nicht, weil ihr Land überschwemmt oder von einer Trockenperiode heimgesucht wurde, schlicht und einfach deswegen, weil es ihnen an dem fürs alltägliche Überleben Notwendigen mangelt, an Arbeitsmöglichkeiten und Einkommen für die dringlichsten Besorgungen. Heute werden weltweit mehr als genug Lebensmittel für alle produziert. Das Limit wird – selbst bei Berücksichtigung des Bevölkerungswachstums – ohne gentechnologisch produzierte Pflanzen oder Tiere und gegen alle Unkenrufe noch einige Zeit nicht erreicht sein. Tatsächlich ist dies ein historisch vermutlich erstmaliger großartiger Erfolg. Es ist keine futuristisch-realitätsfremde Aussage eines übermütigen Menschengeschlechts, wenn behauptet wird, Hungersnöte sind keine Naturkatastrophen. Europa, eine der dichtbevölkertsten Regionen, produziert heute im Überfluss, obwohl gerade dessen (früher weit geringere) Bevölkerungszahl über Jahrhunderte hinweg gemessen am jeweiligen agrarischen Produktionsniveau sich sehr wohl an den Grenzen der Versorgungsmöglichkeiten bewegt hatte. Mit der einsetzenden industriellen Revolution und deren Beschleunigung seit der vorletzten Jahrhundertmitte sowie der Durchsetzung allgemeiner Minimallöhne und sozialer Absicherungen, mittels deren auch Benachteiligte zumindest den täglichen Lebensbedarf abdecken können, änderte sich dies grundlegend. Eine vergleichbare Zäsur ist nicht überall auf der Welt Realität und Verarmungstendenzen sind auch in entwickelten Industrienationen neuerlich festzustellen. Dies ändert nichts daran, dass inzwischen weltweit mehr als genug für alle produziert wird, aber es weist auf den eigentlichen Skandal: Wider vieler anders lautender Sonntagsbekenntnisse steht die Ausrottung des Skandalösen, des Verhungerns neben dem Überfluss, offenbar auf irgendwelchen Wartelisten.

Malthus'[58] Thesen haben sich bislang nicht bewahrheitet. In seinem Essay von 1798 malte er äußerst schwarz und warnte vor der drohenden Übervölkerung, die zu ernähren nicht gelingen könne. Er verwendet dazu recht kraftvolle Worte, wenn er meint: „Der in die ... schon mit Beschlag belegte Welt Geborene ... findet an der großen Tafel der Natur keinen für ihn gedeckten Platz. Die Natur befiehlt ihm, wieder zu verschwinden und zögert nicht, ihrem Befehl nachzuhelfen".[59] Politisch wandte er sich deswegen gegen soziale Fürsorge. Obwohl die Geschichte ihm bislang nicht Recht gab, hielt sich das Malthus'sche „Überbevölkerungstheorem" als eine zentrale Hungererklärung bis zum heutigen Tag.

Aber schon einige Jahrzehnte vor Malthus argumentierte der preußische Pfarrer Johann Peter Süßmilch (1707-1776) – unter Verwendung ähnlicher

Bevölkerungszahlen wie Malthus – ganz anders und gelangte auch zu ganz anderen Ergebnissen. In seinem Hauptwerk von 1741 „Die göttliche Ordnung in den Veränderungen des menschlichen Geschlechts, aus der Geburt, Tod und Fortpflanzung erwiesen" errechnete Süßmilch zu einer Zeit, als die Weltbevölkerung noch ca. 700 Millionen zählte, dass die Erde 13 Milliarden Menschen ernähren könne. Heutige FAO-Studien weichen davon nur wenig ab. Sie sehen diese Möglichkeit immerhin für 11 Milliarden Menschen gegeben,[60] so Hans Dieter Sauer (1998, 23ff). Sauer weist auf ein wichtiges Verdrängungselement, wenn er weiter schreibt: „Es gehört zu den Merkwürdigkeiten der Geistesgeschichte, dass Süßmilch, der vieles richtig sah, in Vergessenheit geriet, während Malthus, obwohl er durch die tatsächliche Entwicklung widerlegt wurde, stets neue Gefolgschaft fand." Mit unsozialer Politik lässt sich der Skandal Hunger nicht beseitigen. Ganz im Gegenteil: Ausgrenzung und Verarmung bringen ihn immer neu hervor.

Noch vor wenigen Jahrhunderten stand die Menschheit der Natur vielleicht so ähnlich gegenüber wie das Ameisenvolk einem Gebirge. Ein herunterrollender Stein erdrückt viele der Tierchen, so wie eine Dürreperiode die Menschen brotlos werden ließ. Inzwischen hat sich die Relation Mensch – Natur erheblich verändert. Für die Menschheit wurde die Natur und der gesamte Blaue Planet eher zu dem, was für die Insekten ein Gärtchen ist. Das vermögen auch sie – sind sie zahlreich genug –umzuwühlen.

Wer heute noch Hungersnöte mit einer Unbill der Natur erklärt, könnte ebenso behaupten, der Apfelbaum sei der Teufel, wenn dessen Besitzer niemandem erlaubt, die Ernteleiter anzulehnen. Wenn dessen Äpfel dann verfaulen, wenn diese nicht geerntet werden, liegt es jedenfalls nicht am Baum, ebenso wenig wie für mangelnde Hirse in Afrika trockener Boden der Grund ist, wenn nebenan Frischgemüse bewässert wird für den Export in Länder, in welchen Rinder nicht nur nach dem Keulen sondern auch nach dem Schlachten verbrannt werden. Vielleicht hätten die Geister von Hungertoten in diesen Kammern der Unterwelt als Mahnung den Spruch an die Türe gemalt: Wenn Äpfel faulen, ist nicht der Baum der Teufel.

2.2 Versprechen vom Paradies: Umgemünzt in Hungerterror

Der Weg vorbei an den viel zu zahlreichen Totenkammern im riesigen Labyrinth der Unterwelt der Verhungerten, gäbe es ein solches, führte nun tiefer hinab. In der imaginären Hungerkatakombe hätten von den im folgenden auszuleuchtenden Grabstätten die meisten erst in den vergangenen Jahrzehnten gegraben und erschreckend groß – weit größer als die meisten der bereits besuchten – dimensioniert werden müssen. Die Geschichten, die bei diesem Gang zu erzählen wären, finden sich im vorliegenden Kapitel. Sie lassen einen vor dem erschauern, wozu Menschen fähig sind.

Aus zwei Gründen stellten im 20. Jahrhundert große Hungerkatastrophen, die primär bzw. alleine im Agieren (oder Nicht-Agieren) des Menschen ihre Ursache hatten, die Mehrzahl der Fälle:

Zum einen sind viele Hungerkatastrophen direkt oder indirekt eine Folge von Kriegen und Bürgerkriegen. Hungersnot kann dabei eine ungewollte Kriegsfolge sein. Ebenso wurde Aushungern aber als bewusstes Kriegsmittel – teilweise bis hin zum Genozid – und im Unterschied zu früheren Jahrhunderten „wissenschaftlich" systematisch eingesetzt. Darauf wird im nächsten Kapitel 2.3 einzugehen sein.

Zum anderen endeten Wege des „realexistierenden" Sozialismus (Kommunismus) nur zu oft in großen Hungersnöten, bisweilen gar im Kannibalismus. Das besondere Paradoxon aller fünf Beispiele dieses Kapitels: Der Wunsch, Glück auf Erden zu schaffen, verkehrte sich ins absolute Gegenteil. Er entlarvt ganz beängstigende Züge von Menschen, die ein „Paradies auf Erden" versprachen. Mehrfach ist die Frage zu stellen: Wurde eine menschliche Sehnsucht in zynischer Weise für brutale Machtpolitik missbraucht?

2.2.1 Verhungern neben der Fülle: Stalins Hungerholocaust in der Ukraine 1929-1933[1]

„Da es noch Überlebende gab, mußten auch Nahrungsmittel da sein, behaupteten die Henker." In diese Worte fasst Y. Ternon in: „Der verbrecherische Staat. Völkermord im 20. Jahrhundert" (1996, 205) den Zynismus, mit welchem Anfang der 1930er-Jahre – insbesondere 1932/33 – in der Ukraine eine Hungersnot von Stalin als Anlass genommen wurde, einen erbitterten Kampf gegen die dortige Bauernschaft zu führen, um den ukrainischen Nationalismus zu brechen. Sobald der bäuerliche Widerstand gebrochen sei, so war sich Stalin sicher, werde auch das Nationalstreben der Ukrainer ausgemerzt sein. Die Katastrophe zählt zu den schlimmsten Ereignissen des 20. Jahrhunderts.[2]

Vom Terror durch Enteignung, Kollektivierung, Konfiskation

1921 hatte die ukrainische Bauernschaft einen ersten Versuch von Lenin zur Kollektivierung noch mit dem „Mut der Verzweiflung" abwehren können. Anfang der 1930er-Jahre (speziell 1932/33) endete der Kampf in einer katastrophalen Niederlage. Um dieses Mal kein Risiko einzugehen, wurde in der Kornkammer der UdSSR die Kollektivierung viel umfassender durchgezogen als im übrigen Russland.

Stalin und seine Schergen bedienten sich vor allem zweier Methoden. Sie *enteigneten* und *kollektivierten* den bäuerlichen Grundbesitz. Verbliebene Lebensmittelbestände *konfiszierten* sie gnadenlos. Nach den Richtlinien zur Kollektivierung war Vieh oder Getreide künftig als Staatseigentum zu betrachten, „geheiligt und unverletzlich". Wer irgendwelcher Vergehen dagegen für schuldig befunden wurde, galt als „Volksfeind". Er war zu erschießen. Bauersfrauen, die z. B. ein paar Körner Weizen auf dem Kollektivgut-Acker einsammelten, erhielten als Strafe „nur" zehn Jahre Gefängnis, für sie galten „mildernde Umstände". Mitte 1932 waren bereits 70 Prozent der ukrainischen Bauern in Kolchosen eingeteilt, weit mehr als im übrigen Russland zum gleichen Zeitpunkt (Conquest 1990, 268 und 275).

Nach der Kollektivierung folgte – wie Conquest es ausdrückt – der „Hunger-Terror", die brutale Getreide- und Lebensmittel-Requisition. Ein bewährtes Mittel dabei war, zur Berechnung der Produktionsmengen die gesamte theoretisch zur Verfügung stehende Fläche heranzuziehen und zudem noch den darauf maximal möglichen Getreideertrag zu eruieren. Requisitionsmengen, die auf dieser Basis berechnet wurden, mussten zwangsläufig zu faktisch nicht erfüllbaren Ablieferungsmengen führen. Speziell im Sommer 1932 wurden von der Ukraine Getreide-Mengen eingefordert, die niemals geliefert werden konnten, teilweise mehr als 50 % einer Ernte. Daran wurde auch festgehalten, als es in der Ukraine bereits die ersten Hungertoten gab. In Moskau dachte man nicht im Entferntesten daran, die Forderungen zurückzunehmen (Conquest 1990, 270 ff.).

Völlig verrohte kommunistische Aktivisten pressten aus der ländlichen Bevölkerung heraus, was nur ging. Die Getreideeinsammler waren nichts anderes als Schlägerbanden. Sie verprügelten die Menschen z. T. mit eineinhalb Zentimeter dicken und ein bis drei Meter langen Stahlruten, einem eigens dafür hergestellten Gerät. Die Eintreibbrigaden durchkämmten Haus für Haus, Dachboden für Dachboden, Keller für Keller, Schuppen für Schuppen. Sie durchsuchten Schweinekoben und Strohhaufen, sie maßen die Öfen und kalkulierten, ob sie groß genug wären, um Getreide hinter der Ziegelfassade zu verbergen. Sie brachen Balken im Dachboden auf, stampften auf den Böden der Häuser herum, trampelten den ganzen Hof und Garten ab. Wenn sie eine verdächtig aussehende Stelle fanden, ging das Brecheisen hinein. Im Jahre 1931 wurde nur noch gelegentlich verborgenes Getreide entdeckt, nicht mehr als 100, manchmal 200 Pfund. Im Jahre 1932 war es auch damit aus. Das Äußerste, was allenfalls noch gefunden wurde, waren 10 bis 20 Pfund, die als Hühnerfutter verwahrt wurden. Selbst dieser „Überfluss" wurde noch mitgenommen. Nur in den seltensten Fällen waren die Eintreiber gnädig und ließen etwas Kartoffeln, Mais oder Erbsen zur Ernährung der Familien zurück. Meist folgte der vollständige Kehraus. Mitgenommen wurden aber nicht nur Lebensmittel und Vieh, ebenso Wertgegenstände, „überflüssige" Kleidung, Ikonen in ihren Rahmen, bemalte Teppiche, Samoware oder andere metallene Küchengeräte, von denen man annahm, dass sie aus Silber bestehen könnten. Mitgenommen wurde zudem alles Geld, das in Verstecken entdeckt wurde (Conquest 1990, 280 f.).

Ein Bauer, so berichtet Conquest, wurde z.B. wegen des Besitzes von 25 Pfund Weizen erschossen, die seine zehnjährige Tochter auf den Feldern aufgelesen hatte. Zehn Jahre Haft wurde wegen des „Diebstahls" von Kartoffeln verhängt. Eine Frau wurde zu zehn Jahren verurteilt, weil sie 100 Kolben reifenden Maises auf ihrem eigenen Privatgrundstück geschnitten hatte, zwei Wochen nachdem ihr Ehemann Hungers gestorben war. Ein Vater von vier Kindern bekam zehn Jahre für dasselbe Delikt. Eine andere Frau wurde zu zehn Jahren verurteilt, weil sie einige Zwiebeln aus dem Kollektiv entnommen hatte. Ein sowjetischer Wissenschaftler zitiert ein Urteil über zehn Jahre Zwangsarbeit ohne Recht auf Amnestie sowie Konfiskation des gesamten Eigentums für das Einsammeln von 70 Pfund Weizenhalmen, um die eigene Familie zu ernähren, etc., etc. „Ich hörte die Kinder würgen, vor Schreien husten" – erinnert sich ein daran beteiligter Aktivist – „ich sah die Männer: verängstigt, bittend, hasserfüllt, stumpf, passiv, aufgelöst vor Verzweiflung oder aufflammend mit halbwahnsinniger, kühner Wildheit ... Es war herzzerreißend, das alles zu sehen und zu hören. Und noch schlimmer, daran beteiligt zu sein ..." (Conquest 1990, 276).

Die Not wird „kannibalisch"

In dieser extremen Not griffen die Menschen zu allen nur erdenklichen Mitteln, um überleben zu können. Um zumindest kleine Mengen von Getreide vor den Eintreibern zu retten, füllte man es in Flaschen, die man dann mit Teer versiegelte und in Brunnen oder Teichen versenkte. Nachdem alles lebende landwirtschaftliche Vieh aufgezehrt war, wurden die Hunde geschlachtet, später die Katzen. Die Leute kochten sie. Alles, was sie erhielten, waren zähe Adern und Muskeln. Und aus ihren Köpfen machten sie ein Fleisch-Aspik. Man sammelte Eicheln unter dem Schnee, um daraus so etwas wie Brot zu backen, manchmal mit Kleie oder Kartoffelschalen vermischt. Selbst *„Pferdedung wurde gegessen, teilweise deshalb, weil er oftmals ganze Weizenkörner enthielt"* (Conquest 1990, 286 f. und 297 f.).

Im Frühjahr 1933 erzeugte die Hungersnot einen kaum noch zu überbietenden Leidensdruck. Menschen mit geschwollenen Gesichtern, Beinen und Bäuchen – sie konnten den Urin nicht mehr halten – aßen nun einfach alles. Sie fingen Mäuse, Ratten, Spatzen, Ameisen und Regenwürmer. Sie mahlten Knochen zu Mehl und machten dasselbe mit Leder und mit Schuhsohlen, sie zerschnitten alte Häute und Pelze, um eine Art Nudeln herzustellen, und sie kochten Leim. Und als das Gras zu wachsen begann, fingen sie an, die Wurzeln auszugraben und die Blätter und Knospen zu essen; sie nutzten alles, was es gab: Löwenzahn und Klette, Glockenblumen, Weidenwurzeln, Sedum und Nesseln.

Die Not trieb einige zum Äußersten: zum Verzehr von Mitmenschen.[3] Laut Conquest gibt es Dutzende von Berichten über Menschenfresserei: Einige sollen sich an ihre eigene Familie gemacht, andere Kindern Fallen gestellt oder Fremde aus dem Hinterhalt überfallen haben. Die Eintreiber stießen gelegentlich bei der Durchsuchung eines Dorfes auf Kinderleichen, die gerade verkocht wurden. Umgekehrt sollen fürsorgliche Mütter ihren Söhnen aufgetragen haben, sie selbst nach ihrem Tod zu verzehren, wenn einmal die anderen Lebensmittel völlig aufgebraucht seien (Conquest 1990, 314 f.).

Faktisch gab es kein Gesetz gegen Kannibalismus. Konnte illegaler Getreidebesitz ein Grund zur Hinrichtung sein, galt dies für Kannibalismus nicht. Menschenfresser wurden lediglich verhaftet. Hunderte von ihnen sollen noch in den späten dreißiger Jahren ihre Verurteilung zu lebenslanger Haft in den Straflagern des Ostsee-Weißmeerkanals verbüßt haben.

Für Millionen war es ein Verhungern neben der Fülle

Vor den Gräueln dieser Zeit versagen die Vorstellungskräfte. Sterbende werden mit den Toten auf die Friedhöfe verfrachtet, um Transportwege zu sparen. Kinder und alte Leute lagen oft noch mehrere Tage lebend in den Massengräbern, wie u. a. aus der Stadt Kiew berichtet wird (Conquest 1990, 283 und 304).

Bei einer der schlimmsten Hungerkatastrophen des 20. Jahrhunderts wurde nach Conquest etwa 14,5 Millionen Menschen das Leben geraubt (vgl. Tab. 10 a). Nach anderen Schätzungen belaufen sie sich bis auf 20 Millionen Personen (vgl. dazu Tab. 10b[4]) Zahlen, die einen in der Tat zum Schweigen veranlassen.

Der Korrespondent Walter Duranty notierte (aber berichtete es in „seiner" New York Times nicht), dass bei den Bahnhöfen große Mengen Getreides unter freiem Himmel zu sehen waren. Ein englischer Augenzeuge spricht von den „fruchtbaren Feldern der Sowjet-Ukraine". Feld neben Feld war bedeckt mit nicht geerntetem Getreide, „das man verfaulen ließ. Es gab Bezirke, wo es möglich war, einen ganzen Tag lang zwischen diesen Feldern schwarz

Tabelle 10a: Zum Terror Stalins in den Jahren 1930 ff.

Opferschätzungen	Quelle: Conquest 1990, 373
Tote Bauern 1930 bis 1937	11 Millionen
In Lagern Umgekommene	3,5 Millionen
ZUSAMMEN	**14,5 Millionen**
Davon: **Gestorben während der Hungersnot 1932/33**	
In der Ukraine	5 Millionen
Im Nord-Kaukasus-Gebiet	1 Million
Andernorts Gestorbene	1 Million
ZUSAMMEN	**7 Millionen**

werdenden Weizens zu fahren, wobei man nur hie und da eine winzige Oase sah, wo die Ernte glücklich eingebracht worden war." (Conquest 1990, 283 und 304). Conquest nennt weitere Fälle, wo mitten im Hungergebiet Lagerhäuser „beinahe zum Bersten" voll von Getreide waren. All diese Lebensmittel wurden – aus politisch zynischer Strategie – den Verhungernden vorenthalten, zum Teil mit Waffengewalt. Die KP-Funktionäre selbst brauchten natürlich keinen Hunger zu leiden, ganz im Gegenteil, sie überlebten die Hungersnot wohlgenährt.

Requiriertes wurde auch exportiert. Augenzeugen sahen Butterstücke in den Molkereien, die mit dem englischen Etikett „USSR BUTTER FOR EXPORT" versehen waren (Conquest 1990, 288).

Vom Verschweigen der Katastrophe[5]

Die vom damaligen Regime verfolgte Strategie erforderte Manipulation, Zensur und ein striktes Schweigeverbot und dieses wurde mit aller Härte durchgesetzt. In der stalinistischen Presse und in Alltagsgesprächen war es verboten, das Wort HUNGERSNOT auch nur zu erwähnen. Selbst die ukrainische Presse verlor kein Wort darüber. Personen, die es wagten den Begriff in den Mund zu nehmen, wurden wegen antisowjetischer Propaganda verhaftet; sie erhielten üblicherweise fünf Jahre Arbeitslager (!). Im Nischjon-Lyzeum in der Provinz Tschernikiw, wo Gogol erzogen wurde, sagte man unzureichend verpflegten Schülern, wenn sie über Hunger klagten: „Ihr verbreitet Hitlers Propaganda!"

Das Verbot, auch nur leise Hinweise auf die Wirklichkeit zuzulassen, gehört zu den zynischen und psychopathischen Strukturen stalinistischer Politik. Als böse Ironie der Geschichte muss gelten, dass diese „unmenschliche Macht der Lüge" (so Pasternak nach Conquest) auch vom Westen über weite Strecken mitgetragen wurde. Stalins Politik, den Westen davon zu überzeugen, dass keine Hungersnot stattfinde – und später: dass keine stattgefunden habe, ging weitgehend auf. Zwar war es Stalin nicht möglich, sämtliche Informationen zu unterbinden. Nach West-Europa und Amerika gelangten mehrere Berichte, die auf die Hungersnot aufmerksam machten. Da es 1932 nicht (noch nicht?) möglich war, alle Ausländer von den Hungergebieten fern zu halten, drangen auch unanzweifelbare Augenzeugenberichte nach außen. Stalin aber war sich bewusst, selbst wenn die Wahrheit greifbar ist, „daß schlichtes Bestreiten einerseits und das Einschießen einer Sammlung positiver Falschbehauptungen in den Informationspool andererseits ausreichen, um in einer passiv uninformierten ausländischen Öffentlichkeit Verwirrung zu stiften und diejenigen, die betrogen sein wollten und sich aktiv darum bemühten, zur Annahme der stalinistischen Version zu bewegen. Die Hungersnot war das erste größere Beispiel dafür, wie man diese Technik zur Beeinflussung der Weltmeinung nutzte, aber ihr folgten andere Beispiele."[6] (Conquest 1990, 374).

Die wirksame Strategie, die Hungersnot (im Westen) zu verheimlichen und durch Falschinformationen zu verzerren oder zu überdecken, veränderte sich im Laufe der Zeit. Vorerst wurde sie schlicht ignoriert oder bestritten. Als dies nicht mehr ganz durchzuhalten war, begann man, Informationen stark zu verfälschen und zu verdrehen. So behauptete damals etwa die sowjetische Botschaft in Washington, dass die Bevölkerung der Ukraine über die Periode des letzten Fünfjahresplanes um zwei Prozent jährlich zugenommen und die niedrigste Todesrate aller Sowjetrepubliken (!) habe. De facto ist in den Jahren 1932 ff. ein Fünftel bis ein Viertel der ukrainischen Bauernbevölkerung ums Leben gekommen (Conquest 1990, 305 und 381). Zu schlechter Letzt lud man ausländische (westliche) Gäste in „aufgeputzte" Bezirke der betroffenen Gebiete ein. Als glaubwürdige Augenzeugen sollten sie in ihren Heimatländern anders lautende Berichte mit ihren Lügenmärchen desavouieren. Berühmt-berüchtigt ist diesbezüglich das Beispiel von Edouard Herriot, dem Führer der französischen Radikalen Partei und zweimaligen Premierminister Frankreichs. Er hielt sich im August und September 1933 in der UdSSR auf. Ein Besucher Kiews erlebte und beschrieb die Vorbereitungen für Herriots Visite. Am Tage, bevor er eintraf, wurde die Bevölkerung gezwungen, von zwei Uhr morgens an zu arbeiten, um die Straßen zu putzen und die Häuser zu schmücken. Lebensmittel-Verteilzentren wurden geschlossen. Schlange stehen wurde verboten. Obdachlose Kinder, Bettler und Verhungernde mussten verschwinden. Ladenfenster wurden mit Lebensmitteln gefüllt, aber die Polizei vertrieb alle Bürger oder verhaftete die, die zu nahe herandrängten, der Einkauf von Essbarem war verboten. Die Straßen wurden gespült, das Hotel, in dem der hohe Gast wohnen sollte, renoviert, es gab neue Teppiche und Möbel und Uniformen für die Bediensteten. Ähnlich ging es auch an den anderen Besuchsorten zu. Auf dem Kollektivgut „Oktoberrevolution" nahe Kiew wurden einige Stiere und Schweine geschlachtet, damit reichlich Fleisch vorhanden war. Ebenso wurde eine Ladung Bier herangeschafft. In der Umgebung wurden alle Leichen und verhungernde Bauern von den Straßen weggeschafft, den Bauern wurde es verboten, ihre Häuser zu verlassen. So täuschte man einen naiven „Westler", der vermutlich nichts anderes sehen wollte. Das Konzept ging voll auf. Herriot meinte nach der Reise auf das Problem der Hungersnot angesprochen: „Wenn man glaubt, daß die Ukraine eine Hungerkatastrophe durchmacht, so kann ich nur mit den Achseln zucken."[7]

Diese altbewährte Potemkin'sche-Methode wurde auch bei anderen Delegationen sehr erfolgreich angewandt. Walter Duranty z.B., Korrespondent der New York Times, galt als einer der engsten westlichen Mithelfer aller sowjetischen Falschmeldungen. Ein Journalistenkollege bezeichnete Duranty einmal als den „größten Lügner unter allen Journalisten, denen ich in 50 Jahren Journalismus begegnet bin."[8] Obwohl Duranty über das ukrainische Desaster voll informiert war, berichtete er im November 1932, dass „es keine Hungersnot und kein Hungersterben gibt und daß desgleichen auch aller Wahrscheinlichkeit nach nicht zu erwarten ist" (Conquest 1990, 388). Wegen seiner exzellenten Kontakte zur stalinistischen Diktatur war Duranty im September 1933 der erste Korrespondent, der in das Hungergebiet durfte. Er berichtet, dass „der Gebrauch des Wortes Hungersnot im Zusammenhang mit dem Nord-Kaukasus-Gebiet eine schiere Absurdität ist" (Conquest 1990,

389). Er spricht weiter von „molligen Babies" und „fetten Kälbern". Mit solchem Lügenjournalismus im Westen konnte Stalin die Hungersnot, wenn schon nicht völlig verheimlichen, so doch die Information darüber erheblich erschweren und unterdrücken. Zumindest wusste ein Großteil der Leser nicht mehr, wem man nun eigentlich glauben konnte, eindeutige Beweise für die Hungersnot schien es nicht zu geben. Für seine Fähigkeit, das Gegenteil von dem zu schreiben, was er wusste, bekam Duranty 1932 übrigens den Pulitzerpreis, der jährlich u.a. für besondere Leistungen im Bereich des Journalismus vergeben wird.

Wie Merridale (2001, 216) könnten nach besserem Quellenzugang, spätere Historikerinnen und Historiker die ukrainische Hungersnot als *Völkermord* einstufen. Wenn auch ohne Gaskammern, die Vernichtung war ähnlich systematisch geplant und organisiert wie später der Holocaust der Nazis am jüdischen Volk.

2.2.2 „Eine tüchtige Frau bringt auch ohne Lebensmittel eine Mahlzeit auf den Tisch."[9] Die Hungersnot in China unter Mao (1958/61)

Die im Folgenden zu beschreibende Hungersnot zählt zu den größten Hungerkatastrophen der Geschichte. Trotzdem wurde sie – speziell im deutschsprachigen Raum – noch ganz selten behandelt und soll daher in der Folge etwas ausführlicher beschrieben werden.[10] Auch Arbeiten in englischer Sprache sind sehr rar. Eine der wenigen Monografien erschien in London 1996, verfasst von Jasper Becker: „Hungry ghosts. China´s secret famine".

Ein altes chinesisches Sprichwort sagt: „Eine Frau kann noch so tüchtig sein, ohne Lebensmittel kann sie keine Mahlzeit auf den Tisch bringen." (Chang 1991, 265 und 269). Bereits zur Zeit der Politik des Großen Sprungs wurden dessen verheerende Wirkungen zugestanden. Die alte Weisheit wurde als Parole für Paraden in zynischer Weise umformuliert: „Eine tüchtige Frau bringt auch ohne Lebensmittel eine Mahlzeit auf den Tisch."

Zur Ausgangslage

Der chinesische Diktator Mao Tse-tung[11] versuchte gegen Ende der 1950er-Jahre mit der Abkehr vom Sowjetmodell die chinesische Wirtschaft und Gesellschaft auf „revolutionärem" Kurs zu halten. Dass Chruschtschow 1956 – drei Jahre nach Stalins Tod – erstmals die stalinistischen Methoden öffentlich kritisierte, hatte kurzfristig auch Auswirkungen auf China. Plötzlich durften sich auch hier Kritiker des stalinistischen Modells äußern und Reformen des sozialistischen Systems fordern. Die chinesische KP selbst gab sogar die Losung aus: „Laßt hundert Blumen blühen, laßt hundert Ideen wettstreiten." Allerdings schon nach kurzer Zeit stempelte Mao und die kommunistische Partei die Ideenwettstreiter zu Rechtsabweichlern ab, Hunderttausende wurden mit Berufsverbot belegt und viele in Umerziehungslager verbannt. Einige von ihnen wurden sogar hinrichtet (Opletal 1990, 24 f.).

Mao wollte damit die chinesische Volkswirtschaft und das politische System stärker revolutionieren und rascher vorantreiben. Eine kapitalistische Restauration sollte im Keim erstickt werden. Die Bauern im ganzen Land wurden zu Volkskommunen zusammengeschlossen. Großkollektive von jeweils mehreren tausend Familien entstanden, im Durchschnitt umfassten sie etwa 5.000 Haushalte.[12] Gemeinsam sollten sie den Boden bestellen, Bewässerungskanäle bauen und Landflächen erschließen, ihr Essen wurde in Gemeinschaftsküchen zubereitet. Gleichzeitig mit der Landwirtschaft sollte auch die Industrie mittels enormer menschlicher Anstrengungen in kurzer Zeit ihren Output vervielfachen. Im ganzen Land wurden in improvisierten Produktionsstätten Menschen gezwungen, bis zu 16 Stunden am Tag zu arbeiten. Überall errichtete man kleine „Hinterhofstahlöfen" - Jonathan Spence (1995, 684) schätzt sie auf etwa eine Million – in denen bis hin zum überflüssigen individuellen Kochgeschirr alles verschmolzen wurde. Das sollte die Eisen- und Stahlproduktion auf Vordermann bringen (vgl. Kennedy 1993, 216; Chang 1991, 266).

Um 45 % jährlich (!) sollte nach den Vorstellungen Maos die Industrieproduktion in dieser Periode zunehmen und die agrarischen Erzeugnisse in den Jahren 1958 bis 1968 jeweils um 20 % gesteigert werden. Auch wenn damit für die Landwirtschaft ohne Zweifel ein ehrgeiziges Ziel formuliert wurde, um die vorgegebenen Zuwachsraten in der Industrie zu erreichen, wurde dem Agrarbereich trotzdem eine nur sekundäre Bedeutung zugemessen. Sie sollte derart umstrukturiert werden, dass sie keine staatliche Hilfen mehr benötigte, und wurde so zum großen Stiefkind dieser Periode (Chronik 1958, 134).

Zum „Marshall" der Industrie wurde die Stahlproduktion erkoren. Nach Maos halbausgegorenen Ideen sollte diese (1957/58) innerhalb eines Jahres von 5,4 Millionen auf 10,7 Millionen Tonnen verdoppelt werden: nicht durch die Fachkräfte in den Stahlwerken! Die ganze Bevölkerung musste sich beim Stahlkochen betätigen. Jeder Arbeitseinheit wurde eine bestimmte Stahlquote vorgegeben. Monatelang ruhte die normale Arbeit, weil alle damit beschäftigt waren, diese Quoten zu erfüllen. Mit anderen Worten und überspitzt formuliert: Die gesamte wirtschaftliche Entwicklung wurde auf die Frage reduziert, wie viele Tonnen Stahl erzeugt werden könnten, und – was sich besonders fatal auswirkte – die gesamten Arbeitskräfte wurden auf dieses Ziel ausgerichtet. Die Stahlproduktion nahm dabei bisweilen solch abstruse Formen an, dass selbst – wie Chang in ihrer Autobiografie berichtet – 6-jährige Mädchen auf ihrem Schulweg im Schlamm nach schmelzbaren Materialien suchten. Die Lehrer mussten zudem oft den Unterricht ausfallen lassen, da sie stattdessen mit dem Schmelzen von „Schmelzbarem" beschäftigt waren (Chang 1991, 265). Insgesamt war diese Stahlkampagne ein gigantischer Flop. Letztlich produzierte man nur Ausschuss, aber gleichzeitig ungeheuerlichste Nebenfolgen.

Mit dem so genannten „Großen Sprung nach vorn" sollte die chinesische Wirtschaft und Gesellschaft gleichsam von heute auf morgen auf ein besseres und angenehmeres Lebens-Niveau katapultiert werden. Die Volkskommunen sollten Industrie, Landwirtschaft und Handel vereinen, den Unterschied zwischen Stadt und Land ausgleichen. Als Kampfesruf diente die Parole: „Drei Jahre harter Kampf, 10.000 Jahre Glück" (Hoffmann 1972, 37). Bedenkt man, welcher Terror anlässlich der Einführung eines „Tausendjährigen" Reiches schon verbreitet wurde, kann man erahnen, unter welchen Umständen ein „Zehntausendjähriges" Reich wohl begonnen wurde. Wie Jonathan Spence (1995, 201 ff.) es einmal ausdrückte, wurde daraus ein „Großer Sprung in die Hungersnot". In noch verheerenderen Dimensionen wiederholte sich in China Ähnliches wie rund zweieinhalb Jahrzehnte zuvor in der Ukraine. Strukturell gleichen einander beide Katastrophen in vielen Elementen.

Das landwirtschaftliche Desaster und der Terror für potemkin'sche Statistiken

Nach offiziellen Schätzungen konnten etwa 100 Millionen Bauern ihre Felder nicht mehr bestellen, weil sie Stahl kochen mussten. Sie hatten vorher für die Ernährung des Landes gesorgt, nun wurden ganze Hänge abgeholzt, weil man Bäume zum Befeuern der Hochöfen brauchte. Verheerend waren die Folgen für die landwirtschaftliche Produktivität. Hier wirkte sich der Arbeitskräfteentzug katastrophal aus.[13] So sah man um die Erntezeit 1958 in weiten Landstrichen nur wenige Menschen auf den Feldern. Es ließ sich nicht einmal die ganze Ernte einbringen, geschweige denn, dass diese sich noch hätte steigern lassen. Das sollte sich bald und leider viel zu bitter rächen.

Für 1958 wurden Getreideproduktionsziffern von 375 Millionen Tonnen prognostiziert, bzw. vorgegeben. De facto mussten diese Zahlen auf 250 Millionen korrigiert werden, ja manche westliche Wissenschaftler schätzten die Ernte später auf nur 200 bis 215 Millionen Tonnen (Spence 1995, 684), Zahlen die für sich sprechen. Sie sollten weiter gravierend, nämlich auf unter 150 Millionen Tonnen im Jahre 1960 sinken (vgl. Grafik 17).

Massiv wurden Propaganda und Manipulation eingesetzt, um das Gegenteil herbeizureden. So hatte das gewaltsame Bestreben zum Großen Sprung über „Personalpolitik" und Einschüchterungstaktik Auswirkungen bis zur Erstellung von Landwirtschaftsstatistiken. Viele gute Statistiker wurden im wahrsten Sinn des Wortes in die Wüste geschickt. Statistische „Laien" sollten deren Arbeit übernehmen. Die Wahrheit durften sie nicht sagen. Vielerorts wurden Leute, die sich weigerten, von unerhörten Rekordernten zu berichten, so lange geschlagen, bis sie nachgaben und unter Gewaltanwendung reine Fantasiezahlen als Produktionsziffern nannten. Manchmal starben die derart Gepeinigten, weil sie sich weigerten, immer höhere Zahlen anzugeben oder weil sie nicht Zeit hatten, die Zahl weit genug hinaufzutreiben (nach Chang 1991, 270; vgl. auch Fairbank 1991, 301).

Lügen wurden geradezu zum (über)lebensnotwendigen Verhalten. Zu welch absurden Mären dies führte, schildert Chang (1991, 271): „Vor unserer Siedlung fuhren Laster vor mit grinsenden Bauern auf der Ladefläche, die über die neuesten Rekordergebnisse berichten wollten, einmal über eine Riesengurke, die halb so lang war wie ein Laster, ein anderes Mal über eine Riesentomate, die zwei Kinder nur mit Mühe aufheben konnten. Einmal brachten sie ein riesiges Schwein mit und behaupteten, sie hätten ein normales Schwein zu dieser gigantischen Größe gemästet. In Wahrheit war es ein Schwein aus Pappmaschee, aber als Kind kam es mir damals vor wie ein echtes Schwein. Möglicherweise war ich verwirrt durch die Erwachsenen um mich herum, die so taten, als glaubten sie alles. Die Menschen lernten, ihren Verstand auszuschalten, und verwandelten sich in perfekte Schauspieler." Unter solchen Umständen war klar, dass eine sinnvolle landwirtschaftliche Produktionsanalyse und Bedarfsplanung nicht erfolgen konnte. Wer etwa gar auf eine drohende Hungersnot aufmerksam machen wollte oder diese zu prophezeien versuchte, musste mit schwersten Sanktionen rechnen, denn Mao duldete nicht die leiseste Kritik.[14]

Angesichts der angeführten Produktionsmenge geradezu absurd muss es anmuten, wenn in der Volkszeitung, dem Parteiorgan, noch im Jahre 1958 eine Debatte über die Frage ausgetragen wurde: „Wie werden wir mit dem Lebensmittelüberschuß fertig?" (Vgl. Chang 1991, 272).

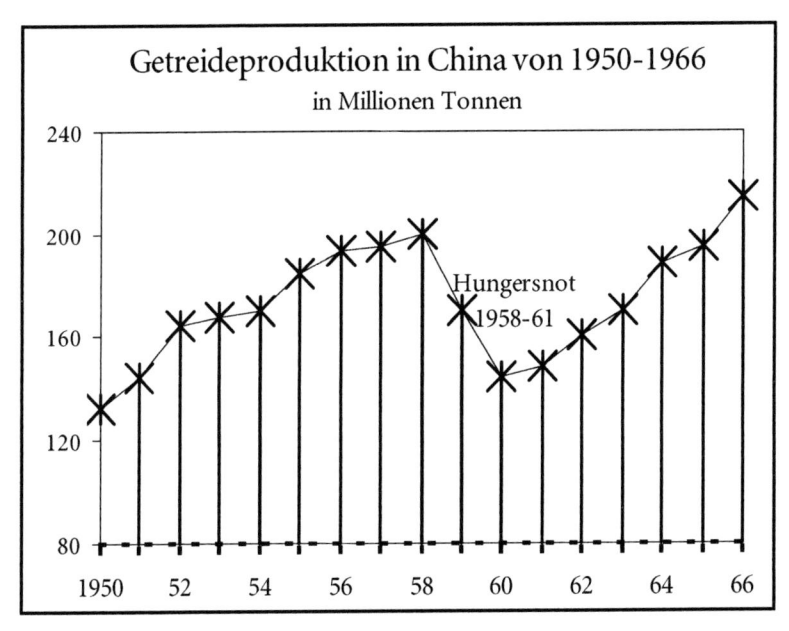

Grafik 17, Quelle: Ashton B. et al. 1984, 621.

Eine Hungersnot, die in den Weltbevölkerungszahlen zu erkennen ist

Das Ergebnis des geplanten Sprungs nach vorn war – wie Ch'en Tu, Mitglied des Pekinger Stadtkomitees es einmal formulierte – „ein Schritt zurück" (nach Hoffmann 1972, 25), ja ein Riesenschritt zurück in die historisch vertraute Welt der chinesischen Hungerkatastrophen. Die überzogene Kollektivierung und der Versuch, China in einem Gewaltakt zu industrialisieren, mündete in einer wirtschaftlichen, sozialen und demographischen Tragödie und Katastrophe, die ihresgleichen in der Geschichte der vergangenen Jahrhunderte sucht. Schon kurz nach dem „Absprung" war China's Wirtschaft praktisch zerstört. Zudem brach die Nahrungsmittelproduktion und -verteilung zusammen. Es folgte die – wie viele Autoren meinen – „wahrscheinlich größte Hungersnot der Moderne" (Kennedy 1993, 216).

Über die tatsächliche Zahl der Toten gibt es in der Literatur recht unterschiedliche Angaben. „Mehr als 10 Millionen" Hungertote werden als Unter-

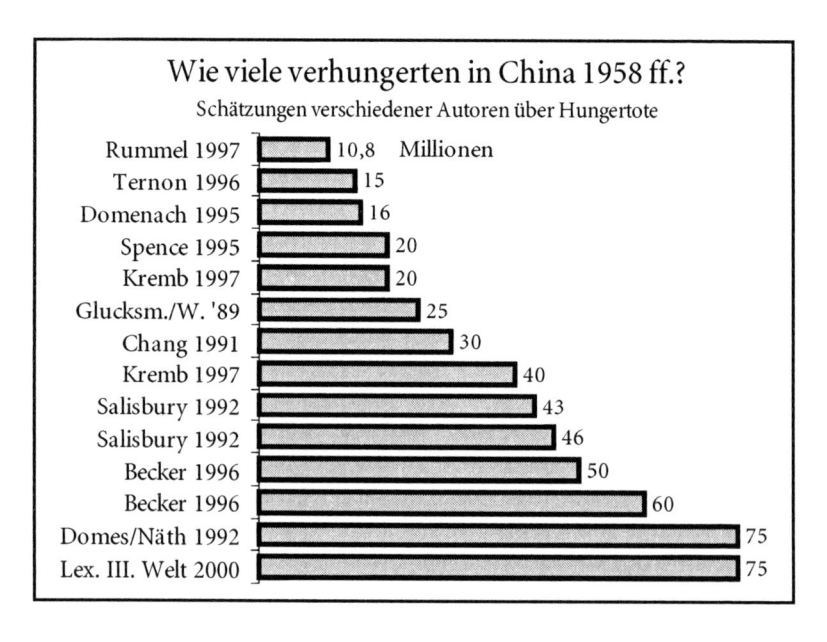

Wie viele verhungerten in China 1958 ff.?
Schätzungen verschiedener Autoren über Hungertote

Autor	Millionen
Rummel 1997	10,8
Ternon 1996	15
Domenach 1995	16
Spence 1995	20
Kremb 1997	20
Glucksm./W. '89	25
Chang 1991	30
Kremb 1997	40
Salisbury 1992	43
Salisbury 1992	46
Becker 1996	50
Becker 1996	60
Domes/Näth 1992	75
Lex. III. Welt 2000	75

Grafik 18, Quelle: Eigene Zusammenstellung.

grenze (!) angegeben. Der chinesische Journalist Liu Binyan schätzte zunächst, dass der Große Sprung 20 Millionen Menschen das Leben gekostet habe. Nachdem er allerdings zusätzliche Informationen und Berichte gesammelt hatte, korrigierte er die Zahl immer weiter nach oben, bis er schließlich 30 Millionen Toten nannte. Ein Mitarbeiter des chinesischen Sicherheitsamtes errechnete auf der Basis der Zahl der Lebensmittelkarten, die für die Jahre 1959 bis 1961 vorbereitet, aber nicht ausgegeben wurden, weil die Empfänger bereits gestorben waren, ebenfalls eine Gesamtzahl von 30 Millionen. Letztgenannte Zahl wird in der Literatur am häufigsten genannt. Auch Jung Chang spricht bezüglich der 30 Millionen von einer „realistischen" Schätzung.[15] Ein Mitglied des Untersuchungsausschusses, dem der spätere Parteisekretär Zhao Ziyang vorstand, berichtete nach einer Reise durch verschiedene Provinzen und stichprobenartiger Prüfung von Berichten sogar von 43 bis 46 Millionen Todesopfern. Jasper Becker nennt einmal (1996, 272) die Zahl von 50 bis 60 (!) Millionen Toten, die in internen Parteisitzungen ge-

China 1958 ff.: Von Hungersnot besonders betroffene Regionen

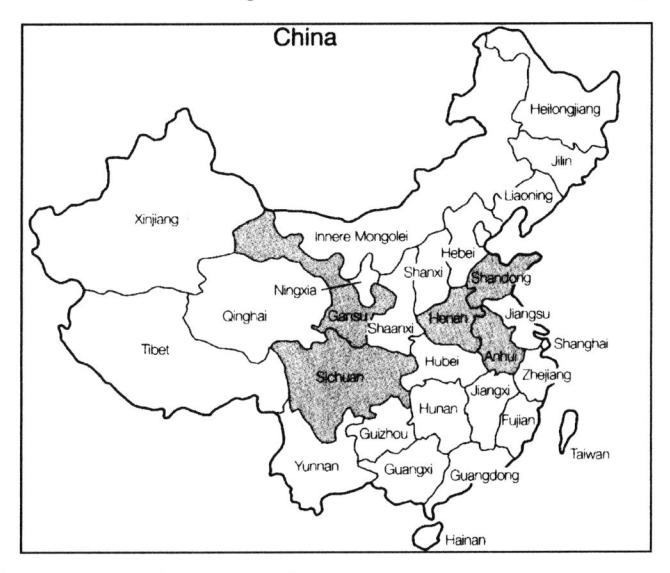

Grafik 19, aus: Nussbaumer 1999b, 137.

nannt worden sei.[16] Die bislang höchsten in der Literatur veröffentlichten Zahlen liegen bei unvorstellbaren 75 Millionen Hungertoten. Sie finden sich etwa im Lexikon der III. Welt (Ausgabe 2000, 149). In dieser neu überarbeiteten Auflage heißt es recht trocken: „Das Unternehmen ‚Großer Sprung' führte zur größten Hungersnot Chinas (1960-1962), in der ca. 75 Mio. Menschen an den direkten oder indirekten Folgen des Hungers starben." Wie viele Hungertote es damals in China gab, dürfte auch in diesem Fall wohl für immer ein ungeklärtes Geheimnis der Geschichte bleiben (vgl. dazu Grafik 18 sowie Tab. 11[17]).

Angesichts solcher Zahlen fällt es sehr schwer, sich die Not, das Elend und das Leid in den betroffenen Provinzen auch nur annähernd zu vergegenwärtigen. Besonders betroffen waren die Provinzen Anhui, Henan, Shandong, Sichuan, Qinghai und Gansu (vgl. Grafik 19[18]). In der Provinz Anhui überlebten in Hunderten von Dörfern im Schnitt vierzig von zweihundert Menschen. Für Anhui, Henan, Shandong wurden jeweils mindestens

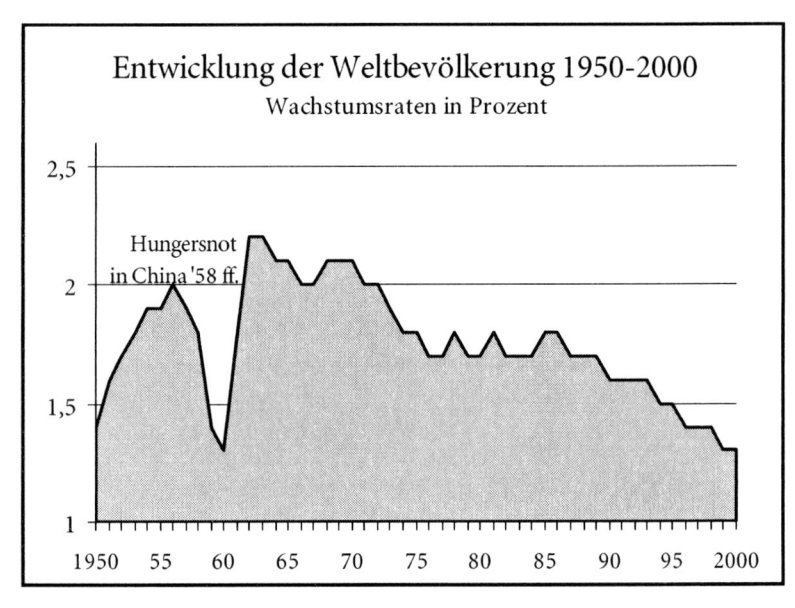

Grafik 20, Quelle: Worldwatch Database; Vital Signs div. Bde.

fünf Millionen Tote errechnet.[19] In Gansu lag die Sterblichkeitsrate weit höher als im Süden oder im Norden, wo viel Getreide angebaut wurde. Von den acht Millionen Einwohnern in Gansu soll eine Million umgekommen sein.

Das chinesische Desaster hatte enorme Auswirkungen auf die Bevölkerungsentwicklung des Landes, aber auch auf die Weltbevölkerungsentwicklung. Hatte die Bevölkerung Chinas von 1955 bis 1959 von rund 615 Millionen Einwohner auf 672 Millionen zugenommen, so kam es in den nächsten drei Jahren zu einem erheblichen Rückgang, bzw. zu einer Stagnation. Für 1962 wird etwa der gleiche Bevölkerungsstand geschätzt wie 1959. Hätte sich die chinesische Bevölkerung auch in diesen Jahren so weiterentwickelt wie zwischen 1955-1959, so wäre um das Jahr 1961 die 700 Millionen-, um 1964/65 bereits die 750 Millionen-Marke erreicht worden.

Tatsächlich lebten 1961 aber ca. 660 Millionen Chinesen und 1964 etwa 705 Millionen.[20]

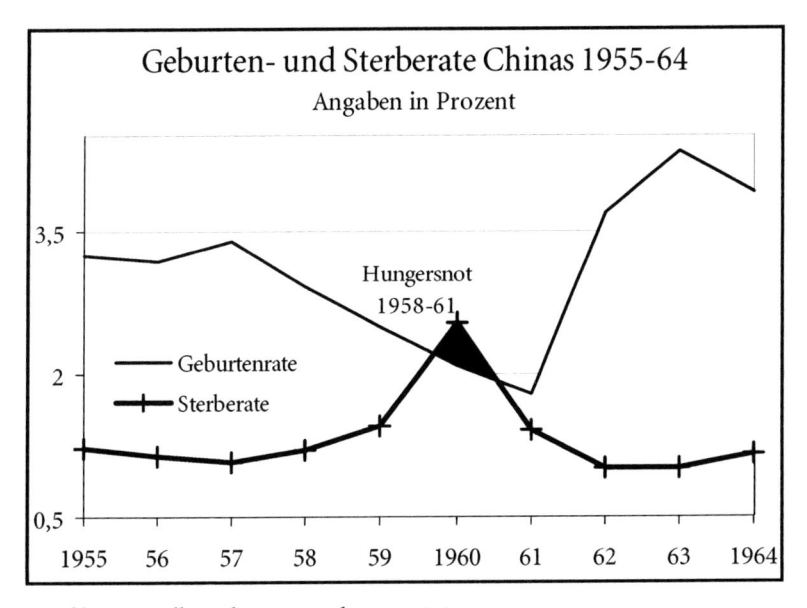

Geburten- und Sterberate Chinas 1955-64
Angaben in Prozent

Grafik 21, Quelle: Ashton B. et al. 1984, 613.

Ein so massiver Einbruch in der Bevölkerungsentwicklung des zahlenmäßig größten Landes der Welt wirkt sich sogar auf das Weltbevölkerungsniveau aus. Wuchs die Weltbevölkerung 1951 um rund 38 Millionen Personen, betrug der Anstieg 1958 bereits 57 Millionen Menschen. 1961 lag er mit 41 Millionen Menschen bei zwei Dritteln des Jahres 1958.[21]

Die Wachstumsrate der Weltbevölkerung sank von knapp 2 Prozent (1956) auf fast 1,3 Prozent (1960), wie auch Grafik 20 zeigt.[22] Die chinesische Hungersnot hat deutliche Spuren hinterlassen.

1960 stand in China einer Sterberate von 25,4 eine Geburtenrate von nur 20,9 Promille gegenüber, es war dies eine so genannte „schwarze Zacke" (vgl. Grafik 21): demographisch ein Zeichen eines schlimmen Kriegs-, Seuchen- oder Hungerjahres!

Eine chinesische Bevölkerungspyramide, die Mitte der 1980er-Jahre erstellt wurde und die beiden Basisjahre 1953 und 1982 vergleicht, zeigt ebenso anschaulich den massiven Einbruch um 1960 (Grafik 22).[23]

Bevölkerungspyramide Chinas 1953 und 1982 im Vergleich

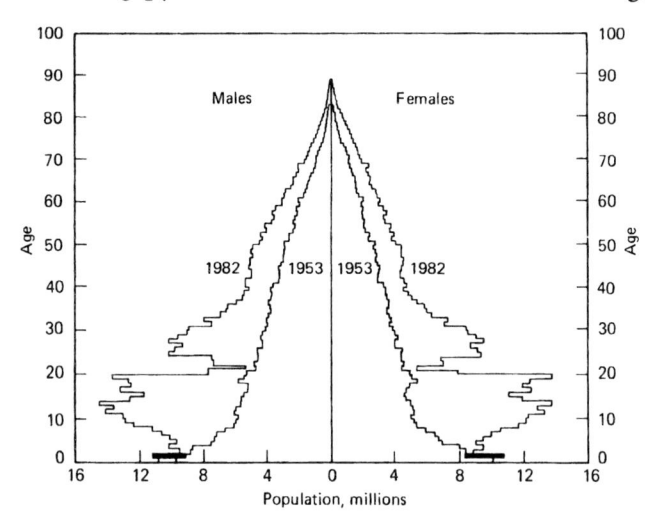

Grafik 22, aus: Jowett, 1989, 150.

Wieder wird die Not kannibalisch

Auf Grund der enormen Hungersnot sank auf dem Land etwa das Getreideangebot pro Kopf und Jahr von 205 kg (1957) auf 156 (1960) und 154 (1961), die durchschnittliche Tageskalorienmenge von rund 2.000 Kcal (1955 bis 1958) auf etwas über 1.400 Kcal (1960) (vgl. Grafik 24). Dieser Durchschnittswert konnte regional wesentlich tiefer liegen (Riskin 1990, 333). In Chengdu z.B. wurden die monatlichen Lebensmittelrationen für Erwachsene auf ganze achteinhalb Kilogramm Reis, zehn Gramm Speiseöl und hundert Gramm Fleisch, sofern es überhaupt welches gab, festgesetzt. Daneben gab es kaum andere Lebensmittel zu kaufen, nicht einmal Kohl. Als Folge dieser Mangelernährung litten viele Menschen unter Ödemen, die man unmedizinisch als „Wasseransammlungen unter der Haut" beschreiben kann. Die Haut der Erkrankten verfärbte sich gelb, sie wirkte aufgedunsen. Grünalgen, die man für besonders eiweißhältig hielt, wurden als Heilmittel eingesetzt. Da Grün-

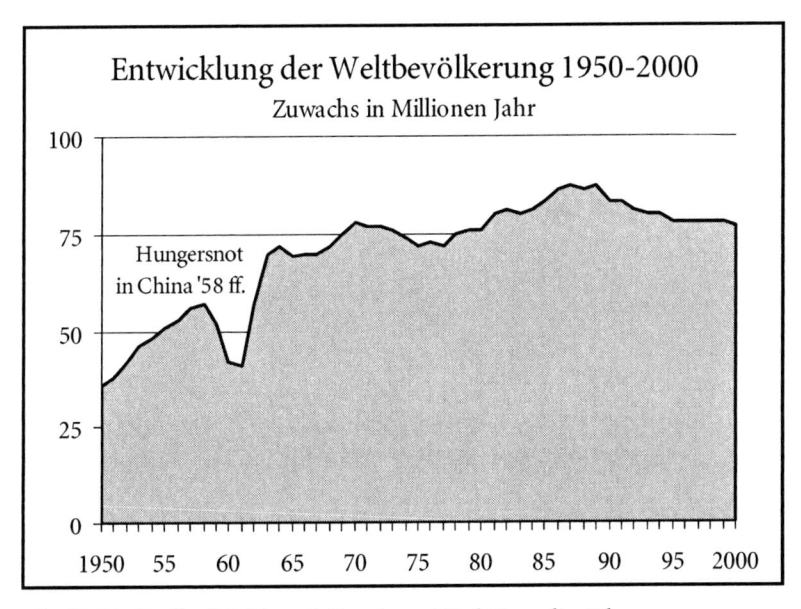

Grafik 23, Quelle: Worldwatch Database; Vital Signs div. Bde.

algen auf menschlichem Urin gut gedeihen, gingen die Menschen fortan nicht mehr zu den Toiletten, sondern urinierten in besondere Behälter, in welche man Grünalgensamen gab. Nach ein paar Tagen sah das Ganze wie grüner Fischlaich aus. Die Grünalgen wurden gewaschen und mit Reis gekocht. Mit dieser „Naturnahrung" kämpfte man gegen besagte Hunger-Ödeme an (Chang 1991, 278).

Wie bei anderen großen Hungerkatastrophen begannen Menschen, als die Ernährungssituation ganz auswegslos wurde, sich selbst aufzufressen.[24] Jung Chang erzählt in ihrer Autobiografie folgende Begebenheit aus dem Jahr 1960: „Eines Tages war auf einmal die dreijährige Tochter einer Nachbarin von Tante Jun-ying in Yibin verschwunden. Ein paar Wochen später sah die Nachbarin ein kleines Mädchen auf der Straße spielen. Sie trug ein Kleid, wie ihre Tochter eines gehabt hatte. Die Nachbarin ging zu dem Mädchen hin und sah sich das Kleid näher an. An einem bestimmten Zeichen erkannte sie, daß es das Kleid ihrer Tochter war. Sie ging zur Polizei. Es stellte sich

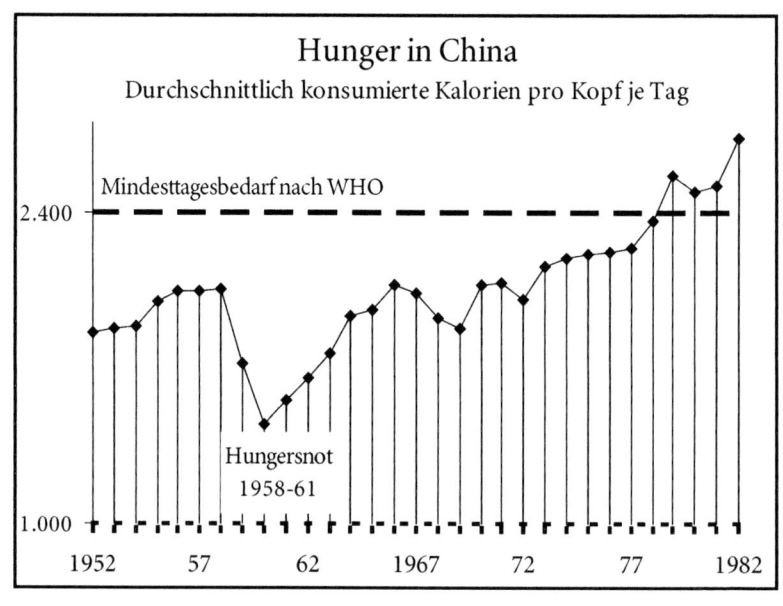

Grafik 24, Quelle: Riskin 1990, 333.

heraus, dass die Eltern des Mädchens luftgetrocknetes Fleisch verkauften. Sie hatten etliche Babys und Kleinkinder entführt und ermordet und ihr Fleisch als Kaninchenfleisch zu horrenden Preisen verkauft. Das Ehepaar wurde hingerichtet, der Fall vertuscht. Aber jeder wußte auch so, daß Babies getötet wurden."[25]

Wei Jingsheng berichtet in seiner von Jürgen Kremb (1997, 165 f.) veröffentlichten Biografie, dass in manchen Dörfern die Bauern – „verrückt vor Hunger" – die Kinder gegenseitig ausgetauscht und dann aufgegessen hätten, und Jean-Luc Domenach in seiner Arbeit über den „vergessenen Archipel" über Kannibalismusfälle in den Gefängnissen. Im Lager Qiujin z.B. habe ein Häftling mit dem Beinamen „Geier" ein achtjähriges Kind getötet und verzehrt. In Linyi (Shandong) habe ein vor Hunger wahnsinnig gewordener Gefangener Leichen ausgegraben, um sie zu verschlingen. In Kangju machten sich kleine Horden die tibetanische Sitte zu Nutze, die Toten nicht gleich zu begraben (Domenach, 1995, 214).

Das erinnert an Vorkommnisse in Europa im Dreißigjährigen Krieg (1618-48), als man mancherorts gezwungen war, selbst die Friedhöfe zu bewachen, damit nicht Leichen ausgegraben und verzehrt wurden. „Aber", so heißt es etwa aus der Stadt Breisach in Baden aus dem Jahre 1638, „die Wachen halfen oft selbst mit" (Rosmann 1851, 375 ff.; Lammert 1890, 238 f.).

Solche Berichte zu veri- oder falsifizieren scheint kaum möglich. Zu befürchten ist allerdings, dass bei späterer, intensiverer Quellenauswertung weitere derartige Berichte hinzugefügt werden müssten. Die Folgen des Großen Sprungs nach vorn scheinen im Kannibalismus zu enden.[26]

"Natur" oder "Mensch" als Haupthungerursache?

Anfang 1962 kamen rund 7.000 hohe chinesische Funktionäre zu einer Konferenz zusammen. Dabei wurde auch über die Ursachen der gerade zu Ende gehenden Hungersnot gesprochen. Der große Vorsitzende Mao betrachtete sie zu 70 Prozent als Naturkatastrophe und sah nur 30 Prozent durch menschliches Versagen verursacht. Er selbst gab damit nicht mehr leugbare Fehler zu. Einen wesentlich höheren Anteil menschlicher Schuld stellte dagegen Präsident Liu Shaoqi fest. Für ihn war das Verhältnis genau umgekehrt (Chang 1991, 282).

Tatsächlich bedrohen „Natur"katastrophen China permanent. Auch in jenen Jahren wurde das Land von Dürren und Überschwemmungen heimgesucht. Die damaligen ökonomischen und gesellschaftlichen Umwälzungen verstärkten deren Auswirkungen und Folgewirkungen bzw. ließen sie solche für viele der Opfer überhaupt erst entstehen.

Durch die politische Verlagerung der wirtschaftlichen Schwerpunkte und die Kollektivierung wurde die agrarische Produktion letztlich geschwächt anstatt – wie geplant – gestärkt. Die Radikalkur war von schweren Fehlern begleitet:

- So pflügte man in weiten Gebieten viel zu tief, nämlich – laut Hugo Portisch (1965, 143) – sogar bis zu eineinhalb Meter tief. Die „Bauern" in den Volkskommunen arbeiteten zwar beinahe pausenlos und oft bis weit in die Nacht hinein. Trotzdem war dies durch das tiefe Pflügen kontraproduktiv, weil der ohnedies schon recht spärliche Humus zugegraben und der unfruchtbare Boden nach oben gebracht wurde.
- „In Gesellschaft wächst es [das Getreide] besser." Mao (zit. nach: Courtois St. et al. 1998, 541 und 924, Anm. 95) wollte den ideologischen Dogmatismus der Klassensolidarität auch auf die Natur übertragen. Deshalb wurden die Bauern angehalten, die Samen außerordentlich dicht anzubauen, zum Teil sogar fünf- bis sechsmal so dicht wie üblich. Wertvolles Saatgut wurde vergeudet. Der Erfolg blieb aus, da die jungen Pflanzen sich gegenseitig verdrängten.
- Zuwenig oder überhaupt keine Rücksicht genommen wurde auf die Pflanzenarten. So baute man Mais und Weizen, zwei Pflanzen, die sich nicht vertragen, auf demselben Feld an (Courtois St. et al. 1998, 541).
- Um an Wasser zu gelangen, grub man tausende Kanäle, ohne Gesamtplanung und ohne vorher Bodenuntersuchungen durchgeführt zu haben. Dann säte man dreifach. Und trotzdem fielen die Ernten schmäler aus als je zuvor. Was war passiert? Durch so manchen Wassergraben hatte man schädliche Mineralien freigesetzt, die sich beim nächsten Regen über die Felder verbreiteten und die Saaten zu Grunde richteten (Portisch 1965, 143).
- Ein weiterer ökologischer Fehler wurde mit der vermeintlichen Schädlingsbekämpfung begangen. So wurde ab 1956 die Spatzen- und Sperlingbekämpfung – angeblich auf Anregung Maos – stark forciert und die Bevölkerung ganzer Landstriche angehalten, hart auf Metallobjekte aller

Art, Töpfe und Bratpfannen zu schlagen, um durch das Spektakel die Vögel von den Bäumen zu verscheuchen und so zu ermüden, dass sie schließlich total erschöpft verendeten. In der Tat dürfte die Aktion viele Spatzen und Sperlinge, aber auch viele andere Vogelarten so dezimiert haben, dass sich die Insekten in der Folgezeit unbehelligt von ihren natürlichen Feinden vermehren konnten (TT. v. 10. Mai 1982, 11; Chang 1991, 268).[27]

- Kontraproduktiv waren brutale und völlig demotivierende Requisitionsmethoden der Behörden. Viel zu hoch bestimmte Ablieferungsmengen ließen die landwirtschaftlichen Produktionsstatistiken in keinster Weise mit der Realität übereinstimmen: mit fatalen Folgen für die Produzenten. Nach Fairbank (1991, 301 und 303) verblieb ihnen in manchen Gegenden nur 20 bis 50 % der als Existenzminimum notwendigen Kornmenge. Gelegentlich nicht einmal mehr dies. „Eines Tages kamen sie", so berichtet ein Verwandter des bekannten Regimekritikers Wei Jingsheng, „sie durchsuchten die Ställe und stocherten mit Eisenstangen in den Boden unserer Häuser, ob wir nicht Getreide versteckt hätten. Sie ließen uns nicht ein einziges Korn Getreide zurück" (zit. n. Kremb 1997, 164). Ganze Dörfer waren so zum kollektiven Tod durch Verhungern verurteilt worden.
- Aberwitzig und ein weiterer Schlag gegen jegliche Eigeninitiative war das Verbot, sich selbst zu Hause Essen kochen zu dürfen. Es wurde 1958 vorgeschrieben, Nahrungsmittel nur mehr in öffentlichen Kantinen zu verzehren. Damit glaubte Mao, das (alte) Hungerproblem lösen und gleichzeitig die Stahlproduktion forcieren zu können. So mussten auch alle privaten gusseisernen Haushaltsgeräte im Rahmen der „Stahlaktion" in den Hochöfen eingeschmolzen werden (Chang 1991, 266 und 271 f.). Die Bauern standen nun täglich nach der Arbeit vor den Kantinen Schlange, um – für die meisten von ihnen völlig neu – nach Herzenslust zu essen. Selbst in den besten Erntejahren und in den fruchtbarsten Gebieten hatten sich die Bauern früher oft nicht satt essen können. Nahrungsmittel, die früher vom Land in die Stadt gelangt waren, wurden nun schon vor Ort verzehrt. Sich Sattessen zu können, war für China keineswegs selbstverständlich und jetzt von der Arbeitsleistung abgekoppelt. „Die Bauern deuteten den Kommunismus nun so, dass sie auf jeden Fall versorgt würden, ganz gleich, wie viel sie arbeiteten, also zogen sie auf die Felder und

machten ein Nickerchen." (Chang 1991, 272). Entsprechend litt die Produktion.
- Selbst als die Dürre Anfang der 1960er-Jahre bei Getreide und Baumwolle zu großen Ernteausfällen führte, wurde dies von der landwirtschaftlichen Planungsbürokratie nicht besonders beachtet, ja bisweilen negiert. „Wenn die Felder verdorren, so kümmert sich keiner darum", heißt es in einem Bericht aus der damaligen Zeit (Hoffmann 1972, 26; Chronik 1961, 66; Portisch 1965, 145).

All diese Gründe führten zu einem enormen Rückgang der landwirtschaftlichen Produktion. Wurde die Getreideernte für 1958 noch auf rund 200 bis 215 Millionen Tonnen geschätzt (vgl. oben), sank sie auf Grund all dieser Elemente bis 1960 um beinahe ein Drittel auf etwa 143 Millionen Tonnen. Erst 1966 wurde das Niveau von 1958 wieder überschritten!

Für Millionen Menschen wurde viel zu spät ausländische Hilfe in Anspruch genommen. Erst 1961 kaufte man in Kanada, Australien und Südafrika Getreide (Weizen, Gerste und Mais) ein (Chronik 20. Jht., 888; Chronik 1961, 38). Dieser „menschenverursachte" politische Fehler mag damit zusammenhängen, dass die für den „Industrialisierungsversuch" notwendigen Maschinen hauptsächlich aus der UdSSR eingeführt und mit Getreideexporten finanziert wurden. Noch 1959 gingen Getreidelieferungen im Wert von weit über einer Milliarde Dollar in die UdSSR. Zu diesem Zeitpunkt hätte man sie im eigenen Lande schon dringend gebraucht (Spence 1995, 687; Ashton et al. 1984, 644 f.).

Als es nicht mehr anders ging, wurde die Hungersnot offiziell damit begründet, Chruschtschow habe ganz plötzlich die Rückzahlung einer hohen Anleihe gefordert, die China Anfang der 50er-Jahre aufgenommen hatte, um Nordkorea im Koreakrieg zu unterstützen, eine geschickte Taktik der chinesischen KP, denn: Viele Bauern hatten früher die Erfahrung gemacht, dass herzlose Gläubiger ihr Geld zu einem unpassenden Zeitpunkt zurückverlangt und sie damit ruiniert hatten. Der UdSSR wurde nun diese Rolle zugeschoben und damit ein externer Feind geschaffen, auf den sich die Wut der Bevölkerung richten konnte.

Weiters wurde auf die „beispiellose Naturkatastrophe" verwiesen. Die chinesische Bevölkerung war damals noch wenig mobil und eine Region wusste von der anderen nicht, was dort gerade passierte und konnte dies auch nicht nachprüfen. „Natur"katastrophen (besonders Dürre und Überschwemmungen) waren (und sind) in China bekannte historische Fakten und so war dieses Argument für viele plausibel (Chang 1991, 282).

Selbst solche Argumente und massive Manipulation konnten angesichts der Dimension der Not nicht verhindern, dass die Politik des Großen Sprungs nach vorn aufgegeben und deren Scheitern eingestanden werden mussten. 1962 wurde der zweite Fünfjahresplan, in Kraft seit 1958, abgebrochen und erst 1966 mit dem dritten Fünfjahresplan begonnen (Franke, China Handbuch 1973, 374). Mao musste als Staatspräsident, dem zweitwichtigsten Amt im Land, zurücktreten, konnte aber das wichtigste behalten, nämlich jenes des Parteivorsitzenden. Er, zu dessen Lieblingslektüre übrigens die klassische, 30 Bände umfassende Sammlung von Hofintrigen zählte, hat das Fiasko wesentlich mitzuverantworten. Auf Grund seiner Unkenntnis wirtschaftlicher Zusammenhänge hatte er in geradezu metaphysisch-weltfremder Art und Weise an der Realität vorbei agiert (Chang 1991, 267). Erst durch seine teilweise Entmachtung konnten erhebliche Kurskorrekturen vollzogen werden. Nachdem erkannt wurde, dass „wenn die Landwirtschaft keine Nahrungsmittel mehr produziert, ... man mit allem anderen auch aufhören" kann – so die Worte des stellvertretenden Premierministers Tan Chen-lin (vgl. Hoffmann 1972, 29 f.) –, wurden erhebliche Veränderungen in der Landwirtschaftspolitik umgesetzt. Im Bestreben, so schnell wie möglich von den minimalen Hungerrationen wegzukommen, war der Staat bereit, den Bauern wieder Privatland zu überlassen, ja dies sogar (in Grenzen) zu fördern. Einige Zeit später stellte Chen Tu (Mitglied des Pekinger Stadtkomitees) dazu fest: „Wenn ihr in den Dörfern wohlbestelltes Land seht, so ist es todsicher Privatbesitz und nicht Kollektiveigentum." (Hoffmann 1972, 25, Anm. 4, und 129 f.).

Um die Lage weiter zu entschärfen, ließ die Grenzpolizei im Mai 1962 Zehntausende Flüchtlinge, meist Bauern, ungehindert nach Hongkong ausreisen. Schon 1961 hatte die Hungersnot zu regelrechten kollektiven Panikattacken geführt, in Kanton etwa wurden Züge gestürmt. Insgesamt sollen um 1961/62 zwischen 140.000 und 200.000 Personen in die damals noch englische Kolonie gelangt sein. Tao Chu, erster Sekretär des Provinzkomitees von Kwantung, trat z.B. mit privaten Großhändlern in Hongkong und Macao in Verbindung, um Einfuhren von Grundnahrungsmitteln in die Wege zu leiten. Er hatte eine Beschönigung der Lage abgelehnt (Hoffmann 1972, 36; Domenach 1995, 221).

Um 1962 bemerkte Yang Hsien-chen, Leiter einer höheren Parteischule, vor Studenten überraschend offen: „Keine historische Dynastie war so übel wie die Dynastie Mao Tse-tung" (Hoffmann 1972, 42). „Selten", so fasst Fairbank (1991, 301) das Ergebnis des Großen Sprungs nach vorn zusammen, „hat das Streben nach einem Ideal zu so katastrophalen Ergebnissen geführt."

Und wieder: Das Verschweigen der Katastrophe

Diktatorisch planwirtschaftliche Systeme leugnen und verschweigen große Katastrophen solange wie nur irgendwie möglich.[28] Mao Tse-tung und seinen Parteikadern gelang dies 1958 und in den Folgejahren noch perfekter als Stalin in der Ukraine zu Beginn der 30er-Jahre. Bis zum heutigen Tag wird die größte Hungersnot des 20. Jahrhunderts und vielleicht der ganzen neueren Geschichte in vielen „klassischen" Hungerchroniken mit keinem einzigen Wort erwähnt;[29] dies, obwohl nach „realistischen" Schätzungen etwa 30 Millionen Menschen (nach hohen Schätzungen sogar bis zu 75 Millionen) ums Leben kamen und diese Tragödie somit neben jener des Zweiten Weltkrieges – er forderte (nach: Globale Trends 1996, 375) 55 bis 60 Millionen Tote – als schlimmste unter den Megakatastrophen des 20. Jahrhunderts gelten muss.

Einer der ersten Aufsätze zu diesen Hungerjahren erschien erst über 20 Jahre später, nämlich 1984 in der Dezemberausgabe der Zeitschrift „Population and Development Review" (Ashton B. et al., 1984).

1976 erschien in Chicago in erster Auflage die umfangreiche Arbeit „Darkest Hours. A narrative encyclopedia of world wide disasters from ancient times to the present" von Jay Robert Nash.[30] Sie kann als die bislang umfassendste Zusammenstellung von Katastrophen aller Art (inklusive Hunger- und Seuchenkatastrophen) gelten. Die chinesische Hungersnot von 1958/62 erwähnt sie mit keinem einzigen Wort. Auch bei Nash wäre sie von all jenen Hungersnöten, von denen überhaupt Schätzungen über Todesopfer existieren, die größte (Nash, 2. Auflage 1977, 727 ff.). Ebenso sucht man in der renommierten „Encyclopaedia Britannica" vergeblich nach dieser Katastrophe. In einer in Band IV (1985) zusammengestellten Tabelle „Major historical famines", welche historische Hungerkatastrophen bis etwa ins Jahr 1983 herauf anführt, ist sie nicht zu finden. Gemäß der Tabellenüberschrift ist die Auflistung „relatively complete for the last 200 years". Das chinesische Desaster kann man nicht finden. Der Zusatz „relatively" besteht somit mehr als zu Recht. Ebenso wenig erwähnen das chinesische Desaster Lee Davis in seinem zweibändigen Werk über Katastrophen, das Anfang der 1990er-Jahre erschien, Josef Pointner in seiner 1995 veröffentlichten Arbeit „Im Schattenreich der Gefahren" oder das von Oltersdorf/Weingärtner 1996 veröffentlichte „Handbuch der Welternährung", das in Erläuterung 2 „einige große Hungerkatastrophen" auflistet.

Was nicht sein darf, gibt es nicht. Fast wäre es Mao gelungen, menschliches Leben zehnmillionenfach zweimal auszulöschen. Physisch und im historischen Gedächtnis. Zweiteres gelang nicht ganz. Erst 1996 erschien in London die erste Monografie zu dieser Hungersnot. Verfasst hat sie Jasper Becker unter dem bezeichnenden Titel: „Hungry Ghosts. China's Secret Famine".[31]

Die planwirtschaftlichen Hungersnöte waren mit dieser schaurigen Hungersnot in China nicht zu Ende. Leider dauern sie bis heute an.

2.2.3 Radikaler Entwurzelung durch Terror folgen Hunger und Elend Die kambodschanische Hungersnot (1975 ff.)[32]

Im April 1975 übernahmen die radikal maoistisch orientierten Roten Khmer für drei Jahre, acht Monate und 20 Tage die Macht in Kambodscha. Dieses Terrorregime wütete im ganzen Lande. Es startete einen brutalen Versuch, Kambodscha in einen „Steinzeit"- und Agrarkommunismus zurückzuverwandeln. Das große ideologische Ziel war die Besinnung auf und die Rückkehr in die alte (als paradiesisch gepriesene) Zeit der Anghor-Könige des Mittelalters mit fatalen Auswirkungen insbesondere auf die landwirtschaftliche Produktion des Landes: Hunderttausende von Toten und ein ganzes vom Hungertod bedrohtes Volk waren die schreckliche Bilanz. Wohl nie mehr zu klären wird sein, wie viele Menschen umgebracht wurden. Die Angaben differieren zwischen 500.000 und 3.000.000 Verhungerten, wie die Angaben in Tab. 12[33] belegen. Das Tribunal „des revolutionären Volksgerichts zur Verurteilung des Genozids durch die Pol Pot-Ieng Sary-Clique" stellte im Juli 1979 fest, dass während der Herrschaft durch die Roten Khmer durch Hunger und Terror etwa 40 Prozent der einheimischen Bevölkerung ausgerottet worden sein sollen: darunter 90 % der Bürger moslemischen Glaubens (Cham), 90 % aller Künstler, 80 % aller Lehrer sowie 576 der 645 im Lande praktizierenden Ärzte (Thürk[34] 1990, 345, Glucksmann/Wolton 1989, 75 f). Der „man-made"-Charakter dieser Hungersnot steht außer Zweifel.

Wie in historischen Zeiten sollte für die Roten Khmer die Landwirtschaft wieder das Herzstück der Wirtschaft werden, ergänzt lediglich um einige traditionelle Handwerksbetriebe. Das Volk sollte in große, militärisch organisierte Produktionseinheiten zusammengefasst werden, um den Bedarf an Nahrungsmitteln zu decken. „Im Grunde lief das auf eine Rückführung der Gesellschaft in mittelalterliche Dorfgemeinschaften hinaus. Alles, was zu den Errungenschaften der Zivilisation gehörte – und hier war man geradezu lächerlich primitiv in der Auswahl –, sollte vernichtet werden, samt seiner Nutznießer. Dazu zählte – vom Geld über das Post- und Fernmeldesystem, die Läden und Transportmittel, die Zeitungen, Rundfunksender, Schulen, Kindergärten, die medizinischen und wissenschaftlichen Einrichtungen, die Kunst, die Technik, die Auslandsbeziehungen und der internationale Handel – so gut wie alles, was nicht im armseligen Leben der Leute in den zurückgebliebensten Winkeln des Landes vorhanden war." (Thürk 1990, 13).

Bereits 1973 wurde in den von den Khmer Rouges besetzten Gebieten die Landwirtschaft in Großkommunen aufgegliedert, es gab nur mehr Mindestmengen von Lebensmitteln für landwirtschaftliche Arbeiter.

Schon vor der endgültigen Machtübernahme durch die Roten Khmer war absehbar gewesen, dass von den „Symbolen der Befreiung für die Landbevölkerung", wie Kommunen offiziell umschrieben wurden, keine Überzeugungskraft ausging, ganz im Gegenteil. Fürs Wohnen in Gemeinschaftsunterkünften, Essen in Gemeinschaftskantinen, Arbeiten in Kolonnen unter einem Aufseher, getrennt von Kindern und Familie, etc. interessierten sich die kambodschanischen Bauern nicht. Viele flohen in die Hauptstadt Phnom Penh, deren Bevölkerung sich in wenigen Jahren auf etwa zwei Millionen mehr als verdreifacht hatte. Schon vor ihrem Fall war sie völlig von der Außenwelt – und somit von Lebensmitteln – abgeschnitten und der Hunger bereits damals eingezogen.

Nach der Eroberung des ganzen Landes sollte die Strategie der Kollektivierung verallgemeinert werden. Insbesondere für die Stadtbevölkerung bedeutete dies eine weitere leidvolle Zäsur (Weggel 1990, 90 ff. und Thürk 1990, 154 f.). Laut Augenzeugenberichten wurde zum Teil sogar verboten, Nahrung selbst zu kochen oder zuzubereiten, offiziell durften nicht einmal gefundene Früchte gegessen werden. Das Nichtbefolgen vieler Weisungen stand unter Todesstrafe (Thürk 1990, 159). Ebenso wurde sofort die gewaltsame Evakuierung und Umsiedlung der Stadtbevölkerung begonnen. Ganz systematisch wurden Hunderttausende Menschen auf das Land verfrachtet und die Landbevölkerung teilweise umgesiedelt. Völlige Entwurzelung, Not, Elend und Hunger waren die Folge. In Phnom Penh sollen schließlich nur noch 23.000 (!) Menschen gelebt haben (Chronik 1979, 12). Auch in manchen Provinzmetropolen sah es nach der Eroberung durch die Roten Khmer wie in Geisterstädten aus. Aus Svay Rieng, im Süden des Landes an der Grenze zu Vietnam, berichtet ein Augenzeuge: „Wir kamen, als wir in Svay Rieng, der Provinzhauptstadt anlangten, in eine Trümmerwüste, in der es nur noch wenige Häuser gab. Einige ehemalige Bewohner vegetierten in der Stadt, betrauerten ihre Toten und suchten zwischen verwesten Überresten von Menschen und Tieren nach Essbarem. Sie kamen uns wie Geistesgestörte vor; waren nicht ansprechbar, schienen auch keine Angst vor Bewaffneten zu empfinden – sie hatten mit dem Leben abgeschlossen." (Thürk 1990, 188).

Städter, Intellektuelle, Künstler, das so genannte „neue Volk", sollte zum „alten Volk" umerzogen werden, wer sich auflehnte, dem drohte die Vernichtung. Die Umerziehung bedeutete sehr oft die Zwangseingliederung in landwirtschaftliche Betriebe mit extrem langen Arbeitszeiten. Die Leute, welche die Arbeit organisierten, verstanden in der Regel nur wenig davon. Viele sich widersprechende Vorschriften hemmten die Produktivität erheblich, wie ein weiterer Augenzeuge schildert: „Ende Mai muß bei uns der Reis ausgepflanzt sein, das hängt mit dem Eintritt der Regenfälle zusammen. Um diese Zeit waren früher alle verfügbaren Familienmitglieder auf den Feldern anzutreffen. Danach konnte man eine Pause einlegen. Unsere Führer hingegen kümmerten sich den Teufel um die richtigen Auspflanzzeiten. Sie stellten im Winter einen Schulungsplan auf, demzufolge die Leute während der für den Anbau günstigsten Periode im Kreis um sie herum hocken und ihren stupiden Reden lauschen mußten. Fiel dann erst der Regen, wurzelten die jungen Pflänzchen nicht mehr, wenn man sie steckte; sie schwammen im Wasser auf den überfluteten Feldern. Daraufhin wurden ganze Arbeitsteams wegen Sabotage bestraft. Getötet. Eine andere Strafe gab es nicht. Man schlug auch Leute aus der Schweinefarm tot, weil sie die Tiere angeblich schlecht fütterten. Nur – es fragte niemand, weshalb es so wenig Mais gab und Reisspreu. Man wollte die eigenen Planungsfehler nicht wahrhaben, man zog lieber eine Schau ab, indem man ein paar ‚Saboteure' öffentlich hinrichtete. Unsere Schweine – obwohl sie besser versorgt wurden als die Arbeiter – litten an chronischem Futtermangel. Das hing nicht zuletzt damit zusammen, daß die Arbeiter, die aus Bataten, Maniok und Reisspreu einen Futterbrei zu kochen hatten, davon selbst aßen. Ja, die Leute verschlangen das Schweinefutter, wann immer sie sich unbeobachtet fühlten; sie hatten beißenden Hunger, von morgens bis abends. Dabei war es streng verboten, irgend etwas, das einem nicht zugeteilt wurde, zu essen. Es galt als Ausdruck von konterrevolutionärer Gesinnung und wurde mit dem Tode bestraft." (Nach Thürk 1990, 228 f.).

Die Bestrafung solcher „konterrevolutionärer Gesinnung" soll gelegentlich in kannibalistischen Exzessen geendet haben. Ein landwirtschaftlicher Arbeiter wurde erwischt, wie er beim Zuckerrohrschneiden an einem Stück des süßen Holzes kaute, um den Hunger zu lindern. Der davon berichtet, fürchtet, „... man wird das, was ich zu berichten habe, in ein paar Jahren als schauerliche Übertreibung bezeichnen, man wird, wenn der Mensch wieder Mensch sein darf, nicht mehr für möglich halten, daß jemand solches gesehen hat. [...] Ich habe es selbst gesehen, wie sie ihn [den Zuckerrohrkauenden, J.N.] an eine Kasuarine [eine Baumart] knüpften und wie ihm einer der Kerle mit dem Haumesser den Bauch öffnete, die Eingeweide herauszerrte und zuletzt die Leber heraustrennte, die er triumphierend auf einen Blechdeckel legte, den er dann über einem Feuer erhitzte. Der Mann war schon tot, als die Kerle sich seine Leber teilten und die Ameisen seine Gedärme. So etwas geschah nicht nur einmal." (Nach Thürk 1990, 240).[35]

Das Regime selbst hat solche Exzesse mitzuverantworten. So hatte es – um die Versorgung des Landes mit Speiseöl sichern zu können – z.B. angeordnet, wo nur möglich Palmen anzupflanzen. Damit diese besser heranwachsen würden, düngte man sie mit menschlichen Körpern von Exekutierten, „die ja ohnehin zu nichts anderem mehr nütze waren. Eine einfache Zeichnung war ausgehängt worden. Sie zeigte ein Loch in der Erde, in dem die Leiche eines Exekutierten versenkt war, dem man gewissermaßen als Grabbeigabe eine Nuß auf die Brust gelegt hatte, bevor man Erde darüberwarf." (Thürk 1990, 319).[36] Je knapper die Versorgungslage mit Düngemitteln wurde, desto mehr versuchte man auf manchen Kollektiven „diese Methode verbreitet an(zu)wenden", nachdem man entdeckt hatte, dass über Massengräbern besonders fettes und hohes Gras wuchs. Leichensaft als konzentrierten Dünger zu nutzen, war die neue Parole. Man ließ große Schächte aus Holz errichten, in die man die Leichen schlichtete, jede auf ein eigens vorbereitetes Bohrloch, durch das der Leichensaft in einen eigens dafür aufgestellten Kübel rinnen konnte. War der Kübel gefüllt, mussten die Arbeitsbrigaden die Flüssigkeit auf die Felder tragen. War die Leiche „ausgelaufen", musste sie durch eine neue ersetzt werden. So hatten noch die Toten zur Erhöhung der Produktion beizutragen (nach: Thürk 1990, 319 f.).

Es fällt schwer, solchen Schilderungen überhaupt Glauben zu schenken. Sind sie nur Gräuelpropaganda? Die geografische und die zeitliche Distanz macht eine historisch kritische Überprüfung sehr schwer bis unmöglich. Die „Zuverlässigkeit" von Augenzeugenberichten muss hier die einzige Gewähr bleiben. Auch wenn man sich die Ausübung solcher Grausamkeiten schwer vorstellen kann, ist dies noch kein Beweis dafür, dass sie nicht stattgefunden haben können. Unbildung und Grausamkeit, so heißt es bei alten buddhistischen Gelehrten, sind zwei böse Schwestern (vgl. Thürk 1990, 320). Bildung wurde tatsächlich äußerst gering geschätzt: Die Nationalbibliothek des Landes beispielsweise wurde in einen Schweinestall umfunktioniert, wie Thürk (1990, 217) mit einer Fotografie belegt. Höchst fragwürdig blieb der Effekt für die Verbesserung der Ernährungslage.

Binnen kurzer Zeit war das Land in ein riesiges Wirtschafts- und Ernährungschaos gestürzt. Loung Ung beschreibt in ihrer Autobiografie „Der weite Weg der Hoffnung" (2001, 124 f.) die Situation in jenem Dorf, in dem sie im April 1976 lebte. Es war gerade einmal ein Jahr seit der Machtübernahme durch die Roten Khmer vergangen, doch muss sie bereits festhalten: „Viele Menschen sind gestorben, die meisten vor Hunger, manche haben etwas Giftiges gegessen, andere wurden von Soldaten getötet. Auch wir verhungern langsam, trotzdem reduziert die Regierung jeden Tag unsere Rationen. Hunger, immer nur Hunger. Wir haben alles gegessen, was essbar ist, verfaulte Blätter, die schon auf der Erde lagen, und Wurzeln, die wir ausgegraben haben. Von den Ratten, Schildkröten und Schlangen, die in unsere Fallen gingen, haben wir nichts weggeworfen, wir haben Hirne, Schwänze, Felle und

Häute und das Blut gegessen. Wenn keine Tiere in die Fallen gehen, durchstreifen wir die Felder auf der Suche nach Grashüpfern, Käfern und Grillen. In Phnom Penh hätte ich mich übergeben, wenn mir jemand gesagt hätte, dass ich so etwas essen müsste. Hier kämpfe ich um ein totes Tier, das auf der Straße liegt, denn die Alternative ist, vor Hunger zu sterben. Noch einen Tag zu überleben ist für mich das Wichtigste geworden. Das einzige, was ich noch nicht gegessen habe, ist Menschenfleisch. Ich habe viele Gerüchte über andere Dörfer gehört, in denen die Leute Menschenfleisch gegessen haben."

Großer Hunger herrschte damals verbreitet. Reis, Fisch, Salz, ja selbst Wasser waren Mangelwaren. Zusätzlich wurde das Angebot von Reis[37] und Fisch durch Exporte verknappt, ganze Märkte verschwanden vollständig. Das so genannte große „Aufbauprogramm" des Landes scheiterte an dilettantischer Laienhaftigkeit der Führungsschicht, deren Ineffizienz auch mit Druck und all den Qualen, welche die Zwangsarbeiter zu erleiden hatten, nicht auszugleichen war. Ein letztes Mal soll ein kambodschanischer Augenzeuge zitiert werden mit Aussagen noch zu der Zeit vor der endgültigen Machtübernahme durch die Roten Khmer. Wir verbrannten, so erzählt er, „oft nach einem Überfall Lebensmittel, die von den meisten unserer Kämpfer überhaupt nicht als solche erkannt wurden. Ja, es gab bei uns Leute aus dem Wald, die hatten noch niemals zuvor eine Konservenbüchse gesehen, und sie hätten es nie über sich gebracht, von dem Inhalt zu essen. Sie hatten auch nie in ihrem Leben Milchpulver oder ein Trockenei gesehen, sie hielten französischen Käse für etwas Verdorbenes, weil der Geruch ihnen fremd war. Weizennudeln kannten viele ebenfalls nicht, und ebenso erging es ihnen bei Spirituosen in Glasflaschen oder Butter, die in Folienpackungen ankam. Manche Gruppen benutzten französische Importbutter zum Abschmieren der leicht rostenden Blechteile an den erbeuteten Maschinenwaffen." (Thürk 1990, 163 f.).

Als im Jänner 1979 das Terrorregime Pol Pots gestürzt wurde,[38] lag das Land in Trümmern. Auch nachher dauerte es noch geraume Zeit bis man der Hungersnot im Lande Herr wurde. Im Oktober 1979 erklärte die provietnamesische Regierung Heng Samrin in Phnom Penh, dass zwei Millionen Kambodschaner vom Hungertod bedroht seien, verweigerte aber japanische und amerikanische Hilfsangebote mit dem Hinweis auf damit verbundene politische Forderungen (Scholl-Latour 1992, 404). Erst nachdem Anfang November 1979 auf der UNO-Konferenz über die Kambodscha-Hilfe das moralische Prinzip, Hilfestellung ohne jede politische Vorbedingung zu leisten, eingefordert worden war, begannen Hilfsmittel ins Land zu fließen. Dass davon auch die vietnamesische „Befreiungsarmee" profitierte, sei nur am Rande erwähnt (Glucksmann/Wolton 1989, 67 ff.). Auch Zahlen wurden jetzt wichtig: Laut offizieller kambodschanischer Statistik, gab es 1979 nur mehr 4,5 Millionen Einwohner im Lande. Ein Jahr später zählte man nach denselben offiziellen Quellen allerdings wieder 6,5 Millionen Einwohner. Dies spiegelt auch politische Absichten, die – mittels Statistik – angestrebt wurden: 1979 galt es das Mitleid der Spender im Westen zu mobilisieren, 1980 wollte die gleiche Regierung möglichst viel Unterstützung pro Kopf der Bevölkerung aus offiziellen Töpfen erhalten.[39]

In den Folgejahren blieb die Lebensmittelproduktion des Landes sehr angespannt. Bis Mitte der 1980er-Jahre gelang es nicht, das nationale Existenzminimum bei der Reiserzeugung zu sichern (Schier 1994, 426). Erst 1988 war Kambodscha – zumindest statistisch – wieder Getreideselbstversorger geworden (Weggel 1990, 95).

Nach dem Sturz Pol Pots kam das Land nur sehr langsam zur Ruhe. Und erst als Ende Oktober 1991 in Paris alle direkten und indirekten Konfliktparteien drei Abkommen über eine umfassende politische Lösung des Kambodscha-Konfliktes unterzeichneten und Vietnam sich endgültig aus Kambodscha zurückzog, war die Grundlage für eine Normalisierung geschaffen. Seit 1979 hatten bis dahin schätzungsweise weitere 300.000 Menschen durch Hunger und Kampfhandlungen ihr Leben verloren.[40] Mehr als 40.000 Menschen wurden in dieser Zeit durch explodierende Minen verkrüppelt. Die Verminung des Landes belastet die kambodschanische Entwicklung bis heute. Noch Anfang der 90er-Jahre konnten unter anderem rund 500.000 ha Akkerland nicht bestellt werden (Schier 1994, 426) und die Entminung wird weiterhin wertvolle Ressourcen verschlingen, Kambodscha „gehört zu den am stärksten verminten Ländern der Welt" (NZZ v. 24. April 2001, 11).

Seit dem Ende des Herrschaftsregimes sind über zwanzig Jahre vergangen und nach wie vor wartet man im Lande auf das „Wunder am Mekong" (so NZZ v. 7. März 2000, Wirtschaft 01). Denn für die 11 Millionen Kambodschaner (rund die Hälfte von ihnen sind jünger als 18) ist die Ernährungslage noch immer angespannt. Laut Unicef liegt die Rate jener Kinder unter fünf, die kleiner sind als der Durchschnitt, bei 55 Prozent. Für die Gesundheitsversorgung stehen gerade einmal zwei Dollar pro Einwohner und Jahr zu Verfügung.[41] Der Weg für Kambodscha bleibt steinig.

Selbst wenn die Roten Khmers sich vor einem UN-Tribunal zu verantworten haben,[42] all die Opfer und negativen Folgen ihrer Schreckensherrschaft werden nie mehr ungeschehen zu machen sein. Eine der Bedeutungen eines solchen Verfahrens liegt darin, das Geschehene öffentlich aufzuarbeiten. Dies sollte nicht unterschätzt werden und kann jene Kräfte stützen, die an der Gestaltung einer humaneren Zukunft arbeiten.

2.2.4 Das politische Kalkül mit der Dürre: Zum äthiopischen Desaster 1983-85

In der jüngsten Geschichte ereignete sich eine der schlimmsten Hungersnöte 1983 ff. in Äthiopien. Das Land war bereits 1973 – damals noch unter Kaiser Haile Selassie – schwer in Mitleidenschaft gezogen worden, was damals zu revolutionären Veränderungen geführt hatte. Diesmal wurde es noch ärger. Ein- bis zweieinhalb Millionen Menschen sollen ums Leben gekommen sein (vgl. Tab. 8).

Die Folgen von Trockenheit und Dürre als auslösende Faktoren wurden durch viele weitere Ursachen verstärkt, wie den Krieg in Eritrea, den Terror, ein politisch korruptes System, planwirtschaftliche Fehl- oder Misswirtschaft. Deshalb wurde dieses Beispiel in das vorliegende Kapitel aufgenommen. Wäre es nach dem Willen des damaligen Generalsekretärs der Partei der äthiopischen Arbeiter, Haile Mariam Mengistu gegangen, dann wären – nach schlechter alter Manier des realexistierenden Sozialismus – noch weitere Hunderttausende von Äthiopiern vermutlich ohne Wissen der Weltöffentlichkeit an Hunger gestorben, ja man hätte im Norden des Landes mit Hilfe der Hungersnot noch mehr kleine Bauern, die den Sozialismus ohnehin ablehnten, liquidieren können (Glucksmann/Wolton 1989, 39). Mengistu hatte jedoch erkennen müssen, dass dies sein politisches Überleben gefährdet hätte, da es – vor allem auf Grund der Anwesenheit vieler kleiner westlicher Hilfsorganisationen wie „Medicins sans frontieres", „Save the Children Fund" oder „Oxfam" – unmöglich war, das Desaster geheim zu halten, ähnlich wie es Stalin oder Mao noch praktizieren konnten (vgl. 2.2.1 bzw. 2.2.2). So suchte er einen geeigneten Moment, um aus Mitleidseffekt, den eine Hungersnot auslöst, einen optimalen Nutzen ziehen zu können. „Erst nachdem die Festlampions des zehnten Jahrestages der Revolution, des 12. September 1984 (Kostenpunkt: 200 Millionen Dollar), der in diesem Jahr ganz im Zeichen der Gründung der kommunistischen Partei stand, verlöscht waren, gaben die äthiopischen Behörden in den Medien Alarm." (Glucksmann/Wolton 1989, 35 ff.). Bei seiner siebenstündigen (!) Festtagsrede erwähnte Mengistu die Hungersnot im Lande mit keinem einzigen Wort. Nur die Hungersnot der Jahre 1973-1974 erregte seine Aufmerksamkeit und gab ihm die Gelegenheit, die dunklen Zeiten des Feudalismus anzuprangern, die durch die Revolution ein für allemal beseitigt worden seien.

Während der Revolutionsfeiern verhungerten zwei Flugstunden von Addis Abeba entfernt täglich Hunderte Menschen, ohne dass dies die Behörden irgendwie störte. Eine Augenzeugin, Brigitte Vasset, medizinische Koordinatorin für „Medecins sans frontieres" in Korem, beschreibt die Lage in einem Flüchtlingslager des Hungergebietes im September 1984 wie folgt: „Wenn wir morgens im Lager ankamen, wollten wir schon gar nicht mehr wissen, wie viele Flüchtlinge in der Nacht umgekommen waren. Wir wußten nicht mehr, was tun. Seit August kamen immer mehr Leute. Die Neuankömmlinge waren in einer bedauernswerten Verfassung. Kraftlos brachen sie am Boden zusammen. Wir konnten ihnen nichts zu essen geben. Wir hatten eine erschreckende Macht über Leben und Tod. Wir nahmen die am meisten Geschwächten, um ihnen in unserem medizinischen Schutzraum etwas zu essen zu geben. Die anderen waren im Grunde schon verurteilt. Ich ging nach Addis Abeba, um die Behörden zu alarmieren. Man antwortete mir, daß es keine Lebensmittel gäbe. Ich traf Vertreter der UNO, den Botschafter Frankreichs – niemand wollte den Ernst der Situation begreifen, denn die Regierung hielt die Hungersnot geheim. Wir konnten diese Unfähigkeit, etwas zu tun, nicht mehr ertragen." (Nach Glucksmann/Wolton 1989, 36 f.).

Am 3. Oktober 1984, nur drei Wochen nach der Revolutionsfeier hatte das Politbüro der äthiopischen Arbeiterpartei die „Generalmobilmachung gegen die Trockenperiode" beschlossen, von welcher sie *überrascht* worden sei. Das Wort Hungersnot wurde zwar nicht ausgesprochen, obwohl FAO (UNO) und Weltbank schon 1983 Alarm geschlagen hatten wegen der Dürre und Trockenheit im Lande. Damals hatte dies die Regierung in Addis Abeba aber nicht weiter beunruhigt, ganz im Gegenteil: Monatelang hatte man allen Fernsehkorrespondenten verboten, die Hungergebiete zu bereisen, ab Mitte Oktober 1984 erlaubte man dies nun schlagartig. Noch im September 1984 hatte der BBC-Korrespondent in Nairobi, Mike Wooldridge, der zum 10-Jahresjubiläum nach Addis Abeba gekommen war, im Informationsministerium um die Genehmigung gebeten, in den Norden des Landes fahren zu dürfen. „Wir gaben Ihnen die Erlaubnis, die Feierlichkeiten zu filmen. Beschränken Sie sich darauf", antwortete man ihm. Zudem aber deutete man ihm an: „Wenn Sie sich für die Hungersnot interessieren, kommen Sie später, vielleicht in zwei Wochen." (Glucksmann/Wolton 1989, 36).

Mohammed Amin, ein Fotoreporter, und Michael Buerk, BBC-Korrespondent in Südafrika, waren die Ersten, die ins Hungergebiet reisen durften. Nach zwei Tagen Dreharbeit – wir waren „hocherfreut, daß sich endlich die Journalisten dafür interessierten, was hier vorging", kommentiert die oben zitierte B. Vasset (nach: Glucksmann/Wolton 1989, 37) – kehrten sie nach Nairobi zurück und sandten ihren Bericht per Satellit nach London. Am 23. Oktober bringt ihn BBC fünf Minuten in den „Six O´Clock News". Die Reaktion darauf ist überwältigend. In wenigen Wochen strahlen weltweit über 400 Fernsehprogramme den Film aus, knapp 500 Millionen Menschen rund um die Welt sehen die Bilder des Jammers und der Verzweiflung.

In Äthiopien selbst übernimmt Genosse Präsident Mengistu am 26. Oktober 1984 bei einer Politbürositzung den Vorsitz einer neuen nationalen Kommission für Hilfe und Rekonstruktion. Ab nun ließ er sich von der äthiopischen Propaganda als großer Kämpfer gegen die Hungersnot feiern. Unterstützung traf rasch ein (Courtois u.a. 1998, 760). Bereits Ende Oktober kamen die ersten großräumigen Transportflugzeuge mit Hilfsgütern nach Addis Abeba. Den abrupten Strategiewechsel vom völligen Verschweigen der Hungersnot zur weltweiten Offenlegung hatte er auf seine politischen Erfordernisse effizient abgestimmt. Für den obersten „Lebensmittelverteiler" sollte es sich auch ökonomisch lohnen. Ende 1985 konnte Äthiopien bekannt geben, dass es seine Devisenreserven verdreifacht, seine Finanzlage in Ordnung gebracht und sein Budget ausgeglichen habe. Trotz der enormen Kosten für eine Armee von 300.000 Soldaten, die es bei Laune zu halten galt (Glucksmann/Wolton 1989, 56).

Das Konzept der simplen Gleichsetzung: Hungersnot = Trockenperiode = Schicksal war voll aufgegangen. Es war gelungen mit den „Launen der Natur" die Spendenfreudigkeit der westlichen Öffentlichkeit anzuregen und zu mobilisieren nicht zuletzt zum Vorteil des äthiopischen Herrschers und seiner Behörden.

De facto waren die Ursachen dieser Katastrophe viel komplexer:
- Die *Dürre* stand zwar in der gesamten Berichterstattung 1984/85 eindeutig als Ursache für das Desaster im Vordergrund. Äthiopiens Regime hatte den Auslöser aus politischem Kalkül bewusst *überbewertet*.
- Die systematische *Vernachlässigung* der Bauern und Bäuerinnen bzw. der *Landwirtschaft* kann als geradezu immanentes Kennzeichen „planwirtschaftlicher Ökonomien" gelten und prägte auch die Politik von Mengistu's Regime.
- Der *Krieg um Eritrea* band große Finanzmittel. Die äthiopischen Behörden hatten immer wieder primär die Armee versorgt und sich kaum um das hungernde Volk gekümmert. Viele Zeugen berichteten über volle Lagerhäuser in den Garnisonsstädten der Hungergebiete. In die Flüchtlingslager gelangten die Nahrungsmittel dagegen nur sehr spärlich.
- Die Versorgung der betroffenen Regionen im Norden (um Eritrea) wurde – als potenzielles Feindesland – durch die Zentralregierung systematisch behindert, eine Politik, die einer *Aushungerungsstrategie* nahe kam (vgl. dazu Kap. 2.3.2).
- An stalinistische Kollektivierungsmaßnahmen erinnert die massive *Bevölkerungsumsiedlung*, die 1985 begann. 500.000 bis 600.000 Familien wurden aus den Hochebenen in den Südwesten des Landes verschleppt und in großen Dörfern angesiedelt. Damit sollten die rebellischen Regionen entvölkert und 800.000 Männer für Armee und Milizen ausgehoben werden. Schon ein Jahr später wurde die Wahnsinnsaktion abgebrochen, wobei – laut Ternon (1996, 267) – zwei Millionen Menschen ums Leben gekommen sein sollen.
- Die Machthaber in Addis Abeba *reagierten viel zu spät*. Erst als sich die Hungersnot vor den Augen der Welt kaum mehr verbergen ließ, suggerierte man von offizieller Seite den aktiven Kampf dagegen.
- Die *Ressourcen* des Landes wurden teilweise völlig sinnlos *vergeudet*. So war etwa Assab, der zentrale Hafen des Landes, von März bis September 1984 durch die Flotten der sozialistischen Bruderländer blockiert, die u.a. Zement zum Bau der offiziellen Gebäude für die Feierlichkeiten zum 12. September brachten. Ebenso verschlang die Errichtung der vielen Bauwerke wichtige Ressourcen: der Sitz der Vereinigung der äthiopischen

Bauern, jener für die Arbeitervereinigung, die Triumpfbögen, das Denkmal des Unbekannten Soldaten oder die Marx- und Leninstatuen.
- Während die private *Hilfe* nach Veröffentlichung der ersten Fernsehbilder recht schnell auf Touren gekommen war, zögerten viele westliche Regierungen, dem „kommunistischen" Äthiopien unter die Arme zu greifen. Es dauerte geraume Zeit, bis russische Flugzeuge und Helikopter amerikanischen Weizen in die Hungerregionen bringen durften.

Nicht zu Unrecht schreiben Glucksmann/Wolton (1989, 26) über die äthiopische Hungersnot von einem als „UNFALL getarnten MORD".[43]

2.2.5 „Einmal satt essen – nur ein Traum"[44] Nordkorea heute

Den Medien der letzten Jahre musste man entnehmen, dass Nordkorea seit geraumer Zeit von einer schweren Hungersnot heimgesucht wird. Gesicherte Informationen sind kaum zugänglich, es dringen nur wenige Angaben über die Dimension der Hungersnot nach außen, die noch dazu von einem Streit über damit verbundene Interessen überlagert sind. So verurteilte die nordkoreanische Regierung entsprechende Berichte[45] lange Zeit als Propaganda ideologischer Feinde, die ihr Land anprangern würden (z.B.: Der Standard v.2.März 1999, 2). Im Mai 2001 verlautbarte Pjöngjang erstmals eine offizielle Zahl von 200.000 Verhungerten (seit 1995). Beobachter sahen darin (FR v.17.Mai 2001, 1) den Versuch, für internationale Hilfe zu werben.[46] Einen Monat zuvor hatte die UNO vor einer neuen Hungersnot gewarnt (FR v.17.Apr. 2001, 2). Dürremonaten[47] von März bis Juni 2000 folgte der strengste Winter seit 50 Jahren. Die Bevölkerung dürfte weitere sehr schwere Jahre zu erleiden haben.

Das historisches Gipfeltreffen zwischen Kim Dae Jung und dem nordkoreanischen Potentaten Kim Jong II im Juni 2000 ließ das geteilte Land für kurze Zeit in den Titelschlagzeilen von Zeitungen und Nachrichten aufscheinen. Der herrschenden Not im nördlichen Teil aber wurden – wenn überhaupt auf sie eingegangen wurde – nur Randbemerkungen gewidmet. Weiterhin begleitet der Mangel an gesicherten Informationen jenen an Lebensmitteln. Die Lage wird dadurch weiter verschärft.

Von Ernährungskrisen geplagt wird die Bevölkerung bereits mehr als ein Jahrzehnt. Flüchtlinge aus Nordkorea berichteten 1991 erstmals von einer großen Lebensmittelknappheit. Es fehlten die notwendigen Devisen, um rund 1,5 Millionen Tonnen dringend benötigtes Getreide kaufen zu können. Deshalb hätte die Regierung die Bevölkerung aufgefordert, „sich auf zwei Mahlzeiten am Tag zu beschränken." (Standard v.8.Nov. 1991, 2 und v.12.Feb. 1991, 4). Immer wieder gab es seither Hinweise auf schwere Mangelernährung, im Sommer 1993 kam es laut „Washington Post" wiederholt zu Massenprotesten gegen die Versorgungskrise (Standard v.20.Aug. 1993, 2).

Ab Mitte der 1990er Jahre finden sich in den Medien vermehrt kurze Meldungen über eine schwere Hungersnot in diesem nach außen beinahe vollständig abgeschotteten Land. Vorerst beruhten sie beinahe ausschließlich auf Aussagen von Flüchtlingen aus Nordkorea oder illegal eingewanderten Journalisten und zum Teil von Hilfswerken. Das Wort „Hunger"– so Lee Chan Sam im Januar 1995 (nach: FR v.5.Jan. 1995 und NZZ v.6.Jan. 1995, 3) – reiche nicht aus, um all das Ausmaß an Nahrungsmangel zu beschreiben, unter welchem ganz besonders Kinder zu leiden hatten (und möglicherweise noch immer zu leiden haben). 1996 hatte die UN-Gesundheitsorganisation (WHO) im Januar Alarm geschlagen. 20 Prozent der nordkoreanischen Kinder unter fünf Jahren drohe der Hungertod, wurde damals befürchtet (FR v.5.Jan. 1996, 28). Leider erwies sich dies als alles andere denn übertrieben.

Trevor Page, der UNO-Welternährungsbevollmächtigte in Pjöngjang, berichtete im April 1996, dass die Leute Parks der Stadt durchstreiften, um mangels Nahrung nach Gras zu suchen (Standard v.11.Apr.1996, 2.). Eine Sprecherin des Deutschen Roten Kreuzes (DRK) in Bonn beobachtete im September 1997 Ähnliches, nachdem sie – als eine der wenigen aus westlichen Staaten – das Land besuchen hatte können. Die Hungernden strecken ihren Reis mit Graswurzeln, Baumrinden, Sägespänen und erleiden oft schwere Vergiftungen, musste sie konstatieren.[48] Monatlich würden mehr als 10.000 Kinder unter sieben Jahre im Lande verhungern. Für sie alle blieb es tatsächlich nichts anderes als ein Traum: Sich nur einmal satt essen zu können.

Nach einer Studie, die 1998 gemeinsam vom Welternährungsprogramm (WFP), der UNICEF und der EU publiziert wurde, litten 60 Prozent der nordkoreanischen Kinder an Unterernährung und dadurch bedingten Krankheiten, von akuter Unterernährung sei jedes fünfte Kleinkind im Alter von sechs bis zwölf Monaten betroffen.[49] Laut dem bislang ranghöchsten nordkoreanischen Überläufer, Hwang Yang Yop, dem früheren Chefideologen des Landes, sind in den Jahren 1995 bis 1997 rund 2,5 Millionen Menschen verhungert.[50] Der vatikanische Missionsnachrichtendienst Fides bezog bei einer Angabe von 3,5 Millionen Verhungerten oder an Krankheiten infolge von Unterernährung Gestorbenen das Jahr 1994 mit ein (Der Standard v. 7.0kt. 1998, vgl. auch Tab. 13).

Bei aller Vorsicht, welche durch das große Informationsdefizit angebracht ist, diese aktuelle Tragödie um den Jahrhundertwechsel ist unter den schlimmsten mit zu nennen. Ähnlich wie bei früheren schweren Katastrophen tauchen hier nebst vielen Berichten über tragische Flüchtlingsschicksale wieder solche über Kannibalismus auf. So veröffentlichten Zeitungen in Hongkong Zeugnisse von übergelaufenen Offizieren, gemäß welchen mehrere Personen wegen Verzehrs von Menschenfleisch hingerichtet wurden. Die Menschen seien verrückt vor Hunger gewesen und hätten sich an ihren eigenen Kindern vergriffen (TT v. 2. Okt. 1997, 34). Zur gleichen Zeit hortete – wieder laut Angaben von Überläufern – das Militär große Mengen an Getreide. 1997, an einem Tiefpunkt der Krise, soll ein ganzer Landesjahresbedarf (rund 1,2 Millionen Tonnen) eingelagert gewesen sein. Auch hätte sich vor allem die Oberschicht der internationalen Lebensmittelhilfe bemächtigt.[51]

Vieles spricht für eine Zuordnung in dieses Kapitel: Das Regime in Pjöngjang gab und gibt primär dem Wetter die Schuld. Großer Hagel (1994), Überflutungen (1995/1996) und Dürre (1997) wurden und werden genannt.

Tabelle 13: Schätzungen über Hungertote in Nordkorea 1996 ff.

Tote	Quelle
> 100.000	IDNDR98, 122
200.000	offizielle Zahl
500.000	FRv.17.IX.97, 5
1.000.000	TTv.2.X.97, 34
2.000.000	FRv.17.IX.97, 5
2.000.000	Kurv.20.VIII.98, 5
2.500.000	FRv.16.VI.98, 7
3.500.000	Stv.7.X. 98, 3

Deren Folgen seien zudem durch den „Zusammenbruch des sozialistischen Marktes" (= abruptes Versiegen der sowjetischen Hilfeleistungen ab 1991/92) verstärkt worden. Beide Argumente beinhalten einen wahren Kern, negieren aber die primär „hausgemachten" Anteile der schlechten Versorgungslage (dazu: Foster-Carter 1997, 10):

- Das – ökonomisch sinnlose – *Autarkiestreben* führte zwar ursprünglich zu hohen Wachstumsraten, aber dadurch wurde bald die ökologische Belastungsgrenze des Landes überschritten. Wegen Auslaugung der Böden waren bereits in den 80er Jahren die Ernteerträge und die Agrarproduktion rückläufig. Man kultivierte zunehmend unrentable Berghänge. Dies löste in den Jahren 1995/96 eine Flut- und Umweltkatastrophe aus: Da der Baumbestand weitgehend abgeholzt worden war, spülten wolkenbruchartige Regenfälle die Terrassenfelder an den Berghängen fort und lagerten ihre Fracht im Tal ab, so dass dort ein Teil der Ernte vernichtet und fruchtbarer Ackerboden auf Jahre zerstört wurde. Selbst diese sogenannte „Natur"katastrophe ist teilweise „hausgemacht". Beispielsweise ist die gesamte Getreideproduktion im Land massiv gefallen. So betrug diese 1996 mit knapp 2,6. Mio. Tonnen im Vergleich zum Jahr 1991 deutlich weniger als ein Drittel. Damals hatten noch über 8,8 Mio. Tonnen geerntet werden können.[52]
- *Märkte* werden zwar faktisch geduldet, offiziell aber nicht anerkannt.
- Knappe Ressourcen wurden für immense *Militärausgaben* und die Errichtung grandioser Baudenkmäler verschwendet.
- Im politischen System liegen weitere wesentliche Ursachen: Zum einen ist dessen Starrheit zu nennen, die bis zur Halsstarrigkeit reichen kann, die jeglicher Problemlösung oder auch dem Eingeständnis von Fehlern im Wege steht.[53] Die herrschende Partei – vor allem der verstorbene „große Führer" Kim Il Sung – so wird von offiziellen Stellen nachdrücklich beteuert – hätte „niemals auch nur einen einzigen theoretischen oder praktischen Fehler gemacht."
- Zum anderen wird entsprechend unerbittlich gegen Kritikerinnen und Kritiker vorgegangen. Myong-Chol Ahn, nach eigenen Worten ein geflohener „KZ-Wächter" berichtete vor einer Expertenrunde im Nov. 1997, in zwölf Lagern würden 250.000 Häftlinge festgehalten. In einer groben Skizze deutete er deren Standorte an (vgl. FAZ v. 2. Juni 1998, 10 sowie Grafik 25a).[54]

Ein halbes Jahrhundert Konzentrationslager in Nordkorea

Myong-Chol Ahn bezeichnet sich selber als geflohener „KZ-Wärter". Für eine Expertenrunde zeichnete er im November 1997 die ungefähre Lage der Lager. An zwölf Orten sollen sich rund 250.000 Menschen befunden haben. Etwa 1,5 Millionen seien durch solche Haft in den vergangenen 50 Jahren ums Leben gekommen.

Grafik 25a, Quelle: FAZ v. 2.6. 1998, 10

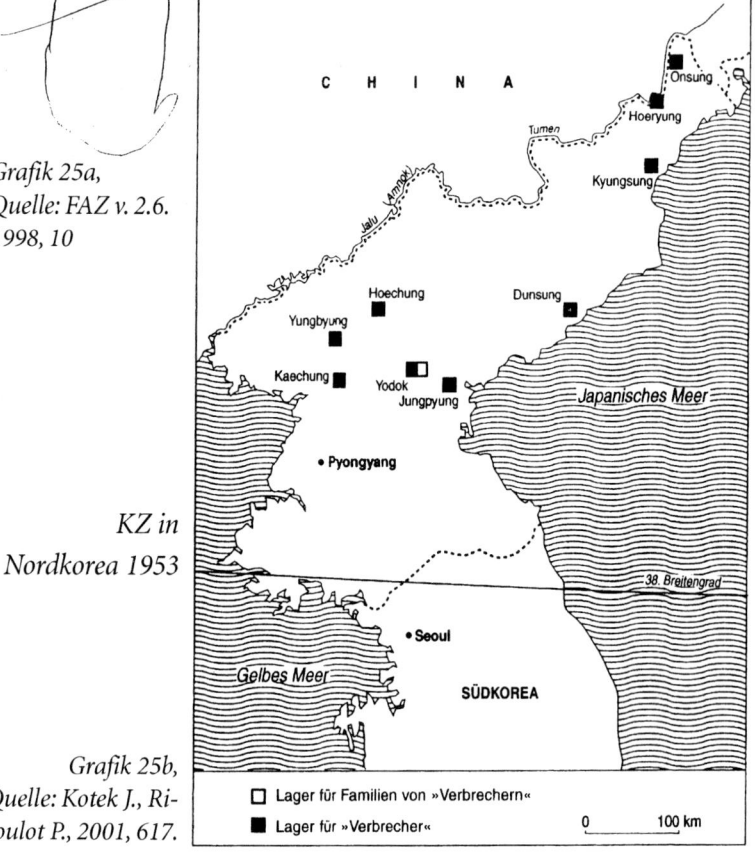

KZ in Nordkorea 1953

Grafik 25b, Quelle: Kotek J., Rigoulot P., 2001, 617.

☐ Lager für Familien von »Verbrechern«
■ Lager für »Verbrecher«

Der Traum vom Paradies auf Erden wurde ein weiteres Mal zu einem höllischen Alptraum. Parallelen zu den Katastrophen unter Stalin oder Mao sind erkennbar, doch weist Forster-Carter (1997, 10) auf einen wesentlichen Unterschied: Die beiden schrecklichen Hungersnöte in der Sowjetunion und China traten als Folge einer brutalen fehlgeschlagenen Kollektivierung in den ersten 15 Jahren nach der Revolution auf. In Nordkorea dagegen fand diese bereits vor 40 Jahren statt und traf anscheinend auf wenig Widerstand. „Die gegenwärtige Krise wirkt mehr wie der Todeskampf eines kommunistischen Systems als seine gewaltsame anfängliche Konsolidierung."

Ungewiss bleibt die Dauer dieser Agonie mit ihren bitteren Folgen für die Menschen. Zweierlei stimmt zur Zeit wenig optimistisch. Der innerkoreanische Dialog scheint schwieriger als ursprünglich vermutet und in den beiden Jahren 2000 und 2001 verschärften die neuerlichen Dürre- und Kälteperioden die Situation im Land zusätzlich.

2.2.6 Revolutionäre mit engelhaften Zungen schufen unendlich viel Hunger (Kurzresümee)

Wenn in den nächsten drei Jahren in Europa etwa so viele Menschen, wie zur Zeit in ganz Spanien leben, verhungerten, wenn aufgrund eines völligen Zusammenbruchs der Landwirtschaft durch noch schlimmere Katastrophen wie BSE und der Maul- und Klauenseuche, d.h. wegen einer letztlich unverantwortlichen Agrarpolitik, so viele umkämen und die Weltöffentlichkeit davon rund 20 Jahre lang keine Notiz nähme, dann wäre dies eine Katastrophe, wie sie sich vor etwas mehr als 40 Jahren in China tatsächlich ereignet hat.

Wie jene unfassbare Tragödie solange unbekannt blieb und wie fast vollständig sie später ignoriert wurde und wird, lässt sich beispielhaft an den verschiedenen Auflagen des inhaltlich einschlägigen, wissenschaftlich betreuten „Lexikon Dritte Welt" ablesen. Dessen erste Auflage erschien im Jahr 1980. „Der Große Sprung nach vorn endete in einem Desaster", heißt es dort auf Seite 76 f. zusammenfassend zur chinesischen Politik um 1960 und weiter: „Neben einer Reihe von Mißernten sowie dem Abzug der sowjet. Experten und der Einstellung der Lieferung von Ausrüstungsgütern ... ist dafür v.a. eine ungeheure Disproportionalitätskrise verantwortlich zu machen. Die

Mobilisierung von so vielen Arbeitskräften zu außeragrarischen Tätigkeiten hatte zu einer starken Vernachlässigung der Landw. geführt. ... Vor allem die Krise der Landw., wo die Getreideerzeugung von 205 Mio. t (1958) auf ca. 150 Mio. t (1960) zurückgegangen war, erwies sich als so gravierend, daß sich spontane Reprivatisierungstendenzen regten, und die weitere Existenz der Revolution auf dem Spiel stand." Befürchtet wird, dass die damalige macht- und revolutionspolitisch bedingte Misswirtschaft kippen könnte. Zu welch enormen Opfern unter der Bevölkerung diese geführt hatte, wurde noch in diesem Lexikon von 1980 mit keinem Wort angedeutet, obwohl die Ernterückgänge bekannt waren. Nur äußerst dürftige Angaben dazu finden sich auch in späteren Auflagen. Noch in der vollständig neu überarbeiteten Auflage des Lexikons vom März 1998[55] wird dazu lediglich eine nackte Zahl angeführt, als statistische Angabe in einen Nebensatz verpackt: „Das Unternehmen ‚Großer Sprung' führte zur größten Hungersnot Chinas (1960-1962), in der ca. 75 Mio. Menschen an den direkten oder indirekten Folgen des Hungers starben" (Nohlen, Hg., 149). Mehr wird dazu nicht gesagt. Wer realisiert bei einer solch knappen Aussage, dass gemäß dieser Angabe damals in China 15 Millionen Menschen mehr verhungerten als insgesamt aufgrund des Zweiten Weltkrieges ihr Leben verloren? Mit ihm gehört der sogenannte „Große Sprung nach vorn" zu einer der bisher folgenschwersten Einzelkatastrophen der Menschheitsgeschichte überhaupt – nur wird von der einen der beiden bis heute kaum gesprochen, nicht einmal in einem Speziallexikon. Das löst mehr als Befremden aus.

Bei allen fünf in diesem Kapitel (2.2) geschilderten Hungersnöten wurde der landwirtschaftliche Boden durch kommunistisch planwirtschaftliche Systeme kollektiviert sowie die Eigeninitiative von Zivilpersonen bestraft.[56] Zum Teil nahm man den Menschen jede Möglichkeit, sich das eigene Essen zu kochen. In den schlimmsten Fällen wurde der Tod durch Verhungern als politisches Machtinstrument eingesetzt und Bauersleute bei Versuchen, dem zu entkommen, indem sie minimale Lebensmittelmengen beiseite schafften, direkt hingerichtet.

Unbeschreiblicher Zynismus und Terror von Seiten der Behörden gegen die jeweilige Bevölkerung prägt alle beschriebenen Beispiele. Gleich Engeln, die vom Paradies schwärmen, wurden mit der Propaganda für eine gerechtere Welt im Munde das Leid und die Gräuel nach innen und außen vertuscht. Insbesondere die internationale Gemeinschaft sollte tunlichst nichts davon erfahren.

Selbst nach den minimalsten Schätzungen verhungerten bei diesen fünf Hungersnöten knapp 20 Millionen Menschen, die hohen Zahlen belaufen sich auf über 90 Millionen. Die Verhungerten aber sind nur ein Teil der Opfer dieser Systeme.

Tabelle 14: Elemente „kommunistischer" Hungersnöte
(Eigene Zusammenstellung)

Land/Jahr *Bereich*	Ukraine 1932/33	China 1958/61	Kambodscha 1975/78	Äthiopien 1984/85	Nordkorea 1995 ff.
Planwirtschaft	ja	ja	ja	ja	ja
Boden ist kollektiviert	ja	ja	ja	ja	ja
Falsche Landwirtschaftspolitik	ja	ja	ja	ja	ja
Eigeninitiative wird bestraft	ja	ja	ja	ja	ja
Diktatur	ja	ja	ja	ja	ja
Terror gegen Zivilbevölkerung	ja	ja	ja	ja	ja
Vertuschen vor der Weltöffentlichkeit	ja	ja	ja	(ja)	(ja)
Bei späterer Analyse wird *Natur* zur „Hauptursache"	z.T.	ja	-	ja	ja
Geschätzte Hungertote:					
Minimum (in Millionen)	3	15	0,5	0,3	0,1
Maximum (in Millionen)	7-10	75	bis 2	2,5	3,5
Kannibalismus kolportiert	ja	ja	ja	nein	ja

Gäbe es die Unterwelt der Hungertoten, müsste gemäß der folgenschwersten Schätzung allein der Raum „China um 1960" eine Riesenhöhle mit Platz für die Gebeine von weit mehr Menschen sein, wie heute in ganz Spanien leben. Erschreckend organisiert gruben Menschen des 20. Jahrhundert und quer durch verschiedene Kulturen und ideologische Lager die unermesslichsten Abgründe, in welche sie Mitmenschen warfen. Dies lässt sich – bei aller Unsicherheit der Quellenlage – nicht leugnen. Mit Reden vom Paradies auf Erden wurden die grauenvollsten Wirkungen wirtschaftlicher Strategien kaschiert und versteckt. Nicht nur in Maos China wurde die Katastrophe solcher Politik solange wie nur irgendwie möglich unverdächtigen, angeblich unbeeinflussbaren und schicksalhaften Naturkräften in die Schuhe geschoben. Doch wieder wird die einleitend aus der NZZ (v.30.01.2001, 68) zitierte Aussage von Ludger Lütkehaus bestätigt: „Wer für die Genealogie des Bösen den Teufel braucht, der unterschätzt – den Menschen."

Vielleicht hätten die Opfer dieser Räume an ihre Wände gesprüht:
Das Säen verbot kein Schicksal und kein Teufel der Hölle, aber teuflische Revolutionäre.

„Experimente" wie in diesen Beispielen in Zukunft unterlassen, die dabei verwirklichten „Wahnsinns"ökonomien nicht mehr wiederholen, jeglicher menschenverachtenden Machtpolitik eine endgültige Absage erteilen: Nur das kann die Botschaft der hier geschilderten Tragödien angesichts des eben begonnenen neuen Jahrhunderts sein. Versprechen von einer gerechteren Verteilung der Produktionsmittel und -ergebnisse wurden in Hungerterror umgemünzt und Glücksträume endeten im Kannibalismus. Zurück bleiben Trauer und viele Fragen z.B. jene von Wassilij Grossmann (zit. n. Conquest 1990, 393): „Wohin ist das Leben verschwunden? Und was ist aus all der schrecklichen Qual und Folter geworden? Kann es wirklich sein, daß niemand sich jemals für all das verantworten wird, was geschehen ist? Daß alles vergessen wird, sogar ohne irgendwelche Worte des Erinnerns? Daß Gras darüber wachsen wird?"

2.3 Kriege und Bürgerkriege als „Väter" des Hungers

Wäre es möglich, eine Totenwelt der Verhungerten zu besuchen, würde man rasch auf die ohne menschliches Verschulden Verstorbenen stoßen, auf die Grabeskammern von jenen Menschen, die beispielsweise einer Trockenzeit zum Opfer fielen. So wie über sie, die wegen einer Dürre starben, zahllose Berichte und Bilder existieren und viel berichtet und um Spenden geworben wird, so begegnete man ihren Gräbern gleich am Eingang zur Unterwelt. Auf diese Art würde man dem noch immer weitverbreiteten Eindruck, die Meisten dieser Verstorbenen hätten ihr Schicksal auf Grund irgendeiner Laune der Natur erleiden müssen, nochmals begegnen, aber sehr bald realisieren: Zumindest in den vergangenen 150 Jahren waren aus diesem Grund verhältnismäßig Wenige zu begraben.

Gäbe es diesen katakombenähnlichen Ort, wären die jüngeren, tieferen Todesstätten die weit größeren. In einem dieser Untergeschosse würde man an jenen Verstorbenen vorbei schreiten, die „um einer besseren Zukunft willen" zu verhungern hatten. Hier würden viele zu finden sein, deren Tod so manches Regime als terroristisch anklagt, welches mit einer zukunftsorientierten Rhetorik und Propaganda aufgetreten ist. Letztlich wurde damit lediglich die Durchsetzung von Herrschaftsansprüchen verschleiert.

Nach diesen unheimlichen Hallen würde es in der Friedhofswelt weiter und noch tiefer gehen: vorbei an Toten, welchen auf Grund eines Krieges die notwendigsten Ressourcen fürs Überleben gefehlt hatten; vorbei aber auch an jenen, die gezielt ausgehungert wurden: Mittels dieser grausamen Kriegswaffe, eingesetzt gegen äußere und innere Feinde, wurden Millionen ermordet. Diese tiefsten Räume wären erschreckend groß und die meisten keine 100 Jahre alt.

Hier begegnen einem die inhumansten Seiten des vergangenen 20. Jahrhunderts, finsterste Kapitel der Menschheitsgeschichte.

Krieg wurde bis weit in das 20. Jahrhundert meist als „naturgegebenes", unausweichliches, schicksalhaftes Ereignis verstanden, ja immer wieder mit

Berufung auf einen griechischen Philosophen als „Vater aller Dinge" verherrlicht. Von ganz unterschiedlichen Religionen[1] als „heilig" bezeichnet wurde er noch unangreifbarer.

Vielleicht zum ersten Mal allgemeiner erkannt wird im gleichen 20. Jahrhundert: Krieg ist *nicht* unausweichliches Schicksal, sondern von Menschen zu verantwortendes Handeln. Entsprechend gilt dies für den durch Krieg bedingten Hunger.

2.3.1 Hunger als „Nebeneffekt" von Kriegsgeschehen Die letzten Hungersnöte in Westeuropa

In Westeuropa waren die bislang letzten Hungersnöte kriegsverursacht. Sie waren in jenen Jahren jedoch alles andere als nur auf Europa beschränkt (vgl. Tab. 4).

Dem Hunger *im* Krieg folgte, wie so oft, jener *nach* den Kriegsjahren. Auch unmittelbar nach den beiden Weltkriegen verschärfte sich die Situation an der Hungerfront weiter.

Die russische Hungersnot von 1917 ff. wird am Ende dieses Abschnittes behandelt. Auf Grund verschiedener Aspekte hätte sie schon früher (z.B. in

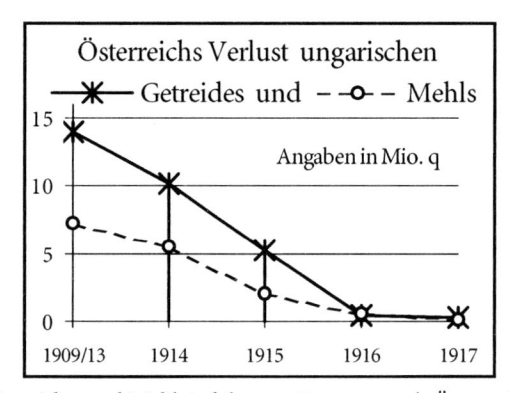

Grafik 26: Getreide- und Mehleinfuhr von Ungarn nach Österreich
 Quelle: Prassnigger 1995, 180.

Kap. 2.2.) behandelt werden können. Bisweilen ist es recht schwierig, konkrete Beispiele systematisch eindeutig zuzuordnen.

Hunger im Krieg

Kriegerische Auseinandersetzungen erfordern einen enormen Einsatz an Ressourcen jeglicher Art. Gleichzeitig haben sie negative Auswirkungen auf deren Erzeugung. Landwirtschaftliche Produkte bleiben davon nicht ausgenommen. Rückläufiger Erzeugung folgt oft Hunger.

„Der Sieg hing an den Weizenhalmen."

Vor und zu Beginn des Ersten Weltkrieges hatte sich wohl kaum jemand, weder verantwortliche Politiker und Generäle noch einfache Staatsbürger, ausgemalt, welche katastrophale Folgen die Kriegsereignisse auf die Ernährungslage bringen werden. In keinem der kriegführenden Länder waren realistische Planungen für die Ernährung von Heer und Bevölkerung im Kriegsfall gemacht worden (Hardach 1973, 122). Man rechnete insbesondere auf Seiten des Deutschen Reiches und Österreich-Ungarns mit einem kurzen Krieg und beachtete die Ernährungslage kaum. Unterschiedliche Strategien der Ernährungssicherung bei den Kriegsgegnern waren wichtige Faktoren für den Kriegsausgang. „Der Sieg hing an den Weizenhalmen." So hat Jacob (1985, 389) diese Tatsache formuliert.

Zur Ernährungslage der wichtigsten Kontrahenten vor Kriegsbeginn:

Das DEUTSCHE REICH exportierte im letzten Vorkriegsjahr (1913/14) so viel Getreide wie nie zuvor. Deutschland trat praktisch mit leeren Getreidespeichern in den Krieg ein. Bei Kriegsbeginn waren von der alten Ernte nur mehr kleine Vorräte vorhanden, die man mit 300.000 Tonnen (ca. 1 % des Jahresverbrauchs) eher zu hoch als zu niedrig einschätzte. Die Aussicht auf eine gute inländische und vor allem auf eine glänzende amerikanische Ernte hatte die Importeure und die Großmühlen veranlasst, ihre Lager so weit wie nur möglich zu räumen. Unabhängig davon musste das Deutsche Reich damals ohnehin fast ein Drittel der notwendigen Futtermittel aus dem Ausland zukaufen. In der damaligen Viehhaltung standen die Tiere – wie es Hardach ausdrückt – „mit zwei Beinen im Inland und mit zwei Beinen im Ausland." (Hardach 1973, 121; Luxenberg 1941, 302 f. und 342).

In ÖSTERREICH-UNGARN verließ man sich auf die Überschüsse der ungarischen Landwirtschaft. Rund 33 % des Bedarfs an Brotgetreide wurden im „alten" Österreich aus Ungarn eingeführt (Löwenfeld-Ruß 1919, 7). Diese erhebliche Abhängigkeit Österreichs von Ungarn sollte sich bald sehr rächen. Im Jahr 1916 etwa betrug die Getreideproduktion pro Kopf der Bevölkerung in Ungarn rund 203 kg, in Österreich dagegen nur mehr 72 kg. Ungarn lieferte aber in jenem Jahr gerade noch rund 100.000 Tonnen Getreide und Mehl nach Österreich, gegenüber 2,1 Millionen Tonnen in den Vorkriegsjahren (Hardach 1973, 132 f.; Prassnigger 1995, 180; vgl. Grafik 26). Ein Lebensnerv war abgeschnitten.

In ENGLAND wurden vier von fünf Broten mit ausländischem Mehl gebakken. Im Durchschnitt stammten nur 35 % des gesamten Lebensmittelverbrauchs aus eigener Produktion. Die Ernährungssicherung war hier somit primär eine Angelegenheit der Marine, welche die Verbindungen nach Übersee frei zu halten hatte. An der Fähigkeit der englischen Exportindustrie, die nötigen Devisen zur Bezahlung der importierten Lebensmittel zu erwirtschaften, zweifelte niemand. Zudem war man auch in England ebenso der Meinung, der Krieg würde nicht lange dauern (Hardach 1973, 136). Dass es infolge eines unbeschränkten U-Boot-Krieges zu erheblichen Transportschwierigkeiten kommen sollte, lag 1914 noch kaum im Kalkül der Verantwortlichen.[2]

RUSSLAND als „Kornkammer Europas" war vor dem Ersten Weltkrieg – trotz der vielen Hungerkrisen, die das Land in den Jahrzehnten zuvor heimsuchten – das bedeutendste Agrarexportland der Weltwirtschaft. Bei Ernten von rund 75 Millionen Tonnen Getreide wurden jährlich etwa 11 Millionen Tonnen exportiert, Getreide war die Hauptstütze des russischen Außenhandels. Da dieser mit Beginn des Krieges beinahe völlig zusammenbrach, dürfte sich kurzfristig das Versorgungsniveau in Teilen des eigenen Landes sogar verbessert haben. Allerdings war im damaligen Russland infolge der vernachlässigten Infrastruktur der Transport ein großes Problem. So war nicht selten in einem Teil des Landes Getreide im Überfluss vorhanden, während es in einem anderen daran mangelte. Gegen Ende des Jahres 1915 lagerten in

Sibirien schätzungsweise ca. 800.000 bis 900.000 t Getreide, die infolge ungenügender Transportmöglichkeiten zum Teil verdarben, während im europäischen Russland großer Mangel herrschte (Hardach 1973, 122 und 145 f.; Luxenberg 1941, 335). Gerade der Austausch Land-Stadt bereitete immer wieder Probleme. Bis zum Frühjahr 1917 stieg der Getreidepreis in den Erzeugergebieten gegenüber dem Durchschnitt der Vorkriegsjahre auf das 2,3-Fache, in den Industriegebieten auf über das 8-Fache. Angesichts dessen überrascht es wenig, dass die radikale Forderung der roten Bolschewisten „Brot, Frieden, Land" 1917 in der Bevölkerung so starke Resonanz fand.

ITALIEN bezog vor Kriegsausbruch Getreide aus Rumänien und Südrussland, eine Quelle, die mit Kriegsbeginn versiegte. Das Land konnte aber relativ schnell – zumindest in den ersten beiden Kriegsjahren – aus anderen Ländern Getreide einführen.

FRANKREICH war zu Beginn des Krieges durch eigene Produktion ausreichend versorgt. Allerdings litt auch diese durch die Kriegsereignisse erheblich. Gegenüber den Vorjahren wurde die Getreideproduktion bis 1917 beinahe halbiert (Hardach 1973, 144 f.).

Der Erste Weltkrieg hatte in der Lebensmittelversorgung – und darüber hinaus – zu erheblichen strukturellen Veränderungen geführt. Gleich mit Kriegsbeginn wurde die europäische Ernährungslandschaft grundlegend verwandelt, ja „auf der ganzen Erde hatte der Weltkrieg für Brot-Hersteller und -Verbraucher eine Situation ohne Parallele geschaffen" (Jacob 1985, 385).

Militarisierung contra Ernährungssicherung

England, das eine gezielte Politik der Ernährungssicherung seit den ersten Kriegstagen im Jahr 1914 verfolgte, unterschied sich darin ganz wesentlich von Deutschland und Österreich. Die zwei ganz verschiedenen Strategien in Bezug auf die Landwirtschaft waren gleichsam jenes Weizenkorn, an dem der Sieg hing. Das eingangs zitierte Bonmot trifft ohne Zweifel einen neuralgischen Punkt. Die Erwartung eines Kurzkrieges war eine eklatante, aber „klassische" Fehleinschätzung von Militärs und Politik. Die entscheidende Bedeutung der Ernährungssicherung von Armeen und Zivilbevölkerung lag aber bald auf der Hand.

Mehr als 70 Millionen Europäer waren für diesen „Europäischen Bürgerkrieg" – wie es J.M. Keynes einmal formulierte – ihrer bisherigen produktiven Arbeit entrissen worden und widmeten nun ihre ganze Energie entweder dem Kampf auf dem Schlachtfeld oder der Waffenproduktion. Frauen, Jugendliche und ältere Menschen versuchten vor allem die dem Agrarbereich entzogenen Männer zu ersetzen.

Es gehörte zu den strategischen Kurzsichtigkeiten der Generalstäbe des Deutschen Reiches, zu Beginn des Krieges in rein militärischen Kategorien und nicht auch in ökonomischen gedacht zu haben. Dies hatte zur Folge, dass nach Kriegsausbruch die Landwirtschaft zu Gunsten der Streitkräfte und der Rüstungsindustrie stark vernachlässigt wurde. Etwa zehn Millionen Männer dienten im November 1918 alleine im Deutschen Reich bei den Streitkräften, davon etwa zwei Millionen Bauernsöhne, die der Landwirtschaft fehlten. Die Ernährung einer Bevölkerung von 68 Millionen Menschen lastete auf nur noch 1,4 Millionen Männern (im Alter von 16 bis 50 Jahren). Während der ersten sechs Monate des Krieges (bis Ende Januar 1915) wurde vonseiten des Reiches in der Lebensmittelversorgung keine einzige wichtige Maßnahme getroffen. Aber das Militär requirierte landwirtschaftliche Arbeitskräfte, es brauchte Pferde, Wagen und Futtermittel. Umgekehrt blieben der Landwirtschaft weniger und weniger Zugtiere, die immer schlechter ernährt waren. Wie an Transportmitteln fehlte es an Kunstdünger, etc. (Jacob 1985, 386). Unter der Last der rigorosen Militarisierung der Volkswirtschaft brach die deutsche Landwirtschaft zusammen.[3] Dazu kam bald die militärisch vom Gegner gezielt eingesetzte Strategie des Aushungerns (vgl. unten 2.3.2), durch welche die Situation weiter verschlimmert wurde.

Auch in ÖSTERREICH dominierte die militärische Sichtweise über die Ver-

Tabelle 15: Getreideproduktion in Millionen Tonnen 1913 bis 1918

Jahr	Deutsches Reich	Österreich*	Großbritannien
1913	30,3	9,1	4,8
1914	26,6	9,4	5,0
1915	21,5	4,5	5,1
1916	21,8	4,4	4,8
1917	14,9	3,3	5,1
1918	15,2	3,4	6,6

* Cisleithanien; *Quelle: Weber/Ehlers 1988, 45 ff.*

und Vorsorgepolitik und führte zu Auseinandersetzungen mit dem zivilem Bereich. Ernteurlaube, Felddiebstähle durch Soldaten, unbedachte Requisitionen, Ausschreitungen von Truppen im Hinterland, etc. waren Zeichen mangelnder Koordination zwischen Front- und Versorgungslage. Manchmal, wie z.b. im August 1914 wurde versprochen, militärische Einheiten für Erntearbeiten bereitzustellen, aber es blieb beim Versprechen. Die militärische Kurzsichtigkeit ging so weit, dass man auf mit Saaten bestellten Äckern militärische Übungen abhielt.[4]

Mit anderen Worten: Die Militärs der Mittelmächte handelten in der Ernährungsfrage wider jede Einsicht. Im Verlauf des Krieges sank die Getreideproduktion im Deutschen Reich um rund die Hälfte. In einem dementsprechend katastrophalen Zustand befand sich gegen Ende des Krieges die Versorgung und Ernährungslage. Es konnte schätzungsweise nur mehr rund die Hälfte des Vorkriegsverbrauchs an Lebensmitteln verteilt werden, der Schwarz- und Schleichhandel nahm ausufernde Dimensionen an. Etwa ein Achtel bis ein Siebtel des gesamten Getreides, Mehls und der Kartoffeln soll gegen Kriegsende über den Schwarzhandel vertrieben worden sein. Bei Milch, Butter und Käse soll der Anteil ein Viertel bis ein Drittel und bei Eiern, Fleisch und Obst sogar bis zur Hälfte betragen haben (Holtfrerich 1980, 84; Prassnigger 1989, 9). Im Deutschen Reich wurden vorerst nur die Milch- und Getreidepreise fixiert, nicht aber jene von Fleisch. Dies hatte zur Folge, dass die Bauern die Fleischproduktion forcierten. Schnitzel und Braten gelangten über den Schwarzmarkt zu den Wohlhabenderen. Wo in die land-

Tabelle 16: Getreideproduktion in Kilogramm/Hektar 1913 bis 1918

Jahr	Deutsches Reich	Österreich*	Großbritannien
1913	2.090	1.410	1.858
1914	1.863	1.600	1.927
1915	1.466	1.000	1.871
1916	1.704	920	1.799
1917	1.229	710	1.835
1918	1.290	750	1.968

* Cisleithanien; *Quelle: Weber/Ehlers 1988, 45 ff.*

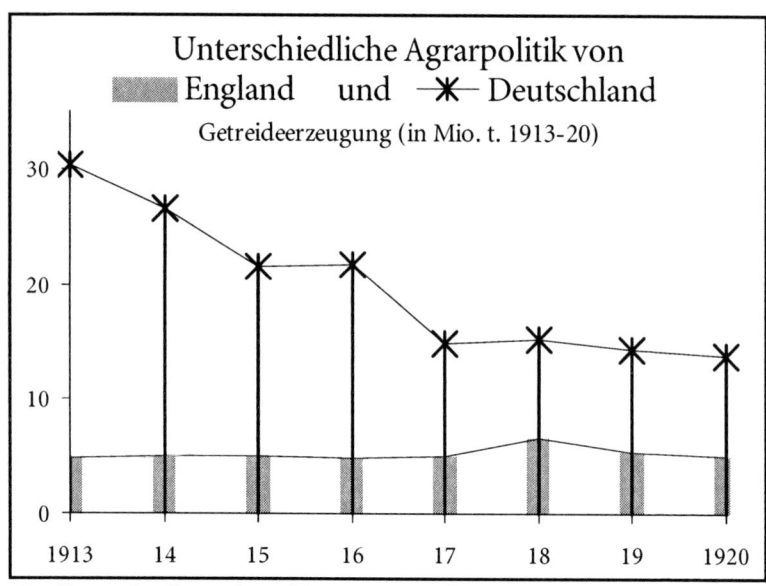

Unterschiedliche Agrarpolitik von ▓ England und ─✱─ Deutschland

Getreideerzeugung (in Mio. t. 1913-20)

Grafik 27, Quelle: Weber/Ehlers 1988, 48 ff.; GB: Weizen, Gerste u. Hafer; Dtld: Weizen, Gerste, Hafer u. Roggen.

wirtschaftliche Produktion eingegriffen wurde, geschah dies undurchdacht, was sich oft als Bumerang erwies. Ähnlich wurden in Österreich (k.u.k. Monarchie) die Getreidepreise niedrig, die geregelten Viehpreise recht hoch angesetzt. Auf Kosten des Getreideanbaus wurde so die Viehzucht verstärkt, ja forciert wurde das Brotgetreide verfüttert.[5] „Den Bauern standen ihre Schweine näher als die Versorgung der Städte." (Jacob 1985, 382).

Ganz anders England: Die britische Kriegswirtschaft konnte in den Jahren 1916 und 1917 trotz Beanspruchung durch die Rüstungsindustrie erhebliche Ressourcen für den Agrarsektor mobilisieren. Der Getreideanbau wurde gefördert, gleichzeitig versuchte man, die Viehwirtschaft zu drosseln.[6] Von 1916 bis Ende 1918 wurden drei Millionen Hektar Weideland wieder zu Äckern reaktiviert. Dies entsprach etwa jenem Anteil, der zwischen 1870 und 1914 unter dem Einfluss der weltwirtschaftlichen Integration verloren gegangen war. Die Produktion von Getreide und Kartoffeln lag 1918 – ganz im Gegensatz zu Deutschland – um rund 40 % über dem Vorkriegsniveau, der durchschnittlichen Erzeugung der Jahre 1904-1913 (Hardach 1973, 137 f., vgl. Grafik 27). Für den Kriegsausgang war das mit entscheidend.

Der Krieg macht die Ernährung zu einem frustrierenden Alltagskampf

Über Nacht waren durch den Kriegsausbruch gewohnte Handelsbahnen zerschlagen, Handelspartner fanden sich nach jahrelangen Geschäftsbeziehungen plötzlich in feindlichen Lagern. Die Kriegsstrategie, die gegnerische Seite auszuhungern, verstärkte dies (vgl. unten 2.3.2). Engpässen versuchte man mit zahlreichen Verordnungen nicht nur auf der Produktions-, sondern ebenso auf der Verbrauchsseite zu begegnen. Eine oft lückenhafte Informationsbasis erschwerte dies.[7]

Durch die Kriegsfolgen wurde die Ernährungsweise bald quer durch Europa bis hin zu den kleinsten Verbrauchsmengen beeinflusst. Hier können nicht alle Lenkungs- und Reglementierungsmaßnahmen angeführt werden. Lediglich auf Rationierungsmaßnahmen von Brot und Mehl, von Fett und Fleisch und vielen anderen lebenswichtigen Nahrungsmitteln, zu welchen es in allen am Krieg beteiligten Ländern kam, sei hier verwiesen. Solche waren selbst in Ländern, die nicht am Krieg beteiligt waren, notwendig. Im Februar 1917 wurde in der Schweiz der Verkauf von frisch gebackenem Brot verboten, einige Monate später, im August 1917, die Brotkarte eingeführt.[8]

Ein harter Überlebenskampf dominierte das Alltagsleben hinter den Frontlinien. Dieses wird in einem „Revolutionstagebuch" von 1918/19 aus München beschrieben: „Um 8 Uhr in der Bazeillesschule, um Lebensmittel fürs Büble zu holen. *Man schickt mich nach Metzstraße 12, Säuglingsanstalt, um die Karte abstempeln zu lassen. Ich kann die Beamtin erst um 3/4 11 treffen. Inzwischen heim, um nachzusehen, ob wir die Reserve-Brotmarken-Abschnitte noch haben. Nein. Zur Dollin, Zwiebel und Beeren bestellt. Sie sagt, der Abschnitt gilt. In der Isaria-Drogerie, gefragt, ob schon Süßstoff da ist. In der Schloßstraße versucht, Brot zu kaufen: der Abschnitt gilt nicht, weil die rechte Hälfte fehlt. Zur Bäckerei Seeberger: versucht, ob mir vielleicht sie für meine Abschnitte Brot geben. Abgewiesen. Zurück zur Dollin, ob sie vielleicht diese rechten Abschnitte hat. Nein. Zu Kufner, mich für Butter und Käse vormerken zu lassen. Wieder Metzstraße 12, abstempeln lassen. Man macht mich aufmerksam, daß mehrere Marken sofort verwendet werden müssen, sonst verfallen sie. Also gleich wieder zurück zur Isaria-Drogerie, um mich vormerken zu lassen für Säuglingsnahrung und Haferflocken. Wieder zur Dollin, um Zwiebel und Beeren auch für soeben erhaltene Marken zu bestellen. Zu Seeberger: sie gibt mir aus Gnade, weil ich eine alte Kundschaft bin, 1/2 Pfund Brot. Zu Kufner, 2 Buttermarken abgeben, die ich soeben für den Säugling erhalten habe. So sieht ein Kriegsvormittag aus. Solche Kriegsvormittage habe ich hunderte hinter mir."* (Zit. nach Bauer 1988, 168 f.).

Im Herbst 1916 und im Frühjahr 1917 verschlimmerte sich die allgemeine Ernährungslage für die Mittelmächte erheblich. In Deutschland machte eine katastrophale Kartoffelernte alle Hoffnung auf eine Besserung zunichte. Mit 25 Millionen Tonnen erntete man nicht einmal mehr die Hälfte des Jahres 1915 (Grafik 28). Es folgte der berüchtigte „Steckrübenwinter" 1916/17. Wegen Kartoffelknappheit konnten nur mehr Runkel und Kohlrüben verteilt werden. Ins kollektive Langzeitgedächtnis ging dieser Winter als „Rüben"- oder auch „Dotschen"-Winter ein.[9] In jenem Winter drohte die Lebensmittelversorgung ganz zusammenzubrechen. Vielen gelang es nur unter größter Not, sich gerade noch bis zur nächsten Ernte hinüberzuretten.[10]

Diese angespannte Lage zeigt eine Episode aus dem Kriegsernährungsamt des Deutschen Reiches. Der Nachrichtendienst für Ernährungsfragen schätzte die Zahl der „Luxushunde" in Deutschland und bezifferte deren Zahl mit zwei Millionen. Man forderte ihre Tötung, weil sie als „wertlose Mitesser" die Lebensmittelversorgung belasteten (Chronik des 20. Jahrhunderts, 193).

Als im April 1917 das Weizen-Imperium USA für die Entente in den Krieg eintrat, war der Weltkrieg praktisch entschieden. Die Bevölkerung der Mittelmächte drohte zu verhungern (Jacob 1985, 387 und 454). Der Nahrungsmangel war eklatant. Die Einwohner in Leipzig verloren z.B. durchschnittlich 20 bis 25 Prozent ihres Körpergewichts. Schon äußerlich, an den schlotternden Kleidern, an der Hautfarbe, an Mienen und Ausdrucksformen sah man die Spuren des körperlichen Zusammenbruchs. Rubmann (1919) hat eine große Anzahl von Belegen gesammelt und in einer Schrift mit dem Titel *„Hunger"* veröffentlicht. Bei ihm und auch bei Rubner (1916) finden sich laut Tyszka (1934, 51) eine große Anzahl einwandfreier und objektiver Berichte. Ein großer Teil der Gesamtbevölkerung Deutschlands und Österreichs – insbesondere die Großstadtbevölkerung – litt damals an Unterernährung.

Selbst die ohnedies extrem niederen Zuteilungsquoten an Nahrungsmitteln konnten oft nicht mehr eingehalten werden. Sie bedeuteten nur mehr eine „reine Versorgung am Papier". 1918 etwa lagen die Tages-Rationen in Wien oder Essen (Ruhrgebiet) je Person gerade noch bei 1.200 und 1.300 Kcal (Löwenfeld-Ruß 1919, 11; Ludtke 1985, 62). „1918 ist es wirklich nimmer gegangen", berichtet aus München und Umgebung Josepha Halbinger in ihrer Autobiografie. „*Wir haben Hunger gelitten, Hunger gelitten! Es war schlimm ... das einfache Volk – da sind viele verhungert damals, buchstäblich! Das heißt: Offiziell sind sie natürlich an was anderem gestorben. Zum Beispiel war kurz vor Kriegsende in München eine furchtbare Grippeepidemie.[11] Ich hab so was nie mehr erlebt. Die Leute waren so unterernährt, daß sie gar keine Widerstandkraft mehr gehabt haben. Da waren überall an den Läden Schilder: 'Wegen Grippe geschlossen'. Da sind die Leut zu Tausenden gestorben, 'an der Grippe' hat's geheißen. Sie sind halt verhungert.*" (Heim 1990, 28 und 30). Ähnliches aus dem gleichen Jahr 1918 schildert ein Konsumvereinstätiger aus Spital an der Drau (Kärnten/Österreich): „*Es läßt sich gar nicht schildern, wie unend-*

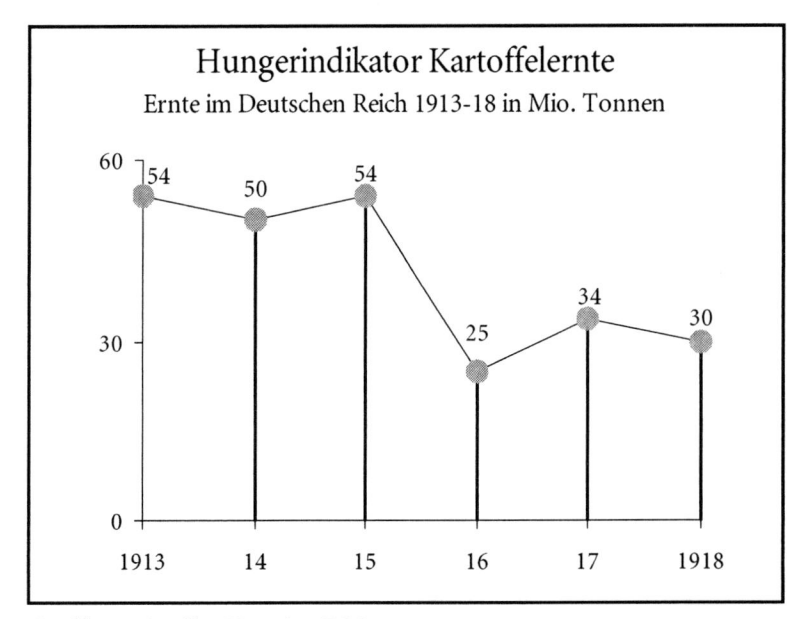

Hungerindikator Kartoffelernte
Ernte im Deutschen Reich 1913-18 in Mio. Tonnen

Jahr	1913	14	15	16	17	1918
Mio. Tonnen	54	50	54	25	34	30

Grafik 28, Quelle: Henning F.W. 1988, 38.

lich schlimm es ist, in der furchtbaren Hungersnot wenigstens einige Lebensmittel aufzubringen. Wir leben nun tatsächlich von der Hand in den Mund und führen einen ununterbrochenen Kampf, um von einer Woche zur anderen einige Sack Mehl aufzubringen, um die Mitglieder vor dem völligen Verhungern zu schützen." (Dinklage 1976, 337).

Nach Luxenberg (1941, 9) sollen „in und nach dem Krieg" allein in Deutschland 800.000 Menschen verhungert sein. Subsistenzökonomie und Ersatzlebensmittel waren da vielfach gefragt. Die deutsche Ernährungswissenschaft trieb in ihrem Patriotismus ganz seltsame Blüten. Hans Friedenthal (Berlin) empfahl allen Ernstes, Brot aus Stroh zu backen, Gräbner (Dahlem) schlug Brot aus Binsen vor. Der Pharmakologe der Universität Tübingen, Jaccobi, wollte isländisches Moos ins Brot backen, und Professor Kobert in Rostock, eine Autorität in der Ernährungswirtschaft, experimentierte zu gleichem Zweck mit Tierblut als Ersatzstoff im Brot. Immer wieder wurde geraten, Sägespäne zur Aufbesserung der Brotversorgung zu verwenden.[12] Eicheln- und Roßkastanien wurden in Deutschland übrigens ab 1916 in die Liste der Höchstpreisverordnung (!) aufgenommen. „Fleischbrühwürfel" wurden aus gewürztem Salzwasser, „Eierersatzmittel" aus gefärbtem Mais oder Kartoffelpulver hergestellt. Das Brot wurde infolge von Zusätzen wie Kartoffeln, Kastanien oder Sägemehl immer schlechter und weniger nahrhaft. Für die Gewinnung von Fetten wurden teilweise Tierkadaver und Knochen herangezogen, ja es wurde versucht, das Fett aus dem Abspülwasser zurückzugewinnen.[13] Als im März 1918 in Deutschland eine Anmelde- und Genehmigungspflicht für „Ersatzlebensmittel" verordnet wurde, fand man über 11.000 (sic !) – meist wertloser – Produkte als Ersatzlebensmittel auf dem Markt (Kellenbenz, 1981, 344; Hardach 1973, 131).

Die triste Ernährungslage führte auch zu einer wahren Flut von Veröffentlichungen und Empfehlungen, wie die Frauen – die meist noch mehr Hunger litten als die Männer an der Front (Lipp 1985, 56) – ihre Kochkünste optimieren könnten. Es entstand eine große Anzahl von so genannten „Kriegskochbüchern".[14] Für all die „wissenschaftlichen" und ideologischen Versuche an der deutschen „Ernährungsfront" gibt es viele andere Beispiele.[15]

Am traurigen Tatbestand, dass zu Kriegsende in Zentraleuropa (vor allem auch in Deutschland und Österreich) etwa 150 Millionen Menschen Hunger litten, konnten sie nichts ändern. Inklusive der russischen Bevölkerung gab es rund 250 Millionen Hungerleidende als Opfer des sinnlosen Krieges (Zahlen nach Schenck 1965, 28 f.).

Der vom damaligen US-Präsidenten Wilson für die Ernährungssicherung Europas Beauftragte Hoover, der später (1929 bis 1933) US-Präsident wurde, ließ über den Ernährungszustand Europas Ende 1918 eine Landkarte erstellen, die so genannte „Hunger Map of Europe" (vgl. Grafik 29). Wie ein schwarzer Gürtel ziehen sich die Hungergebiete von Österreich bis tief nach Russland hinein. Nur in der Gruppe der sechs neutralen Staaten (Dänemark, Holland, Norwegen, Spanien, Schweden und Schweiz), mit damals rund 43 Millionen Menschen, schien nach Hoover die Ernährungslage einigermaßen gesichert, da sich diese Länder mit eigenen Schiffen und Geld selbst einigermaßen helfen konnten. In der Gruppe der fünf Alliierten (England, Frankreich, Italien, Griechenland und Portugal mit etwa 132 Millionen Menschen) sah die Versorgungslage schlechter aus. In der Gruppe der „Feinde" (Bulgarien, Deutschland, Österreich-Ungarn, Türkei mit über 100 Millionen Einwohnern) und in der Gruppe der „13 befreiten Staaten" (Albanien; Armenien, Aserbeidschan, Belgien, Estland, Finnland, Lettland, Litauen, Jugoslawien, Georgien, Polen, Rumänien, Tschechoslowakei mit weiteren rund 100 Millionen Einwohnern) war die Situation nach Hoover äußerst kritisch (vgl. Jacob 1985, 389). In vielen dieser Länder sollte der kritische Zustand in der Folgezeit anhalten, ja, darauf wird etwas später einzugehen sein, sich sogar verschlimmern.

Gemäß einer Innsbrucker Hungerchronik aus der damaligen Zeit begannen die noch Lebenden die schon Verstorbenen zu beneiden, weil diese dem Hunger entronnen waren. Leider – so der Chronist – seien die Menschen keine „Wiederkäuer", diese wären in solchen Hungertagen zu beneiden.[16]

Zur Ernährungslage in Europa im *Zweiten* Weltkrieg

Auch während dieser Kriegsjahre war die Versorgungslage weit herum äußerst angespannt und die Bevölkerungen vieler Länder wurden von bitteren Hungersnöten geplagt.

Laut Ernst-Günther Schenck (1965, 61) gab es auf dem ganzen Kontinent nur drei bis vier Länder, die ihre Versorgungsprobleme einigermaßen zufrieden stellend lösen und somit ausreichend Ernährung für die Bevölkerung anbieten konnten: *Dänemark, Schweden, Portugal* und zum Teil die *Schweiz*. Mit Alfred Fleisch (vgl. Grafik 30) muss man zudem *England* – nach seiner Aufstellung ist es das bestversorgte Land – und *Ungarn* nennen. Schenck, der übrigens im Zweiten Weltkrieg eine äußerst unrühmliche Rolle

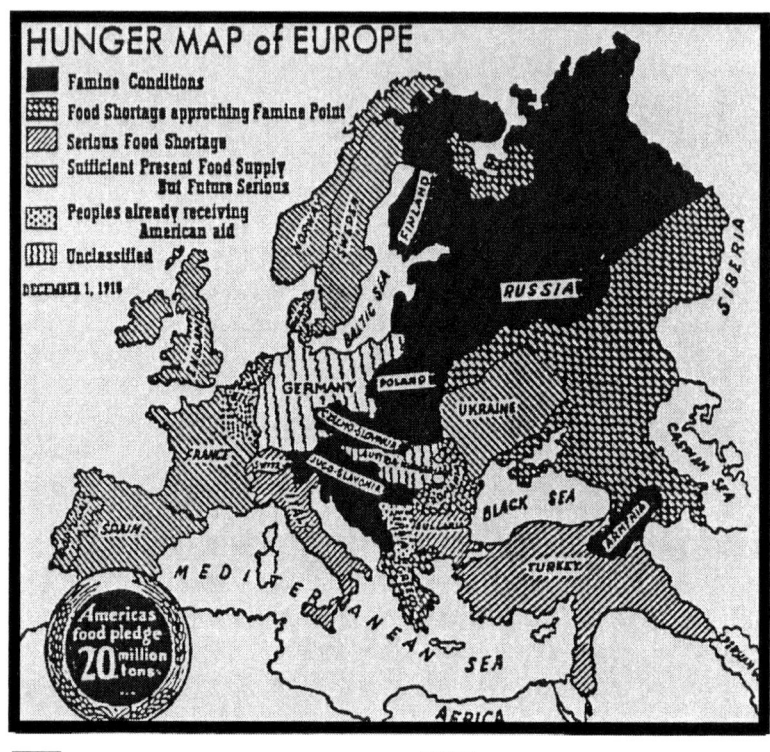

■ Hungergebiete
▩ Gebiete schärfster Nahrungsmittelknappheit, nahe dem Hungernotstadn
▨ Gebiete ernster Nahrungsmittelknappheit
▧ Gebiete mit geringer Versorgung, aber ernster Zukunft
▦ Gebiete, die bereits amerikanische Hilfe erhalten
▩ Verhältnisse unbekannt

Grafik 29: Hoovers Hungerkarte (aus: Jakob 1985, 391)

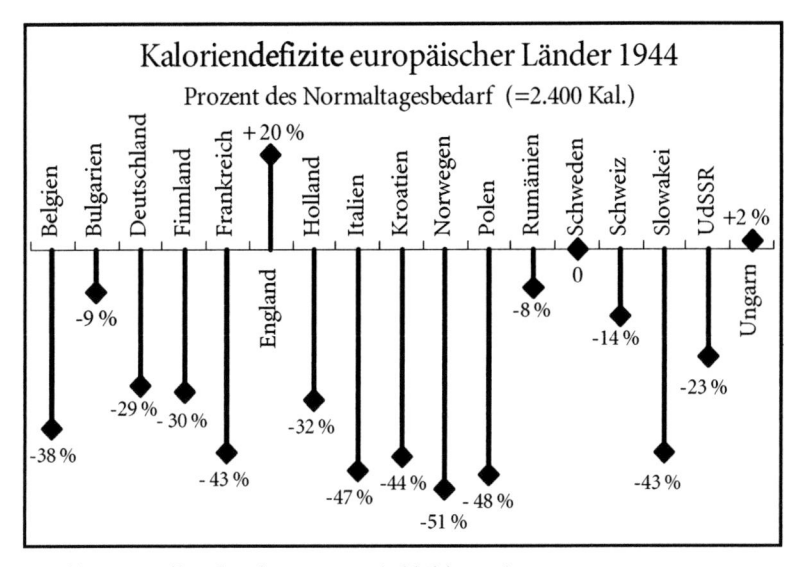

Kaloriendefizite europäischer Länder 1944
Prozent des Normaltagesbedarf (=2.400 Kal.)

Land	%
Belgien	-9 %
Bulgarien	-29 %
Deutschland	-30 %
Finnland	-43 %
Frankreich	-32 %
England	+20 %
Holland	-47 %
Italien	-44 %
Kroatien	-51 %
Norwegen	-48 %
Polen	-8 %
Rumänien	0
Schweden	-14 %
Schweiz	-23 %
Slowakei	-43 %
UdSSR	+2 %
Ungarn	-38 %

Grafik 30, Quelle: Fleisch 1947, 325 (Abbildung 8).

Tabelle 17: Kalorienwerte der Normalverbraucherrationen 1941-44

Land/Jahr	1941	1942	1943	1944
Deutschland	1.990	1.750	1.980	1.930
Italien	1.010	950	990	1.065
Belgien	1.360	1.365	1.320	1.555
„Protektorat" Böhmen/Mähren	1.690	1.785	1.920	1.740
Finnland	1.940	1.491	1.630	1.780
Frankreich	1.365	1.115	1.080	1.115
Baltische Länder	-	1.305	1.305	1.420
Niederlande	2.050	1.825	1.765	1.580
Norwegen	1.620	1.385	1.430	1.480
Generalgouvernement Polen	845	1.070	855	1.200

Quelle: Milward 1977, 304 und Volkmann 1984, 31. Milward berücksichtigt einige zusätzliche Nahrungsmittel. Seine Grundlage war die Völkerbundstudie „World Economic Survey 1942/1944", Genf 1945, hier: Seite 125.

spielte,[17] hat, aus welchen Gründen auch immer, diese beiden Länder übersehen.

GROSSBRITANNIEN unternahm – wie schon im Ersten Weltkrieg – wieder große Anstrengungen, um die landwirtschaftliche Produktion anzukurbeln. Vor 1939 produzierte England gerade etwa ein Drittel seines Nahrungsbedarfs im eigenen Land, der Rest wurde importiert. Wieder steigerte es mit Kriegsausbruch gezielt die landwirtschaftliche Produktion und konnte daraufhin etwa 45 Prozent des nationalen Bedarfs decken (Castro 1959, 33). Die permanente Bedrohung durch den U-Bootkrieg – gemessen an der Vorkriegstonnagekapazität wurden während des Krieges 54 Prozent der britischen Handelsflotte versenkt (Milward 1977, 253) – hat die englische Regierung in der eingeschlagenen Politik bestärkt.

Auf dem Kontinent herrschte bereits ab etwa 1941/42 in vielen Regionen Europas eine äußerst angespannte Situation. Erste Hungersnöte begannen sich in BELGIEN, FRANKREICH oder GRIECHENLAND auszubreiten. Bis zum Kriegsende starben in Hellas etwa 290.000 Menschen an Hunger und Hungerbegleiterkrankungen, während in Kämpfen „nur" rund 85.000 Menschen gefallen sein sollen (Schenck 1965, 30 und 59).
In FRANKREICH beherrschten schon ab 1940 Hungersnöte die Großstädte, die für „Normalverbraucher" verfügbaren Kalorien werden ab 1942 mit weniger als 1.200 Kalorien/Tag beziffert. Frankreich musste – so schreibt etwa Jose de Castro (1959, 296) – „noch eine lange Zeit nach der Befreiung Hunger leiden."
Ähnlich prekär werden mit rund 1.000 Kalorien/Tag die Werte für ITALIEN angegeben, Rationen unmittelbar vor der Schwelle zum Hungertod. Von anderen Katastrophen ist es bekannt, dass in solchen Extremsituationen der Kannibalismus auftrat. Camporesi berichtet es vom Winter 1943/44 für die Gegend von Rimini.[18]
Auch aus dem BALTIKUM und POLEN (Generalgouvernement) werden solch niedrige Werte gemeldet. Nicht lange nach der Invasion sank die rationierte polnische Ernährung auf durchschnittlich nur 700 bis 1.000 Kalorien pro Tag, eine ungeheuerliche Erniedrigung für das polnische Volk.[19] Die Polen wurden von den Nazis zur ihnen „dienenden" Klasse degradiert. An Nahrung erhielten sie nur einen Bruchteil dessen, was der eigenen „Herrenrasse"

zugedacht wurde. Sofern sie sich arbeitswillig zeigten, wurde ihnen jedoch die Berechtigung zum nackten Überleben gerade noch zugesprochen.

In den damals amtlichen Zahlen über die zuzuteilenden wöchentlichen Lebensmittelrationen wurde solcherlei Diskriminierung statistisch festgeschrieben. An Brot erhielten die Polen rund 50 Prozent dessen, was einem deutschen Verbraucher zugeteilt wurde, an Fleischwaren rund ein Sechstel und an Nährmitteln wie Butter, Käse, Eier, etc. gab es für Polen gar nichts (vgl. Grafik 31).

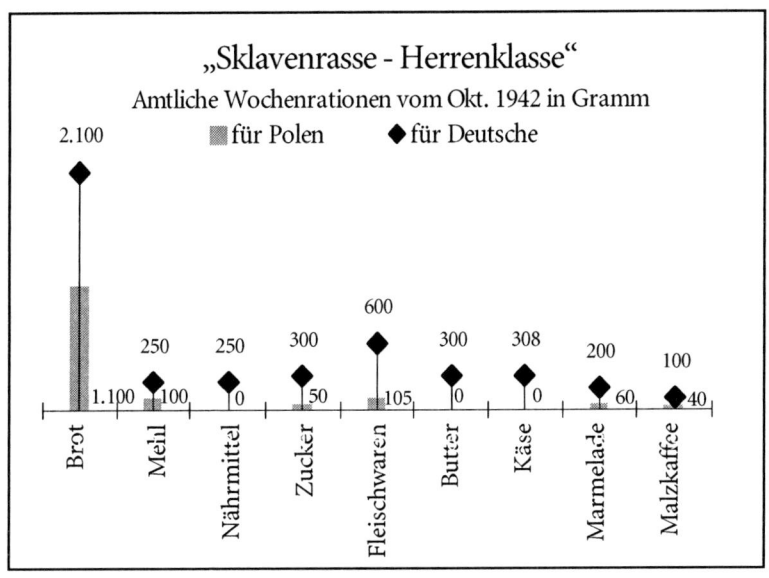

„Sklavenrasse - Herrenklasse"
Amtliche Wochenrationen vom Okt. 1942 in Gramm
für Polen ♦ für Deutsche

	Brot	Mehl	Nährmittel	Zucker	Fleischwaren	Butter	Käse	Marmelade	Malzkaffee
Deutsche	2.100	250	250	300	600	300	308	200	100
Polen	1.100	100	0	50	105	0	0	60	40

Grafik 31, Quelle: Faschistische Okkupationspolitik 1989, 378.

Das kriegsverursachende DEUTSCHLAND selber wurde speziell in der Zeit vor der Kapitulation und dann in den Folgejahren vom Hungerproblem eingeholt. Die Nazis hatten zwar aus den Erfahrungen des Ersten Weltkriegs gelernt und schon am 25. August 1939, also vor dem eigentlichen Kriegsbeginn am 1. September 1939, im Deutschen Reich für bestimmte Lebensmittel eine Bezugscheinpflicht eingeführt (vgl. Kluge 1985, 68). Es sollte verhindert werden, dass - wie im Ersten Weltkrieg - die Kampfmoral durch eine schlechte Versorgungslage im Hinterland zu sehr in Mitleidenschaft gezogen würde. Zweifelsohne ermöglichte dies (und weiters die Ausbeutung der okkupierten Länder, vgl. unten 2.3.2) bis ins Jahr 1944 eine wesentlich bessere Ernährungssituation als im Ersten Weltkrieg. Mit knapp 2.000 Kalorien/Tag wird die Versorgung der deutschen Bevölkerung – im Vergleich zu anderen Nationen – als akzeptabel beschrieben. Weil weit besser als im Ersten Weltkrieg auf die landwirtschaftliche Produktion geachtet wurde, konnten auch im dritten und vierten Kriegsjahr relativ gute Getreide- und Kartoffelernten eingebracht werden (vgl. Grafik 32). Trotz alle dem galt schon im April 1942

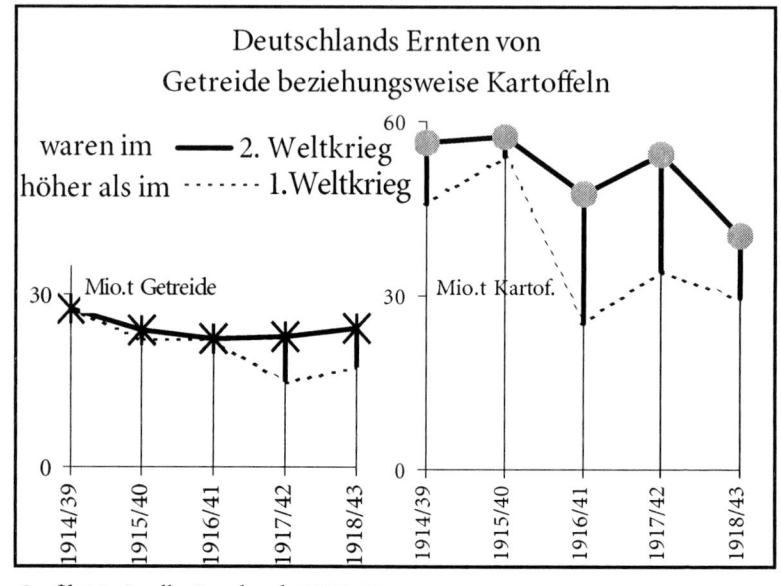

Deutschlands Ernten von Getreide beziehungsweise Kartoffeln waren im 2. Weltkrieg höher als im 1. Weltkrieg

Grafik 32, Quelle: Burchardt 1974, 65.

etwa Weizenmehl als Luxusgut und wurde bisweilen an Stelle von Fleisch zugeteilt. Der Kalorienwert für den deutschen „Normalverbraucher" betrug für die Jahre (1941/42) nur mehr 64 Prozent des Wertes vor dem Krieg (Durchschnitt 1936/38). Mit zunehmender Kriegsdauer wurde die Nahrungsmittelversorgung immer schwieriger. Der einem Schwerarbeiter zugebilligte Kalorienanteil lag ein Jahr später (1942/43) um fast 50 Prozent unter dem Niveau, das der Völkerbund 1936 für schwere, achtstündige Arbeit festgesetzt hatte. Weizenerzeugnisse waren, wie Kluge (1985, 68 ff.) schildert, ab November 1944 als Krankennahrung einem ganz strikten Zuteilungssystem unterworfen. Die Brotqualität sank infolge des hohen Roggenanteils ab April 1941 (= 22. Zuteilungsperiode) und auf Grund der dekretierten höheren Ausmahlquote nochmals ab Februar 1942 (= 33. Zuteilungsperiode). Auf Grund der zunehmend angespannter werdenden Ernährungslage (insbesondere in den Großstädten) wurden alle nur erdenklichen landwirtschaftlichen Ressourcen ausgeschöpft. So pflanzte und säte man etwa in Berlin im Zentrum der Stadt in den Parkanlagen Gemüse und Korn, selbst Mohn wurde angebaut (Engli/Ribbe 1987, 1021; Chronik 20. Jh., 608 mit Abbildung). Gegen Kriegsende reichte es nur mehr für das Weiden von einigen Ziegen und Schafen zwischen den zerbombten Gebäuden. Etwa ein halbes Jahr vor Kriegsende brach das jahrelang funktionierende Rationierungssystem in vielen Teilen Deutschlands zusammen. Karten für den Bezug von Brot, Fleisch, Fett und Nährmitteln waren nutzlos geworden. Die öffentliche Lebensmittelversorgung hing seitdem von sporadischen Aufrufen zum Bezug von Restmengen ab, im Dezember 1944 wurde auch Trinkwasser teilweise in das Rationierungssystem einbezogen. Das reichseinheitliche Getreideversorgungssystem hatte sich in zunächst noch funktionstüchtige lokale Versorgungssysteme aufgelöst (Kluge 1985, 68 und 70). Bald verbreitete sich auch in vielen Regionen Deutschlands großer Hunger bis weit über das Kriegsende hinaus.

Weltweit verhungerten Millionen von Menschen (direkt oder indirekt) durch den Krieg bedingt. Welche Tragödien sich dabei außerhalb Europas abspielten, davon vermittelt Tabelle 4 einen Eindruck.

Hungerjahre *nach* dem Krieg können länger dauern als dieser

Die Folgen eines Krieges bleiben wirksam, selbst wenn die Waffen längst zum Schweigen gebracht wurden. „Der Krieg geht, der Hunger bleibt" war nicht zufällig das Motto der österreichischen Hilfsaktion „Nachbar in Not", als diese nach Beendigung der Kampfhandlungen in Bosnien-Herzegowina zu weiterer Spendentätigkeit aufrief. Im Folgenden wird darauf am Beispiel Österreichs und Deutschlands nach dem Ersten Weltkrieg eingegangen. Bis sich nach dem Krieg von 1914-18 die Nahrungsmittelversorgung in Mitteleuropa zu normalisieren begann, dauerte es – rechnet man die kriegsbedingte Inflationszeit dazu – rund fünf bis sechs Jahre. Die bislang letzte Hungersnot in Mitteleuropa peinigt die Bevölkerung in den Nachkriegsjahren nach 1945. Dies wird am Beispiel Deutschlands beschrieben.

Nach dem Ersten Weltkrieg dominierte in fast allen Gesprächen ein und dasselbe Thema: Hunger

„Es gibt wohl heute keinen Ort, wo das Gespräch sich nicht nach fünf Minuten den Fragen der Ernährung zuwendet. Die Nahrungsfrage ist heute das drängendste Problem geworden." Unzweideutig bringt Hans Löwenfeld-Ruß (1919, 5), Staatssekretär für Ernährungsfragen in ÖSTERREICH von 1918 bis 1920, auf den Punkt, was die Leute nach dem Krieg am intensivsten beschäftigte.

Der Ressourcenverbrauch durch den Krieg, die Zerschlagung von Wirtschafts- und Handelsbeziehungen, große Geldwertprobleme etc. hemmten die Bemühungen um eine Verbesserung der Ernährungslage erheblich, in Österreich genauso wie in Deutschland. „Die Verhältnisse, unter denen wir leben, stellen eine der ungeheuerlichsten Krisen der Menschheit dar, sie finden in der Geschichte kaum ihresgleichen, und kein Mensch vermag vorauszusehen, zu welchen Formen das wirtschaftliche Leben gelangen wird. Niemand vermag das Ziel der Entwicklung vorauszusagen", schreibt Löwenfeld-Ruß einige Seiten später (1919, 34). Er hält in seinen Aufzeichnungen (1919, 11; Anm.) eine in Österreich Ende 1918/Anfang 1919 gültige Aufstellung von Lebensmittelzuteilungen fest (Tab. 18).

Verständlicherweise werden alle, die sich unter solchen Bedingungen zu ernähren haben, über ihr Hungerproblem reden. Sie führten einen permanenten Kampf zwischen Leben und Tod. Was hier für Rest-Österreich statistisch belegt ist, galt auch für viele andere vom Krieg ausgezehrte Gebiete in Europa (vgl. Grafik 29). War die Versorgungslage schon während des Krieges miserabel, verschlechterte sie sich nach Kriegsende meist noch weiter. Nach Schätzungen des Völkerbundes lag die Getreideernte und das Angebot an tierischen Lebensmitteln in Kontinentaleuropa 1919 um rund ein Drittel unter dem Vorkriegsniveau (Hardach 1973, 148).

Österreich konnte für das ganze Jahr 1919 aus eigener Ernte nur 52 kg/

pro Kopf an Brotgetreide produzieren, dies entsprach etwa 103 Gramm Mehl pro Person und Tag. 73 Prozent des Brotgetreides musste eingeführt werden. Von den 180 Zuckerfabriken des „alten" Österreich waren nur mehr vier übrig geblieben. Sie waren kaum in der Lage, auch nur ein Kilogramm Zucker jährlich für jeden zu erzeugen, rund ein Zwanzigstel des durchschnittlichen Jahresbedarfs von damaligen Wienern und Wienerinnen (Löwenfeld-Ruß 1919, 8 f). Die notwendigen Importe ließen sich nur schwierig realisieren. Österreich, bislang ernährungsmäßig überproportional vom Osten (Ungarn, etc.) versorgt, musste nun auf anderen Märkten zu Nahrungsmitteln gelangen. Es fehlten Devisen und Infrastruktur. Die steigende Inflation (ein „Preis des Krieges") und die Wechselkursverschlechterung öffneten die Schere zwischen Inlands- und Auslandspreisen bei den lebensnotwendigen Gütern immer weiter und lähmten den Großhandel. Der Staat war gezwungen, immer wieder Preise zu stützen, um die triste Ernährungslage nicht völlig ins Bodenlose fallen zu lassen.[20]

Amtlich festgesetzte Preise wurden durch Schwarzmarktpreise um ein Vielfaches überboten. Betrug im Januar 1920 der amtliche Preis für 1 kg Brot 4,76 Kronen, zahlte man zur gleichen Zeit unter der Hand schon 16 Kronen,

Tabelle 18: Zugeteilte Lebensmittelmengen in Österreich Ende 1918

pro Woche (in g, l, Stk.)	Menge/Tag (in g, l, Stk.)	pro Tag (in Kalorien)
500 g Mehl	72	216
1.575 g Brot	225	504
120 g Fett	17	136
750 g Zucker	25	100
100 g Fleisch	14	28
ca. 1 L Milch	1/8 L	84
1 Ei	1/7 Ei	12
500 g Kartoffel	72	64
2.800 g Gemüse	400	127
Summe der Kalorien je Tag		**1.271**

Quelle: Löwenfeld-Ruß 1919, 11. Anm.

im Dezember 1920 bereits 34.[21] Die Folgen können Zeitungszitate aus den Jahren 1918 bis 1920 anschaulich illustrieren:[22]

Neues Wiener Tagblatt, 18. Oktober 1918: *„Infolge des herrschenden Fettmangels hat die Regierung angekündigt, daß die Fettquote im bisherigen Ausmaße von vier Dekagramm auf zwei Dekagramm wöchentlich herabgesetzt werden muß ..."*

Kronen-Zeitung, 12. November 1918: *„In der Woche vom 14. bis 20. November wird Rindfleisch nur an die Spitäler, Versorgungshäuser, Kriegs- und Gemeinschaftsküchen, an die Bahnbediensteten, Straßenbahner und an die Feuerwehr abgegeben ..."*

Arbeiter-Zeitung, 12. November 1918: *„Das Staatsamt für Volksernährung hat angeordnet, daß von den Landesregierungen ... Abschußaufträge für 80 Prozent des vorhandenen Wildbestandes zu erteilen sind. Falls in einzelnen Fällen Jagdbesitzer dem ihnen erteilten Abschußauftrag nicht genau nachkommen sollten, so ist Vorsorge getroffen, daß der Wildabschuß zwangsweise durchgeführt wird ..."*

Reichspost, 24. November 1918: *„Mit Rücksicht auf die Sperre der Kartoffelzufuhren nach Deutschösterreich und mit Rücksicht auf die vollständige Erschöpfung der städtischen Vorräte muß mit der Kartoffelabgabe bis zur Ankunft entsprechend großer Zuschübe ausgesetzt werden. Hingegen wird in der kommenden Woche vom 28. d. M. bis einschließlich 1. Dezember die Abgabe von Sauerkraut fortgesetzt. Für jede Person kommt 1/2 kg zur Abgabe ..."*

Reichspost, 25. Dezember 1918: *„Wien: Ein Bericht des Vorstandes des städtischen Gesundheitsamtes, Oberstadtphysikus Dr. Böhm ... gestattete einen traurigen Einblick ... Die Unterernährung der Bevölkerung, welche durch die Knappheit der Lebensmittel während der Kriegsjahre hervorgerufen worden ist, hat in der letzten Zeit infolge der Absperrung der Lebensmittelzufuhren aus Böhmen, Mähren, Ungarn einen Umfang angenommen, welcher zu einer Katastrophe zu führen droht ... Einer unserer bedeutendsten Physiologen, Prof. Dr. Durig, hat berechnet, daß die Anzahl der Kalorien, welche nach den Lebensmittelkarten, deren tatsächliche Einlösung nicht immer stattfindet, der Bevölkerung Wiens zur Verfügung stand, 746 pro Kopf und Tag betrug ..."*

Reichspost, 3. Januar 1919: *„Die staatlichen Krankenhäuser Deutschösterreichs haben einen Verpflegungsstand von 22.000 Kranken. Vergleiche aus den Einkaufsbüchern dieser Krankenanstalten ergeben, daß trotz gleichen Belages die Monatsmengen der eingekauften Lebensmittel im November 1918 auf ein Fünf-*

tel und bei manchen Lebensmitteln auf noch weniger herabgegangen sind, *als die jeweiligen Mengen in den letzten Friedensmonaten des Jahres 1914 betrugen ... Die Spitalsabteilungen für Tuberkulose sind seit längerer Zeit größtenteils leer, denn die Tuberkulosen meiden die Spitäler wegen der schlechten und unzureichenden Ernährung. Infolge der Lebensmittelnot ist auch unter den Krankenpflegerinnen die Mobilität und Mortalität an Tbc erschreckend hoch. In den Kinderspitälern gestalten sich die Ernährungsverhältnisse durch die Lebensmittelnot geradezu trostlos. Vor allem kommt der Mangel an Milch in Betracht, indem nicht einmal die Hälfte des notwendigen Bedarfs an Milch gedeckt ist; hiezu kommt aber noch, daß der Fettgehalt der Milch um ein Drittel abgenommen hat. In den Berichten der Kinderspitäler, auch jener des flachen Landes, findet sich immer wieder die Angabe: Als Hauptspeise muß Sauerkraut (!) verabreicht werden ... Aus den Irrenanstalten fast aller Gebiete Deutschösterreichs wird berichtet, daß die Pfleglinge allmählich durch Verhungern zugrundegehen und daß die Anstalten aussterben ..."*

Neues Wiener Tagblatt, 31. Januar 1919: *„Verhungert und erfroren"*, so lautet die Todesursache bisweilen im damaligen Wien.

Arbeiter-Zeitung, 4. Februar 1919: *„Die gestrige Marktversorgung war wieder eine ganz außergewöhnlich trostlose. In der Großmarkthalle bestanden die Fleischersätze aus 870 Kilogramm Weichwürsten, die jetzt von einer sehr schlechten Beschaffenheit sind, da selbst die Hufe der geschlachteten Tiere ausgekocht und für die Herstellung von Weichwürsten verwendet werden ..."*

Arbeiter-Zeitung, 1. März 1919: *„Da auch die Woche vom 27. Februar bis 4. März fleischlos ist ... (gibt es) für jeden Kopf des Haushalts 10 Dekagramm Reis aus der englischen Liebesgabensendung ..."*

Kronen-Zeitung, 20. Mai 1920: Ein Beispiel aus der Werkstatt der Lebensmittelfälscher: *„Die Fälschungen bei Milch haben etwas nachgelassen, doch konnten noch immer zahlreiche Fälle festgestellt werden. Der Wasserzusatz schwankte zwischen 18 und 57 Prozent ... Die Verfälschungen bei Käse haben eher zu- als abgenommen. Zumeist wird durch Zusatz von Kartoffelbrei und Wasser gefälscht ... eine Blutwurst, deren Wassergehalt 76 Prozent betrug und deren Inhalt aus einer unappetitlichen Masse mit unangenehmem Geruch bestand, die viel Maisgrieß und zahlreiche Tierhaare enthielt ... Preßwürste, die nebst 76 Prozent Wasser eine höchst unappetitliche, schlitzig widerlich riechende und reichlich mit Haaren verunreinigte Masse enthielten ... Auf dem Gebiet der Gewürze blüht das Fälschergewerbe besonders ... unter der Bezeichnung*

'Zimtin` ein braunes Pulver ... das lediglich aus pulverisierter Eichenrinde, mit Zimtöl aromatisiert, bestand, das den Erzeuger nicht hinderte, dafür 900 Kronen pro Kilogramm zu verlangen ... Marillenkerne wurden als 'Marillenmandeln` verkauft ... Fälschungen bei inländischer Schokolade werden immer häufiger ... mit reichlich Kokosfett und Mehl verfälscht ... Kaffeesurrogate zeigen nicht selten einen zu hohen Sandgehalt ..."

„Erst Brot, dann Reparationen", lässt sich aus DEUTSCHLAND im Jahre 1922 Reichskanzler J. Wirth zitieren (Chr. 20. Jh., 296). Nach Kriegsende herrschten hier ähnlich trostlose Ernährungsbedingungen. Ende 1918 reichten die Lebensmittelbestände nicht aus, um eine Versorgung selbst auf nur niedrigem Niveau zu garantieren, wie eine bei E. Schremmer angeführte „Durchschnittsberechnung der Kalorien der in der Stadt Kaiserslautern im Jahr 1918 an die Einwohner verteilten Nahrungsmittel" zeigt (vgl. Tab. 19). Kurz nach Kriegsende – im November und Dezember 1918 – waren die Kalorienwerte auf 1.362 gesunken, obwohl man in der Not sogar die Goldbestände des Landes zum Kauf von Nahrungsmitteln herangezogen hatte.[23] Nur mehr über Schwarz- und Schleichhandel ließ sich ein Tisch etwas besser decken. Notaktionen weisen auf die Misere. Als bei einer Straßenschlacht in

Tabelle 19: Lebensmittelzuteilung in Kaiserslautern (1918: 6.-15. Nov.)

Kopfration pro Tag	
Butter	9 g
Käse	7 g
Eier (in Stück)	0,1 (sic!)
Sauerkraut	200 g
Kohlgemüse	250 g
Kartoffeln	500 g
Fleisch (mageres)	25 g
Fettzulage f. Schwerstarbeiter	4 g
Brot	300 g
Zucker	25 g

Umgerechnet auf einen Tageskaloriensatz ergab dies im November 1918 errechnete 1.362 Kalorien (davon: 1.119 aus Kohlehydraten, 126 aus Fett und 127 aus Eiweiß).

Quelle: Schremmer 1978, 650 f.

München am 11. Mai 1919 ein Artilleriepferd vor dem Warenhaus Tietz erschossen wurde, *„sind die Leute mit den Messern gleich drauf los gestürzt. Das Pferd war noch warm, ich weiß gar nicht, ob's schon richtig tot war. Da haben sie sich mit dem Messer ein Fleisch rausgeschnitten, ganz wild haben sie sich mit dem Messer ein Fleisch rausgeschnitten, weils halt so furchtbar Hunger gehabt haben."*, berichtet Josepha Halbinger (zit. nach: Heim 1990, 35;vgl. Bauer et al. 1988, 175). Im April 1920 betrug die Pro-Kopf-Fleischzuteilung in München ca. 100 bis 150 g pro Woche. Die Qualität des auf Marken ausgegebenen Brotes war durch eine Beimischung von bis zu 70 % Gerste miserabel. Kartoffeln, Milch und Butter wurden selbst auf dem Schwarzmarkt zeitweise nicht angeboten oder waren für die Normalverbraucher kaum erschwinglich. Diese katastrophale Versorgungslage dauerte z.T bis 1923 (Ende der Hyperinflation). Bei Grundnahrungsmitteln kam es immer wieder zu Versorgungsschwierigkeiten, die Milchanlieferung Münchens lag bis 1923 unter dem Stand der Vorkriegszeit (Geyer 1990, 184 ff).

Erst im Sommer 1919 wurde die Seeblockade gegen Deutschland aufgehoben. Deutsch-Amerikaner organisieren ab diesem Zeitpunkt Hilfssammlungen für die Not leidende Bevölkerung. Die ersten Schiffe mit Lebensmitteln verließen bald danach New York Richtung Deutschland (Chronik des 20. Jh., 249 und 251). Anfang 1920 traf eine Kommission der Quäker in Berlin ein, um ein Hilfswerk für Kinder und junge Mütter aufzubauen. Unter anderem wurden Schulspeisungen organisiert. Insbesondere in den Großstädten war die Lage nach wie vor sehr schlimm. „Ich glaube nicht zu übertreiben", berichtete ein Augenzeuge aus Berlin, „wenn ich behaupte, daß mindestens Dreiviertel der Berliner Bevölkerung in besorgniserregender Weise noch heute unterernährt sind, ein großer Teil noch heute physisch an Unterernährung zugrunde geht ..."[24] Noch Ende des Monats Oktober 1923 zogen viele Menschen von der Stadt Berlin aufs Land und suchten auf den schon abgeernteten (!) Feldern Kartoffeln und Rüben (Chronik d. 20. Jh., 313).

Über die allgemeine Ernährungslage der Hyperinflationszeit (bis Mitte November 1923) liegen nur wenige Materialien und kaum statistische Durchschnittswerte vor, was für eine Zeit radikal sinkenden Geldwertes nicht verwunderlich ist. Selbst die erste groß angelegte Erhebung über die Ernährung und Lebenshaltung minderbemittelter Schichten, die Anfang 1923 das Hamburger Statistische Landesamt versuchte, scheiterte an der Geldentwertung (Tyszka 1934, 53).

Angesichts der katastrophalen Versorgungslage wurden Lebensmittelkrawalle, Plünderungen oder Teuerungsunruhen aus vielen Gebieten Deutschlands und Österreichs gemeldet. Es kam zu erheblichen Aufmärschen, wie etwa im November 1921, als in Wien über 30.000 demonstrierten und dabei großen Sachschaden anrichteten.[25] Wie Tyszka (1934, 56 ff.) für Hamburg statistisch nachweist, begann sich ab etwa der zweiten Jahreshälfte 1924, also nach rund sechs Jahren, die Ernährungslage zu normalisieren. Solange hatte der Hunger fast zur Gänze das Alltagsbewusstsein dominiert.

Vom Mangel zum Überschuss

Zeitzeugen einer großen Hungersnot in Mitteleuropa müssen jetzt, kurz nach dem Milleniumswechsel, mindestens 60 Jahre alt sein. Die Menschen in diesem Gebiet sollten glücklicherweise während der ganzen zweiten Jahrhunderthälfte unstillbaren Hunger fast gar nicht mehr erfahren müssen. Trotz einer hohen Bevölkerungsdichte und einer „natürlichen" Ressourcenausstattung, die hier bei weitem nicht so optimal ist, wie z.B. in vielen afrikanischen Regionen, verschob sich in Mitteleuropa die Problemstellung: Von einem Zuwenig hin zum Zuviel an Nahrung!

Die Verhältnisse im Deutschland der unmittelbaren Nachkriegsjahre allerdings waren keine Ausnahmesituation.

Die weltweit bedrohliche Ernährungslage kurz nach 1945

Die Weltweizenernte soll 1945 nur 69,3 Prozent der durchschnittlichen Vorkriegsernte betragen haben (Trittel 1990, 40). Zweidrittel der Erdbevölkerung standen in jenen Jahren weniger als 2.000 kcal/Tag zur Verfügung. Sie hatten unter chronischer Unterernährung zu leiden.[26] Deprimiert schreibt Jose de Castro (1959, 18 u. 43): „Was wir heute haben, ist eine Karte, gesprenkelt in Asien, Afrika, Amerika und anderswo mit Gebieten, in denen der Mensch anscheinend zu weiter nichts geboren wird, als um zu sterben und die Erde zu düngen."

Herbert Hoover – Expräsident der USA und schon nach dem Ersten Weltkrieg Koordinator der Lebensmittelhilfe für das hungernde Europa – forderte Mitte Mai 1946 die Amerikaner auf, den weltweit rund 800 Millionen[27] vom Hungertod bedrohten Menschen zu helfen (Chronik 20. Jh., 682). Bereits Anfang März 1946 wurde bei einer in Washington tagenden Ernährungskonferenz, an der sich über 20 Nationen beteiligten, ein Notstandskomitee zur Bekämpfung des Hungers, der so genannte „Famine Emergency Committee", gebildet. Vorsitzender wurde Herbert C. Hoover. Man beschloss von Mai bis September rund 14,5 Mio. Tonnen Getreide in die Notstandsgebiete der Welt zu exportieren, 8,4 Mio. Tonnen davon sollten den Hunger in Europa lindern helfen (Chronik 1946, 38; Trittel 1990, 51).

Die Ernährungslage in Westdeutschland unmittelbar nach dem Zweiten Weltkrieg

„Der Hunger lehrte mich die Preise; der Gedanke an frisch gebackenes Brot machte mich ganz dumm im Kopf und ich streifte oft abends stundenlang durch die Stadt und dachte nichts anderes als Brot. Meine Augen brannten, meine Knie waren schwach und ich spürte, daß etwas Wölfisches in mir war. Brot. Ich war Brot-süchtig wie man Morphium-süchtig ist. Ich hatte Angst vor mir selbst ..." So schildert Heinrich Böll in „Das Brot der frühen Jahre" (zit. nach: Becher 1990, 96 f.) seine Gefühle und jene vieler der damals Lebenden. Kurz nach Kriegsende betrug die offiziell zugeteilte Lebensmittelration in der britischen Zone nur mehr 1.100 Kcal. für den Normalverbraucher, im Ruhrgebiet waren es sogar nur mehr 1.000 Kcal. In der Folgezeit schrumpfen sie zum Teil auf 850 Kilokalorien und noch darunter. Die offiziellen Zuteilungen hatten oft nur mehr den Charakter von „Papierkalorien" (Trittel 1990, 23 und 34). Hatte die NS-Politik in den Jahren vor 1945 dafür gesorgt, dass Millionen Menschen in okkupierten Gebieten den Hungertod starben, so war die Geißel des Hungers nun nach Deutschland selbst zurückgekehrt. Anfang Juli 1945 befürchtete Konrad Adenauer in einer düsteren Prognose, „daß diesen Winter in Deutschland Millionen Menschen an Hunger und Kälte sterben werden."[28] Es wurde schlimm, aber es sollte noch nicht der letzte schlimme Winter sein. Im Verhältnis zur Vorkriegszeit war der landwirtschaftliche Produktivitätsrückgang groß (vgl. Tab. 20).

Im Frühjahr 1946 standen aus deutscher Produktion nur mehr 400 Kalorien pro Kopf an Lebensmitteln zur Verfügung. In der US-Zone war ein beträchtlicher Teil der Wintersaat gestohlen worden. Zudem blieben die Saatgutlieferungen aus der britischen Zone aus, da sie dort zum direkten Verzehr

Tabelle 20: Landwirtschaftlicher Produktivitätsrückgang in Europa
(LW-Produktion 1945/46: Vergleich mit 1934/38)

Lebensmittel	Rückgang
Getreide	- 50 %
Fleisch	- 36 %
Butter	- 30 %
And. Milchprodukte	- 57 %
Eier	- 37 %
Zucker	- 30 %
Kartoffeln	- 25 %

Quelle: R. Duprat, L'Europe devant le Plan Marshall, in: Economie et Humanisme, Nr. 37, 1948, zitiert nach Jose de Castro, 1959, 287.

benötigt wurden (Trittel 1990, 44 und 66). In Bayern erreichten 1946 kurz vor Einbringung der neuen Ernte die Schwierigkeiten der Lebensmittelversorgung ihren Tiefpunkt (Schatthofer 1980, 182). Nach einem Bericht der Berliner Zeitung „Der Morgen" von Mitte September 1946 betrugen in der französischen Besatzungszone Deutschlands die täglichen Lebensmittelrationen lediglich 980 Kalorien, was zur Ausbreitung von Hungerkrankheiten führte (Chronik 1946, 146). Konrad Adenauer ging damals in einer Rundfunkrede auch auf diese Situation ein: „Der Hunger ... ist das schwerste Hindernis für die demokratische und friedliche Entwicklung Deutschlands. Die politische Ohnmacht des deutschen Volkes läßt auch die ehrlichen, aufbauwilligen, friedlichen Kräfte, die nie mit den Nationalsozialisten etwas zu tun gehabt haben, nicht zum Wirken kommen ..." (Trittel 1990, 79 und 327, Anm. 183). Es folgte der harte Winter 1946/47 – der «härteste seit Menschengedenken». Er begann schon Mitte Dezember 1946 und dauerte ungewöhnlich lange, bis Mitte März 1947. Viele Menschen waren in ihrer physischen Existenz bedroht, zumal wegen der tiefen Kälte ein immer größerer Teil des Transportsystems ausfiel und lebensnotwendige Lebensmittellieferungen, wenn überhaupt, nur noch unregelmäßig eintrafen (Trittel 1990, 90). Der Winter 1946/47 ging als «Hungerwinter» in die Geschichte ein, Böll's «praekannibalistische Aussage» dürfte in diesen Monaten ihren realhistorischen Hintergrund haben. Laut Meinung einiger Politiker stand im Februar 1947 die deutsche Bevölkerung auf dem niedrigsten Versorgungsstand seit 100 Jahren. Die verfügbare Tageskalorienmenge war z.T. auf 800 Kcal, ja z.T. noch darunter gesunken. Besonders knapp waren Fett und Mehl. Die Bäckereien gingen dazu über, den Brotteig mit Mais oder Eichelmehl zu strecken. Um den Fettbedarf zu decken, sammelten die Menschen Buchekker, die ca. 12 bis 22 mm langen Früchte der Rotbuche.[29] In Hamburg litten nicht weniger als 10.000 Personen an Hungeroedemen.[30] Im April 1947 konnte die Universität Tübingen auf Grund der katastrophalen Ernährungslage von 4.000 sich fürs Studium Bewerbenden nur 50 aufnehmen (Chronik 1947, 64).

Daraufhin dauerte 1947 der Sommer in Mitteleuropa von April bis in den September, ja Oktober. Es gibt in den instrumentell beobachteten Wetter-Reihen fast kein Beispiel für eine ähnlich lange Sommerperiode. Für die Landwirtschaft war dieser lange Sommer bedrohlich, die Trockenheit für die Ernährungslage in Deutschland und praktisch ganz Europa eine zusätzliche Katastrophe (Flohn 1949/50; 355; Jose de Castro 1959, 292; vgl. Schmithusen J., 1948).

In ganz Deutschland – besonders im Ruhrgebiet – kam es immer wieder zu Streiks und Hungerdemonstrationen. Am 1. Mai 1947 forderte eine Betriebsrätekonferenz in Duisburg die Einführung des Sechs-Stunden-Tages. Sie begründete dies mit der Entkräftung der Arbeiterschaft durch Unterernährung (Chronik 1947, 80; Kleßmann Chr., Friedemann P., Frankfurt/NY 1977; Billstein 1979).

Mit der schwierigen Ernährungslage wurde vielfach auch der niedrige Output in der industriellen Produktion erklärt. Dieser Tatbestand wurde etwa bei Arbeitern der Krupp-Werke untersucht. Zudem versuchte man, diesen Zusammenhang zwischen Nahrungsmangel und körperlicher Leistungsfähigkeit in der Schwerindustrie allgemein für Deutschland nachzuweisen und zu belegen: Die Produktion litt am stärksten, als die Ernährungslage am prekärsten war (vgl. Grafik 33, nach: Schenck 1965, 44). Die Korrelationsbeziehung dürfte unbestritten, die Kausalitätsbeziehung zweifelsohne vielschichtiger sein.

„Ganz Deutschland hungert", lautete die Titelseite der Süddeutschen Zeitung vom Samstag, den 17. Mai 1947. Bei weiterem Anhalten der derzeitigen Hungerrationen steht ein langsamer, schleichender Hungertod bevor, stand

Hunger und Leistungsfähigkeit

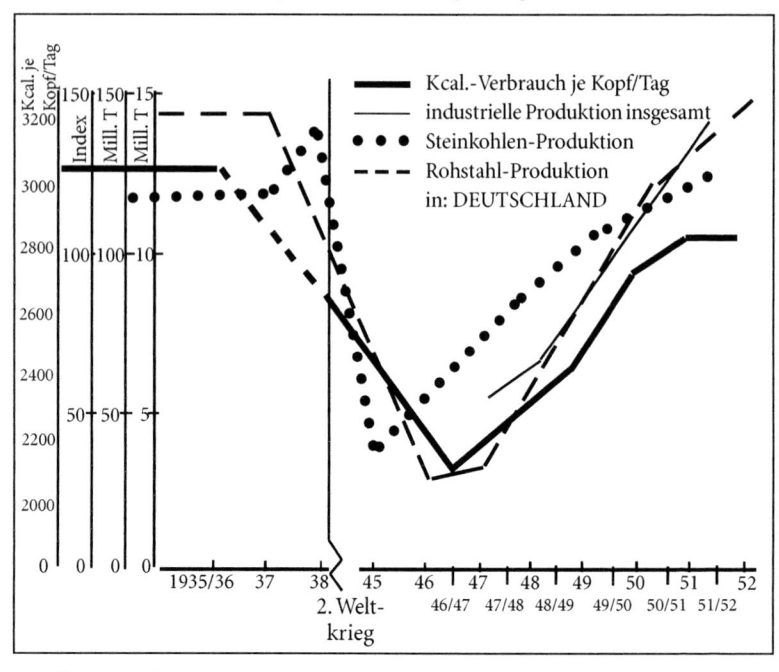

Grafik 33, nach: Schenck 1965, 44.

im Artikel zu lesen (nach: Schatthofer 1980, 264). Wie angespannt die Lage wirklich war, zeigt Tabelle 21, in welcher die zugeteilten Tageskalorienmengen für die 101. Zuteilungsperiode (Ende April bis 25. Mai 1947) für einzelne Orte im Ruhrgebiet aufgelistet sind. In Lünen, Recklinghausen, Wattenscheid lagen die Kalorienwerte auf dem unglaublich niedrigen Niveau von knapp über 500 Kcal. In seltenen Fällen konnten wenigstens 1.000 bis 1.200 Kcal verteilt werden. Über längere Zeit hätten solche Werte den sicheren Hungertod ganzer Teile der Gesellschaft bedeutet.

In dieser Not kam es zu teilweise recht ungewöhnlichen Aktivitäten der Militärbehörde. So beschloss etwa Ende Mai 1947 die US-Militärregierung in Deutschland für Bayern ein totales Bierbrauverbot (Chronik 1947, 82; SZ v.

31. Mai 1947) eine Entscheidung, die sicherlich ins Mark der bayerischen Bier-Seele traf. Die Unzufriedenheit mit solch unpopulären Maßnahmen kann wohl kaum unterschätzt werden. Im März 1948 forderte die Berufsorganisation der bayerischen Landwirtschaft die Freigabe des Bieres, bzw. der bisherigen „Hopfenbrause" fast erpresserisch: „Wenn in der Landwirtschaft mit Beginn des Frühjahres kein Biergetränk zur Verfügung steht, muß automatisch die Milchanlieferung zurückgehen." (TT v. 24. März 48, 2). Die Drohung zeitigte rasche Wirkung, denn ab 26. April 1948 durfte zumindest ein

Tabelle 21: Effektive Rationen im Ruhrgebiet für Erwachsene
(28. April – 25. Mai 1947) in Kcal.

Ort	I. Wo	II. Wo	III. Wo	IV. Wo
Dortmund	1.191	630	777	711
Hagen	1.226	659	888	882
Lennep	1.100	655	828	870
Lünen	871	?	?	517
Recklinghausen	799	808	845	537
Wattenscheid	892	894	828	532
Witten	1.116	1.030	818	718

Quelle: Kleßmann/Friedemann, 1977, 22; Wo=Woche

Biersatzgetränk hergestellt werden, für dessen Konsumtion aber Brotmarken für 50 g Brot abgegeben werden mussten (Schatthofer 1980, 360).

Im August 1947 betrug das Durchschnittsgewicht von ins Berliner Krankenhaus Tempelhof eingelieferten Männern rund 50 kg, das der Frauen 43 bis 45 kg (Chronik 1947, 126). Besonders schlimm war die Lage der Heimkehrer aus der russischen Gefangenschaft. Sie waren völlig entkräftet und „seien erst nach 3 bis 6 Monaten physisch wieder in der Lage zu arbeiten."[31] Das Ernährungskomitee deutscher Ärzte überbrachte im September 1947 der zweiten Konferenz über Ernährung und Landwirtschaft der UNO ein Memorandum über die Lage in Deutschland und wies, wie Adenauer früher, auf die demokratiepolitischen Gefahren hin.[32]

1948 kam es am 5. Januar in der US-amerikanischen und britischen Besatzungszone Deutschlands zu ausgedehnten Demonstrationen und Streiks, an denen sich 2,5 Millionen Menschen beteiligten, wieder in erster Linie wegen der schlechten Ernährungslage (Chronik 1948, 12). Am 23. Januar 1948 beschloss der Wirtschaftsrat der Bizone in Frankfurt/M. zur Verbesserung der Versorgung das „Noterfassungsgesetz". Diese Verordnung, im Volksmund „Speisekammergesetz" genannt, verpflichtete die Privathaushalte und Gewerbebetriebe, ihre Lebensmittelvorräte genau anzugeben. Das Gesetz galt z.B. für Mehl, Kartoffeln, Fett und Nährmittel. Für den Fall, dass ein Haushalt oder ein Geschäft falsche Angaben machte, drohten drastische Strafen. Obwohl der Krieg schon beinahe drei Jahre vorüber war, bestanden immer noch große Mangelerscheinungen. Im Februar 1948 etwa verfolgte die Polizei in Passau illegale Hundeschlachtungen (Chronik 1948, 26 und 142). Im April 1948 trat die Münchener Presse sogar Gerüchten in ausländischen Zeitungen entgegen, die Polizei in München hätte eine *„Menschenschlächterei"* aufgedeckt (Chronik von München 1980, 355). Solche Gerüchte konnten nicht bestätigt werden. Doch fest steht, die Fleischzuteilung für einen Münchener Normalverbraucher war damals mit ganzen 3,2 (!) Gramm pro Tag auf den Kriegs- und Nachkriegsniedrigststand gesunken (Grafik 34). Am 13. Mai 1948 wurde bei einer Sondersitzung des Münchener Stadtrates zur Ernährungslage demonstrativ die Tagesration eines Normalverbrauchers auf den Tisch gelegt: 258 g Brot, 31 g Nährmittel, 3 g Fleisch, 13 g Fett, 2 g Käse, 58 g Zucker, 10 g Frischfisch, 4 g Kaffee-Ersatz und 32 g Trockenfrüchte (Schatthofer 1980, 368). Sehr bescheidene Mengen, die in anderen deutschen Großstädten kaum größer waren. Am 17. Juni 1948 veranstalteten rund 13.000 Studierende sämtlicher Hochschulen Münchens einen Hungermarsch. Sie gingen durch die Münchner Innenstadt und riefen im Sprechchor: „Hunger, Hunger, Hunger, ..." Sie führten Tafeln mit, auf welchen zu lesen war: „Ein Hund von 20 kg Gewicht braucht täglich 1.700 Kalorien." (Seeberger et al. 1970, 80 und 105).

Noch immer erschienen Publikationen wie z.B. jene von Henning (Berlin 1948), der Tipps zur Verarbeitung von Kastanien und Eicheln und weiteren zusätzlichen Lebensmitteln aus Wald und Flur veröffentlicht hatte. Als ab 26. Juni 1948 durch die Blockadepolitik der UdSSR Westberlin von Land und Wasser aus nicht mehr mit Lebensmitteln versorgt werden durfte, wurde die Situation nochmals bedrohlich.[33]

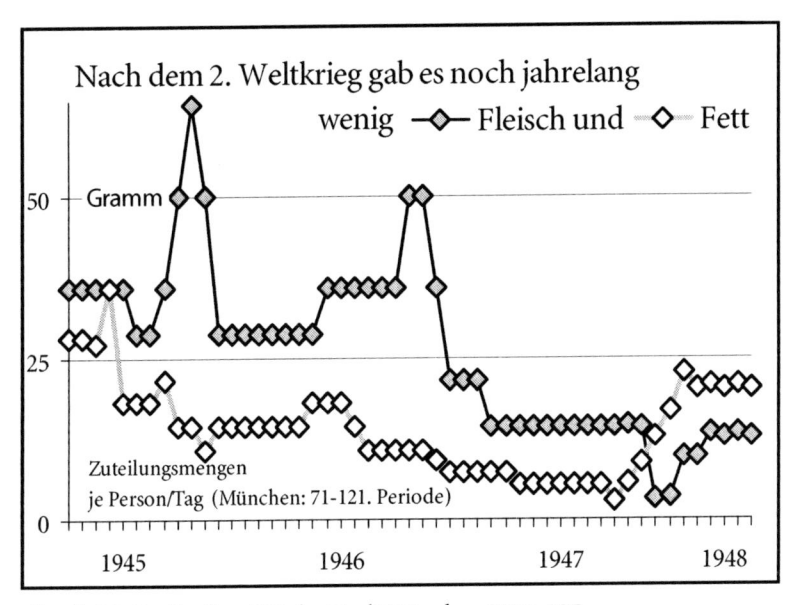

Nach dem 2. Weltkrieg gab es noch jahrelang wenig —◇— Fleisch und ···◇··· Fett

50 Gramm

25

Zuteilungsmengen
je Person/Tag (München: 71-121. Periode)

0

1945   1946   1947   1948

Grafik 34, Quelle: Stat. HB der Stadt München 1954, 187.

Mit dem Jahr 1949 begann eine Wende zum Besseren. „Der Hunger ist vorbei", konstatiert die Süddeutsche Zeitung am 4. Juni 1949 (nach: Seeberger et al. 1970, 167). Am 1. Mai 1950 wurde nach mehr als 10 Jahren die Lebensmittelrationierung endgültig aufgehoben. Sie war Ende August 1939, wenige Tage vor dem Beginn des Polenfeldzuges, beschlossen worden (Chronik des 20. Jh., 737; Chronik 1950, 70 und 76). Lebensmittelknappheit und Hungererfahrung gerieten schnell in Vergessenheit. Eine Generation später sind sie kaum mehr bekannt.[34]

Im März 1952 konnte das Bundesernährungsministerium schließlich das Ausmahlungsverbot des hellen und feinen Weizenmehltyps aufheben[35] und als Bundesernährungsminister Heinrich Lübke (CDU) am 23. August 1956 in Bonn den verstärkten Import von ausländischer Butter genehmigte, kritisierte der Deutsche Bauernverband die Entscheidung bereits scharf und erklärte, die ausländische Butter entspreche nicht den deutschen Qualitätsansprüchen. Neuseeländische Butter werde z.B. mit chemischen Zusätzen gefärbt, die im Verdacht stünden, „krebserregend" zu sein (Chronik 1956, 130).

Die Lage hatte sich erstaunlich rasch geändert und bis heute sollten in der Folge gegenteilige Fragestellungen wie landwirtschaftliche Absatzprobleme, Überernährung bzw. die negativen Folgen einer (über-)industrialisierten Landwirtschaft (Tiermehlverfütterung, Antibiotika im Tierfutter etc.) die Diskussion Westeuropa prägen.

Ein Unglück kommt selten allein (Russland 1917 bis 1923)

Die russische Geschichte war (und ist) eine vielfache Leidens- und Hungergeschichte. Seit Jahrhunderten wird sie von Mangelsituationen geprägt, verursacht durch die Launen der Natur, die Unfähigkeit oder Prinzipienlosigkeit von Herrschenden, falsche Agrarpolitik oder durch Kriegsereignisse usw. Auch im 20. Jahrhundert sind – insbesondere nach dem Übergang in den real existierenden Sozialismus – Millionen Menschen auf russischem (bzw. UdSSR-) Boden den Hungertod gestorben. Dem Ernährungsfiasko der ersten Revolutionsjahre (1917 ff.) und dem Nachkriegshunger folgte in den Jahren 1921/23 zusätzlich große Unbill der Natur.

Wie viele Menschen in Russland zwischen 1914 bzw. Ende 1917 bis 1923 umgebracht wurden und wie viele damals dem Hunger zum Opfer fielen, lässt sich nicht sagen, zu verschieden sind die Zahlen, aber ohne Zweifel handelt es sich um viele Millionen (vgl. Tabelle 22[36] und Tabelle 23).

13 Millionen Bauern standen 1921 ohne Saatgut da

Russland war bereits seit 1914 (Beginn des Ersten Weltkrieges) in ökonomischen Schwierigkeiten, die Mangel- und Hungerjahre erstreckten sich im Folgenden über beinahe ein ganzes Jahrzehnt, die Lage verschlimmerte sich zusehends. Manche Autoren sprechen von 5 bis 6 Millionen Hungertoten allein für die letzte Phase dieser Dauer-Katastrophe. Die Missernten betrafen ein Gebiet, in welchem rund 90 Millionen Menschen lebten, 40 Millionen von ihnen hungerten.[37] Die ersten Jahre der UdSSR von 1917 bis zum Kulminationspunkt 1921/23 (Dürrekatastrophe)[38] waren extreme Hungerjahre. Die Auswirkungen von Erstem Weltkrieg, Revolution, bolschewistischem Terror und Dürrekatastrophe auf Bevölkerung, Landwirtschaft und Ökonomie sind als extrem zu bezeichnen. Mindestens 16 Millionen Menschen sollen infolge des Ersten Weltkrieges, des Bürgerkrieges 1918-1920 und der Dürrehungersnot 1921-22 umgekommen sein (Merl 1987, 649), allein die Angaben zu den Hungertoten belaufen sich bis zu 12 Millionen (vgl. Tabelle 23).[39]

Die Dürrehungersnot von 1921/22 brachte das Land völlig an den Rand des Chaos, westliche Medien spekulierten bereits über das baldige Ende der Sowjetunion. In der bekannten Satire-Zeitschrift „Simplicissimus" wurden Lenin und Trotzki im Kreise ausgemergelter Menschenmassen abgebildet. Im ironischen Zwiegespräch wird ihnen folgender Satz in den Mund gelegt: „Es wird Zeit, dass wir uns in Sicherheit bringen, bevor sie uns noch unsere Reisekoffer auffressen." (Chronik des. 20. Jh., 281).

Gegenüber den Vorkriegsjahren erreichten die Ernten (einschließlich Kartoffeln) von 1921 nicht einmal mehr die Hälfte. Sie waren um 57 % zurückgegangen und der gesamte Viehbestand – auch die Zahl der Arbeitspferde – war um ein Drittel dezimiert. Hatten bei früheren schlimmen Hungersnöten bis zu drei Millionen Bauern nichts mehr zum Pflanzen, so soll 1921 die Anzahl der Bauern ohne Saatgut auf 13 Millionen (!) angestiegen sein. Wurden 1913 noch rund 700.000 Tonnen Kunstdünger verwendet, waren es 1921 gerade noch 20.000 oder nur 3 Prozent von 1913 (Conquest 1990, 70 ff., vgl. auch Grafik 35).

Tabelle 23: Schätzungen zur Hungersnot in der UdSSR 1921 ff.

Zeit	Tote	Quelle
1921/22	1.200.000	Dt. IDNDR
1921/22	1.500.000	Mey.TLexikon
1922/23	3.000.000	Bev. Ploetz
1921/22	4.000.000	Altrichter
1921/22	bis zu 5.000.000	Beyrau, 74
1921/22	5.000.000	Katastrophen
1918-22	6.000.000	Conquest
vor 1921	7.000.000	Dimitriewna
1917-23	12.000.000	Castro

Von der sozialen und ökonomischen Misere war nicht nur der Westen der UdSSR betroffen, auch aus Sibirien wurden alarmierende Fakten berichtet. So sollen in den Jahren 1920/21 bis 1926 „fast 50 % der Jenissejer ... zugrundegegangen" sein, Haupttodesursache war auch hier der Hungertod.[40]

Die Folgen der Not zeigten sich überall:
- Hunger, Hitze und die große Dürre begünstigten die Ausbreitung von Seuchen, vor allem der Malaria.[41]
- Die Mangelerscheinungen in der damaligen UdSSR führten bei einer großen Anzahl von Männern zum Ausbleiben der Spermatogenese (Samenerzeugung), auch die Anzahl der Frauen mit Amenorrhoe (Aussetzen der Blutung) wuchs alarmierend an (Castro 1959, 85).
- Wegen der langfristigen sozialen Auswirkungen der Hungersnot lebten noch im Sommer 1927 rund 80.000 Kinder von ihren Eltern getrennt. Die Behörden verbreiteten in einer Flugblattaktion Namen, Fotos und Personenbeschreibungen von Kindern in Fürsorgeeinrichtungen und versuchten, sie an ihre leiblichen Eltern zurückzubringen. Für 30.000 Kinder gelang es, 50.000 blieben auch danach elternlos (Chr. 20. Jh., 376).

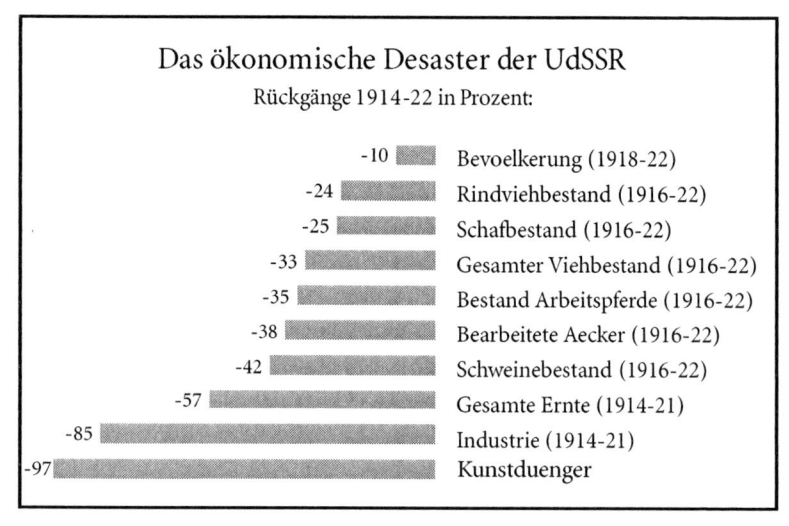

Das ökonomische Desaster der UdSSR
Rückgänge 1914-22 in Prozent:

-10	Bevoelkerung (1918-22)
-24	Rindviehbestand (1916-22)
-25	Schafbestand (1916-22)
-33	Gesamter Viehbestand (1916-22)
-35	Bestand Arbeitspferde (1916-22)
-38	Bearbeitete Aecker (1916-22)
-42	Schweinebestand (1916-22)
-57	Gesamte Ernte (1914-21)
-85	Industrie (1914-21)
-97	Kunstduenger

Grafik 35, Quelle: Conquest 1990; Chr. 20. Jh.

- Wie sehr oft in Zeiten, in denen das wirtschaftliche und soziale Gefüge völlig außer Kontrolle gerät und viele Menschen nur mehr die Perspektive des Hungertodes vor Augen haben, machte sich auch in der damaligen UdSSR das Phänomen des Kannibalismus bemerkbar.[42]

Zu den Ursachen dieser Hungersnot

Die Nachkriegs- und Revolutionswirren hatten das Land in ein wirtschaftliches und soziales Fiasko gestürzt, das wohl nur mit den Zuständen Deutschlands im 30-jährigen Krieg (1618-1648) vergleichbar war (Conquest 1990, 70). *Menschliche* und *natürliche* Faktoren sind dabei eng verwoben:
- Der Erste Weltkrieg hatte in der russischen Landwirtschaft tiefe Spuren hinterlassen. 1916 befanden sich etwa 36 % der arbeitsfähigen Männer beim Militär, ein Großteil war der Landwirtschaft entzogen worden.
- Die Wirren und Kampfhandlungen im Gefolge der Revolution verschlechterten die Versorgung weiter. „Bürger-" und „Bauernkrieg" überlagerten einander und dieser überdauerte den Ersteren noch (Conquest 1990, 65).
- Die Konflikte und Auseinandersetzungen um Landbesitz und Enteignung von landwirtschaftlichen Produkten (Getreideenteignung) führten alleine in der Kornkammer Ukraine zwischen April und Juli 1919 zu rund 300 Aufständen gegen die Bolschewiki. Es wird geschätzt, dass 1919 ungefähr 15 bis 20 Prozent der landwirtschaftlichen Produktion requiriert wurden und dieser Anteil 1920 sogar auf 30 Prozent anstieg. Von insgesamt 10.000 Lebensmitteleintreibern im Juli 1918 stieg deren Anzahl bis 1920 auf rund 45.000 Mann an. Sollte im Juli 1918 nur das Getreide, das über das Doppelte des bäuerlichen Bedarfs hinausging, enteignet werden, wurde ab Januar 1919 nach dem *Bedarf des Staates* requiriert, ohne Rücksicht darauf, was den Bauern verblieb.[43]
- Die Vorgangsweise der Bolschewiki war mit großen Gräueln verbunden. Bis Mitte Mai 1921 wurden nach einer amtlichen Statistik 1.766.118 Hinrichtungen vollstreckt, darunter befanden sich viele Intellektuelle und Gebildete (Vogel 1923, 102). Solcher Terror lähmte die gesamte Ökonomie, nicht nur die Landwirtschaft.
- Ab 1921 kam noch eine große Dürre dazu. Hätte man in „normalen" Zeiten, bei einem funktionierenden Wirtschafts- und Sozialsystem gegen die Folgen dieser Dürre noch ankämpfen können, so versetzte diese

dem damaligen angeschlagenen Agrar- und Ernährungszustand der UdSSR im wahrsten Sinne des Wortes einen Todesstoß.

Noch herrschen nicht Stalin und Mao

Die russische Hungersnot von 1917 ff. stellt in der Systematik einen Sonderfall dar. Einige Elemente hätten es erlaubt, sie schon oben unter Kapitel 2.1.1 oder 2.2 abzuhandeln. Sie wurde trotzdem hier eingeordnet. Der Erste Weltkrieg und der anschließende Bürgerkrieg (Revolution) hatten einen maßgeblichen Anteil an der Misere. Von analogen kommunistischen Hungersnöten späterer Zeit – etwa jener unter Stalin in der Ukraine 1929/33 (vgl. 2.2.1) oder jener unter Mao Tsetung in China 1958/62 (vgl. 2.2.2) unterscheidet sie sich in einem entscheidenden Punkt: Sie war auch im Westen bekannt und das kommunistische Regime der UdSSR akzeptierte Hilfe aus dem Ausland und änderte die Agrarpolitik. Der Staat gab das Nahrungsmittelmonopol nochmals an die Bauern zurück. Wegen der Hungersnot erlaubten die Behörden, dass der Bauer nur eine Naturalsteuer zahlte, was ihm nach deren Ablieferung verblieb, durfte er frei verkaufen (Jacob 1985, 401; Conquest 1990, 71 und 75). Lenin bat im August 1921 das Ausland um Hilfe für das hungernde Land, der Völkerbund lehnte im Oktober Hilfsaktionen für die UdSSR jedoch ab, weil die Hungersnot politisch selbstverschuldet sei. Allerdings bewilligte im Dezember 1921 der US-Kongreß 20 Millionen Dollar für die Not leidende Bevölkerung der UdSSR (Chronik d. 20. Jh., 280, 284 und 286; Fischer 1927). Am Höhepunkt der Dürreperiode ernährten die American Relief Administration (ARA) und die ihr angeschlossenen Organisationen mehr als 10,4 Millionen Münder. Verschiedene andere Organisationen versorgten zusätzlich knapp zwei Millionen Mägen, zusammen also insgesamt mehr als 12,3 Millionen (!) Menschen (Conquest 1990, 71 f.).

Diese großzügige Hilfe der kapitalistischen USA an das kommunistische Russland erfuhr allerdings in der UdSSR-Geschichtsschreibung eine sonderbare Bewertungsveränderung. In der ersten Ausgabe der „Großen Sowjetenzyklopädie" von 1926 wurden sie noch dargestellt und die Unterstützung durch den kapitalistischen Feind lobend hervorgehoben. Wahrscheinlich war die amerikanische Großzügigkeit noch zu sehr im Gedächtnis der Bevölkerung präsent, als dass die sowjetischen Behörden die Wahrheit ganz hätten verschleiern können. Im Jahr 1950, während des Kalten Krieges, war die „Gro-

Exkurs: „Hungerkrieg–Kriegshunger" in den 1990er-Jahren

Wie wenig es bislang gelungen ist, Hunger im und nach dem Krieg auszumerzen, belegt in erschreckender Weise der Weltkatastrophenbericht 1996 des Roten Kreuzes. Unter dem Titel: „Hungerkriege: Länder, in denen der Hunger der Menschen als Waffe benutzt wurde" muss eine erschreckend lange Liste publiziert werden. So traurig sie auch ist, noch immer scheint sie nicht vollständig zu sein, beispielsweise sucht man in ihr etwa den Kongo vergeblich (Tabelle 24, vgl. auch Grafik 42).

Tab. 24: Hunger und Krieg Mitte der 1990er-Jahre

Afrika	Asien	Lateinamerika	Europa
Äthiopien	Afghanistan*	El Salvador	Armenien*
Algerien*	Indien (Kaschmir)*	Guatemala*	Aserbeidschan*
Angola*	Indonesien (O-Timor/	Haiti	Bosnien-Herze-
Burundi*	West-Irian-Jaya)*	Kolumbien*	gowina*
Eritreia	Irak*	Mexiko	Georgien*
Ghana*	Kambodscha*	Nicaragua	Kroatien*
Kenia*	Myanmar	Peru	Moldawien*
Liberia*	Philippinen		Serbien*
Mosambik	Sri Lanka*		Taschikistan
Niger*	Türkei*		Tschetschenien
Nigeria*			(Rußland)*
Ruanda*			
Sierra Leone*		*) *aktive Konflikte, in denen Hunger*	
Somalia*		*als Waffe eingesetzt wurde.*	
Sudan*			
Togo*		*So lang die traurige Liste auch ist, sie scheint nicht*	
Uganda		*„vollständig" zu sein, so sucht man darin*	
Zaire*		*vergeblich etwa den Kongo.*	

Quelle: Weltkatastrophenbericht 1996, 26 Abb. 2.1 (Titel: „Hungerkriege: Länder, in denen der Hunger der Menschen als Waffe benutzt wurde").

ße Sowjetenzyklopädie" dagegen schon ganz auf Propaganda geschaltet. Die Arbeit der ARA wird nun als Spionage- und Sabotageaktion bezeichnet, die eine Konterrevolution einleiten sollte. In den Ausgaben der „Großen Sowjetenzyklopädie" der 1980er-Jahre ist nur mehr zu lesen: „Dank der wirksamen Maßnahmen, die der sowjetische Staat traf, hat die katastrophale Dürre von 1921 nicht zu den üblichen ernsten Konsequenzen geführt." (Glucksmann/Wolton 1989, 64 ff.; Conquest 1990, 421). Die großzügige Unterstützung durch den kapitalistischen Feind war endgültig aus dem Gedächtnis verbannt worden.

So einfach belegbar bleibt Geschichtsfälschung eher selten.

2.3.2 Mit Hunger schießen: Aushungern als Waffe

Existierte die imaginäre Totenstadt, die Kammern auf Grund der grässlichsten Verbrechen wären bis zum Rand gefüllt. Ganz zu unterst wären noch dutzende Türen zu öffnen. Wieder steht man vor unermesslichen Abgründen menschlichen Handelns.

Im Zwanzigsten Jahrhundert wurden viele und große wissenschaftliche oder technische Erfolge gefeiert. Abartig missbraucht wurde ein Teil von ihnen als Mittel für Massenmorde von ganz erschreckendem Ausmaß. In diesem Abschnitt begegnet man solch inhumanem menschlichem Handeln von Europa bis China. Grausam wurde und wird eine alte Strategie noch immer eingesetzt: Den Gegner durch Hunger zu zermürben. Zuallerletzt stehen Bürgerkriegsopfer: Bis hin zum Genozid ließen mörderische Regime die Hungerwaffe wirken.

Als „teuflische Henker" des 20. Jahrhunderts haben Stalin, Mao und Hitler (bzw. die durch sie repräsentierten Gesellschaftsformationen mit ihren Gewaltapparaten) zusammen einen elenden Hungertod von dutzenden, möglicherweise mehr als hundert Millionen Menschen zu verantworten. Der Abstieg will nicht enden.

Zermürbungstaktik gegen äußere Feinde

In drei von den fünf ausgewählten Beispielen wird auf die nationalsozialistische Zeit unter Hitler eingegangen, nämlich auf die Politik des „organisierten Hungers" wie er in okkupierten Ländern umgesetzt wurde, auf die Einkesselung Leningrads und auf die Blockade gegen Holland im Jahr 1944.

England errichtete im Ersten Weltkrieg eine Hungerblockade gegen Deutschland, Biafra 1967 – 1970 steht als Beispiel aus dem afrikanischen Kontinent, bereits im Grenzbereich zur Bürgerkriegsproblematik.

Die Hungerblockade von 1916

Wie England im Ersten Weltkrieg bewusst mit Nahrungsmitteln Militärpolitik betrieben hatte, ging in die „Lehrbücher" ein. Mit dem völligen Abschneiden von der internationalen Lebensmittelzufuhr, sollten die Mittelmächte (insbesondere Deutschland) endgültig in die Knie gezwungen werden. Bereits im November 1914 wurde mit einer Blockade begonnen, die bis 1916 aber keineswegs lückenlos war. Über Italien, Holland und die skandinavischen Länder gelangten weiterhin und zum Teil erhebliche Importe in die belagerte „Festung" der Mittelmächte (Herzfeld 1986, 101 ff.).

„*1916 ist auch schon der große Hunger angegangen. England hat die Hungerblockade über uns verhängt, also es haben keine Lebensmittel mehr nach Deutschland gebracht werden dürfen*", berichtet die Zeitzeugin Josepha Halbinger (Heim 1990, 27). Die Maßnahme wurde ab jenem Zeitpunkt konsequenter durchgesetzt und begann intensiver zu wirken. Die Mittelmächte waren zu landwirtschaftlicher Autarkie gezwungen, mit all den sich daraus ergebenden negativen Folgen.

Das indische Getreide (Weizen) war von England beschlagnahmt worden, lediglich die Ausfuhr nach England und zu einem kleinen Teil nach Frankreich war noch erlaubt. Kanada lieferte Getreide an Neutrale nur noch unter der Bedingung, dass sie die „*Aushungerung Deutschlands*" mit unterstützten und sich fortlaufend einer Ein- und Ausfuhrkontrolle unterzogen. Auch die Ernten Amerikas sollten unter keinem Umstand zu den Gegnern gelangen. Die Blockade verstieß zwar wegen des Miteinschlusses der Neutralen gegen das damalige Völkerrecht (Luxenberg 1941, 329; Jacob 1985, 386). Doch wie sollten die Betroffenen dies einklagen? Und hätten sich die Mittelmächte nicht durch die Eroberung Rumäniens – und der dort vorhandenen Weizen-Vorräte – eine neue Rettungsfrist erkämpft, wäre der Krieg „wegen Brotmangel" schon früher an sein Ende gekommen (Jacob 1985, 387). Militärisch war die Blockade ein Erfolg.

Das inländische Nahrungsmittelangebot des Deutschen Reiches halbierte sich fast auf rund 55 Prozent des Standes von vor 1914 (Henning 1988, 37). Der Tod von schätzungsweise 763.000 Menschen wird unmittelbar der Hungerblockade zugerechnet.[1]

Angesichts solcher Zahlen klingt es geradezu zynisch, wenn der bekannte Wirtschaftshistoriker Georg v. Below die „Autarkie" noch 1917 verklärt. In seiner Arbeit „Mittelalterliche Stadtwirtschaft und gegenwärtige Kriegswirtschaft" propagiert er: „Die Autarkie bleibt unser Ideal. Wie die Beobachtungen des großen Krieges, in dem wir stehen, schon gelehrt haben, wird die Grundlage unserer Stellung in der Welt unser starker Nationalstaat und sein

Ausbau, unsere Nationalwirtschaft und ihre kräftigere Ausprägung, die Nationalisierung unserer wirtschaftlichen Verhältnisse bilden." (Zit. nach Dopsch 1930, 259).

„Ingenieure" des Hungers[2]

„Die NAZIS schossen tatsächlich mit Hunger – und sie berechneten die Wirkung genau wie die Flugbahn einer Granate", so Jacob (1985, 460). Beherrschen, Ausbeuten und Vernichten waren ihre „Ziele" der Kriegs-, Wirtschafts- und Sozialpolitik. Vernichten durch Hungertod war eine der grausamen Methoden, Millionen Menschen mussten diese Politik mit dem Leben bezahlen.

Als „Plan des organisierten Hungerns" muss man die Ernährungspolitik des Nazi-Regimes während des Zweiten Weltkrieges umschreiben. Selbst die Nahrungsmittelkontrolle – in Krisenzeiten ein gebräuchliches Instrument, das eine halbwegs gerechte Verteilung knapper Lebensmittel sichern sollte – entartete zu einer „Waffe des langsamen und sicheren Verhungerns im Ausrottungsplan", wie Castro (1959, 279) die polnische Journalistin Maria Babicke zitiert. Dieser Politik lag eine so genannte „Drei-Rassentheorie" zu Grunde, derzufolge es eine wohlgenährte *Herrenrasse* geben sollte, daneben *Arbeitervölker*, die, auch damit sie für eine Erhebung zu schwach blieben, unterzuversorgen waren, und schließlich eine *Rasse ohne jede Existenzberechtigung*. In den eroberten Gebieten des Ostens wurden beispielsweise den Polen, als dienender Klasse, im Verhältnis zur germanischen Herrenrasse nur rund 65 Prozent der Kalorien zuerkannt (vgl. Grafik 31), den Juden nur mehr 21 Prozent. Die zum Tode verurteilte Rasse sollte u.a. eines langsamen kalkuliert-grausamen Hungertodes sterben (nach: Jacob 1985, 461).

Die Ausbeutung der eroberten Länder

Unmittelbar nach der Besetzung des SUDETENLANDES im Oktober 1938 zwangen die Nazis die hilflose tschechoslowakische Regierung, ihre Getreidereserven von 750.000 Tonnen zu „verkaufen", eine Bezahlung erfolgte aber nie (Castro 1959, 278). Solcher Raub bedeutete den ersten Schritt zur Erzeugung von Massenhunger.

In der Folge wurde ein Land Europas nach dem anderen „ausgebeutet", im Herbst 1939 POLEN: Rund ein Viertel des Landes, darunter der recht fruchtbare westliche Teil wurde sogleich als Warthegau dem Reich einverleibt. Allein während der ersten beiden Kriegsjahre zogen die Nazis aus diesem Gebiet 480.000 Tonnen Weizen, je 150.000 Tonnen Roggen und Gerste, 80.000 Tonnen Hafer sowie etwa 700.000 Schweine ab. Aus dem Rest Polens beschlagnahmte man für das Deutsche Reich allein im Jahre 1940 etwa 100.000 Tonnen Getreide, 100.000 Schweine, 100 Millionen Eier und 10.000 Tonnen Butter (Castro 1959, 279).

Auf Polen folgte NORWEGEN. Aus Furcht vor einer längeren Blockade ihrer Küsten hatten sich die Norweger größere Nahrungsmittelvorräte (Stockfisch, andere Trockenfische, Mehl, Kartoffeln, Reis, Kaffee, Tee und Schokolade etc.) organisiert. Zusammen mit ihren heimischen Produkten – Fisch, Milcherzeugnissen, Eiern, Gemüse und Früchten – glaubten sie sich erfolgreich gegen eine Hungersnot schützen zu können. Allerdings hatten die Norweger die Rechnung ohne den deutschen Wirt gemacht. Als die Nazis ins Land kamen, fielen sie – so berichtet die norwegische Journalistin Else Margrete Roed (zit. n. Castro 1959, 280) – „über uns her wie die Heuschrecken und verschlangen alles, was ihnen in den Weg kam. Wir hatten nicht nur drei- oder vierhunderttausend gierige Deutsche in Norwegen zu ernähren; die deutschen Transporter, die sie zu uns brachten, fuhren zurück, beladen mit norwegischen Nahrungsmitteln und anderen Gütern." Nach und nach verschwanden viele Nahrungsmittel vom norwegischen Markt. „Zuerst Eier, dann Fleisch, Weizenmehl, Kaffee, Sahne, Milch, Schokolade, Tee, Fischkonserven, Früchte und Gemüse, schließlich Käse und Frischmilch – alles wurde von den Deutschen weggeholt."

Darauf erlitt HOLLAND ein ähnliches Schicksal. Die niederländische Regierung hatte ebenfalls große Nahrungsmittelreserven angehäuft, um für eine eventuelle Blockade gerüstet zu sein. Nach der Besatzung des Landes durch die Nazis wurden binnen einer Woche etwa 9.000 Tonnen Butter, 90 Prozent der Gesamtreserve des Landes beschlagnahmt. In den ersten zwei Kriegsjahren verschwand ein Viertel der holländischen Viehherden, ein großer Teil der Viehweiden wurden in Felder umgewandelt, um Ölfrüchte anzubauen. Während der gleichen Periode sank die Zahl der Schweine von 1,8 Millionen auf 490.000, die Zahl der Hühner von 33 Millionen auf nur drei Millionen (Castro 1959, 280).

Auch den mit Deutschland verbündeten Satellitenstaaten wurden Ablieferungszwänge von Nahrungsmitteln aufoktroiert. BULGARIEN, RUMÄNIEN, UNGARN waren gezwungen, dem Deutschen Reich Nahrungsmittel zu liefern, zum Teil weit über die Grenzen ihrer Produktionsmöglichkeit hinaus. Boris Schub (zit. n. Castro 1959, 281) schreibt dazu in seinem Buch „Starvation over Europe": „Die Größe ihrer erzwungenen Kontributionen für die deutschen Silos und Kühlhäuser kann in ihren abnehmenden Brot- und Fleischrationen gemessen werden; ihre Regierungen wurden ständig von Berlin erinnert, daß ihr Volk noch zu viel aß, als daß es dem Reich gefallen könne".

All diesen Ländern wurden weiters viele Arbeitskräfte entzogen, die ins Nazi-Wirtschaftssystem eingegliedert wurden. Ausdrücklich und ausgeprägt wurde solch „organisierter Hungers" in der *UdSSR* angewandt.

Es werden „viele zehn Millionen von Menschen ... sterben oder nach Sibirien auswandern müssen"

Gezielt verfolgt wurde die eingeschlagene Politik beim Überfall auf die UdSSR im Juni 1941 (Unternehmen „Barbarossa"). Gemeinsam und von langer Hand war sie von Militärs, dem Wirtschafts- und Ernährungsministerium, der Industrie und den Großbanken geplant und vorbereitet worden. Eine wichtige Formel für die ökonomischen Ziele im Osten ist anlässlich einer Besprechung der Staatssekretäre am 2. Mai 1941 zu Papier gebracht worden. In einer Aktennotiz über das Ergebnis dieser Besprechung steht: *„Der Krieg ist nur weiterzuführen, wenn die gesamte Wehrmacht im 3. Kriegsjahr aus Rußland ernährt wird. Hierbei werden zweifellos zig Millionen Menschen verhungern, wenn von uns das für uns Notwendige aus dem Lande herausgeholt wird."* (Zit. n. Messerschmidt, in: Heer/Naumann 1995, 558). Mit Kalkül wurde nur wenig später am 23. Mai 1941 in den allgemeinen wirtschaftspolitischen Richtlinien für die „Gruppe Landwirtschaft" der Wirtschaftsorganisation Ost festgehalten: *„Die Bevölkerung der Waldzone (vorwiegend Weißrussland, J.N.) wird, insbesondere in den Städten, größte Hungersnot leiden müssen. ... Versuche, die Bevölkerung vor dem Hungertod dadurch zu retten, daß man aus der Schwarzerdezone Überschüsse heranzieht, gehen nur auf Kosten Europas und unterbinden die Durchhaltemöglichkeit und Blockadefestigkeit Deutschlands im Krieg. Hierüber muß absolute Klarheit herrschen."* (Zit. nach:

Messerschmidt, in: Heer/Naumann 1995, 558). Der amtierende Ernährungsminister Herbert Backe hatte den Ehrgeiz, für das deutsche Volk und das Ostheer acht bis zehn Millionen Tonnen Getreide aus der Ukraine herauszupressen. Was dies für die Betroffenen bedeutete, hielt Backe, selbst in Russland groß geworden, in einer Stellungnahme an seine Landwirtschaftsführer im Osten fest: *„Armut, Hunger und Genügsamkeit erträgt der russische Mensch schon seit Jahrhunderten. Sein Magen ist dehnbar, also kein falsches Mitleid."* (Zit. nach: Janßen 1991, 46). In den Richtlinien für die Wirtschaftsorganisation Ost hieß es, in den nördlichen Gebieten würden *„viele zehn Millionen von Menschen"* überflüssig werden und *„sterben oder nach Sibirien auswandern müssen"*.

Himmler soll schon Anfang 1941 die Dezimierung der Slawen um dreißig Millionen als ein Ziel des Unternehmens „Barbarossa" genannt haben. Letztlich sollte es darum gehen, den Raum zwischen Weichsel und Ural langfristig für hundert Millionen germanische Siedler zu erschließen.

Der Berliner Agrarwissenschaftler Konrad Meyer, SS-Standartenführer im Reichssicherheitshauptamt, arbeitete dem „Reichskommissar für die Festigung deutschen Volkstums" zu. Bis Mai 1942 legte er einen Plan zur Aufteilung der eroberten Ostgebiete vor, der für eine Zeit von 25 Jahren angelegt war. Neben schon eingegliederten polnischen Gebieten sollte das Gebiet um Leningrad – über den Boden dieser Stadt sollte, so das formulierte Ziel, dereinst der Pflug gezogen werden – zum Ingermanland werden und die Krim zum Gotengau. Hierher wollte Hitler die Südtiroler bringen. Verwaltungsmäßig sollten die Gebiete den Status einer *Mark* erhalten, ebenso Bialystock/ Westlitauen. Meyer hatte dazwischen[36] entlang der Bahnen und Autostraßen „Siedlungsstützpunkte" als Vorposten zum weiteren Vordringen auf sowjetisches Gebiet vorgesehen. Diese sollten vorläufig „nur" zu 25 % eingedeutscht werden (Janßen 1991, 46). Nach einem anderen Siedlungsprogramm der Deutschen Arbeitsfront sollten von Jahr zu Jahr und in vier Stufen eine geschlossene Siedlung nach der anderen gegen Osten vorgeschoben im Laufe von hundert Jahren das ganze Gebiet bis zum Ural eingedeutscht werden.

In grausamer Konsequenz wurde auf die Ausbreitung von Seuchen abgezielt: Auf keinen Fall sollten die Arbeitssklaven geimpft werden. Im Ostministerium überlegte man sich, ob nicht durch die Industrialisierung im Baltikum „die rassisch unerwünschten Teile der Bevölkerung verschrottet werden könnten." Hitler selbst wollte eine strikte Geburtenkontrolle verwirklicht sehen und stellte sich im Osten einen „schwungvollen Handel mit Verhütungsmitteln" vor (Janßen 1991, 46).

Vollständig bis zu ihrem bitteren Ende ließen sich solch wahnwitzige Pläne nicht verwirklichen. Doch für jene Bevölkerungsteile, die am Unternehmen „Barbarossa" zu leiden hatten, waren sie schlimm genug. Beim Vormarsch in der Ukraine beschaffte sich die Wehrmacht die Grundnahrungsmittel zur eigenen Verpflegung „selbstverständlich" laufend vor Ort. Der Nachschub aus dem Deutschen Reich war begrenzt. So wurden private Vorräte beschlagnahmt und es mussten Lebensmittel, „deren Verwendung durch die Zivilbevölkerung nicht erwünscht ist, wie Zucker, Kaffee, Mehl, Marmelade usw. der Wehrmacht übergeben werden." Der einheimischen Bevölkerung blieben die unappetitlichen Krumen. Die zivilen lokalen Arbeitskräfte, auf die man angewiesen war, sollten sich, so Göring, „von Katzen und Pferden" ernähren. „Nichtverwertbares Blut, Abfallfett, ungenießbare Innereien und andere verdorbene Lebensmittel" sollten an die arbeitende Zivilbevölkerung abgegeben werden, Pferdelazarette ihre „gefallenen und an Krankheit gestorbenen Pferde zu Verfügung stellen". Lediglich der Fischfang in Teichen wurde freigegeben (zit. nach: Boll/Safrian, in: Heer/Naumann 1995, 285).

In Charkow (Ukraine) beispielsweise hatte im Januar 1942 ein Drittel der 300.000 noch in der Stadt Verbliebenen an großem Hunger zu leiden, täglich verhungerten weitere Menschen. Für die Überlebenden standen bis zur nächsten Ernte gerade noch 100 Gramm Getreide pro Person und Tag zur Verfügung, alles andere war von den Besatzern geplündert worden (Boll/Safrian, in: Heer/Naumann 1995, 285 f.). Kälte und Krankheiten verstärkten die Auswirkungen des durch die Politik des Plünderns verursachten Hungers. Diese selbst war nicht mehr auf bestimmte Gruppen ausgerichtet. „Weder ethnische Zugehörigkeit noch politische Überzeugung, weder angstvolle Passivität noch aktive Kollaboration konnte die Zivilbevölkerung davor bewahren, jederzeit nach der taktischen Lage zum Objekt von Repressalien zu werden. Sie war in ihrer Gesamtheit zur Geisel der Wehrmacht geworden." (Boll/Safrian, in: Heer/Naumann 1995, 289).

Mord an Kriegsgefangenen durch Hungertod[3]

Auf beiden Kriegsseiten wurden viele Gefangene katastrophal und direkt oder indirekt dem Hungertod ausgesetzt. Seit dem Angriff auf die Sowjetunion

1941 sollen bis Februar 1942 nahezu 60 % der russischen Kriegsgefangenen gestorben sein, das heißt ca. zwei von 3,35 Millionen Menschen.[4] Insgesamt kamen von den über fünf Millionen sowjetischen Gefangenen weit über 3 Millionen ums Leben. Hunger, Durst, Erschöpfung, Seuchen, Vernichtung durch Arbeit und direkte Ermordung waren ihre Todesursachen. Mangelernährung und ihre Folgen dürften die Haupttodesursache gewesen sein.[5]

Auf engstem Raum zusammengepfercht waren sie gezwungen ihre Notdurft zu verrichten, wo sie gerade standen. Über ein Lager in Minsk berichtet Ministerialrat Dorsch im Juli 1941 dem Minister für die besetzten Ostgebiete, Rosenberg,: *„Die Kriegsgefangenen, bei denen das Verpflegungsproblem kaum zu lösen ist, sind teilweise 6 bis 8 Tage (sic!) ohne Nahrung und kennen in einer durch den Hunger hervorgerufenen tierischen Apathie nur noch eine Sucht: zu etwas Eßbarem zu gelangen."*[6] Als im November 1941 Kriegsgefangene in großem Umfang „der Erschöpfung anheimfielen", brachte dies der Chef der Heeresgruppe Mitte zur Sprache und der Generalquartiermeister General Wagner meinte lapidar: *„Nichtarbeitende Kriegsgefangene in den Gefangenenlagern haben zu verhungern. Arbeitende Kriegsgefangene können im Einzelfalle auch aus den Heeresbeständen ernährt werden. Generell kann auch das angesichts der allgemeinen Ernährungslage nicht befohlen werden."* (Zit. nach: Messerschmidt, in: Heer/Naumann 1995, 558 f.). Selbst jene Offiziere, die Hitler äußerst distanziert gegenüberstanden, ja ihn sogar hassten, wie z.B. der spätere Widerstandskämpfer Helmuth Stieff, berichten von ihrer Verrohung unter den damaligen Umständen. *„Es ist schon besser, die Bevölkerung verhungert und erfriert als wir"*, schrieb er im November 1941, *„man wird entsetzlich roh ..."*[7]. Auch was Zwerenz (1989, 188) aus einem Gefangenenlager berichtet, bestätigt dies: *„Mit den Händen holten sie die Brotbrocken aus seinem Rachen und steckten sie sich selbst in den Mund, und dann schlugen sie ihn mit den Holzschuhen kaputt und warfen ihn zu den Toten."*

Leningrad 1941-1944: eine Hölle in absoluter Kälte

1944 in Leningrad wurden die Menschen nicht glühenden Kohlen und heißen Flammen ausgesetzt, wie es dem Bild der Hölle entspräche. In eisiger Kälte wurden sie mit beißendem Hunger gepeinigt gemäß Hitlers Order vom Januar 1942: „Wir stürmen Leningrad nicht, Leningrad wird sich selber auffressen!" (Blockade Leningrad, 1992, 147).[8] Rund 900 Tage, seit Herbst 1941, hatten die Nazis die Stadt belagert und ausgehungert, ohne sie je einnehmen zu können. Hitler wollte die Stadt, die Wiege der russischen Revolution, dem Erdboden gleichmachen. Stalin dagegen wollte das ehemalige Petersburg (heute trägt die Stadt wieder diesen Namen), unter allen Umständen halten (vgl. NZZ v.17.Apr. 1993, 31), bzw. genauer gesagt: zumindest Teile ihrer Bewohnerschaft sollten unbedingt durchhalten. Nachdem im September 1941 die deutsche Invasion vor Leningrad gestoppt worden war, hatte die Naziführung befohlen: Vernichten durch Aushungern.

Wie viele Menschen dieser Strategie zum Opfer fielen, wird nicht mehr genau festzustellen sein. Es wird von einem Drittel bis zur Hälfte der in der Stadt Verbliebenen gesprochen. Die Bevölkerung Leningrads soll vor Kriegsbeginn 2,5 bis 4 Millionen gezählt haben. So wird geschätzt, dass über eine Million Menschen verhungerten. Die des Öfteren genannte Zahl 600.000 dürfte zu niedrig sein.[9] Augenzeugen vermuten weit mehr und meinen, dass „nicht 600.000, sondern zwei (oder mehr?) Millionen Menschen auf den Straßen und in den kalten Häusern" umkamen. Wie viele allein bei der Evakuierung oder Flucht aus Leningrad über den zugefrorenen Ladogasee, der „Straße des Todes" – nach dem Krieg wurde sie euphorisch in „Straße des Lebens" umbenannt –, bei Bombenangriffen starben, erfroren, ertranken, „das weiß Gott allein!" (Blockade Leningrad, 1992, 31 und 195).

Schon im ersten Kriegswinter 1941/42 waren sehr viele Menschen umgekommen, im Oktober 1941 die Ersten verhungert. Bald war kein Hund, keine Katze, keine Taube mehr in der Stadt zu finden, auch die Mäuse verhungerten ab dem Moment, als man das wenige noch vorhandene trockene Brot in Säcken aufhängte und so für die Nager unerreichbar machte. War ein Familienmitglied verstorben, legte man dieses oft in ein kaltes Zimmer und ließ die Leiche wochenlang liegen und konnte so wenigstens deren Lebensmittelkarte verwenden, um an eine weitere minimale Brotration zu kommen. Ein Augenzeuge berichtet: *„Die Körper der Gestorbenen verwesten lange nicht, sie waren so ausgetrocknet, daß sie eine ganze Weile liegen bleiben konnten. Die Familien der Toten begruben ihre Toten nicht, weil sie ihre Karten bekamen. Vor den Leichen hatte keiner Angst. Verwandte wurden nicht beweint, denn keiner hatte Tränen."* (Zit. nach: Blockade Leningrad, 1992, 33 und 165).

Mitte Dezember 1941 – so der britische Journalist und Historiker A.Werth als Augenzeuge der Arbeitsverhältnisse in den Kirov-Werken – *„brach alles* *zusammen. Es gab keinen Brennstoff, keinen elektrischen Strom, keine Lebensmittel, keine Straßenbahnen, kein Wasser, nichts. In Leningrad hörte die Produktion praktisch auf. In dieser schrecklichen Lage mußten wir bis zum 1. April ausharren. Zwar kamen im Februar Lebensmittel über die Eisstraße nach Leningrad. Wir brauchten aber noch einen vollen Monat, ehe wir wieder einen nennenswerten Ausstoß erreichen konnten. ... Die Leute froren und hungerten schrecklich. Viele starben während dieser Zeit, meist waren es unsere Besten – hochqualifizierte Facharbeiter, die ein Alter erreicht hatten, in dem der Körper solchen Strapazen nicht mehr gewachsen ist. ... Die Leute waren vom Hunger so geschwächt, daß wir im Werk Herbergen einrichten mußten, wo sie dann bleiben konnten. ... Ende November mußten wir eine Versammlung einberufen, um die Herabsetzung der Brotration von 400 auf 250 Gramm für die Arbeiter und auf 125 Gramm für andere mitzuteilen. Sie nahmen es ruhig hin, obgleich es für viele das Todesurteil war. ... Ein Großteil unserer Leute starb. Es starben so viele, und die Transportfrage war so schwierig, daß wir uns entschlossen, hier einen eigenen Friedhof einzurichten."* (Zit. nach: Eggebrecht et al. 1980, 380).

Neben Brot gab es keine Lebensmittel mehr und dieses bestand aus einem lediglich schlechten Gemisch. Der Anteil an Zusätzen (schimmeliges Mehl, Baumwollsamenkuchen, Zellulose) stieg im November 1941 auf 68 Prozent (vgl. Grafik 36).

Ende November 1941 wurden offiziell 11.085 Hungertote registriert. Tatsächlich lag die Zahl wesentlich höher, denn viele wurden in Massengräber gelegt, über die keine Statistiken geführt wurden. Zum Teil wurden mit den Toten noch Lebende beerdigt. Ein Augenzeuge, der beobachtete, wie Leichen von einem vollen Wagen in eine Grube geworfen wurden, schildert: *„Einer hat sich noch bewegt. Ich bin zu den Totengräbern gerannt und habe gesagt: Einer lebt noch! Aber sie haben geantwortet: Junge, kümmere dich nicht um fremde Angelegenheiten. Das ist dir bloß so vorgekommen. Selbst wenn er noch leben sollte, macht er's sowieso nicht mehr lange, er hat keine Lebensmittelkarte mehr. Stör uns nicht bei der Arbeit."* (Zit. nach: Blockade Leningrad, 1992, 188 und 252). Extrem war die Sterberate an einigen Tagen im Februar 1942. Durch die ungeheure Kälte barsten selbst die ganz wenigen noch funktionierenden Wasserleitungen, welche die Bäckereien versorgten. Zwei bis drei Tage blieb deshalb die Stadt völlig ohne Brot, d. h. ganz ohne Nahrung (Blokkade Leningrad, 1992, 165).

Der unvorstellbare Mangel an Essbarem führte zu allen möglichen Versuchen, den Hunger zu überwinden. In der Not wurden Tapeten von den Wänden gerissen, um aus dem Kleister Gelee zu kochen. Ein Zehnjähriger zeichnete Speisen, um sein Hungergefühl zu verarbeiten. Er wurde später Maler. Viele andere verhielten sich weniger harmlos. Von Diebstahl bis Kannibalismus findet sich eine ganze Palette von weiteren, fast zu „erwartenden" Reaktionen: *„Die Jungs, die am meisten unter dem Hunger litten (sie wuchsen und brauchten mehr als andere), warfen sich förmlich auf das Brot. Sie rannten mit ihrer Beute nicht einmal weg, sie wollten nur soviel wie möglich verschlingen, bevor man es ihnen wieder wegnahm. In Erwartung von Prügeln schlugen sie ihre Mantelkragen hoch, legten sich auf das Brot und aßen so schnell sie konnten. Zu Hause auf den Treppen warteten schon die nächsten Diebe, die den Schwachen Lebensmittel, Karten und Pässe abnahmen. Besonders schwer hatten es die Alten. Waren die Karten einmal geklaut, konnte man keine neuen beantragen."* (Zit. nach: Blockade Leningrad, 1992, 28). *„Frauen sollen Kinder, die zu Waisen geworden waren, zu sich genommen, deren Lebensmittel-*

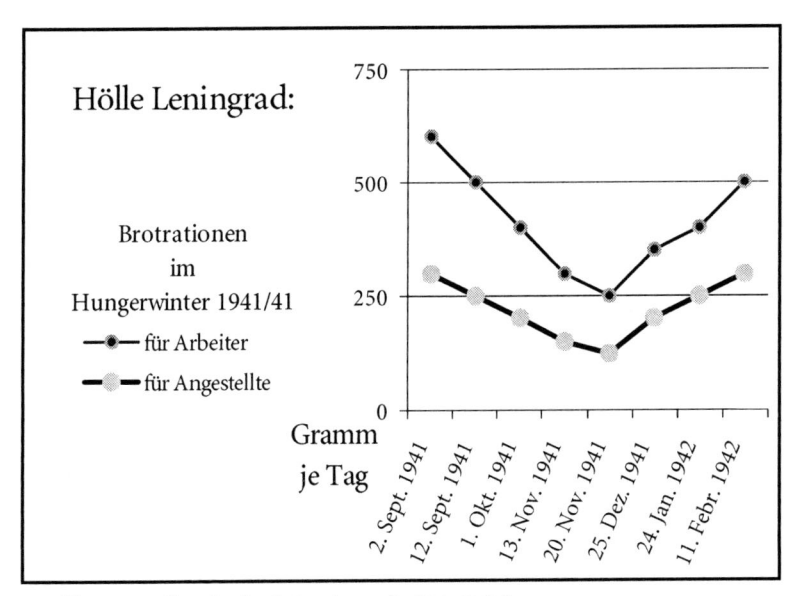

Hölle Leningrad:

Brotrationen
im
Hungerwinter 1941/41
—●— für Arbeiter
—●— für Angestellte

Gramm
je Tag

Grafik 36, Quelle: Blockade Leningrad 1992, 252 f.

karten verwendet, die Kleinen aber nicht ernährt haben. In Hinterzimmern mussten sie verhungern. Das – so schreibt der Augenzeuge Lichatschow – „war auch eine Form von Menschenfresserei, eine der schrecklichsten."[10]

„*Leningrad wird sich selber auffressen."* Das war die grausame Absicht der Naziführung. Tatsächlich wurden einige vor Verzweiflung so weit getrieben. Und manche überlebten „*nur deshalb, weil sie sich zwangen, die Toten zu essen"* (Tannahill 1979, 178). In „Blockade Leningrad 1941 – 1944" (1992, 29) wird Kannibalismus dokumentiert, ebenso von Dmitri Lichatschow, einem Literaturwissenschaftler, Kunsthistoriker und Mitglied der Akademie der Wissenschaften, in seiner autobiografischen Aufzeichnung: „Wie wir am Leben blieben" (1997, 239-311).[11] Erinnernd reflektiert er: „*Die Menschenfresserei begann. Von den Leichen, die auf der Straße herumlagen, wurden die weichen Teile abgeschnitten. Zuerst wurden die Leichen entkleidet, und dann schnitt man alles bis auf die Knochen ab. Sie hatten kaum Fleisch. Diese verstümmelten, nackten Leichen waren entsetzlich."* Entschuldigend meint er allerdings dazu: „*Die Menschenfresserei darf man nicht von oben herab verurteilen. In den meisten Fällen geschah das nicht bewußt. Derjenige, der das Fleisch abgeschnitten hatte, aß es nur selten selbst. Entweder verkaufte er das Fleisch, unter falschen Angaben, oder aber er gab es seinen Verwandten, um ihnen das Leben zu retten. Das wichtigste am Essen war jedoch das Eiweiß. Wenn dein Kind stirbt und du weißt, daß nur Fleisch es retten kann, dann schneidest du auch welches von einer Leiche ab. ..."*

Es wird aber auch von weit egoistischeren Absichten erzählt. In einem ORF-Interview berichtete eine Leningraderin, welche die Belagerung er- und überlebt hatte, dass sie selbst einen Mann gekannt habe, der seine beiden Töchter umbringen und auffressen wollte.[12] Auf dem so genannten Heumarkt, seit jeher Mittelpunkt krimineller Umtriebe in Leningrad, hatten Schwarzhändler gebratene Fleischbällchen verkauft, von denen man geahnt habe, dass sie wohl aus Menschenfleisch hergestellt worden sind. Auch Lichatschow berichtet darüber: „*Aber es gab auch Kriminelle, die Menschen umbrachten, um ihr Fleisch zu verkaufen. In dem riesigen roten Haus der früheren Gesellschaft für Menschenliebe an der Ecke Seljoninaja-Straße/Gesslerowskaja geschah folgendes Verbrechen: Jemand verkaufte dort angeblich Kartoffeln. Der Käufer wurde gebeten, unter das Sofa zu schauen, wo die Kartoffeln liegen sollten, und wenn er sich bückte, bekam er mit dem Beil einen Schlag ins Genick. Das Verbrechen wurde von einem Käufer enthüllt, der auf dem Fußboden Blut-*

spuren entdeckte. Man fand die Knochen vieler Menschen. Auf diese Weise wurde eine Angestellte des Verlags der Akademie der Wissenschaften aufgegessen – Frau Wawilowa. Sie ging weg, um Fleisch zu kaufen (ihr wurde eine Adresse genannt, wo man angeblich Sachen gegen Fleisch eintauschen konnte), und kehrte nicht zurück. Sie kam in der Nähe des Sytny-Markts ums Leben. Sie sah verhältnismäßig gut aus. Wir hatten sogar tagsüber Angst, die Kinder auf die Straße zu lassen."[13]

Mitten in dieser Hungerzone bestand, nach Berichten in „Blockade Leningrad 1941-1944" (1992, 165),[14] eine Oase des Überflusses. In „Smolny", dem Sitz der Leningrader Führung, soll es *„so hell wie in einem Theater ... und wunderbar warm"* gewesen sein und die hohen Parteikader sollen sich an Ruhmkugeln und anderen Produkten von streng geheim gehaltenen Sonderbäckereien ergötzt haben. Auch dies ist, um die Worte von Lichatschow wieder zu geben, als *„eine Art von Menschenfresserei"* zu bezeichnen.

Die holländische Hungersnot von 1944/45

In den Wirren des zu Ende gehenden Zweiten Weltkrieges führte eine geradezu klassische Blockade als Rache gegenüber Westholland zu einer gewaltigen Hungersnot. Nachdem Paris am 25. August 1944 und Brüssel am 3. September 1944 von den Alliierten befreit worden waren, feierten die Holländer am 5. September 1944 in den Straßen von Rotterdam, Amsterdam, Den Haag und Haarlem den in Kürze erwarteten Einzug der alliierten Truppen und den Sieg über Nazi-Deutschland. Noch sollte die Vorfreude nicht das Erhoffte einläuten, sondern im Gegenteil äußerst bitter enden. Vorerst konnte nur Südholland befreit werden. Praktisch erst mit Kriegsende war es auch für Westholland nach weiteren acht langen, leidvollen Monaten so weit.

Im September 1944 hatte der englische General Montgomery mit Luftangriffen auf Arnheim (Ostholland) begonnen. Er wollte mit dieser Aktion ins Ruhrgebiet eindringen. Sie misslang. Als die Exilregierung in London für die holländischen Eisenbahnen zudem den Generalstreik ausrief, um die deutschen Wehrmachtstransporte zu behindern, rächte sich der für Holland zuständige Nazi-Reichskommissär Seyß-Inquart. Sofort ließ er alle Lebensmittelverschiebungen innerhalb West-Hollands verbieten. Die großen Städte Amsterdam, Rotterdam, etc. waren somit von Nahrungsmitteln und Energie abgeschnitten[15] und rund 4,5 Millionen Menschen ohne Nahrungsmittelzufuhr. Nach der ohnedies kriegsbedingten schlechten Versorgung – seit der Invasion der Deutschen im Mai 1940 wurden etwa 60 Prozent der landwirtschaftlichen Erzeugnisse Hollands für die deutsche Armee exportiert – sank die Kalorienzuteilung binnen kürzester Zeit. Werden für die Zeit vor der Blokkade als Zuteilungsmengen an die Bevölkerung „noch" 1.200 Kalorien/Tag angegeben, so sank im Herbst und Winter 1944/45 die Kalorienmenge auf unglaubliche 320 (März 1945) oder nur mehr auf ein Zehntel dessen, was ein arbeitender Mensch täglich braucht. Die Eiweißmenge sank auf 10 bis 15 Gramm/Tag, der Verbrauch von Fett fiel von 30 auf 2,5 Gramm.[16] Viele Menschen bekamen ein Hungerödem. Im schlaff gewordenen Zellgewebe von Hungernden sammelt sich Wasser an, was das charakteristische Aufgeschwemmt-Werden bewirkt. Die höchsten Sterberaten sind bei Kindern unter 14 Jahren und bei älteren Menschen zu finden. Da so viele starben und sogar "das Holz für die Särge knapp wurde, [waren] in den Kirchen lange Reihen von Verstorbenen sichtbar aufgebahrt" worden.[17] In verschiedenen Städten wurden so genannte „starvation hospitals" eingerichtet. In ihnen konnten sich besonders Ausgemergelte eine Zeit lang „erholen".[18]

Zur gleichen Zeit verfaulten auf Befehl Seyß-Inquarts in den nordöstlichen Provinzen Hollands die Kartoffeln. Sie durften nicht in den Westen gebracht werden, um die Not der Hungernden in Rotterdam, Amsterdam, Utrecht, Dordrecht, Delft, Haarlem, Den Haag, etc. zu lindern (Kingston/Lambert 1980, 87). Der Nazi-Terror zeigte sich nochmals in seiner ganzen Grässlichkeit.

10.000 verhungerten, 200.000 bis 250.000 Menschen waren allein in Westholland im Mai 1945 „kachektisch oder hatten Hungeroedeme" (Schenck 1965, 53). Allerdings: „Had the German occupying forces held out another two or three weeks against the Allied attack, nothing could have saved hundreds of thousands in the towns of the western Netherlands from death from starvation." (Davis 1992, 82). Zumindest soweit kam es glücklicherweise nicht mehr. Anfang Mai war der Widerstand der Nazis endgültig zusammengebrochen.

Die biafranische Katastrophe (1967–1970)

Ende der 1960er-Jahre erlitt in Biafra eine ganze Bevölkerung eine extreme Hungersnot wiederum auf Grund der Strategie des Aushungerns durch den politischen und militärischen (Bürger-) Kriegsgegner.

Biafra, jener Teil Nigerias, in dem auch die reichen Erdölvorkommen zu finden sind, wollte sich infolge permanenter Bedrohung vom Land loslösen und einen eigenen Staat gründen. Im Juni 1967 begann Nigeria mit offenen Kampfhandlungen, die rund zweieinhalb Jahre dauern und für Biafra in einem Desaster enden sollten. Bereits Ende 1967 zeichnete sich eine Hungerkatastrophe ab: Biafra hatte die Kontrolle über die wichtigsten Nahrungsmittel-Überschussgebiete im Nordwesten des Landes verloren.

Mit Ausnahme des ägyptischen Niltals zählte das Kerngebiet von Biafra (mit bis zu 700 Menschen pro Quadratkilometer) zu den am dichtest besiedelten Regionen Afrikas. Vom September 1968 an bestand das Territorium Biafras meist nur noch aus einem Streifen von ca. 150 bis 200 Kilometern Länge und oft nur 50, an manchen Stellen 100 Kilometer Breite. Auf diesem engen Raum von ca. 15.000 bis 25.000 Quadratkilometern (je nach Frontverlauf) waren rund zehn bis vierzehn Millionen Biafraner zusammengedrängt.[19] Sie waren aus den im Krieg verloren gegangenen Gebieten geflohen. Trotz dieser extrem hohen Bevölkerungsdichte sollte so viel Nahrung als möglich produziert werden. Die Regierung Biafras startete im Januar 1969 ein so genanntes „Land-Army"-Programm, durch welches die Leute zum Nahrungsmittelanbau auf ungenutzten Brach- und Restflächen motiviert werden sollten. Außerdem wurden die Gemeinden verpflichtet, einen Teil ihres kommunalen Landes zu bebauen und die Hälfte der Erträge an die Stadt zu verkaufen. Es war ein verzweifelter Versuch der Hungerfalle zu entkommen. Der Kampf gegen den Hunger war, zumal keine Düngemittel zur Verfügung standen, nicht zu gewinnen, umgekehrt verschärfte er das ohnehin schon bestehende Erosionsproblem zusätzlich.

Vorübergehend sollte eine lebenswichtige Unterstützung für die Hungernden aus der Luft kommen. Das Internationale Komitee des Roten Kreuzes (IKRK) und die christlichen Hilfsaktionen (Joint Church Aid) versorgten mit nächtlichen Hilfsflügen die eingekesselte Bevölkerung Biafras. Das IKRK stellte diese im Juni 1969 wieder ein, nachdem eine ihrer Maschinen abgeschossen worden war. Die Nigerianische Regierung betrachtete – da sie selbst das Aushungern gezielt als Mittel der Kriegsführung eingesetzt hatte – jede Hungerhilfe als militärische Unterstützung des Gegners. Andererseits war von der biafranischen Regierung die Hungernotlage auf der internationalen Bühne auch propagandistisch ausgenützt worden. Die Nahrungsmittelhilfe wurde strategisch verwendet, ein Teil gelangte in die Hände der Armee.

"Das klassische Dilemma jeder Nothilfe in Kriegssituationen – daß sie auch dazu beiträgt, Krieg und Leiden zu verlängern – trat in Biafra besonders kraß zutage. Die Legitimation für die Fortsetzung der Hilfe bildete die Tatsache, daß der ‚quick kill' Biafras ausblieb." (Harneit-Sivers 1992, 288).

Als nach dem Einstellen der IKRK-Hilfsflüge nur mehr die kirchlichen Hilfsorganisationen nach Biafra flogen, verschlechterte sich die Versorgung im Herbst 1969 weiter rapid. Nicht einmal mehr die Armee vermochte die regelmäßige Versorgung der Soldaten sicherzustellen. Bereits im September 1969, so berichtet der biafranische Oberbefehlshaber, *"hatten wir ein Stadium erreicht, in dem ein Soldat glücklich war, wenn er sich einer guten Mahlzeit in zwei Tagen sicher sein konnte."* (Madiebo, zit. n. Harneit-Sivers 1992, 287). Versprengte Soldaten zogen, teilweise in Gruppen, auf der Suche nach Nahrungsmitteln durch das Land und überfielen Hilfsgütertransporte. Die Strategie des Aushungerns hatte angefangen, einen zentralen Nerv zu treffen.

Tabelle 25: Schätzungen zu den (Hunger-)Toten des Biafrakrieges (1967-1970)

Tote zusammen	davon: Hungertote	Quelle
50.000–1 Mio.	?	Brit. Hochkomm. f.Nigeria (n: HS 92, 284)
500.000–1 Mio.	?	„Observer" (n: HS 92, 284)
600.000–2 Mio.	?	Gantzel, Schwinghammer 1995, R-250
1 Mio.	?	Harneit-Sievers 92, 285 (= HS 92)
1,5 Mio.	?	UNICEF (n: HS 92, 284)
2 Mio.	1,5 Mio.	Chr. 20. Jh., 1016
2 Mio.	?	Die Zeit v.1.II.91, 21
?	2–3 Mio.	AdG 14180
3 Mio.	?	Dike (n: HS 92, 284)

Insgesamt war ihre Wirkung weit schlimmer und hatte zu einem demographischen Desaster geführt. Presseberichten zufolge sollen zeitweise 1.000, 3.000 ja 10.000 Menschen pro Tag (!) an den Folgen des Hungers umgekommen sein.[20]

Je nach Interessenlage werden die Folgen aber äußerst heterogen beurteilt. Bei den Streitkräften bezifferte ein Sprecher der Bundesregierung die Anzahl der Gefallenen auf beiden Seiten bis zum August 1969 mit „nur" 36.000, obwohl die verlustreichsten Schlachten, die mehrheitlich die biafranische Seite getroffen hatten, zu diesem Zeitpunkt beendet waren (Harneit-Sievers 1992, 283).

Insgesamt (Zivilisten mitgerechnet) schwanken die Angaben über die Opferbilanz zwischen 50.000 und drei Millionen (!) Toten (vgl. Tab. 25). Insbesondere der britische Hochkommissar für Nigeria, Sir David Hunt, schätzte auf Grund persönlicher Recherchen und der Kenntnis von Beschäftigungsstatistiken von Firmen die Totenzahl auf nicht mehr als 100.000 Tote, ja auch nur die Hälfte davon sei möglich, weil, so Hunt, „es am Ende des Krieges schwierig war, jemanden zu finden, der gestorben war." Hunt, im Krieg ein „Super-Falke", betrachtet alle höheren Zahlenangaben nur als Nachwirkung der Kriegspropaganda Biafras. In kritischer Auseinandersetzung weist Axel Harneit-Sievers darauf hin, dass die von Hunt erwähnten Firmen-Mitarbeiter während des Krieges ein privilegiertes Bevölkerungssegment darstellten. Viele von ihnen wären beim biafranischen Staat beschäftigt (gewesen) und hätten so mehr als andere offizielle Unterstützung und einen leichteren Zugang zu Hilfsgütern erhalten. So schätzt Harneit-Sievers eine Totenzahl „in der Größenordnung von einer Million" an Opfern als „realistisch" ein (Harneit-Sievers 1992, 284 f.). Andere Quellen gehen noch weit über diese Zahl hinaus und sprechen von bis zu drei Millionen Toten. Nur ein geringer Teil der Toten unter der Zivilbevölkerung fiel unmittelbar militärischen Aktionen zum Opfer (vgl. dazu Harneit-Sievers A. 1992, 285 ff.). Hauptursache für ihr Sterben waren vielmehr der Hunger und unterernährungsbedingte Krankheiten.

Diese trafen nicht alle Bevölkerungsgruppen in gleicher Weise. So wurden Nahrungsmittel auf den Märkten bis zu Kriegsende verkauft, jedoch zu extrem hohen Preisen. Mitte 1969 etwa kostete ein Huhn in Owerri acht nigerianische Pfund, während der Monatsgehalt eines Soldaten oder eines einfachen Angestellten etwa 15 Pfund betrug. Die durchschnittliche Preiserhöhung (Inflation) zwischen 1967 und 1969 wurde auf einen Faktor von 20 bis 30 geschätzt. Am besten konnten noch jene Personengruppen, die direkt oder indirekt mit dem Handel zu tun hatten, mit den Problemen fertig werden. Laut einem US-Ärzteteam war gegen Ende des Krieges die Hälfte der Bevölkerung Biafras ganz oder weitgehend von der Nahrungsmittelhilfe abhängig, wobei – wie in einer von ihm durchgeführten Repräsentativuntersuchung nachgewiesen wurde – Kinder unter vier Jahren und Ältere (über 45) die Hauptleidtragenden waren. 42 Prozent dieser Kinder wiesen Hungerödeme (Kwashiorkor als Folge von Proteinmangel) auf und sogar 45 Prozent von den Älteren. Völlig verschont blieb keine Altersgruppe. Fast ein Drittel der Gesamtbevölkerung wurde als schwer unterernährt eingestuft (Harneit-Sivers 1992, 287 f.). Das biafranische Drama steht an der Schwelle zum Genozid.

Genozid durch Aushungern

Noch am Ende lassen sich nicht alle Fälle anführen und selbst für die folgende Darstellung an systematischer Ausrottung ist eine Beschränkung auf Beispiele notwendig. Gunnar Heinsohn z.b. hat ein ganzes Buch in lexikalischer Form allein zum Thema Völkermord und Genozid veröffentlicht (Heinsohn 1998).

In dieser Finsternis liegen Menschen, die verhungerten, weil sie nicht in ein Gesellschaftssystem passten oder Angehörige eines Volkes waren, dem schlichtweg die Existenzberechtigung abgesprochen wurde. Viel zu viele hatten ein solches Schicksal in den letzten 150 Jahren zu durchleiden. Ob sie wohl in Höhlen noch unterhalb der Hungertoten-Unterwelt lägen?

Vom Hunger in russischen Gulags

„Diese Menschen könnten sterben!" – *„Was für Menschen?"* fragte der Vertreter der Lagerverwaltung lächelnd. *„Dies sind Feinde des Volkes."* (Zit.n. Conquest, Terror 1992, 371).

Was sich in den stalinistischen Lagern der UdSSR in den 1920er-Jahren und dann bis herauf in die 1980er-Jahre abspielte, kann diese Episode vielleicht erahnen lassen. Millionen Menschen gingen „*allmählich bei schwerer Arbeit und Hunger in der arktischen Kälte zu Grunde.*" (Conquest 1992, 371). Wie viele genau, wissen wahrscheinlich nicht einmal die „Lagerwärter".

Oft wird in der Literatur von 15 bis 20 Millionen Menschen genannt. Rummel gibt für den gesamten Zeitraum seit der Russischen Revolution (1917) bis 1987 die schier unglaubliche Zahl von knapp 40 Millionen Menschen an, die in sowjetischen Konzentrations- und Arbeitslagern ums Leben kamen[21] und Stalins Ära sticht heraus. Millionen Menschen fristeten unter der damaligen Diktatur, zerstreut über die ganze UdSSR (vgl. Grafik 37), ein menschenunwürdiges Dasein. „*Wenn man Zahlen wie zehn Millionen nannte, dann hatten viele das instinktive Gefühl, daß dies nicht mit dem gesunden Menschenverstand in Einklang stehe und der normalen Vorstellungskraft widerspreche. Und das tut es natürlich auch. Doch schließlich glaubte man oft auch nicht, daß Stalin tatsächlich so handelte, gerade weil es so unglaublich erschien. Sein ganzer Führungsstil beruhte darauf, daß er das tat, was zuvor als moralisch oder physisch undenkbar angesehen worden war.*" (Conquest 1992, 358).

„Von den Jahren nach der Revolution bis zu den letzten der UdSSR stimmen alle Beschreibungen überein: Die sowjetischen Lager waren zwar nicht immer Todeslager, aber in ihnen herrschte fast immer der Hunger."[22] Mit dieser Feststellung beschreiben Korek und Rigoulot in ihrem Buch „Das Jahrhundert der Lager" eine Situation, die wohl kaum bestritten werden kann. Hunger war in der Tat eine Dauerkonstante im Lagerleben. Er begann meist schon bei der „Verfrachtung" in die Lager. Augenzeugen, die dem System entkommen konnten, berichteten, dass auf dem Transport in das Arbeitslager jeweils etwa 80 Menschen in einen Güterwagon gepfercht worden seien und dann von ein wenig Brot und einem Esslöffel Zucker pro Tag haben leben müssen. Die schwerste Entbehrung sei der Wassermangel gewesen. So seien die ersten Verhafteten schon auf dem Transport ins Lager gestorben (Conquest 1992, 362).

Hunger, Kälte (z.T. auch Hitze), Prügel und Demütigungen war das Los von Millionen Frauen, Männern und selbst Kindern in den Lagern. Bisweilen – so berichteten Augenzeugen – gab es bei der Ankunft im „Lager" nichts als eine Tafel mit der Lagernummer. Die Sträflinge gruben sich Löcher, um darin zu leben, und bedeckten sich mit Zweigen und Erde. Um die Ernährung war es nicht besser bestellt. Oft bestand sie nur aus rohem, mit Wasser verrührtem Roggenmehl.

Der Archipel Gulag

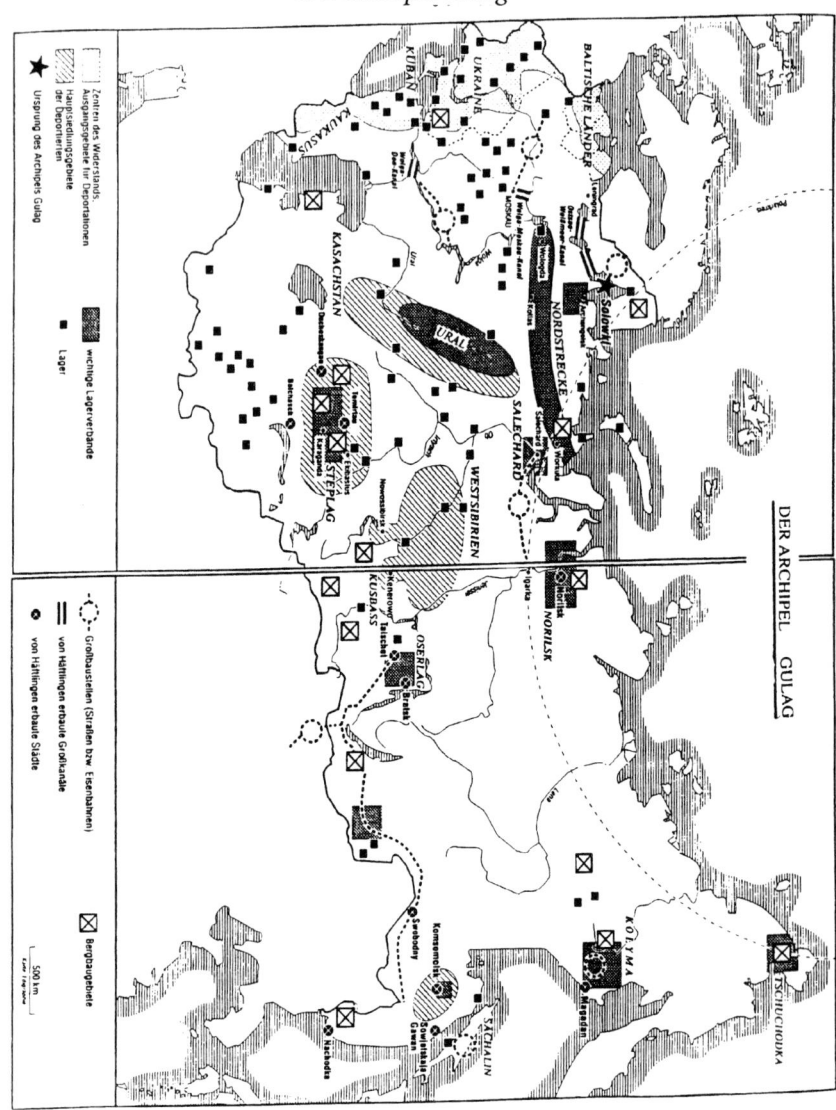

Grafik 37, Quelle: Courtois 1998, 46 f.

Generell benutzten die Kommandanten in den Lagern gegenüber den Häftlingen ein „Normsystem", das heißt, die Lebensmittelzuteilung an die Häftlinge war von der Arbeitsleistung abhängig: Für Leistungen von mehr als 100 Prozent der Arbeitsnorm gab es die höchsten Rationen, für 100 Prozent Leistungserfüllung schon weniger, lag man unter der 100 Prozent Marke, gab es starke Strafkürzungen, die Lebensmittelzuteilung konnte dabei bis zu einem Drittel der schon geringen Höchstration zusammenschrumpfen. Je nach Lager waren allerdings die zugeteilten Normmengen verschieden. Conquest (1992, 386 f.) führt einige Beispiele aus verschiedenen Orten an. In einem Lager im Kolyma-Gebiet bekamen die Männer, die täglich zwölf bis 16 Stunden schwere körperliche Arbeit leisten mussten, – davon acht Monate im Jahr in eisiger Kälte – als Tagesrationen zwischen 300 und 930 Gramm Brot aus teilweise verdorbenem Brot (vgl. Tab. 26a-d in Fußnote 23).

Solch geringe Zuteilungen sind ein Hinweis, wie wenig ein Menschenleben im Gulag wert war. Die Menschen mussten sich ihr Überleben im Angesicht des Hungertodes permanent erkämpfen. Wer – gleich aus welchem Grunde – nicht die volle Leistung erbrachte, dem drohte der Hungertod. Wer auf eine Strafration mit nur 300 Gramm Brot heruntergesetzt wurde, dem war der Hungertod sicher, selbst eine Zuteilung von bloß 500 Gramm Brot liegt nur ganz knapp über der Hungertodgrenze. Die Häftlinge verzehrten alles, was ihnen in die Finger kam oder irgendwie essbar schien. Oft – so wird berichtet – fielen ganze Gruppen über die Abfalleimer der Küchen her. Als diese in einem Lager in die Jauchegrube neben den Latrinen geworfen wurden, sollen sie sogar dort hinein gewatet sein. Wenn das Gras wuchs, wurde jeder Halm in eine Blechdose getan, gekocht und gegessen. Speziell Intellektuelle sollen Gras öfter zu sich genommen haben. Die Folgen waren längerfristig ebenfalls tödlich. Oft sei gegen den Hunger kochend heißes Salzwasser getrunken worden, ohne große Wirkung (Conquest 1992, 390).

Für eine etwas spätere Zeit schildert Solschenizyn: *„Die Suppe war jeden Tag die gleiche; es hing davon ab, was für Gemüse man für den Winter einlagerte. Im vergangenen Jahr hatte man ausschließlich gesalzene Mohrrüben eingelagert, und so bestand denn auch die Suppe von September bis Juni aus nichts als Mohrrüben. Und in diesem Jahr Rotkraut. Die fetteste Zeit für den Lagerhäftling ist der Juni; dann ist alles Gemüse verbraucht, und man ersetzt es durch Graupen. Die magerste Zeit ist der Juli. Dann kommen zerhackte Brennesseln in den Kessel."* (Zit. nach: Conquest 1992, 389).

Die Aufseher gingen mit Häftlingen sehr unmenschlich um, ließen ihnen kaum Zeit, ihre Rationen zu sich zu nehmen: In manchen Lagern hatte der Sträfling neben Arbeit und Schlafen „nur 10 Minuten zu seiner eigenen Verfügung für das Frühstück, 5 Minuten für das Mittagessen und weitere 5 Minuten für das Abendbrot" (Conquest 1992, 369).

Die Theaterwissenschaftlerin Tamara Petkjewitsch hielt die Folgen solcher Gefangenschaft in ihren Erinnerungen fest: *„Dort hinter dem Draht waren Lebewesen, die entfernt den Menschen glichen. In der Hitze des Tages standen sie wie erstarrt. Was oder Wer ist das? Die Müdigkeit, der Schmerz, alles trat zurück vor der Tatsache, daß so was überhaupt existieren konnte. Wir kamen näher und konnten es deutlich sehen: das waren – Menschen. Es waren zehn: Skelette von verschiedener Größe, überzogen mit brauner Pergamenthaut; bis zum Gürtel nackt, mit zu leeren Hauttaschen vertrockneten Brüsten, mit kahlgeschorenen Köpfen. Außer häßlichen, schmutzigen Unterhosen hatten sie nichts an. Die Beckenknochen umrahmten eine eingefallene Leere ... Frauen?! Hat man auch uns dafür hierher gebracht?"*[24]

Die Gulags waren in der Tat Orte, an welchen „Menschen des Menschen Wolf wurden".[25] Der Historiker stößt bei Schilderungen wie den oben angeführten an seine Interpretationsgrenzen oder wie es ein sowjetischer Dichter 1963 in der Iswestija einmal formulierte (zit. nach: Conquest 1992, 392) „Wer und warum und auf wessen Wunsch – Mal es dir aus, Geschichte!"

Zur Lage der Hungernden in chinesischen Gulags um 1960

Die Kampagne gegen die Rechtsabweichler, die gegen Skeptiker des Großen Sprungs nach vorn geführt wurde, füllte ab Oktober/November 1957 die chinesischen Gefängnisse (vgl. Kap. 2.2.2). Für hunderttausende Chinesen endete so die utopische Bewegung in Unfreiheit und Arbeitslagern, oft genügte der harmloseste Anlass, um bestraft zu werden. Eine Frau in Guandong z.B. wurde festgenommen, weil sie „vergessen" hatte, ein Eisengitter ihres Hauses und die Metallscharniere ihrer Fenster zum lokalen Kleinhochofen zu bringen. Viele Bauern wurden direkt von der Feldarbeit weg verhaftet. Über die Gesamtzahl der Verhafteten gibt es nur Schätzungen, sicherlich waren es Hunderttausende, möglicherweise mehr als eine Million (vgl. Domenach 1995, 205 f.).

Die Hungersnot außerhalb der Gefängnismauern war schon schlimm genug. Die Ernährungslage in den Arbeitslagern und im Archipel wird als geradezu grauenhaft beschrieben. Im „privilegierten" Kriegsverbrechergefängnis Fushun sank die verfügbare Getreidemenge auf zehn kg pro Kopf und Monat. In anderen Gefängnissen waren die Zuteilungsmengen viel niedriger. In der Inneren Mongolei lag sie bei nur vier kg pro Monat. Das sind Durchschnittswerte, oft bekamen die besten Arbeiter mehr, die schwachen, alten und kranken dagegen nur noch 100 Gramm Korn pro Mahlzeit.

Tabelle 27: Getreide-Zuteilungsmengen in Chinas Gefängnissen

Region/Gefängnis	Zuteilung in: kg/Kopf/Monat
Innere Mongolei	4
Qinghai	4,5
Qiuju (Innere Mongolei)	7,5
Henan	7,5
Sanshui (Guandong)	9
Fushun (privilegiert)	10

Quelle: Domenach 1995, 210 f., bes. 212.

Zucker, Fett und manchmal sogar Gemüse verschwanden monate-, ja jahrelang von den Speisezetteln. Der Nährwert des Essens verschlechterte sich massiv. Wie im Kantoner Gefängnis Nr. 1 wurde der Reis an vielen anderen Orten durch eine dünne Suppe ersetzt. Aus einer Tientsiner Anstalt heißt es: „Statt der Suppe teilt man uns gesalzenes Wasser aus, in dem ein paar sonderbare Algen schwimmen, die wir unter uns ‚Eisendrähte' nennen." (Domenach 1995, 207). Im Lager Conghua versuchten sich die Häftlinge zu helfen, indem sie tote Ratten trockneten und verzehrten. Diese „Vorratshaltung" war allerdings gefährlich, weil die Wärter, die oft selbst Hunger litten, sehr auf der Hut waren. Auf dem Weg zur Arbeit spähten die Häftlinge nach Kräutern oder unverdauten Körnern im Pferdemist, die dann aufgelesen und verschlungen wurden. Wenn die Aufseher wegsahen, unternahmen die Gefangenen regelrechte Expeditionen, um Insekten, Vögel, Frösche, Schlangen, etc. zu fangen und sie mit den vorhandenen Mitteln zuzubereiten. „*Wenn der Wachmann uns den Rücken kehrte, vergruben ganze Brigaden von Erntehelfern die Köpfe in den fetten Kohlköpfen und knabberten daran wie Hasen*", erzählt Jean Pasqualini über den Winter in Qinghe (nach Domenach 1995, 214). „Dienstleute" in Krankenabteilungen verheimlichten den Tod eines Kameraden solange wie nur möglich, um sich seine Essensration zu teilen (Domenach 1995, 213).

Als die Hungersnot besonders grassierte und man nach allen nur möglichen Ersatznahrungsmitteln suchte, wurden Lagerinsassen zu „*Testessern*" der Nation bestimmt. Bevor man Ersatzstoffe an die Gesamtbevölkerung weitergab, wurde in den Lagern ihre Tauglichkeit ausprobiert. Das Lager Sanshui etwa stellte 1960 eine Art Fladen aus Futtermitteln, Zuckerrohrpulver und Süßkartoffelstielen her, die den Bauch aufblähten. 1961 verursachte die Einführung eines Ersatzes auf Basis von Papierbrei für „wohl die ersten Fälle von Verstopfung in der gesamten Geschichte der Medizin" durch eine solche Verpflegung (Domenach 1995, 207). Diese traurige Begebenheit erinnert an einen Vorschlag aus Ruzantes „Dialogo facetissimo", der im Hungerjahr 1528 in Italien aufgeführt wurde. Darin wurde unter anderem empfohlen, stopfende Vogelbeeren zu essen, oder sich am besten gleich das „Hinternloch" zuzustopfen. Auf diese Weise könnten die Exkremente nicht austreten, und da der Darm voll gehalten würde, „würde nicht mehr so viel Hunger aufkommen." (Vgl. Camporesi 1990, 38 f.).

Die Todesraten in den Lagern waren unter den grausamen Umständen extrem hoch. Die Häftlinge starben, so heißt es, „wie die Fliegen". In Kangju (Qinghai) z.B. machte der Totengräber allabendlich die Runde in den Schlafsälen, um die Toten herauszutragen. Selten wogen sie mehr als 35 kg. Im Winter 1960/61 verwendete man in Qinghe immer dieselben Särge, um die Leichen zum Friedhof zu bringen. Insgesamt wird die durchschnittliche Sterblichkeitsrate in den Jahren 1959 bis 1962 auf etwa 10 Prozent im Jahr geschätzt, was bedeuten würde, dass in diesem Zeitraum rund vier Millionen chinesischer Häftlinge ums Leben kamen (Domenach 1995, 207).

Dass herauf bis in die Gegenwart im chinesischen Gulag (Laogai) gehungert wurde und wohl auch noch wird, scheint außer Streit zu stehen. Rainald Simon veröffentlichte 1996 ein Buch über den chinesischen Gulag[26], und hält über die Lager in Peking fest: „*Die Verpflegung besteht ... aus monatlich 13,5 bis 22,5 Kilogramm Mais oder Sorghum minderer Qualität, abhängig von der Arbeitsleistung und dem Stand der ‚Reform'.*[27] Für den gleichen Zeit-

raum werden etwas mehr als 100 Gramm Öl zum Kochen zugeteilt. Es gibt in der Regel weder Fleisch noch Eier. Alle 14 Tage werden Dampfknödel aus weißem Mehl und eine Suppe mit Schweinefleisch ausgegeben. Zweimonatlich gibt es gebackene Mehlkuchen. An den Festtagen (Neujahr, Nationalfeiertag, Frühlingsfest) kommen die Gefangenen in den Genuß von Dampfklößen mit Fleischfüllung. Es gibt keine Kantinen, sondern das Essen wird am Arbeitsplatz eingenommen. Es wurde von gewalttätigen Auseinandersetzungen um das Essen berichtet, ..." (Simon 1996, 109), was bei solchen Umständen nicht verwundert. Wie viele Chinesen (und aus welchen Gründen) in solchen Gulags auch in den 1990er-Jahren noch leben mussten, ist unbekannt. Jedenfalls zu viele.[28]

Frau ADHI war über 26 Jahre in chinesischen Gefängnissen und Arbeitslagern in Tibet inhaftiert, ihre 1990 publizierten Schilderungen werden nochmals etwas ausführlicher zitiert.[29]

„*Ich heiße Adhi und bin 56 Jahre alt. Ich bin in Nyarong geboren und habe 28 Jahre meines Lebens in Gefängnissen verbracht. Ich bin hierher gekommen, nicht nur, um für mich zu sprechen, sondern um Ihnen mitzuteilen, was für abscheuliche Verbrechen sich in meiner Heimat abspielen. Als die Chinesen begannen, die Werte zu zerstören, die für uns Tibeter wichtig waren, kam es zum Widerstand, zu Revolten. Eines Tages kamen 6 chinesische Polizisten zu meinem Haus. Sie nahmen mich und den Mann meiner Schwester gefangen, weil wir angeblich die Hauptinitiatoren der Revolten in Osttibet seien. Damals war ich 25 Jahre alt. Ich hatte zwei Kinder; einen Sohn, der drei Jahre alt war und eine Tochter, von nicht ganz einem Jahr. Die Chinesen haben sie in der Wohnung festgebunden, geschlagen und getreten und mein Sohn hat sich an meinen Füßen festgehalten und geschrien: ‚Mutter, Mutter!' Die Chinesen haben überhaupt keine Gefühle gezeigt. Die Kinder wurden zurückgerissen, bzw. geschlagen, und ich versuchte, noch ein paar Abschiedsworte mit ihnen zu wechseln. Ich wurde an den Haaren gezogen und gewaltsam von meinen Kindern entfernt. Diese Trennung von meinen Kindern war der traurigste Moment in meinem Leben. Ich höre noch heute, wie die Kinder nach mir gerufen haben. Mein Schwager und ich sind darauf in ein Gefängnis gebracht worden.*

Wir sollten die Mitwisser und die Mithelfer der Revolte preisgeben, ansonsten würde man uns erschießen. Welche Folterungen und Mißhandlungen dort an der Tagesordnung waren, möchte ich jetzt nicht in allen Einzelheiten aufführen. Aber man kann noch Spuren dieser Gewaltanwendungen an meinem

Körper sehen. Ich habe mit dem Mann meiner Schwester vereinbart, um keinen Preis jemanden zu verraten. Wir beide wurden vor versammelter Mannschaft auf den Boden hingestellt. Wir mußten niederknien und uns gegenseitig anschauen. Man hängte uns ein Schild mit chinesischen Schriftzeichen um den Hals, die wir nicht deuten konnten. Dann drohten sie, meinen Schwager zu erschießen, falls wir den Namen nicht preisgeben würden. Ich mußte zusehen, wie er vor meinen Augen durch einen Kopfschuß ermordet wurde. Später erfuhr ich, daß mein Sohn verrückt geworden und ins Wasser gesprungen war. So verlor ich zwei mir sehr nahestehende Menschen.

In dem Gefängnis, in das ich zunächst eingeliefert wurde, sah ich sehr viele Mönche und Lamas, die mit Ketten aneinander gefesselt waren wie Tiere. Sie wurden wie Viehzeug auf einen Lastwagen aufgeladen und nach Dartsedo abtransportiert. In Dartsedo hatten sie ein ehemaliges Kloster, das völlig ausgeplündert worden war, zu einem Gefängnis umfunktioniert.

Um mit den Bedingungen im Gefängnis anzufangen: Die Nahrung bestand aus einer Wassersuppe aus Mais, die mehr Wasser als Suppe war und wurde dreimal am Tag in einer Tasse verteilt. Wenn man anschließend mit den Fingern in der Tasse herumfuhr, blieb nichts mehr am Finger hängen. In diesem Gefängnis bekam ich zunächst eine gute Aufgabe. Gemeinsam mit vier anderen Frauen wurde ich ausgewählt, um die Schweine der Chinesen zu hüten. Die Mönche mußten in denselben Zimmern ihre Notdurft verrichten, in denen sie eingesperrt waren. Zweimal am Tag durften sie ihren Dreck raustragen. Ich versuchte, den Mönchen zu helfen, indem ich einen Teil des Schweinefutters stahl und an bestimmten Stellen deponierte. Sie nahmen es wie Leckerbissen. Mit der Zeit waren wir körperlich dermaßen geschwächt, daß wir beim Gehen torkelten als ob wir betrunken gewesen wären. Eine einzige Frage beherrschte alle Gedanken: wo kriege ich etwas zu Essen her. Allmählich begannen die Leute auch zu halluzinieren. Alle schrieen durcheinander, wer gibt mir ein bißchen Tsampa (=geröstetes Gerstenmehl), wer gibt mir ein bißchen Brot. Die Träume waren entsprechend. Man träumte nur von Nahrungsaufnahme, vom Essen. Ich habe gerade erzählt, daß ich mit drei weiteren Frauen, unter 300 anderen, ausgesucht war, um die Schweine zu hüten. Das sicherte uns ein gewisses Privileg, doch wir mußten teuer dafür bezahlen. Wir wurden von den chinesischen Funktionären sexuell mißbraucht. Was sich in den Herzen der Frauen damals abgespielt hat, können sich manche Frauen sicher vorstellen. Jeden Tag starben mindestens 10-15 Mitgefangene.

Sie waren am nächsten Tag einfach nicht mehr da. Wir bestanden zum Schluß nur noch aus Haut und Knochen. Die Leichen wurden in unserer Nähe aufgestapelt und mit Erde zugedeckt. Der Leichengestank war kaum auszuhalten. Einige der Überlebenden, darunter auch ich, wurden dann in eine andere Ortschaft gebracht, um in einer Bleifabrik zu arbeiten. Dorthin mußten wir drei Tage zu Fuß marschieren. Unterwegs kamen wir an einer Brücke vorbei. Die Erfahrungen der Vergangenheit waren für mich so schlimm gewesen, daß ich dachte, dies ist die beste Gelegenheit, um ins Wasser zu springen. Die Chinesen müssen das geahnt haben. Sie haben uns Gefangene jeweils zu sechst zusammengebunden und dann eskortiert und rübergebracht. In dem Moment habe ich sehr schwer mit mir kämpfen müssen. Springe ich und reiße ich die Mitgefangenen mit, oder soll ich aus Rücksicht auf die anderen weitermachen? In der Bleifabrik habe ich Tausende von anderen Tibetern vorgefunden. Alle waren abgemagert bis auf die Knochen. Um sich zu stützen hatte jeder einen Stock in der Hand. Alle taumelten durch die Gegend. Es sah aus wie ein Leichentanz. Die Frauen konnten ihre Arbeit auf dem Feld ableisten. Das war insofern etwas besser, weil man dort Gräser und Wurzeln essen konnte.

Mit der Zeit hatten wir auch die Erfahrung gemacht, daß all das, was die Schweine fraßen, auch für den Menschen einigermaßen erträglich war. Manche aßen sogar Würmer und Kakerlaken, aber soweit habe ich es nicht gebracht. Ich war schließlich so geschwächt, daß ich nur noch einen Gedanken hatte: wann kommt das Essen, bzw. die Flüssigkeit? Beim Essen gab es natürlich Gedränge und man mußte die Tasse sofort austrinken, weil man aufgrund seiner Schwäche Gefahr lief, sie zu verlieren. Es gab auch Streit um die paar Tropfen, die immer in dem Essensbehälter der Chinesen übrigblieben. Die Chinesen amüsierten sich dabei köstlich. Sie machten sich sogar den Spaß, die Teeblätterreste etwas weiter weg auf den Boden zu werfen, um zu sehen, wie jeder der stark geschwächten Gefangenen versuchte, als erster dorthin zu kommen und ein paar Blätter zu erwischen. Viele kamen erst gar nicht so weit, sondern stürzten vorher hin.

Für die Chinesen war das ganze ein Spiel. Ich erzähle noch von einem Mann namens Thubten Dhargye. Er wurde erwischt wie er vor Hunger versuchte, auf dem Leichenplatz in die Wade einer Leiche zu beißen. Als er von den Chinesen geschlagen und verhört wurde, verteidigte er sich, er habe gar nichts gegessen, weil nur noch Haut an der Leiche war und er zu abgeschwächt sei, um die durchzubeißen.

Die Ortschaft in der Nähe der Bleifabrik, die früher natürlich einen eigenständigen Namen hatte, heißt heute Leichengrab. Ich war selbst einmal so geschwächt, daß ich nicht mehr sprechen konnte und bewußtlos wurde. Am nächsten Tag erwachte ich unter den Leichen. Dann kamen die Leute, die die Leute wegtragen müssen und bemerkten, daß ich noch lebe. Das war meine Rettung; sonst wäre ich heute unter der Erde. Von den hundert Frauen, mit denen ich in die Gefangenschaft gekommen bin, haben nur die vier überlebt, die die Schweine gehütet haben. Alle anderen sind verhungert."

Brot als Lockmittel zum Tode

Die Gräuel und das Hungerleid im Warschauer Getto (1940 bis 1943)[30] lassen sich nicht oder nur schwer beschreiben. Nur wenige Wochen nach dem Überfall Hitlerdeutschlands auf Polen am 1. September 1939 verfügte SS-Reichsführer Himmler bereits Ende Oktober 1939 die Umsiedlung aller Juden aus Pommern, der Provinz Posen und Oberschlesien ins „Generalgouvernement".

Unter dem Vorwand eines „Seuchensperrgebietes" wurde zwischen April und August 1940 um den im nördlichen Warschau gelegenen Stadtteil Muranow eine Mauer gebaut, ab 2. Oktober 1940 begann die Umsiedlungsaktion, alle Juden Warschaus mussten ins Sperrgebiet ziehen, die dort wohnenden Nichtjuden es verlassen. *„Die Umsiedlungsaktion dauerte drei Wochen, während derer die Juden bereits gelernt hatten, jeden einzelnen SS-Mann der Lubliner Gruppe zu unterscheiden. Geipel ließ öfter ein Opfer aus der Gruppe herausrufen, einmal war es eine Frau mit einem Kleinkind auf dem Arm. Er ließ ihr Brot geben und die Frau bedankte sich. Er hieß sie weggehen, sie entfernte sich mit langsamen Schritten, über die Schulter ragte der Kopf des Kleinen hervor. Geipel zog den Revolver und weidete sich einen langen Augenblick an der entsetzten Stille, die im Umkreis von 15 Metern herrschte. Er zielte von oben, ließ den Revolver langsam sinken ... auf der Schulter der Mutter zerfloß ein roter Fleck."* (Samuel Puterman, ein Augenzeuge, zit. nach: FR v.19.Apr. 1993, 13).

Ab Mitte November 1940 wurde das Warschauer Getto endgültig abgeriegelt, an den Ausgängen waren bewaffnete Polizisten. Nach der Ankunft zahlreicher Flüchtlingstransporte wohnten im April 1941 fast eine halbe

Million Menschen darin – 146.000 Menschen auf einem Quadratkilometer. Es gab keine einzige Grünfläche, nur den Friedhof (Schwarberg 1993, 104). Mitte Oktober 1941 verfügte Hans Frank, Generalgouverneur von Polen, die Todesstrafe für das Verlassen des Gettos.

Die hygienischen, sozialen und auch ernährungsmäßigen Bedingungen waren menschenunwürdig. Als dann noch die Informationen durchsickerten, dass hunderttausende Juden bereits vernichtet worden waren, schlossen sich im Spätherbst 1942 linke und zionistische Widerstandsgruppen zur „jüdischen Kampforganisation" *ZOB* zusammen. Einige Monate später, Ende April 1943, kam es zum vielzitierten Warschauer Aufstand. Es war dies ein letzter Versuch, einer ausweglosen Situation zu entkommen. Er wurde gnadenlos niedergeschlagen. Augenzeugen berichteten, dass jüdische Frauen lieber aus den oberen Stockwerken brennender Häuser auf die Straße sprangen, anstatt sich von der Feuerwehr „retten" zu lassen. Mitte Mai 1943 sprengten die Nazis die jüdische Synagoge auf dem Tomacki-Platz. Auch die letzten rund 50.000 von einst 500.000 Juden des Gettos waren tot. Man schätzt, dass etwa 100.000 an Hunger und Krankheit gestorben sind, die übrigen wurden entweder vor Ort oder in den KZs der näheren Umgebung „liquidiert", vor allem in Treblinka (vgl. Schwarberg 1993, 98). Allein zwischen dem 22. Juli und 21. September 1942 wurden über 250.000 Menschen aus dem Getto in Viehwagons verladen und direkt in die Gaskammern gebracht.

Von einigen wenigen Personen, die das Desaster überlebten, existieren Berichte über das Gettoleben, einem permanenten Kampf um „einen Fetzen Glück oder ein Stück Brot" (FR v.19.Apr. 1993, 13). Dreien von ihnen sind die folgenden Zitate entnommen.

Marysza Szpiro: Als eine der wenigen Überlebenden konnte sie als Siebenjährige 1942 während einer so genannten „Umsiedlungsaktion" (= Abtransport in die Gaskammern von Treblinka) mit ihrem Bruder fliehen und in einem Dorf bei polnischen Bauern bis zum Kriegsende bleiben. Ihre Erlebnisse schrieb sie 1946 mit 11 Jahren nieder und schildert die Versuche, Lebensmittel von außen zu besorgen, und die Situation im Getto: *„Am Anfang gingen nur meine Schwester Dora und mein Bruder Jozek rüber auf die andere Seite. Später bin ich auch rüber gegangen. Ich war damals klein, da haben sie nicht so sehr auf mich geachtet. Ich hatte so ein Loch im Zaun, und da habe ich immer die Ware reingeschoben. Manchmal musste ich lange warten und konnte nicht ins Getto zurück. Wenn ein böser Polizist da war, fing er die*

Kinder und schlug sie blutig. Ich hatte einen Polizisten, bei dem konnte ich hin- und hergehen, sooft ich es schaffte. Die Kinder, die nicht rüber konnten, waren schrecklich hungrig. Sie lagen in Reihen auf der Straße – tote und lebendige Kinder. Die Toten waren mit Papier bedeckt. Man ging einfach über die Leichen. Die Lebendigen schrien nach Brot, aber niemand hat darauf geachtet, weil alle hungrig waren." (FR v. 19. April 1993, 13).

Marek Stock, ein Rechtsanwalt, konnte noch im April 1943 fliehen, wurde in Polen versteckt und emigrierte nach dem Krieg nach Brasilien. Er berichtet: *„Man kann nicht mit einem Essenspaket über die Straße gehen, weil sofort ein Lumpenkind herbeirennt, das Essen aus der Hand reißt und sofort gierig und schnell verschlingt. Es muß sich dabei schrecklich beeilen, denn im selben Moment, wie es sich das Essen reinstopft, wirft sich eine ganze Bande anderer Kinder auf ihn, wirft ihn zu Boden und versucht, ihm das Essen zu entreißen."* (FR v. 19. April 1993, 13).

Marek Edelman, Jahrgang 1922, einer der Führer des Warschauer Aufstandes überlebte das Massaker und hat seine Erlebnisse im Jahre 1945 in „Das Getto kämpft" und 1977 in „Schneller als der liebe Gott" niedergeschrieben. Er berichtet, dass die hungrigen Gettobewohner mit Brot in die Gaskammern von Treblinka gelockt wurden: *„Und dann verkündeten sie, daß sie Brot verteilen. Alle, die sich freiwillig zur ‚Arbeit' melden, bekommen ein paar Kilo Brot und Marmelade. Hör zu, mein Kind. Weißt du, was damals im Getto Brot bedeutete? Wenn nicht, wirst du nie verstehen, warum Tausende von Menschen freiwillig kommen konnten und mit einem Laib Brot nach Treblinka fuhren. ... Einer von uns fuhr mit den Eisenbahnern vom Danziger Bahnhof mit. In Sokolow sagten sie ihm, daß die Linie sich hier teilt, ein Seitengleis geht nach Treblinka, täglich fährt ein Güterzug mit Menschen dorthin und kommt leer zurück, Lebensmittel werden keine hingebracht. Am nächsten Tag traf Zygmuntin Sokolow auf dem Markt zwei nackte Flüchtlinge aus Treblinka, die die Morde in allen Einzelheiten beschrieben. Zygmunt kam ins Getto zurück, wir schrieben alles in unserer Zeitung – und sie glaubten uns nicht. ‚Seid ihr verrückt geworden?' riefen sie, als wir versuchten, sie zu überzeugen, daß man sie nicht zur Arbeit fährt. ‚Wozu sollten sie uns Brot mit in den Tod geben? Soviel Brot sollten sie verschwenden?'"* (Zit. n. FR v. 19. April 1993, 13). Wer vor Hunger krank ist, ist dem grausamsten Zynismus ausgeliefert.

Hunger-Gräuel in den Konzentrationslagern[31]

Wie viele von den weit über 5 Millionen Opfern (diese Zahl nach: Globale Trends 1996, 377), die der NAZI-Holocaust am europäischen Judentum und an den sonstigen KZ-Häftlingen forderte, durch Mangel-Ernährung und Hunger starben bzw. wie viele von ihnen direkt insbesondere in Gaskammern ermordet wurden, wird kaum mehr nachzuvollziehen sein. Ein ungeheures Verbrechen war beides.

Hungern und Verhungern-Lassen von Gefangenen hatten Nazis zu einem „wissenschaftlichen Forschungsgegenstand" gemacht.

Einem kurzen Bericht dazu folgen ausgewählte Augenzeugenaussagen von KZ-Überlebenden. Sie sprechen für sich und belegen: Die Vernichtung durch Hungertod wurde als „rassenhygienisches" Mittel praktiziert, die Ausrottung ganzer Volksgruppen war ein die Lagerführungen bestimmendes Wesenselement, das auch angebliche „Wissenschaftler" auf einen absoluten Tiefpunkt fallen ließ.

Verhungern-Lassen als „wissenschaftlicher Forschungsgegenstand"

Von Dezember 1943 bis Ende Juli 1944 wurde von NS-Ärzten in Mauthausen ein „Ernährungs-Versuch"[32] an Invaliden und Krüppeln, ausgezehrten Häftlingen mit schwersten Hungerzuständen durchgeführt. Dabei wurden 370 Häftlinge benutzt und zu Vergleichszwecken in drei Gruppen (A, B und C) eingeteilt. Die Häftlinge der Gruppe A mussten acht Monate lang (so weit sie überhaupt überlebten) ausschließlich eine dicke Suppe aus geschrotetem Korn essen, „eine Suppe ohne Salz, die ekelhaft und schal schmeckte."[33] Sie bekamen keinerlei Brot oder Fleisch. Untersucht wurde, wie diese „Kost" Kreislauf, Nieren und Verdauungstrakt belastete und wie sich dabei die Ödeme entwickelten (Klee 1997, 185). Ein Opfer, Milos Stransky, der selbst monatelang Schrot essen musste, diese Tortur aber überlebte, meinte dazu (zit. nach: Klee 1997, 185 f.): *„Einige haben diese Versuche überlebt, Dank dessen, daß wir insgeheim von Mithäftlingen Verpflegung bekommen haben."*

Es ist kaum zu glauben, dass ein Teil der Versuchspersonen diese Folter überlebte. Bei Gruppe A und C überlebten rund die Hälfte, bei Gruppe B zwei Drittel die Hungerversuche. Für die Betroffenen war dies kein Vorteil, denn ein Großteil von ihnen wurde anschließend in ein „Genesungslager" überstellt. Im Sprachgebrauch von Mauthausen war dies eine zynische Umschreibung für die Vergasungsanstalt Hartheim (bei Aschach an der Donau/OÖ). Sie wurden dort umgebracht. Für ihren Tod machte man sie selber verantwortlich: Die Versuchspersonen seien – so lautete die menschenverachtende Diktion der Nazi-Schergen – *„wenig widerstandsfähiges Versuchsmaterial"* gewesen.[34]

Bisweilen sind die Opfer dieser medizinischen Experimente zur Erforschung von Hungersymptomen sogar fotografisch dokumentiert worden. Ein Beispiel dieses Grauens, das letztlich nicht mehr in Worte zu fassen ist, findet sich in der „Chronik der Medizin" (S. 465: vgl. Abbildung oben S. 43).[35]

Berichte von Augenzeugen

Der Hunger in den Konzentrationslagern war so beherrschend, dass sich in Auschwitz ein Häftling „für ein Stück Brot" einen Goldzahn mit einer Zange herausreißen ließ. In Dachau schlugen sich zwei Professoren um einen fetten Regenwurm. Aus Lenzing, einem Nebenlager Mauthausens (Oberösterreich), berichtet eine Häftlingsfrau: *„Ich bin einmal von einer Aufseherin derart brutal geschlagen worden, daß ich sie gebeten habe, mich zu töten. Die Ursache ... war, daß ich das Kerngehäuse eines Apfels, den die Aufseherin gegessen und weggeworfen hatte, aufhob und essen wollte."* (Klee 1997, 257).
Weitere Augenzeugenberichte entstammen dem „Konzentrationslager-Dokument F 321", das für den Internationalen Militärgerichtshof in Nürnberg erstellt wurde.[36] Die Auswahl der Schilderungen erfolgte willkürlich.
Raphael Feigelson/Auschwitz: *„Nicht genug zum Leben und zuviel zum Sterben."*
Bericht eines Deportierten aus Errouville: *„Morgens 7 Uhr Kaffeeverteilung: schwarzes Wasser, das immer mit geschmolzenem Schnee gemacht wird, das ist alles."*
Rene Geneste/Auschwitz und Birkenau: *„Das Brot bestand aus 40 Prozent Kartoffelmehl, 25 Prozent Kastanienmehl, 20 bis 25 Prozent Gerstenmehl, und der Rest war aus Sägemehl."*
Yvonne Marquet/Mauthausen: *„Die Brotrationen waren äußerst verschieden; sie schwankten zwischen 150 und 250 Gramm; das war sehr beunruhigend für uns, denn wir wußten niemals, wieviel wir essen konnten. Die Ernährung war widerlich."*

Madeleine Chavassine/Auschwitz: „*Selbst in der Suppe war verdorbenes Gemüse, was zahlreiche Fälle von Ruhr hervorrief.*"

Richard Gritz/Buchenwald: „*Sehr häufig wurde auch der Interniertensuppe ein chemisches Produkt beigemischt, das Ruhr und schwere Blutungen hervorrief. Alle Medikamente waren wirkungslos.*"

Derselbe: „*Die Suppe blieb so lange draußen, daß sie zu einem Eisblock wurde. Dann erst wurde sie verteilt.*"

Henriette Cartier-Worms/Ravensbrück: „*Es war verboten, ein Messer zu haben, und zu einem bestimmten Zeitpunkt nahm man uns auch die Löffel. Wir waren dann gezwungen, unsere Suppe zu schlürfen.*"

Bericht eines Deportierten aus Errouville: „*Die einen hatten einen Teller, die anderen eine Gasmaskenbüchse oder eine ganz verrostete Konservenbüchse. Alle aßen aus unvorstellbaren Gefäßen.*"

Louis Bortuso (ohne KZ-Angabe): „*Alle Pakete, die uns geschickt wurden, wurden beschlagnahmt, und man übergab uns nur die leere Verpackung.*"

Ernest Schlumberger/Haslach: „*Kein Paket ist jemals in die Hände der Gefangenen gelangt.*"

Henriette Cartier-Worms/Ravensbrück: „*Die ‚Offizierinnen' verkauften vor unseren Augen den Zivilarbeitern der Fabrik Pakete mit Lebensmitteln, die von unseren Rationen weggenommen waren.*"

Marcel Gassmann/Woippy: „*Außerdem ging ein erheblicher Teil des Kaffees, der Suppe oder des Frühstücks verloren, denn die Übernahme unseres Essens erfolgte stets im Laufschritt. Um so schlimmer war, daß man dabei den verschiedenen Wächtern ausweichen mußte, die den Weg entlang standen und die uns stets Kolbenschläge und Fußtritte versetzten. Für junge Leute ging das noch hin, sie waren beweglich genug und konnten diesen verschiedenen Hindernissen auf ihrem Weg ausweichen, aber es gab Alte, Krüppel usw., für die genau das gleiche galt. Auf diese Unglücklichen entlud sich die ganze Bestialität dieser teuflischen Horde.*"

Rene Prugant/Neuen-Bremme: „*Um unsere Mahlzeiten zu bekommen, mußten wir unter einem Hagel von Stockschlägen Schlange stehen. Man verteilt uns dieses kochende Wasser so reichlich, daß wir unseren Eßnapf nicht tragen können, ohne davon zu vergießen, und da wir nicht das Recht haben zu gehen, sondern immer laufen müssen, bedeutet das einige Hiebe mehr auf unsere Rippen und fast nichts mehr in unseren Eßgefäßen.*"

Dr. Lequeu/Buchenwald: „*Für das Gebräu, das wir morgens oder abends be-*

kamen, waren sieben Töpfe erforderlich; für die Suppe 14. Diese Töpfe sind schwer zu handhaben, zwei oder vier Personen können sie tragen, aber mit Schwierigkeiten, vor allem da man aufpassen mußte, sich nicht zu verbrennen; denn die Töpfe hatten – absichtlich – keine Deckel. Diese unglücklichen Frauen versuchten wohl, im gleichen Schritt zu gehen, um das Stoßen auf ein äußerstes Minimum zu beschränken und um sich nicht mit der herausspritzenden Flüssigkeit oder Suppe zu verbrennen; aber das war sehr schwierig, auch deshalb, weil der zurückzulegende Weg zuweilen recht lang (die entfernteren Baracken lagen 1,5 Kilometer von der Küche weg) und die Straße schmutzig und glitschig, voll von Löchern war, so daß man an manchen Stellen bis zu den Knien in den Schmutz einsank. Es war eine wahre Folter. Wenn sie ihren Schritt verlangsamten, so erinnerte sie eine Frau oder ein Mann der SS an ihre Anwesenheit durch einige Knüppelschläge. Leidgewohnt, spannten die meisten ihre ganze Willenskraft an, aber ihr Gesundheitszustand entsprach häufig nicht ihrem Bemühen, tapfer zu sein. Sie fielen dann ohnmächtig um, sei es infolge der Schläge, sei es infolge von Erschöpfung. Dann verschütteten sie, was noch in ihren Gefäßen war. Die Suppe lief aus, und das war gerade das von den Deutschen verfolgte Ziel. Da der Inhalt nicht ersetzt wurde, litten alle darunter, denn der Verlust wurde auf die Gesamtheit verteilt und die Einzelration so herabgesetzt. Da sich dies häufig wiederholte, war die normale, an sich schon ungenügende Ration meist noch vermindert, woraus sich eine noch raschere allgemeine Schwächung ergab."

Bericht eines Deportierten aus Errouville: *„Es war wirklich sehr schwierig, eine Kelle voll Suppe zu bekommen; von der großen Zahl der Wartenden erhielten sie nur hundert. Die anderen wurden mit Fußtritten und Faustschlägen verjagt."*

Gelis/Ravensbrück: *„Um unser Essen zu bekommen, mußten wir im Hof anstehen, in Regen und Kälte, und manchmal eineinhalb Stunden auf die Verteilung warten."*

Henriette Cartier-Worms/Ravensbrück: *„Um unsere Suppe zu holen, mußten wir die Befehle der Unteroffiziere ausführen, die uns befahlen, uns in einer Reihe aufzustellen, 150 Meter von der Verteilungsstelle entfernt, und dann auf allen Vieren zu kriechen. Wenn wir ankamen, befahlen sie uns, zurückzulaufen und dann wieder hüpfend heranzukommen, alles von Schlägen begleitet. Wir wußten nicht, wo wir unsere Suppe essen sollten; wir gingen in die Gänge oder zu den Latrinen."*

Marcel Gassmann/Woippy: *"Bei der Essensverteilung spielten sich fast täglich folgende Szenen ab: Wenn die Kolonne sich zu nahe bei dem Verteiler befand, verteilte der Aufseher Schläge, gewöhnlich mit einem großen Stock oder einem Holzstück, ohne zu schauen, wohin er schlug. Wenn die Kolonne zu weit vom Verteiler entfernt war, wiederholte sich die gleiche Szene aus dem entgegengesetzten Grund. Wenn z.B. ein Neuankömmling unglücklicherweise ein wenig seinen Kopf aus der Reihe streckte, um zu schauen, wie er es anstellen sollte, um seine Ration zu bekommen, so war das wieder ein Grund dreinzuschlagen. Gewöhnlich ergriff der schon erwähnte Aufseher den Sträfling und stieß ihm den Kopf gegen die Wand der Baracke, gab ihm Fußtritte und schickte ihn ohne Essen weg."*

Suzanne Legran/Ravensbrück: *"Infolge der Überfüllung kamen die unzureichenden Küchen mit der Essensbereitung nicht mehr nach; wir bekamen nur noch einmal pro Tag Suppe."*

Aus dem Buchenwald-Bericht: *"Es kam häufig vor, daß man den Häftlingen tagelang nichts zu essen gab, und sie erhielten auch sonst nur einen kleinen Teil der für sie bestimmten Rationen."*

Dr. Lequeu: *"Die Kinder waren ständig von Hunger gequält. Sobald die Verteilung vorüber war, hatten sie nur einen Wunsch: essen. Es war aber verboten, während des Appells zu essen. Wenn es für einen Erwachsenen schon schwer ist, der Versuchung zu essen zu widerstehen, wenn man ein Stück Brot in der Hand hält und Hunger hat, so ist das schrecklich für ein Kind. Eine SS-Frau überwachte sie, und alle drei oder vier Tage wurden die armen Kleinen beim Essen erwischt. Sofort wurden sie vom Appell weggebracht, ihr Essen wurde ihnen für den ganzen Tag weggenommen, und sie wurden sofort folgendermaßen bestraft: sie mußten sich in einer Reihe mit dem Gesicht zur Sonne hinknien, mit einem großen Stein auf dem Kopf, die Arme hocherhoben, in jeder Hand einen Ziegel- oder Pflasterstein. Sie blieben in dieser Lage bis zum Ende des Appells, manchmal zwei oder drei Stunden, bis zur Erschöpfung."*

Auschwitz-Bericht: *"Wir konnten nicht schlafen, weil wir Hunger hatten."*

Louis-Lucien Girard/Buchenwald, etc.: *"Ausgehungert stürzten wir uns auf die Gemüseabfälle, die im Schmutz lagern, auf weggeworfene Kohlstrünke, die für uns eine Wonne waren. Ein Beispiel, um zu zeigen, wie ausgehungert wir waren: Eines Tages hatte man uns Frauen ausgeschickt, um ein Rapsfeld umzugraben; wir aßen Raps. Nach unserem Weggang hätte man glauben können, daß ein Heuschreckenschwarm auf dem Feld niedergegangen war."*

Paul Kuziner/Auschwitz: „*Die Gefangenen aßen Gras, wo es eben wuchs.*"
Pfarrer Henoque/Buchenwald: „*Wir waren so schwach, daß, als wir endlich aus dieser Hölle befreit wurden, noch sehr viele an Hunger und Erschöpfung starben.*"
Aus einem Buchenwald-Bericht: „*Die amerikanischen Ärzte gaben bekannt, daß die Körper der Erwachsenen nur 28 bis 36 Kilo wogen. In den meisten Fällen hatten die Häftlinge 50 bis 60 Prozent ihres normalen Gewichtes und sogar an Größe verloren.*"
Samuel Steinberg/Auschwitz: „*Bei allen Autopsien wurde eine Verkümmerung des Herzmuskels, eine Verkümmerung und Vergilbung des Leber-Parenchyms und ein Verschwinden der Falten der Magen- und Darmschleimhaut festgestellt. Der Darm zeigte die Dicke eines Zigarettenpapierblattes bei den Gefangenen, die an chronischer Diarrhöe litten, die unter dem Namen ‚Durchfall' bekannt war. Im Gegensatz zu den Beobachtungen in anderen Lagern hat die Bazillenruhr hier nicht geherrscht; daraus folgt, daß der ‚Lager-Durchfall' auf dem Mangel an Proteinen (Eiweißstoffe, Eier, Fleisch usw.) beruhte.*"
Louis-Lucien Girard/Buchenwald etc.: „*Die Rationen, die man den Gefangenen gab, mußten durch Abmagerung und Schwäche zum Tode führen. Wir haben tatsächlich festgestellt, daß man in einem sehr nahe bei dem unsrigen gelegenen Lager die Menschen auf diese Weise umbrachte.*"[37]
Edouard-Jose Laval/Buchenwald: „*Die Häftlinge waren ständig ausgehungert; ... Man ernährte sich mit Aas, man verzehrte Katzen und Hunde. Die meisten Häftlinge waren nur noch wandelnde, mit Haut überzogene Skelette, oder aber sie waren infolge der durch den Hunger verursachten Schwellungen und Geschwulste übermäßig dick. Herr M., Professor am ‚College de France', ist buchstäblich an Hunger gestorben. Ich habe gesehen, wie er, einer Mannschaft zum Eßgeschirrwaschen zugeteilt, versuchte, sich dadurch etwas Nahrung zu beschaffen, daß er mit seinen Fingern den Rand der Eßnäpfe abkratzte.*"
Joseph Tyl/Auschwitz (kath. Priester): „*Es sind Fälle von Menschenfresserei vorgekommen.*"
Louis Martin-Chauffier/Bergen-Belsen und Neuengamme: „*Das Elend der Häftlinge war so groß, daß manche die Leichen zerstückelten, sich die Stücke kochten und sie aßen... Ich habe das mit eigenen Augen gesehen. Man sah Leichen, denen ein Schenkelstück, das Herz, die Hoden (das war besonders gesucht) fehlten.*"

2.3.3 KriegsRABENVÄTER
(Kurzresümee)

Für Thomas Robert Malthus, einen der bekanntesten „Hungertheoretiker" der ökonomischen Lehrmeinung, gehörte Krieg (neben Seuchen und Hungernöten) zur großen Trias, welche die Bevölkerungsentwicklung den beschränkten Nahrungsressourcen anpasste, sollte der Mensch nicht „freiwillig" die Bevölkerungszahl beschränken.

Spätestens seit der griechischen Antike wird die Mär vom Krieg als Vater aller Dinge kolportiert. Sie dürfte bei Malthus' Zynismus Pate gestanden haben. Er stand in einer langen und entsprechend vielgestaltigen Tradition. Selbst die Erfahrungen des 20. Jahrhunderts vermochten diese bislang nicht aus der Welt zu schaffen. Doch mehr als nur Zweifel sind inzwischen zumindest wahrnehmbar. Sie werden in verschiedener Intensität und Form ausgesprochen und sollten angesichts der heute möglichen Auslöschung jeglichen irdischen Lebens rasch wirksam werden. Der Krieg ist kein Vater, aber er wird von Rabenvätern geführt. Und wider die Theoretiker, die Zusammenhänge verkehren, gilt: Kriege vermögen das Hungerproblem nicht zu lösen. Ganz im Gegenteil: Sie verursachen und verstärken es. So formulierten beispielsweise 1932 Alexander und Eugen Kulischer. Der Krieg ist „selbst eine Entstehungsursache des Mißverhältnisses zwischen Subsistenz und Bevölkerung".[38]

Karikaturisten zeichnen Krieg und Hunger als siamesische Zwillinge (Grafik 38). Ganz zurecht: Seit Mitte des 19. Jahrhunderts (dem Untersuchungszeitraum dieser Arbeit) fanden mindestens 30 Kriege und Bürgerkriege mit jeweils einer halben Million und mehr Toten statt. Vergleicht man nun die Länder, in welchen diese Kriege geführt wurden mit jenen, in welchen große Hungerkatastrophen zu beobachten waren, so findet man zu einem Großteil die gleichen Namen (vgl. dazu die Grafiken 39 bis 41). Dies gilt bis in die jüngste Zeit, z.B. für: Afghanistan, Angola, Bosnien, Irak, Kambodscha, Ruanda, Somalia oder den Sudan, etc. (vgl. dazu Grafik 42).

Mehr als die Hälfte der kriegerischen Megakatastrophen fanden nach dem Ende des Zweiten Weltkrieges statt. Selbst die ungeheuren Gräuel des Zweiten Weltkrieges – mit rund 55 bis 60 Millionen Toten der folgenschwerste – bewirkten (noch?) keine Wende hin zu einer friedlicheren Welt, ganz im Gegenteil.

Grafik 38, aus: Standard v. 18.6.1993, 4 (oben) bzw. 25.6.1993, 2 (unten)

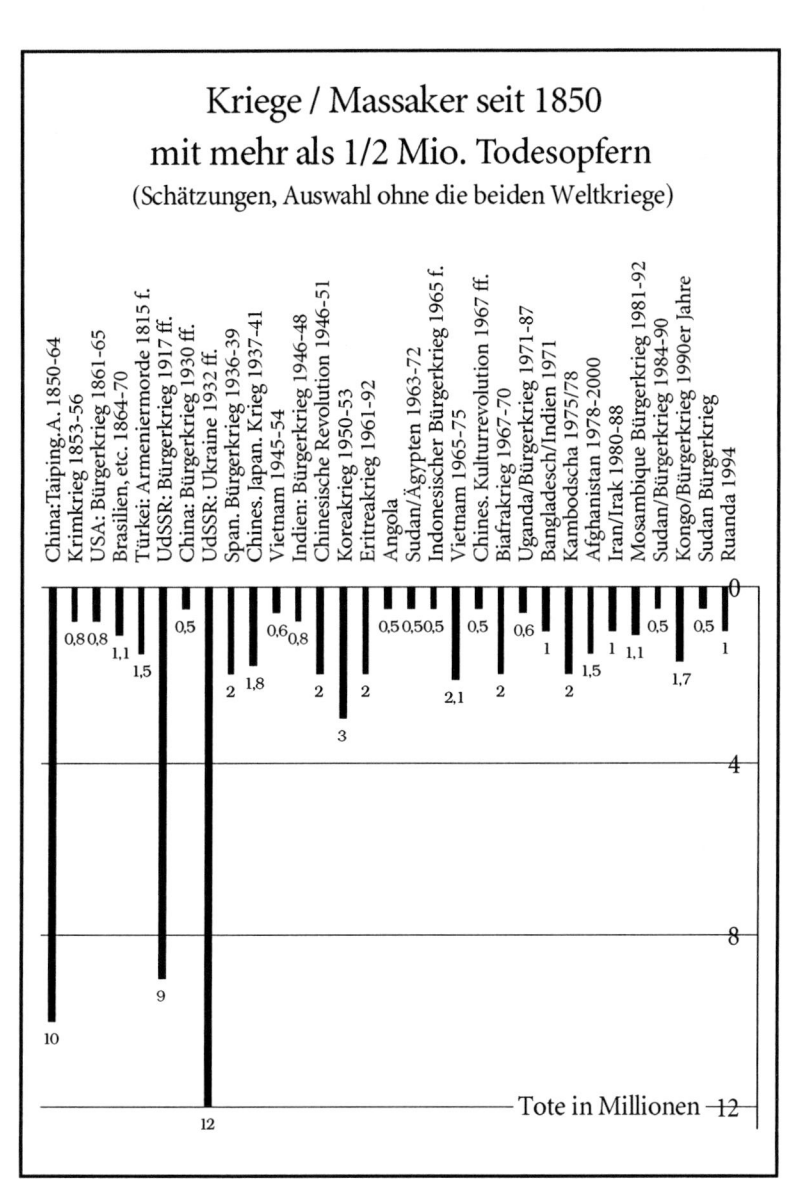

Kriege / Massaker seit 1850 mit mehr als 1/2 Mio. Todesopfern
(Schätzungen, Auswahl ohne die beiden Weltkriege)

Krieg / Massaker	Tote in Millionen
China: Taiping.A. 1850-64	10
Krimkrieg 1853-56	0,8
USA: Bürgerkrieg 1861-65	0,8
Brasilien, etc. 1864-70	1,1
Türkei: Armeniermorde 1815 f.	1,5
UdSSR: Bürgerkrieg 1917 ff.	9
China: Bürgerkrieg 1930 ff.	0,5
UdSSR: Ukraine 1932 ff.	12
Span. Bürgerkrieg 1936-39	2
Chines. Japan. Krieg 1937-41	1,8
Vietnam 1945-54	0,6
Indien: Bürgerkrieg 1946-48	0,8
Chinesische Revolution 1946-51	2
Koreakrieg 1950-53	3
Eritreakrieg 1961-92	2
Angola	0,5
Sudan/Ägypten 1963-72	0,5
Indonesischer Bürgerkrieg 1965 f.	0,5
Vietnam 1965-75	2,1
Chines. Kulturrevolution 1967 ff.	0,5
Biafrakrieg 1967-70	2
Uganda/Bürgerkrieg 1971-87	0,6
Bangladesch/Indien 1971	1
Kambodscha 1975/78	2
Afghanistan 1978-2000	1
Iran/Irak 1980-88	1,1
Mosambique Bürgerkrieg 1981-92	1,5
Sudan/Bürgerkrieg 1984-90	0,5
Kongo/Bürgerkrieg 1990er Jahre	1,7
Sudan Bürgerkrieg	0,5
Ruanda 1994	1

Grafik 39: Eigene Zusammenstellung

Wahnsinn Erster Weltkrieg
Kriegstote in Millionen

	Belgien	Frankreich	Griechenland	Italien	Portugal	Rumänien	Serbien	Kroatien	Bulgarien	DR	Öst-Ungarnn	Dänemark	Niederlande	Norwegen	Schweden	Schweiz	Spanien	Russland

- ☐ Geburtendefizit
- ☐ Zivilisten
- ■ Militärs

Millionen

Russland
Geb.def.: 15
Zivilbev.: 6
Militärs: 2
Total Mio.: 23

Grafik 40, Quelle: HB d. EWSG Bd VI, 17.

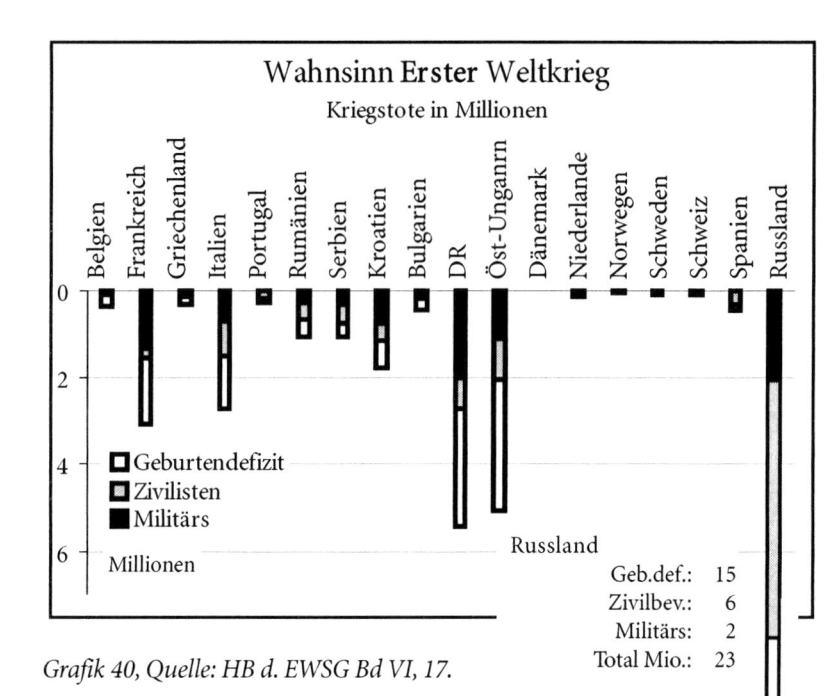

Ohne auf die ganze Komplexität kriegerischer Tätigkeiten eingehen zu können, deutlich wurde: Krieg und Hunger treffen alles andere als zufällig zusammen.

Vor über 40 Jahren meinte der damalige US-Präsident Eisenhower: „Jedes Gewehr, das man herstellt, jedes Kriegsschiff, das man vom Stapel lässt, jede Rakete, die man abfeuert, ist letztlich ein Diebstahl an jenen, die hungern und keine Nahrung erhalten – jenen, die frieren und nicht gekleidet werden. Diese Welt in Waffen verbraucht nicht nur Geld – sie verbraucht den Schweiß ihrer Arbeiter, die Schöpferkraft ihrer Wissenschaftler, die Hoffnung ihrer Kinder."[39] Schon *vor* den ersten Kampfhandlungen auf dem Schlachtfeld beeinflussen die Kriegsvorbereitungen bzw. die dafür notwendigen riesigen Aufwendungen und Ausgaben das ökonomische und soziale Leben einer Gesellschaft negativ. Um 1990 wurden welt-

Wahnsinn Zweiter Weltkrieg
Kriegstote in Millionen

[Balkendiagramm mit Ländern: Belgien, Bulgarien, England, Finnland, Frankreich, Deutschland, Griechenland, Italien, Jugoslawien, Niederlande, Norwegen, Österreich, Polen, Rumänien, Tschechien/Slow., Ungarn, UdSSR]

☐ Zivilisten
■ Militärs
Millionen

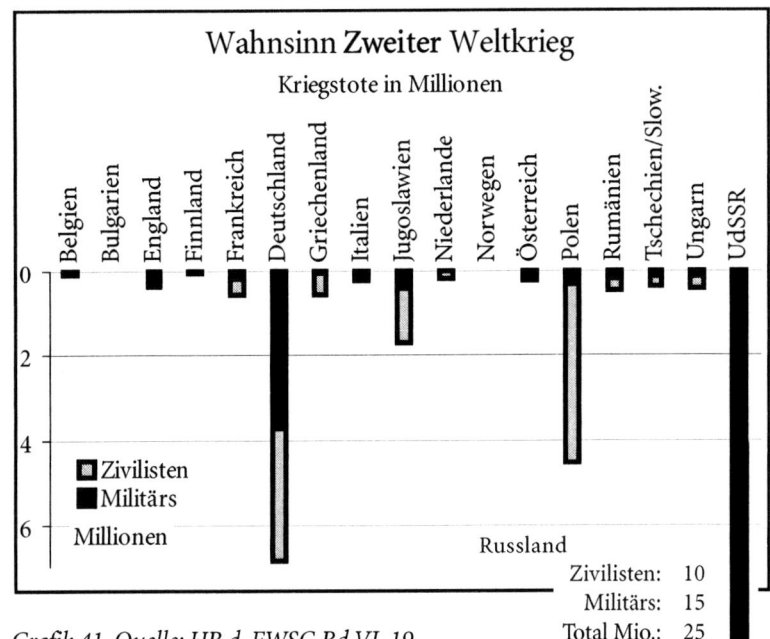

Russland
Zivilisten: 10
Militärs: 15
Total Mio.: 25

Grafik 41, Quelle: HB d. EWSG Bd VI, 19.

weit etwa 1.000 Mrd. US$ für Rüstungskäufe ausgegeben. Davon immerhin 170 Mrd. US$ von der so genannten Dritten Welt. Die weltweiten Rüstungsausgaben entsprachen dem gesamten Volkseinkommen von rund drei Milliarden Menschen in den ärmsten Ländern dieser Welt oder rund 57 % der Menschheit. Die von den internationalen Organisation registrierte Entwicklungshilfe machte Ende der 1980er-Jahre weniger als 5 % der weltweiten Rüstungsausgaben aus.[40] Ähnlich wie Eisenhower die Rüstung zum Krieg „Diebstahl" schimpfte, ächtete Willy Brandt diese. Er zitiert dazu einen namentlich von ihm nicht genannten hohen katholischen Würdenträger aus Deutschland mit folgender Aussage: „Sie nimmt den Armen das nötige Brot zum Leben."[41]

„Den Feind auszuhungern gehört leider (noch immer) zum traditionellen Arsenal zwischen Kriegsgegnern."[42] Als

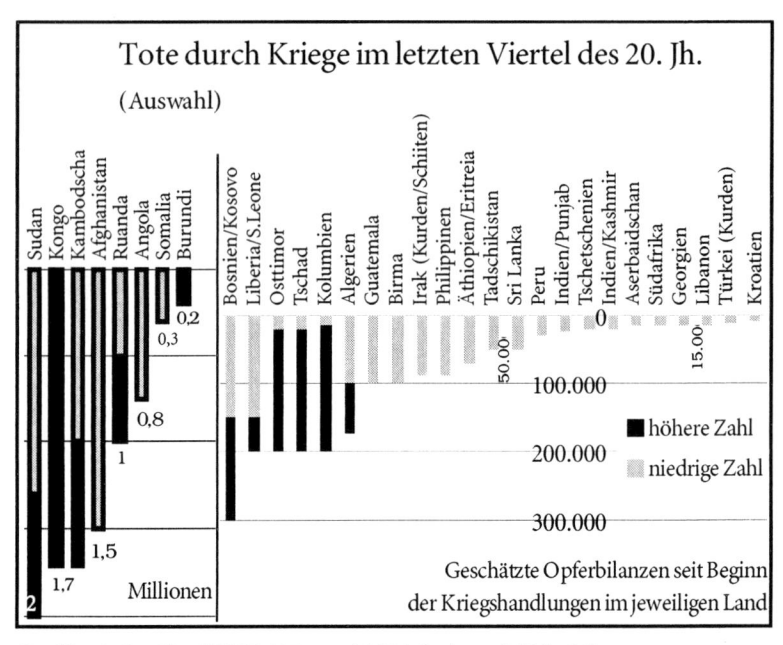

Tote durch Kriege im letzten Viertel des 20. Jh.
(Auswahl)

Grafik 42, Quelle: AKUF 1994 und 2001 (vgl. auch Tab. 24).

geradezu „klassisches" Kriegsmittel wird es mit zynischer Absicht als *direkt* wirkende Waffe eingesetzt. Seit der Hungerblockade im Ersten Weltkrieg wurde sie im ganzen 20. Jahrhundert eingesetzt: von Hitlerdeutschland beispielsweise gegen Holland oder Leningrad, später in Biafra oder in jüngerer Vergangenheit in Äthiopien, Mosambik, Sudan, Osttimor und auch in Europa wieder gegen bosnische Städte. Durch Kriege und Kriegsereignisse verkommen die Sitten derart, dass bis hin zum „Genocid" alle humanen Hemmschwellen über Bord geworfen werden: „Man wird entsetzlich roh ...". Der deutsche Offizier H. Stieff (vgl. vorne S. 190) wird viel zu selten zitiert.

Durch Kriegswirren werden Infrastruktur, Lagerhäuser, das Transportwesen, Felder und Ernten vernichtet. *Indirekt* verunmöglichen Kriegshandlungen das Einbringen der Ernte. Bauern verstecken sich eher vor dem Feind, als sich auf die Felder zu wagen. „In manchen Gebieten werden die Felder nur noch bei Nacht bestellt", heißt es etwa in einem Bericht aus Äthiopien aus den 1980er-Jahren. Wiederholt hatten die Soldaten „die Lagerhäuser der einheimischen Bevölkerung niedergebrannt ... oder Felder kurz vor Erntebeginn in Brand gesteckt."[43] Ohne dass der „Jahrhundertsprung" auffallen würde ließen sich Zitate etwa aus dem so grausamen 30-jährigen Krieg (1618-1648) anführen. Die Hungergrausamkeit in Kriegen ist tief verwurzelt. Schwer wie solche Wurzeln auszugraben sind, ist jene auszurotten.

Armeen rekrutieren ihre Soldaten aus dem Arbeitsmarkt, dem dann (insbesondere in Agrargesellschaften) die Arbeitskräfte zur Produktion landwirtschaftlicher Güter fehlen. Am Beispiel des Ersten Weltkrieges wurde gezeigt, wie gerade Länder wie Deutschland oder Österreich/Ungarn die Bevölkerung des eigenen Landes letztlich an den Rand des Hungertodes trieben, welche der Landwirtschaft zu viele Bauern und landwirtschaftliche Produktionsmittel (Pferde als Zugtiere etc.) entzogen.

Kriege können die Wirtschaftsstruktur eines Landes völlig verändern und enden oft in einer diktatorischen Sozial- und Wirtschaftspolitik, in einer rigorosen Regulierung des Ernährungssektors, der Mengen und Preise mit ihren negativen indirekten Folgen. Zwischen den jeweils beabsichtigten und den tatsächlich erreichten Wirkungen solcher Maßnahmen besteht, wie am Beispiel der beiden Weltkriege dargestellt, meist eine große Diskrepanz. Statt der erhofften Produktionssteigerung und der vermeintlich gerechteren Verteilung der Lebensmittel kam es zu Produktionsrückgängen, korrupter Verteilung und Hunger. Ökonomische Kalküle werden in einer Kriegswirtschaft völlig ausgeschaltet, (volkswirtschaftliche) Kosten missachtet, etwaige Zukunfts- oder Folgekosten nicht berücksichtigt. Dies trifft auch für das – bis zum Ersten Weltkrieg und teilweise weit darüber hinaus – regelmäßig durchgesetzte „Dogma" zu: Der jeweils Unterlegene hat die Kriegskosten des Siegers mit zu finanzieren.[44] Durch die immer verheerenderer wirkende Zerstörungskraft der Kriegsmaschinerie wurde es zunehmend noch sinnloser und kontraproduktiver bzw. zum Anlass für neue Waffengänge.

Hunger und extreme Knappheit an Lebensmitteln dauern weit *über die Kriegszeit hinaus* an und nicht selten wird die Ernährungslage in der Nachkriegszeit noch schlimmer als zur Kriegszeit selbst. Wiederum liegen die Gründe bei zerstörten landwirtschaftlichen Betrieben,[45] bei fehlenden Arbeitskräften, zerschlagenen Wirtschaftsräumen und Handelsbeziehungen, im zusammengebrochenen Geld- und Währungssystem (vgl. die via Inflation finanzierten Kriege), in einer leeren Staatskasse, verminten Feldern etc. Nach fast jedem (größeren) Krieg ist dies zu beobachten. Die österreichische Hilfs-

aktion „Nachbar in Not" formulierte dies für ihre Sammeltätigkeit zu Gunsten der unter den Kriegsfolgen leidenden Bevölkerung in Exjugoslawien im „werbewirksamen" Slogan: „Der Krieg geht, der Hunger bleibt".
Kriege führen zur Vertreibung und Flucht zahlreicher Menschen. Je unvorbereiteter sie dabei ihre Behausungen verlassen müssen, umso chaotischer verläuft ihre Flucht, zu der sie nur kleine Mengen an Wasser und Nahrungsmitteln und kaum anderweitige Habseligkeiten mitnehmen können. Ihr Elend und ihren Hunger verfolgen TV-Medien weltweit beinahe wöchentlich irgendwo auf dem Globus mit. Im November 1995 bezifferte das Flüchtlings-Hochkommissariat der Vereinten Nationen (UNHCR) die Zahl der weltweiten (Kriegs-) Flüchtlinge mit „fast 60 Millionen Menschen".[46] Solange jene Zahl an Ländern abnimmt, die bereit sind, Heimatlose und Vertriebene aufzunehmen und zu unterstützen, werden weiterhin viele von ihnen mit Lebensmitteln überleben müssen, von welchen 1992 britische Wissenschaftler behaupteten, „Haustierfutter" im Westen sei „nahrhafter an Vitaminen und Mineralien als die typischen Rationen, die Flüchtlinge erhalten."[47]

Wenn in früheren Kammern der imaginären Unterwelt vielleicht an die Wand gesprüht gewesen wäre: „Wenn Äpfel faulen, ist nicht der Baum der Teufel", oder: „Das Säen verbot kein Schicksal und kein Teufel der Hölle, aber teuflische Revolutionäre", so könnte man an Türen oder Wänden dieser Räume möglicherweise lesen: „Der Krieg ist kein Vater, aber er wird von Rabenvätern geführt."

Bei allen Aussagen geht es im Grunde ums Gleiche. Das ganze Elend der Hungerkatastrophen liegt weitgehend in menschlicher Verantwortung. „Wer zur Genealogie des Bösen den Teufel braucht, unterschätzt den Menschen." Dieses eingangs des Buches wiedergegebene Zitat von Lüdger Lütkehaus wird in allen vorausgegangen Kapiteln bestätigt, bei denen in unvorstellbare Abgründe abgestiegen werden musste.
Der nebst diesen Katastrophen bestehende schleichende und Jahr für Jahr sich ereignende Hungertod wurde dabei gar nicht in besonderer Weise beachtet. Lediglich vorne in Kapitel 1 war kurz darauf hingewiesen worden und es war zu erkennen, dass dessen Ausmaße ebenfalls erschütternd sind. Im folgenden Kapitel wird auch dies zu berücksichtigen sein (vgl. 3.3).
Jürgen Moltmann waren die hier vorgestellten Abgründe mit vor Augen,

als er die einleitend zitierte Überlegung[48] niederschrieb. Ihn veranlassen sie zur Skepsis gegenüber der verbreitet zu beobachtenden Euphorie, was die neuesten wissenschaftlich-technischen Errungenschaften betrifft. Sein Gedanke wird am hier erreichten Wendepunkt nochmals wiedergegeben und um weitere Aspekte ergänzt: „Das 20. Jahrhundert hat keine neuen Ideen, Visionen oder Utopien in die Welt gebracht, die der Geschichte einen Sinn geben könnten. Die Leichenfelder der Geschichte, die wir gesehen haben, verbieten jede Sinngebung und jede Theodizee, jede Forschrittsideologie und jede Globalisierungslust. Der Fortschritt hat in diesem Jahrhundert Trümmer und Opfer zurückgelassen, und keine geschichtliche Zukunft macht diese Leiden wieder gut. Keine bessere Zukunft kann uns versichern, dass ihre Leiden ‚nicht umsonst' gewesen sind. Eine totale Sinnunfähigkeit angesichts der Geschichte ist im 20. Jahrhundert an die Stelle der Zukunftsgläubigkeit des 19. Jahrhunderts getreten. Wenn die Errungenschaften von Wissenschaft und Technik zur Vernichtung der Menschheit eingesetzt werden können – und wenn sie es können, werden sie es auch einmal –, fällt es schwer, sich für Internet oder Gentechnologie zu begeistern. Jede Akkumulation von Macht akkumuliert auch die Gefahr ihres Mißbrauchs. So viel aber sollte uns das 20. Jahrhundert im Rückblick auf das 19. Jahrhundert gelehrt haben: Es ist unmöglich, die Geschichte in der Geschichte zu vollenden. Keine geschichtliche Zukunft trägt das Potential dazu in sich. Und es ist unmöglich, die Geschichte zu vollenden, wenn man selbst als Mensch nur ein geschichtliches Wesen ist."

„Zart wäre allein das Gröbste: dass keiner mehr hungern soll."
Theodor W. Adorno[1]

3 Wende.Punkt

Erbärmlich wäre es, nach dieser Höllenfahrt freundlich zu ersuchen: „Bitte, wendet euch." An dem traurigen Punkt, der erreicht wurde, ist bloßes Bitten zu schwach.

Die Wende zu befehlen, ist gefährlich. Zu oft schufen jene, die Paradiese erzwingen wollten, eine Hölle. „Wendet euch!", das funktioniert nicht.

Das bittere Ende ist erreicht. Wenden wir uns nicht ab und kehren trotzdem um. Wenden, Punkt. Wende.Punkt

Günter Grass, 1999 nobelpreisgekrönt, ortet als Zeitgenosse des 20. Jahrhunderts die Wurzeln menschlich-gesellschaftlichen Übels bereits am Beginn der Menschheit. Christoph Gellner interpretiert Grass' Roman „Die Rättin" im Aufsatz „Die Bibel ist ein Hammer. Manchmal jedenfalls."[2] Er schreibt: „Waren den noch guten ersten Menschen im Paradies lediglich Kraut und Früchte als Nahrung angewiesen worden, so nach dem Südenfall den bösen ausdrücklich auch das Fleisch der Tiere (Gen 9,3). Damit begann das Gewalt- und Unterjochungsverhältnis des Menschen gegenüber seinen in ‚Furcht und Schrecken' (Gen 9,2) vor ihm lebenden Mitgeschöpfen, was Grass eindringlich am Beispiel der Ratten zeigt, die Noah, entgegen Gottes Gebot, nicht in die Arche ließ: ‚Immer wenn sich Ratz und Rättin einreihen wollten, hieß es: Raus! Weg hier! Verboten!' Von Noahs Söhnen Sem, Ham und Japhet wurden sie stattdessen, so weiß Grass' Rättin zu erzählen, ‚von der Rampe geprügelt'. Bereits am Anfang der Menschheit steht so ein Auschwitz-Vorklang (Volker Neuhaus): ‚Von Anbeginn Haß und der Wunsch, vertilgt zu sehen, was würgt und Brechreiz macht. (...) Wir sollten draufgehen wie der verderbten Menschheit zahlreicher Rest, von dem der Allmächtige, dieser immerfort strafende, rachsüchtige, den eigenen Pfusch verfluchende Gott abschließend gesagt hatte: Des Menschen Bosheit war gros auff Erden und ihrer Hertzen Tichten und Trachten war böse immer dar.' ‚Ob ihnen Pest, Typhus, Cholera zusetzte, ob ihnen zu Hungersnöten nur Teuerungen einfielen, immer hieß es: Die Ratten sind unser Unglück, und manchmal oder oft gleichzeitig: Die Juden sind unser Unglück. (...) Vertilgung stand auf dem Programm. Vor allen Völkern sah sich das Volk der Deutschen berufen, die Menschheit zu entlasten und zu bestimmen, was Ratte ist und wenn nicht uns, dann die Juden zu vertilgen. Wir waren unter und zwischen Baracken dabei, in Sobibor, Treblinka, Auschwitz. Nicht daß wir Lagerratten mitgezählt hätten, doch wußten wir seitdem, wie gründlich der Mensch seinesgleichen zu Zahlen macht, die man streichen, einfach durchstreichen kann. Annullieren hieß das. (...) Seit Noah: sie konnten nicht anders.' "

Philosophische oder theologische, anthropologische und existenzielle oder kulturelle, aber auch politische oder wirtschaftliche Fragestellungen drängen sich auf. Ihre Herausforderung entspricht der Dimension des geschilderten Bösen. Durch all die Jahrhunderte veranlassten sie immer wieder dazu, z.B. auf die biblische Gestalt des zweifelnden, verzweifelten Hiob zurückzugreifen.

Mahnmale, um an die vielen Gräueltaten zu erinnern und deren Opfer zu gedenken, existieren als Gedenkstätten und in vielfältigsten anderen Formen. Sie sind in der Malerei ebenso zu finden wie in Karikaturen, wurden errichtet als künstlerische Filme, als wissenschaftliche, philosophische, literarische oder religiöse Texte. Kollektiv erfahrenes Hungerleid ist nicht monokausal durch eine einzelne Ursache zu erklären.

Hunger wurde als Kriegswaffe eingesetzt. Aber ebenso wurde oder wird er bewusst und frei gewählt. Hungerstreiks, eine passive Form aktiven Widerstands, mögen (noch) seltener zu finden sein als jene. Doch gegen Grass' „sie konnten nicht anders" wäre auf Ausnahmen hinzuweisen wie: Mahatma Gandhi oder Martin Luther King. Hunger kann durch zynische Profitgier bedingt sein; durch die kulturelle Gebundenheit an traditionelle Essgewohnheiten, die selbst in Zeiten äußersten Mangels aufrechterhalten werden; durch eine völlig fehlgeleitete Wirtschaftspolitik usw. Oft genug gab und gibt es „natur"verursachte Anlässe und das Bemühen, ihn außerhalb menschlicher Verantwortung allein durch diese zu erklären. Dabei wirken jahrhunderteate Erfahrungen nach, die jedoch in dieser Form seit etwa Mitte des 19. Jahrhunderts zunehmend weniger zutreffen.

Wer Hunger heute als schicksalhaft abtut und entschuldigt und damit beiseite schiebt, leugnet und verdrängt dessen wirtschaftliche, gesellschaftliche oder politischen Faktoren. Unmittelbar erleichtert solches Wegschieben es vielleicht, sich von Ungerechtigkeit, von schmerzvollen Erniedrigungen oder zugefügtem Leid abwenden zu können. Unverarbeitet dahinschlummernd drohen diese umso eher später einmal destruktiv in Erscheinung zu treten, ähnlich wie verdrängte Traumata im Laufe individueller Biografien. Wer Hunger zur Naturkatastrophe erklärt, arbeitet nicht gegen das „Teuflische" der Menschheit, aber pflegt es (ungewollt). Zurecht wird daher in Anlehnung an die Psychoanalyse die Forderung nach einer Sozioanalyse erhoben. Erlittenes zu schildern, kann ein erster Schritt sein. Dessen Verarbeitung oder die Formulierung notwendiger Konsequenzen sind demgegenüber weit schwieriger und erfordern einen breiten Diskurs, eine demokratische Diskussion.

Alle einflussreichen politischen Machtträger und Wirtschaftskapitäne sollten regelmäßig Zeiten der Besinnung in Auseinandersetzung mit Mahnmalen vergangenen Leidens verbringen müssen. Dadurch würde dieses nicht sinnvoller und geschehenes Unrecht ließe sich auch nicht wieder gut machen. Schon gar nicht, wenn solches Gedenken missbraucht würde, fragwürdige Heldentaten zu verherrlichen. Aber wiederkehrende Momente des öffentlichen Innehaltens wären in keinster Weise zu unterschätzen. Denn wenigstens solange wie die Hoffnung – Politik und Wirtschaft würden besonnener und behutsamer angegangen und primär am notwendig Gröbsten ausgerichtet, „dass keiner mehr hungern soll" (Adorno) – als frommer Wunsch illusorisch erscheint, solange besteht zurecht die Angst, dass die Menschheit das, was sie vermag, auch umsetzt – und sei es die Vernichtung alles Lebendigen. Unwiderruflich besteht heute diese Gefahr, dass das geschichtliche Wesen Mensch die irdische Geschichte „vollendet" – im Negativen. Moltmann's Aussage (vgl. 2.3.3.) ist nur in dieser Hinsicht einzuschränken.

Will man das von Adorno genannte „Zarte" anstreben, ist das Erkennen, die Einsicht um des Menschen eigene Grenzen unabdingbare Voraussetzung.[3]

Das Ziel, den Hunger auszurotten, erfordert gröbsten Aufwand, ihm gebührt oberste Priorität.

Entsprechend den vorausgegangenen Kapiteln, und wendend beim tiefsten Punkt, ergeben sich drei Forderungen. Jede für sich bedeutet eine gewaltige Aufgabe.
Statt Aushungern im Krieg: Den Krieg aushungern.
Statt Hungerterror: Terror dem Hunger.
Statt Dürrehunger: Den Hunger austrocknen.

Soll Hunger ausgerottet werden, ist die Erfüllung der ersten beiden Postulate unbedingt notwendig, wenn auch allein nicht ausreichend. Trotz ihrer Bedeutung wird auf sie im Folgenden eher knapp eingegangen. So erschreckend zahlreich die Opfer der grausamsten Abgründe sind, jene von kontinuierlich schleichenden Katastrophen übersteigen deren Zahl noch um ein Vielfaches (vgl. 1.2). Ebenso ernst genommen werden sollte es daher, die subtileren Sümpfe trocken zu legen.

3.1 Statt Aushungern im Krieg: Den Krieg aushungern

Um 1850 lebten laut Krengel (1994, 25 ff.) rund 1,17 Mrd. Menschen auf der Erde. Weit mehr Menschen als damals überhaupt die Erde bevölkerten, müssen heute in absoluter Armut vegetieren. Ein Großteil von ihnen hat starken Nahrungsmittelmangel zu erleiden. Dieser Feststellung liegt keine übertriebene Armutsschätzung zu Grunde, die ganze Pauperismusliteratur spricht eine eindeutige Sprache. Unter dem Aspekt der Hungergeschichte erscheinen die vergangenen rund eineinhalb Jahrhunderte, die Periode dieser Untersuchung, alles andere als erfreulich. Die statistische Dimension ist bedrückend. Die in dieser Arbeit behandelten großen Hungerkatastrophen forderten mindestens 60 Millionen Menschenleben, nach den höheren Angaben mehr als dreimal so viele (vgl. Tabelle 28). Nur zum Teil ist in diesen Zahlen die schleichende Katastrophe des tagtäglichen Hungers berücksichtigt. Im Durchschnitt fällt ihr etwa alle 7-10 Sekunden irgendwo auf der Welt ein

Mensch anheim. Verschoben hat sich Unterernährung regional. Waren damals Irland und Teile von Festlandeuropa bzw. China am schlimmsten betroffen, so sind es heute nebst Teilen in Südamerika insbesondere Nordkorea, Afghanistan oder viele Regionen Afrikas, Länder im Krieg.

Kriege erwiesen sich als eine ganz wesentliche Ursache für Mangelperioden und Hungerleid. Das lehrt die Geschichte, unter anderem jene Europas. Ab 1850 wurde hier die Jahrhunderte lang bestehende Grenze einer – gemessen am jeweiligen Stand der agrarischen Produktionsmöglichkeiten – nur knapp möglichen und immer wieder auch nicht ausreichenden allgemeinen Versorgung mit Lebensmitteln verbessert. Trotzdem dauerte es nochmals gut hundert Jahre bis eine seit ungefähr 1950 andauernde bislang einzigartige Periode von nunmehr schon über 5 Jahrzehnten ohne Hunger erfreuliche Realität wurde. In Mittel- und Westeuropa waren die hundert Jahre davor fast ausnahmslos Kriege indirekte sowie grausam und gezielt eingesetzte direkte Ursache für viele weitere Hungerzeiten und -tote.

Wie für Hunger gilt für den Krieg: Er ist nicht unabwendbar und schicksalsbedingt, sondern er wird im Gegenteil von Menschen geplant und geführt. Dies allerdings ist alles andere denn eine Garantie dafür, ihn besiegen zu können. Als äußerst schwierig, gelegentlich als fast unmöglich zu bewältigende Aufgabe mag dessen Überwindung eingeschätzt werden, doch lässt es sich nicht leugnen: Notwendige, wenn auch nicht hinreichende Bedingung, um den Hunger zu beseitigen und auszurotten, ist es, den Krieg zu verbannen. Tatsächlich: „Zart wäre allein das Gröbste".

Das Problem beginnt bei der Kriegsvorbereitung, der Rüstungsindustrie, die ungeheure Ressourcen verschlingt. Nur wenige Prozente der Rüstungsausgaben reichten aus, um allen unter dem Existenzminimum Lebenden die Mittel zum Erwerb der lebensnotwendigsten Güter zur Verfügung stellen zu können. Verteilungsfragen sind jedoch weit mehr als nur Rechenaufgaben.

Tabelle 29 weist auf einen anderen interessanten Tatbestand hin. Kriege zwischen zwei demokratischen Staaten fanden im 19. und 20. Jahrhundert kaum statt. Immer war mindestens ein Kriegsgegner ein nicht „demokratischer"[4] Staat, am häufigsten wurden Kriege zwischen zwei nichtdemokratischen Nationen geführt. Will man somit die Anzahl der Kriege minimieren, bedarf es einer Stärkung der demokratischen Strukturen. Investitionen in friedensstärkende Maßnahmen könnten sich somit ökonomisch schnell

Tabelle 28: Kleine Übersicht schwerer Hungerkatastrophen seit 1845 (Auswahl)

Jahre	Land/Region	**Todesopfer:** *niedrige*	*hohe Schätzung*
um 1845	Europa	100.000	200.000
1845-50	Irland	1.000.000	1.550.000
1846	China	1.000.000	1.000.000
1850-64	China	2.000.000	20.000.000 (und mehr !)
1866 f.	Indien	1.000.000	5.000.000
1867	Finnland	150.000	150.000
1867-69	Algerien	250.000	250.000
1868-70	Indien	1.200.000	1.500.000
1870-72	Persien	1.000.000	1.500.000
1873-75	Türkei	150.000	150.000
1876-78	Indien	1.500.000	6.000.000
1876-79	China	9.000.000	13.000.000
1887	China	900.000	2.500.000
1888	Äthiopien	100.000	1/3 der Bev.
1891	Russland	400.000	500.000
1892-94	China	1.000.000	1.000.000
1896-97	Indien	3.000.000	5.000.000
1899-1901	Indien	1.250.000	3.250.000
1911	China	100.000	100.000
1913	Niger	85.000	85.000
1916	Türkei	100.000	100.000
1916-18	Deutschland	763.000	800.000
1917-23	Russland	3.000.000	12.000.000
1920-21	China	500.000	500.000
1928-37	China	2.000.000	10.000.000
1932-33	UdSSR	3.000.000	10.000.000
1939 ff.	Europa/UdSSR	4.000.000	6.000.000
1942-43	China	1.000.000	3.000.000
1942-44	Indien	1.000.000	4.500.000

Jahre	Land/Region	Todesopfer: niedrige	hohe Schätzung
1945-46	China	60.000	4.000.000
1946-47	UdSSR	1.000e	1.000.000
1947-48	Madagaskar	60.000	200.000
1949-53	China	1.000.000	1.000.000
1958-62	China	15.000.000	75.000.000
1965-67	Indien	1.000	1.500.000
1967-70	Biafra/Nigeria	50.000	1.000.000
1968-74	Sahel	100.000	500.000
1971	Bangladesh	500.000	1.000.000
1972	Indien	800	1.000.000
1972-88	Eritreia	500.000	1.000.000
1974-75	Bangladesch	100.000	900.000
1975 ff.	Osttimor	100.000	100.000
1975-79	Kambodscha	30.000	1.500.000
1975-92	Mosambik	100.000	600.000
1982-85	Äthiopien	1.000.000	2.000.000
1983 ff.	Sudan	250.000	500.000
1992	Somalia	100.000	100.000
1992-94	Angola	200.000	200.000
1996-98	Nordkorea	100.000	2.500.000
1998	Sudan	< 100.000	> 100.000
SUMME		**ca. 60.000.000**	**> 200.000.000**

Quelle: Zusammengestellt aus den Daten in Teilband II.

Tabelle 29: Kriege 1816-1991

Politischer Status der kriegsführenden Nationen	Anzahl der Kriege
Kriege zwischen „demokratischen" Staaten	0
Kriege zwischen „Demokratien" -Nicht-Demokratien	155
Kriege zwischen nichtdemokratischen Staaten	198
SUMME	353

Quelle: Rummel 1997, 2.

als viel sinnvoller erweisen als die teuren und gelegentlich sogar kontraproduktiven Nahrungsmittelhilfen.[5] Neuere Studien belegen z.b. deren teilweise kriegserhaltende Funktion dadurch, dass Hilfsorganisationen gezwungen werden, einer oder den (Bürger-) Kriegsparteien Anteile der Gütersendungen als Preis, um zu den „Betroffenen" durchkommen zu können, zur Verfügung zu stellen. Auch so lassen sich Kriegshandlungen länger aufrechterhalten.[6]

Diese knappen Hinweise müssen genügen, um den elementaren Zusammenhang aufzuzeigen und die daraus sich ergebende Aufgabe, den Krieg auszuhungern. Lediglich an die schrecklichen Abgründe, die eben verlassen werden, sei nochmals erinnert. Sie machen deutlich: Gefordert ist (wäre) radikales Wenden.

3.2 Statt Hungerterror: Terror dem Hunger

Planwirtschaften erwiesen sich als besonders schlechte Hungerbekämpfer. Die (kommunistisch-)planwirtschaftlichen Systeme begingen die vielleicht gravierendsten agrarökonomischen Fehler im 20. Jahrhundert. Bei der Durchsetzung schreckten sie vor gröbstem Hungerterror nicht zurück. Schätzungsweise sind mehr als die Hälfte der Opfer von großen Hungerkatastrophen diesen Systemen zuzurechnen. Versucht man die schlimmsten Hungerverursacher des Untersuchungszeitraums zu „personifizieren", so sind drei Namen zu nennen: Stalin, Hitler und Mao Tsetung.[7] Mehr als zu denken gibt es, dass zumindest von Teilen der jeweiligen Bevölkerung dieses Trio Infernal bis heute verehrt wird. Dies gilt für Hitler ebenso wie für Stalin. Nach wie vor ist Mao für seine Gräueltaten von der chinesischen Führung nicht verurteilt worden, ganz im Gegenteil. In der politisch-ethischen Bewertungsskala bedarf es gleichsam eines Quantensprungs, damit diesen Potentaten und ihren Heeren der gar so willigen Helfer in allen Geschichtsbüchern der ihnen entsprechende Platz zugewiesen wird: jener der unbedenklichsten Massenmörder, die insbesondere die Waffe des Hungers einsetzten (vgl. Tab. 30). Zu einseitig geschieht dies im 1997 (1998 dt.) erschienenen „Schwarzbuch des Kommunismus". Wenn es dort heißt: „Es ist daran zu erinnern, daß es in der Zeit nach 1918 nur [sic! J.N.] kommunistische Länder waren, in denen Hungersnöte auftraten, die Hunderttausende, ja Millio-

Tabelle 30: Beispiele schweren Hungers, verursacht
vom „Trio Infernal" (Stalin, Hitler und Mao Tsetung)

Zeit	Ereignis	verant-wortlich	Tote	Quelle
1932-33	Hungersnot/Ukraine, etc.	Stalin	> 6.000.000	SBdK 1998, 178
			10.000.000	Ternon 1996, 207
1932 ff.	Hungertote in Lagern, Gulags, KZs oder bei Deportationen	Mao Hitler Stalin	insgesamt viele Millionen	SBdK 1998, passim
1939 ff.	II. Weltkrieg	Hitler		
	z.B.: Leningrad	(+ Stalin)	1.000.000	ORFv.4.XII.1993, AJ.
	z:B.: Ukraine		1.000.000	Ternon 1996, 210
	Verhungerte Kriegsgefangene		Millionen (?)	
1946-47	Hungersnot/UdSSR	Stalin	1.000.000	Ternon 1996, 212
1958-62	Große Hungersnot in China	Mao	20.000.000	Kremb 1997, 166
			46.000.000	Salisbury 1992, 208
			75.000.000	Domes/Näth 1992, 46
SUMME sehr niedere Schätzung			**> 31.000.000**	
SUMME höhere Schätzung			**> 90.000.000**	

Quelle: Zusammengestellt aus Tab. 28.

nen Todesopfer forderten",[8] so entspricht dies nicht den historischen Tatsachen. Auch andere (diktatorische) Systeme bedienten sich der Waffe des Hungers.

Hunger ist eine leise Katastrophe und Hungernde und Verhungernde haben bis zum heutigen Tage keine Lobby,[9] die sie vertreten würde. Sie müssen und mussten ihr Leid (und ihr Sterben) im Stillen ertragen und ein großer und bedeutender Teil an Verhungerten ist dem Archiv des Schweigens sicherlich nach wie vor nicht entrissen. Was Millmann und Kates beobachteten, trifft zu: „The history of hunger is for the most part unwritten. The hungry rarely write history, and historians are rarely hungry" (zit. nach: Newman

L.F. 1990, 22). Diesen Tatbestand nutzten die Diktatoren insbesondere gegenüber der Weltöffentlichkeit ebenso schamlos wie sie sich nach innen schadlos zu halten versuchten, indem sie ihren Terror als schicksalhafte Naturkatastrophe deklarierten. So dauerte es beispielsweise Jahrzehnte, bis der ungeheuerliche Hungerterror während der maoistischen Politik des großen Sprungs nach vorn aufgedeckt wurde.

Wer, anstatt den Terror durch Hunger mit ansehen oder erleiden zu müssen, den Hunger terrorisieren = ausrotten möchte, für den gilt es ähnlich wie gegenüber der Kriegspolitik demokratische Verhältnisse zu stärken. „Eine der bemerkenswertesten Tatsachen in der schrecklichen Geschichte des Hungers ist, dass es in keinem demokratisch regierten Land mit einer relativ freien Presse je eine schwere Hungersnot gab." Darauf macht Amartya Sen,[10] Nobelpreisträger für Wirtschaftswissenschaft 1998, aufmerksam. Aber auch die Demokratie hat viele Gesichter und Sen vertritt nicht jene neoliberale Auffassung, wonach dem Markt eine größere Verantwortung übertragen gehört. Für das gesellschaftliche Wohlergehen ist diese nach Sen dem demokratischen Staat zu übertragen, der gleichzeitig die Bedürfnisse all seiner Bürger und (weltweit) die Entwicklung der Menschheit im Blick haben müsse.

3.3 Statt Dürrehunger: Den Hunger austrocknen

Gegen Ende des 20. Jahrhunderts wurde Englands Himmel vom Wahnsinn verbrennender Rinder verdunkelt, und der BSE-Erreger auch über die Asche von maul- und klauenverseuchten Tieren verteilt.[11] Letztere drohen, sich im 21. Jahrhundert weiter zu verbreiten und auf Menschen überzuspringen.[12] Wenn die Auswirkungen dieser Katastrophen die Grenzen Europas schon längst überschritten haben, so stellen sich Fragen wie: Was bedeutet das Lodern solch mittelalterlich anmutender Scheiterhaufen für die Versorgung der Menschen? Ging diese Epidemie nur zufällig von England aus?

1997 waren über 21 Millionen US-Amerikanerinnen und Amerikaner bis zu sechs Monate lang auf Lebensmittelpakete angewiesen, obwohl sie in einem der reichsten Länder dieser Erde leben und arbeiten.[13] Eine große Zahl von ihnen klagt nicht darüber, keinen Job zu haben, aber sie können auf Grund ihrer Hände Arbeit die eigenen Familien nicht (mehr) ernähren, ihr Entgelt ist im wahrsten Sinn ein Hungerlohn. „Marktwirtschaften"[14] bieten keine Garantie für ein hungerfreies Leben, das belegen viele Beispiele.

Täglich verhungern Menschen in Brasilien, Kolumbien oder anderen ressourcenreichen Ländern von Lateinamerika bis Afrika. Der strukturelle Hunger, jener, der langsam, aber stetig dahinschleicht, kontinuierlich tötet, besteht nach wie vor. Was das Ausmaß betrifft, lässt er die „punktuellen" zeitlich begrenzten Katastrophen weit hinter sich – nein: nicht nur dies. Er stellt sich um ein Vielfaches schlimmer dar. Mangels des Lebensnotwendigsten, einfach so – wie oft gesagt wird, wenn die Ursachen nicht interessieren – sterben weltweit jährlich Millionen Menschen. Anfang der 1990er-Jahre waren es knapp 6 Millionen Menschen per anno, die infolge „Mangelernährung" weltweit starben, mit anderen Worten, etwa jeder fünfte Todesfall weltweit war durch Hunger mitverursacht.[15] In nur 10 Jahren sind dies dann dutzende Millionen Menschen.

Hunger zählt, was die Zahl der Opfer betrifft, immer noch zu den folgenschwersten aller Katastrophen.

Vor Hunger werden Menschen in den Irrsinn und über Zeiten und Kontinente hinweg vereinzelt zum Fürchterlichsten, dem Verzehr eigener Artgenossen, getrieben (vgl. dazu auch die einschlägige Chronik in Teilband II). Jürgen Teuteberg schreibt zwar zu den Hungersnöten der 1840er-Jahre, dass kein Kannibalismus, „der vom Mittelalter bis zum 17. Jahrhundert immer wieder bezeugt ist", mehr überliefert sei.[16] Dies mag richtig sein, heißt aber keineswegs, dass das Phänomen des Hunger-Kannibalismus damit für immer beseitigt ist. Ganz im Gegenteil findet er sich durch das ganze zwanzigste Jahrhundert, das sich darin nicht von früheren Jahrhunderten unterscheidet, und bis herauf in die jüngste Gegenwart. Berichte darüber sind überliefert aus der Zeit der Revolutions- und Hungerjahre in Russland 1917 ff.,[17] der von Stalin verursachten Hungersnot in der Ukraine 1932 f.,[18] dem Zweiten Weltkrieg (Königsberg,[19] Leningrad,[20] Stalingrad,[21] Italien,[22] Indien,[23] Japan,[24] den NS-Konzentrationslagern,[25] dem Warschauer Getto,[26] etc.) oder später z.B. aus China.[27] Selbst im Jahr 2001 findet sich in der renommierten Neuen Zürcher Zeitung der Bericht von zwei Bettlern in der moldauischen Hauptstadt Chisinau, die in der Nähe eines Fleischmarktes für weniger als zwei Dollar pro Kilogramm „Hundefleisch" anboten, das sich auf Grund eines genaueren Tests als Überreste von Menschen entpuppen sollte.[28] Derlei offensichtliche Verzweiflungstaten sollen in der Moldau keinesfalls eine Ausnahme sein. Die ehemalige Sowjetrepublik ist mit einem monatlichen Durchschnittsgehalt von 30 Dollar das ärmste Land Europas mit einer weit verbreiteten Mangelernährung. Der durchschnittliche Pro-Kopf-Verbrauch liegt bei nur 1.980 Kalorien.

Wenn vielleicht nicht jede einzelne Schilderung wirklichen Vorkommnissen entsprechen mag – eine quellenkritische Auseinandersetzung der einzelnen Berichte war im vorliegenden Zusammenhang nicht möglich –, so scheint sich Kannibalismus, zumindest jener vor Hunger, nicht grundsätzlich leugnen zu lassen, wie es immer wieder geschieht (vgl. z.B. Peter-Röcher 1998).[29] Mag sein, dass bisweilen der eine oder andere Kannibalismusbericht als „Mythos" zu bewerten ist. Das Phänomen Kannibalismus – so tragisch und unangenehm es ist – bzw. sämtliche Schilderungen darüber lassen sich damit nicht als unglaubwürdige Konstrukte abstreiten und verdrängen. Hungerleid muss so quälend sein, dass es davon Betroffene zum Wahnsinn bis hin zum Kannibalismus zu treiben vermag.[30]

Hunger ist, was das durch ihn verursachte Leid betrifft, für jeden einzelnen Betroffenen eine unerträgliche Katastrophe.

Ob heute Menschen das notwendig Wenigste zum Überleben vorenthalten bleibt oder ob im reichen Norden Lebensmittelkarten verteilt oder ob Millionen wahnsinnige Rinder verbrannt werden, bei allen mehr als nur graduellen Unterschieden in den Folgen: es finden sich hier wie dort die Auswirkungen eines ungezügelten neoliberalen Globalisierungsprozesses, der vielfach unter Ausschluss einer kritisch demokratischen Öffentlichkeit mittels stiller Lobbytätigkeit durchzusetzen versucht wird.[31]

Heute müsste Hunger in seiner Unerträglichkeit und seinem Ausmaß nicht sein, aber ihn zu bekämpfen oberste Priorität. Zart wäre allein dies.

Nie hungerten und hungern alle, nie alle gleich stark. Besonders betroffen sind immer die schwächsten Glieder einer Gesellschaft: Kinder, Alte und Kranke sowie Frauen. Das Kleinkind an der Brust seiner bereits verhungerten Mutter stellt ein für Hunger archetypisches Bild dar. Stärker betroffen werden die ohnehin schon armen, ökonomischen Kalkülen ausgelieferten

Länder außerhalb strategischer Interessen. Ein extremes Ergebnis ergibt global gesehen die Frage nach der Verteilungsgerechtigkeit: 1995 teilten sich die weltweit 358 reichsten Dollar-Milliardäre ein Vermögen von 762 Mrd. US-Dollar oder gleichviel wie die 2.400.000.000 Ärmsten auf dieser Erde (vgl. Nussbaumer 1999, 395). Auch die enorme wirtschaftliche Entwicklung seit der Industriellen Revolution vermochte die globalen Einkommensunterschiede nicht zu vermindern, ganz im Gegenteil: Lag der Anteil am Welt-Bruttoinlandsprodukt, welcher um 1820 dem ärmsten Fünftel der Weltbevölkerung zur Verfügung stand, gegenüber jenem des reichsten Bevölkerungsfünftels bei einem Verhältnis von 1:3, so betrug dieses Ungleichgewicht kurz vor dem Ersten Weltkrieg (1913) bereits 1:11. Bis gegen Ende des 20. Jahrhunderts wurde es weiter und weiter hochgeschraubt. 1997 stand es dann bei einem Verhältnis von 1:74 (in Worten: eins zu vierundsiebzig).[32]

Gelöst ist das Verteilungsproblem, die Frage der Verteilungsgerechtigkeit nirgendwo, oder umgekehrt: Das Aufrechterhalten und Weitertreiben von ungleicher Verteilung findet sich als mitverursachender Faktor regelmäßig, bei der leise schleichenden Tragödie ebenso wie bei akuten schweren Hungersnöten. Wie soll man beispielsweise verstehen, dass man Getreide aus Hungerregionen exportiert, wenn dort bereits Menschen verhungern, oder dass dieses gelegentlich gar zu teureren Preisen wieder reimportiert wird, wie es in Irland in den Jahren nach 1846 (vgl. 2.1.2) geschah? Wie lässt es sich rechtfertigen, dass mitten in der extremsten Hungersnot Gettos entstehen, in denen Angebote in Hülle und Fülle bestehen, wie es aus dem verhungernden Leningrad (vgl. 2.3.2), einem von vielen Fällen, zu berichten war?

Eines darf nicht vergessen werden: Hungerkatastrophen fallen ebenso wenig zufällig vom Himmel, wie dieser vor kurzem nicht grundlos über England durch verbrennende Tierkadaver eingeschwärzt wurde. Hauptverursacher von Hunger waren im Untersuchungszeitraum Menschen. Die schweren Notzeiten mussten nicht bzw. nur zu einem relativ geringen Teil auf eine Unbill der Natur oder auf sonstige schicksalhafte Faktoren zurückgeführt werden. Dem ähnlich ist es kein Zufall, dass der BSE-Skandal oder die beunruhigende Maul- und Klauenseuche von England ausgegangen ist, „in dem der Ultraliberalismus seit nunmehr zwanzig Jahren sein Versuchsfeld gefunden hat". Darauf weist Ignacio Ramonet (2001, 1). Er macht verschiedene Faktoren dafür verantwortlich, z.B. den Abbau des landesweiten

Netzes tierärztlicher Versorgung oder Impfverbote etc., alles Maßnahmen, scheinbar um schlicht und einfach Kosten zu sparen. Wohl gemerkt: vermeintlich. Der Chefredakteur von Le Monde diplomatique beruft sich des Weiteren auf die folgende geschichtliche Erkenntnis: „Jede Epidemie – darin stimmen die Historiker überein – ist nicht nur Ursache, sondern auch Folge einer bestimmten historischen Situation." So ist es auch bei den Gründen für Hunger. Hier wie dort, wer etwas tiefer gräbt und weiter nachfragt, stößt auf menschliche Verantwortung, auf Taten oder konkrete Untaten und gelegentlich schlichtes, aber folgenreiches Nichtstun von Menschen. Mögen, was die Hungersnöte betrifft, jene durch Naturkatastrophen verursachten in den Jahrhunderten vor der Industriellen Revolution und teilweise noch im 19. Jahrhundert häufiger gewesen sein, infolge großer technologischer Errungenschaften im Agrar- und Verkehrssektor wären sie im 20. Jahrhundert theoretisch vermeidbar gewesen, hätten Ereignisse wie Dürre, Überschwemmungen oder andere ähnliche Vorkommnisse nicht oder keinesfalls in den dargestellten Dimensionen zu Hunger führen müssen. Ihm hätte durch geeignete Maßnahmen begegnet werden können. Nicht von ungefähr hatte Abel auf die prägnante Zäsur um die Mitte des 19. Jahrhunderts aufmerksam gemacht (vgl. 1.2.1). Die Hungersnöte der letzten Jahrzehnte waren keine „Acts of God", aber weit mehr „Acts of man". Alles andere als ausgetrocknet sind nebst nackter Gewalt, der pure Eigennutz, in einem übertragenen Sinne: die Dürre von Menschen. Dürrenöte sind die geschilderten Katastrophen wenn überhaupt, dann vor allem in letzterem Sinne.

An ein Zweites ist an dieser Stelle zu erinnern: Nicht ein Zuwenig an landwirtschaftlichen Erzeugnissen bedingt die unzureichende Versorgung. Nicht deswegen besteht Hunger, denn: Weltweit werden zur Zeit rund 10 % mehr an Grundnahrungsmitteln erzeugt als an Bedarf besteht (vgl. dazu Nussbaumer/Rüthemann 2000, 15). Grafik 43 liefert ein weiteres Indiz. Sie stellt die Produktionssteigerungen beispielsweise bei Getreide dar. Wie auch bei anderen Produkten ist es gelungen, das Bevölkerungswachstum mehr als wettzumachen. Seit 1870/80 konnte die Weltgetreideproduktion von 131 auf 227 kg in den 1990er-Jahren für jede und jeden auf dieser Erde gesteigert werden. Ebenso sprechen die fallenden Preise – trotz wachsender Nachfrage durch die immer zahlreicheren Münder – für ein ausreichendes Angebot. Die malthus´schen Grenzen wurden gesprengt. Historisch ist dies alles andere als selbstverständlich. Heute wäre also genug da, durchschnittlich ge-

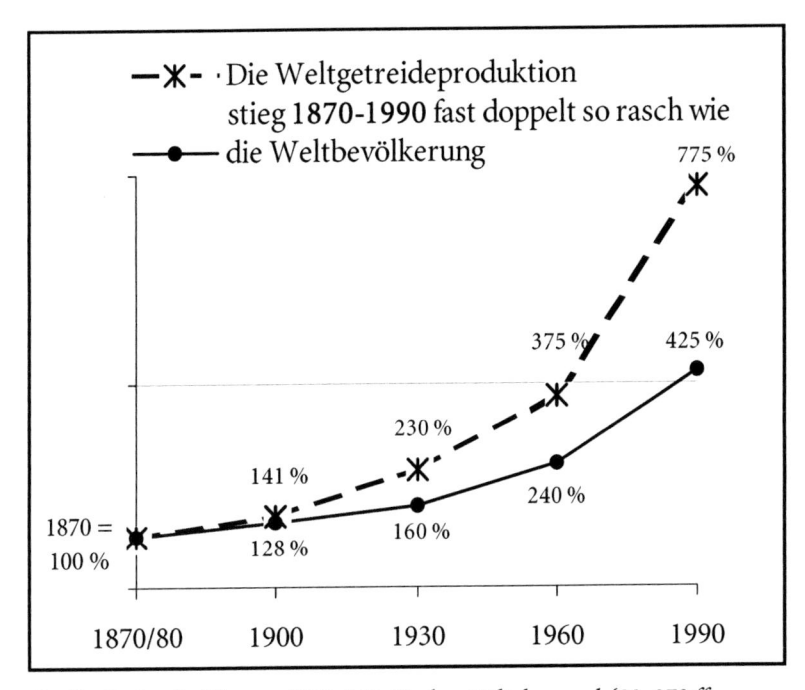

—✳— · Die Weltgetreideproduktion
stieg 1870-1990 fast doppelt so rasch wie
—●— die Weltbevölkerung

```
                                                    775 %
                                                     ✳

                              375 %        425 %
                               ✳

                     230 %
            141 %     ✳
             ✳              240 %
1870 =  ✳          160 %
100 %      128 %

1870/80   1900    1930    1960     1990
```

Grafik 43, Quelle: Vigener 1970, 143; Fischer Weltalmanach '93, 879 ff.

rechnet. Nur: Die Verteilung funktioniert nicht. So stehen Lebensmittel nach wie vor nicht allen und nicht überall ausreichend zur Verfügung. Die wohlhabenden Industrieländer schufen und schaffen sich Vorteile. Hungern musste in Europa als Folge der jüngsten Rinder- oder Maul- und Klauenseuchen niemand, nicht einmal mehr die Lebensmittel sind wirklich spürbar oder dauerhaft teurer geworden Das Keulen der Rinder in Europa hatte auch den Aspekt der Vernichtung von Überschüssen. Es war billiger, gesunde Tiere für den Markt zu opfern als deren Fleisch einzulagern. Daher: Wo heute ein Engpass besteht, entspringt er nicht (noch nicht?) irgendwelchen „Grenzen des Wachstums", sondern bewussten oder unbewussten Fehlentscheidungen des homo politicus und des homo oeconomicus.

An der Geschichte Indiens war unter anderem erkennbar, dass in Demokratien schwere Hungerkatastrophen weniger oft stattfinden als in nichtdemokratischen Systemen. Nach der Unabhängigkeit waren Hungersnöte seltener und sie fielen weit weniger schwer aus als in den Jahrzehnten und Jahrhunderten davor und dies trotz einer enorm gestiegenen Bevölkerung (vgl. 2.1.1). Im akuten Anlassfall lassen sich durch eine artikulationsfähige, wachsame Öffentlichkeit dessen Auswirkungen zumindest mildern. Wenn die Beobachtung im politischen Bereich zutrifft und Demokratien die Kriegs- oder Terrorhungerkatastrophen zumindest zu zähmen vermögen, dann stellt sich angesichts der schleichenden Hungerkatastrophe die Frage: Werden die wichtigen wirtschaftlichen Entscheidungen demokratisch getroffen? Letztlich weitgehend nicht. Das Wirtschaftsleben verstärkt zu demokratisieren, wäre demnach eine Grundvoraussetzung zur Umsetzung des Postulates, den Hunger auszutrocknen. Das Problem ist gewaltig, deren Fassetten äußerst vielschichtig und die Aufgabe selbst in einigen Jahrzehnten kaum zu lösen.

Man wäre blind, würde man behaupten, der Ausrottung des Hungers würde heute oberste Priorität zugemessen – aber wenigstens Ansätze sind zu finden. Die Ernährungs- und Landwirtschaftsorganisation (FAO) auf dem Welternährungsgipfel im November 1996 in Rom und der Milleniumsgipfel der Vereinten Nationen im Jahr 2000 in New York haben als politisches Ziel beschlossen, bis zum Jahr 2015 weltweit die absolute Armut halbieren zu wollen.[33] Skepsis ist angebracht, ob dieses im politischen Leben doch langfristig gesetzte Ziel zum Stichdatum verwirklicht sein wird – und selbst wenn: Die Armut wäre nicht ausgerottet, sondern erst halbiert. Wurde also (nicht) mehr als ein neues Gipfelschlagwort in die Welt gesetzt? Schlechte Präjudize gibt es ja genug: Seit vierzig Jahren versprechen die reichen Industrieländer z.B., 0,7 % ihres BIP als Entwicklungshilfe zur Verfügung zu stellen, verwirklicht wurde es von nur ganz wenigen Ländern, insgesamt erreicht nie. Im Gegenteil sinken seit Jahren die entsprechenden Aufwendungen im Schnitt. Sie bewegen sich nach wie vor auf sehr bescheidenem Niveau: Während die OECD-Länder (die reichsten Nationen des Globus) zur Zeit insgesamt nur rund 53 Milliarden Dollar in die „Entwicklungszusammenarbeit" stecken, wenden diese Länder 360 Milliarden (also beinahe das Siebenfache!) für eigene Agrarsubventionen auf, wider jede sonntäglich formulierte Freihandelsdoktrin.[34]

Wenn den aktuellen Krisen um BSE oder Maul- und Klauenseuche überhaupt etwas Positives abzugewinnen ist, dann vielleicht dies, dass Fragen der Fehlentwicklungen im Ernährungs- und Landwirtschaftsbereich wieder stärker in den Vordergrund gerückt sind. Ihnen muss gegenwärtig öffentlich vermehrt Aufmerksamkeit geschenkt werden und dies geschieht auch. Dass dabei Fragen der ausreichenden Ernährung und nicht nur jene der Qualität der Lebensmittel mit berücksichtigt werden, dazu ist die Formulierung des Zieles, weltweit die Armut zu halbieren zu wollen, durchaus hilfreich. Allerdings gilt es im Einsatz um die Verwirklichung dieses Zieles sehr genau zu beobachten, wer nun welche politischen bzw. wirtschaftlichen Regeln unter Verwendung des Gipfelschlagwortes durchzusetzen versucht. Nicht alle, das ist nur eine der Lehren der Hungergeschichte, die vorgaben, den Hunger zu bekämpfen, hatten dies auch wirklich im Sinn. Oft blieben nur die nicht einklagbaren Absichtserklärungen diverser Politiker und anderer Funktionäre.

Auf all die vielen konkreteren Ansätze, die unterhalb des globalen Zieles der Armutshalbierung, vielfach auch jenseits davon schon länger oder in kritischer Auseinandersetzung damit verfolgt werden, kann hier nicht eingegangen werden, nur mehr auf Weniges sei hingewiesen:

- Fehlentwicklungen, bedingt durch ein ausschließlich wachstumsorientiertes und global möglichst schrankenloses Produktions- und Handelsregime, wie es von der Welthandelsorganisation (WTO) verfolgt wird, sind – aller versuchten Geheimdiplomatie zum Trotz – in Diskussion. An vielen Orten geraten sie unter öffentlichen Druck.
- Ihnen gegenüber ist auf viele Initiativen zu ökologisch verträglichen und nachhaltigen Anbaumethoden oder zahlreiche Ansätze zu Gunsten eines gerechteren und faireren Handels aufmerksam zu machen.
- Die in vielen Ländern kaum mehr tilgbare Verschuldung und der Druck des Schulden- und Zinsendienstes, die zulasten von Ausgaben im Sozial- Bildungs- oder Umweltbereich zu leisten sind und notwendige Mittel für entsprechende Arbeitsplätze, Einkommen oder Investitionen beschränken, werden von verschiedensten Gruppierungen angegriffen.
- Die Verankerung eines Grundrechtes auf Nahrung in den wirtschaftlichen, sozialen und kulturellen Menschenrechten und die Realisation sozialer Mindeststandards werden ebenso gefordert wie Landreformen dort, wo der Boden- und Grundbesitz äußerst ungleich verteilt ist.
- Die wichtige Rolle, die Frauen beim Nahrungsmittelanbau und generell im Einsatz für eine gerechtere Welt einnehmen, wird zunehmend erkannt.
- In Deutschland wurde – im Zuge der Umsetzung des UN-Zieles – ein Programm zur Armutsbekämpfung als „Chefsache" beschlossen. So erfreulich die Bedeutung ist, die dem Programm durch die Kanzlerver-

antwortung zukommt, so wichtig ist es, die vielen darin enthaltenen Schwachstellen aufzuzeigen (vgl. z.b. Eberlei, Fues 2001, 140 f.).
- Den Verflechtungen zwischen großen Bauernverbänden, Futter- und Lebensmittelkonzernen und oft fragwürdigen Subventionsvergaben wird nachgespürt und die Nachteile von Konsumentinnen und Konsumenten im Norden und Süden werden thematisiert.
- Die oft problematische Abhängigkeit von Forschern und wissenschaftlichen Institutionen durch Aufträge eines (privaten) Konzerns wird in Frage gestellt und die Ängste vor den Gefahren z.b. durch genmanipulierten Erzeugnisse zum Ausdruck gebracht.

Ausrottung des Hungers und die Bekämpfung von Armut, das vermögen diese Beispiele zu zeigen, heißt auch Friedens- und Sozial-, Finanz-, Agrar-, Welthandels-, Medien-, Bildungs- und Kultur-, Gesundheits-, Umwelt- und Verkehrs-, Wissenschafts- oder Technologiepolitik. Zudem sind sie eine Frage von Lebensstil und/oder Konsumgewohnheiten.[35]

Die Stärkung von angemessenen Maßnahmen oder auch der Einsatz gegen eine falsche Ausrichtung in all diesen Bereichen und auf den verschiedenen Ebenen (regional, national, international) seitens der offiziellen Politik ebenso wie von zivilgesellschaftlichen Bewegungen sind höchst notwendig angesichts der drohenden, auch großen Gefahren für eine qualitativ ausreichend sichere Ernährung zu Gunsten aller.

Ob viele weitere große Hungerkatastrophen im 21. Jahrhundert zu verzeichnen sein werden, muss die Zukunft weisen. Doch: *„Die Krise der Welternährung kommt nicht, ... sie ist schon da."*[36] Nur wenn diese mächtig genug bekämpft wird, lässt sich Positiveres für die Zukunft erwarten. Es wäre möglich, die Herausforderungen und Herausforderer aber sind gewaltig.
- Die Zahl der Erdenbewohner wird in nächster Zukunft weiter zunehmen. Um die Jahrtausendwende lebten ca. 6 Milliarden Menschen und in etwa 12 Jahren wird eine weitere Milliarde Menschen zu den Mitbewohnenden zählen. Bald werden es somit 7, 8 oder mehr Milliarden Menschen sein. Bei allen gelungenen Produktionsfortschritten: „Ungelöst wird dieses Problem alle anderen Probleme unlösbar machen."[37]
- Der für die Nahrungsmittelproduktion mögliche agrarische Boden ist weltweit bereits weitgehend in Verwendung, die notwendigen Produkti-

onssteigerungen können nicht mehr durch Flächenausdehnung erfolgen, sondern ausschließlich durch „agrartechnologische" Verbesserungen.
- Verschärft wird das Problem – dies ist in den Medien weniger präsent – durch den Verlust von Mutterboden. Jahr für Jahr geht weit mehr fruchtbarer Boden verloren, als sich neu bilden kann. Dieses Auseinanderklaffen zwischen Neubildung und Verlust von gutem Humus gehört zu den zentralen langfristigen Problem der Welternährung. Beim derzeit größten Getreideexporteur der Welt, den USA, hat sich, so wurde errechnet, in den letzten 200 Jahren intensiver Landwirtschaft der Oberboden durchschnittlich von 23 auf 15 Zentimeter um rund ein Drittel verringert. Rund 17 Mal so viel Ackerland geht zur Zeit verloren wie neu gebildet wird.[38] Das Tempo ist hoch, das Erosionsproblem ein Weiteres der zentralen Probleme der Welt-Landwirtschaft.
- Als nicht weniger dramatisch stellt sich für die unmittelbare Zukunft die Frage nach Süßwasser. Zurecht wird gesagt, es sei in vielen Gegenden schon kostbarer als Öl oder Gold. Weltweit hat sich der Wasserverbrauch seit Beginn des 20. Jahrhunderts versiebenfacht.[39] (Auch) er ist weit schneller gestiegen als die Bevölkerung gewachsen. Heute sind in achtzig Ländern der Erde ungefähr 40 Prozent der Weltbevölkerung durch Wassermangel bedroht und jeder dritte Mensch in den unterentwickelten Ländern (ca. 1,2 Mrd. Menschen) hat keinen Zugang zu sauberem Trinkwasser.[40] Es birgt den Konfliktstoff für Kriege in der Zukunft und ausreichend klar wurde bereits: Es muss als eine der größten Herausforderungen für das 21. Jahrhundert gelten, Interessenskonflikte und somit auch das Wasserproblem friedlich zu lösen. Denn Gewalt macht Hunger.

Alle Problemstellungen, die bei einem Blick in die Zukunft der Ernährung ins Auge stechen, aufzuzählen würde den Rahmen bei weitem sprengen. Jemand, der durch ein schmales Schlüsselloch schaut, kann nur wenig sehen. Auch hier ist nicht mehr möglich und so werden abschließend nur noch einige Aspekte angesprochen und hingewiesen auf die Probleme der Versalzung,[41] der Überdüngung,[42] der immer größer werdenden Resistenz von „Schädlingen",[43] des Artenschwundes und des Verlusts an biologischer Vielfalt;[44] nicht zu vergessen sind die Unsicherheit, die von den Klima-Veränderungen ausgehen könnte,[45] oder die schon heute virulente Überfischung der Meere.[46] Was den hohen Fleischkonsum von „Reicheren" betrifft, so beanspruchen sie – via Viehfutter – einen überproportional hohen Getreideanteil und wenn dieser dadurch den Armen nicht ohnehin fehlt, so werden für sie auf Grund knapperer Getreidereserven die Preise zu teuer.[47] Den rund 800 Millionen Hungernden stehen rund 1 Mrd. Menschen gegenüber, die an Fettleibigkeit leiden. Die direkt mit Übergewicht verbundenen Gesundheitskosten beliefen sich laut Schätzung des amerikanischen Beratungsunternehmens Lewin Group für das Jahr 1999 auf 102 Mrd. US$ (indirekte Kosten mitgerechnet noch auf weit mehr). Mit nur 40 Milliarden US$ pro Jahr – so UN-Generalsekretär Kofi Annan – ließe sich für die in Armut lebende „Hälfte der Erdbevölkerung Schulbesuch, ärztliche Versorgung, Familienplanung, ausreichende Nahrung und sauberes Trinkwasser" gewährleisten.[48]

Wieder ist damit die weltweit ungleiche Verteilung von Land[49] und Einkommen angesprochen,[50] die Millionen Menschen bis in den Hungertod treibt und mit Macht verteidigt, ja verschärft wird. Dies kann umschlagen, durchaus: Hunger macht auch Gewalt. Eine Lösung ist dies nicht. Zu oft traf solche Gewalt erst recht wieder jene, in deren Namen sie ausgeübt wurde.

Im Kampf gegen Hunger sind Altruismus, der ethische Einsatz für Menschenrechte und Gerechtigkeit mögliche Motive – aber nicht die Einzigen: Jene sind ebenfalls dazu zu gewinnen, die Eigennutz nicht ganz kurzfristig und kurzsichtig bestimmen. Gerechtigkeit erhöht Sicherheit.

In Anbetracht des Menschen heute Möglichen vollzieht der eingangs zu Kapitel 1 zitierte Hans Jonas gleichsam eine kopernikanische Wende in der Ethik. *Vor* den erwarteten positiven Ergebnissen, *vor* den Heilsprophezeiungen sind angesichts der Gefahren von Großprojekten die möglichen (unbeabsichtigt) negativen Wirkungen, d.h. die Unheilsprophezeiungen ernster zu nehmen.[51] Diesen ist Vorrang einzuräumen. Wenn dadurch einiges verlangsamt werden mag und gerade dies nicht dem zeitgeistig letzten Trend entspricht: Menschliches Agieren hat heute elementar schlechte Prognosen mit zu berücksichtigen. Es soll sich nicht so wie bislang primär vom positiv Erwarteten leiten lassen. „Die bewußte Anstrengung zu selbstloser Furcht ... wird zur ersten, präliminaren Pflicht einer Ethik geschichtlicher Verantwortung werden. Wen diese Quelle ... – nie natürlich die einzige, aber manchmal angemessen die dominante – nicht vornehm genug für den Status des Menschen dünkt, dem ist unser Schicksal nicht anzuvertrauen" (Jonas 1984, 192).

Es reicht ins Grundsätzliche, am Wendepunkt sich nicht abzuwenden, aber zu wenden.

Anmerkungen zu Kapitel 1

1. Ludger Lütkehaus, Das Böse und der Böse, NZZ 30.01.2001, 68 f..
2. In: Das Prinzip Verantwortung Frankfurt/Main 1979 (1. Auflage); hier: 1984, 241.
3. OÖN v. 6.9.01, 9.
4. In den 1980er-Jahren politisierten Nichtregierungsorganisationen ihre Beobachtung der erhöhten Sterblichkeit von Babys jener Mütter, die in Ländern Afrikas oder Asiens ihre Neugeborenen nicht mehr mit der Brust stillten, sondern sie – nicht zuletzt auf Grund intensiver Werbeanstrengungen – mit teuren Muttermilchersatzprodukten zu ernähren versuchten, ohne allerdings die erforderlichen hygienischen Voraussetzungen beziehungsweise die Verwendung von ausreichend sauberem Wasser immer einhalten zu können. Aus diesem Grunde standen damals Lebensmittelkonzerne im Blickpunkt öffentlicher Auseinandersetzungen ähnlich wie es heute beispielsweise jene Pharma-Unternehmen sind, die lebensrettende AIDS-Medikamente durch ihre Vertriebs- und Preispolitik gerade für die bedürftigsten und ärmsten Menschen nicht zugänglich machen. Vgl. allgemein zu dieser Fragestellung auch: Werner K., Weiss H., „Schwarzbuch Markenfirmen. Die Machenschaften der Weltkonzerne", Wien 2001.
5. Leipzig/Halle 1732-1754. Das Zitat ist unter dem Stichwort: „Anthropophagie" zu finden.
6. Vgl. dazu etwa FR v. 14. Juni 2002, 5.
7. Zitiert nach Weltwoche v. 1. Jan. 1998, 77.
8. Zum Vergleich: Bei der Katastrophe vom 11. September 2001, dem Einsturz des World Trade Center in New York, kamen laut Standard (v. 9. Juli 2002, S. 4) 2.823 Menschen ums Leben. Rechnet man diese Summe hoch, so würde es seit 1958 bis ins Jahr 2025 jeden Tages (sic!) einer „11.Septemberkatastrophe" bedürfen, um das Niveau der chinesischen Horrorzahlen zu erreichen.
9. Einer der größten GENOZIDE des ganzen Jahrhunderts ereignete sich vermutlich in den großen Konzentrations- und Arbeitslagern der UdSSR/1917-1987: mit geschätzten 39.464.000 Toten (Globale Trends 1996, 377). Wie weit in späteren Zeiten unter Einbeziehung der Geschichte Chinas vor allem in der zweiten Hälfte des 20. Jahrhunderts, bei einer vielleicht „besseren" Datenlage, solche Desaster noch „überboten" werden, bleibt abzuwarten.
10. Dies würde bedeuten, dass knapp 20 Prozent der weltweiten Sterbefälle auf Hunger zurückzuführen wären, eine Zahl, die wohl doch zu hoch gegriffen ist. Diesbezüglich scheint die Zahl der WHO mit rund 5,9 Mio. Sterbefällen (1990), die auf Mangelernährung zurückzuführen sind, „realistischer".
11. Vgl. dazu die einzelnen Angaben in den diversen Homepages der UNO (http://esa.un.org/unpp/index.asp?panel=1, bzw. panel=2, bzw. der WTO (http://www,wto,org/trade_resources/statistics/stats.htm).
12. Was für die Jetztzeit gilt, trifft in noch viel höherem Maße für die Vergangenheit zu. Sara Millman und Robert W. Kates drücken es einmal so aus: „The history of hunger is for the most part unwritten. The hungry rarely write history, and historians are rarely hungry" (Millmann/Kates 1990, 22). Wie weit die diversen

Angaben über die Zahl der Hungernden durch die FAO diesbezüglich als "exakt" zu bezeichnen sind (überhaupt sein können), sei zumindest mit einem kleinen Fragezeichen versehen.
13 Viele historische Statistiken unterscheiden oft kaum zwischen „echten" Hungertoten und Seuchentoten, etc. Auch die vorliegende Arbeit konnte diese Problematik in keiner Weise befriedigend lösen, je weiter dabei ein Ereignis zurück liegt, umso schwieriger wird ein entsprechender Quantifizierungsversuch.
14 Das Beispiel ist entnommen Glucksmann/Wolton 1989, 75 f..
15 Millmann/Kates 1990, 22 f..
16 Laut WHO Report 1995 sterben weltweit jährlich insgesamt rund 51 Millionen Menschen. In seinem Katastrophenbuch „Im Schattenreich der Gefahren" (Wien 1995, 126) schreibt Josef Pointner mit Bezug auf Angaben der FAO aus der Tagespresse von „70 Millionen" Menschen, die jährlich an Hunger sterben, darunter seien „40 Millionen Kinder".

Anmerkungen zu Kapitel 2.1

1 J. Moltmann, in: Orientierung 2/2001, 17.
2 Vgl. die Resümees am Ende von Kapitel 2.1, 2.2, 2.3 sowie zusammenfassend Kap. 3.
3 Auch im öffentlichen Bewusstsein ist dieses Phänomen eher an den Rand gedrängt. Mit ein Grund dafür dürfte sein, dass Dürre als „schleichende Katastrophe" bezeichnet werden kann, wobei es schwierig ist, festzustellen, wann die „Katastrophe" beginnt. Zudem scheint „eine allgemeine und brauchbare Definition für Dürre praktisch unmöglich" zu sein, vgl. DFG 1993, 55; Geipel 1992, 135. Dürre, auch als „leise" Naturkatastrophe bezeichnet (vgl. Zimmer, Rodero in: Zeitmagazin v. 21. Juli 1995, 8), trifft meist Gegenden und Gebiete, die ökonomische „Randzonen" darstellen, wo somit auch die Anzahl der am Existenzminimum lebenden Personen als relativ hoch einzustufen ist.
4 Seit Jahren warnen Experten, dass die ungleiche Verteilung des raren Wassers einer (noch) ungezündeten Zeitbombe gleicht, die schlimmstenfalls sogar mit kriegerischen Mitteln gelöst werden könnte. Mittlerweile hält nicht einmal mehr die Weltbank ein solches Szenario für abwegig, vgl. FR v. 31. Dez. 1996. Man schätzt, dass zur Zeit etwa ein Viertel der Menschheit keinen Zugang zu einer „Quelle mit ausreichender Wasserqualität" hat. Nur rund 35 % der Weltbevölkerung könnten sich zur Zeit auf eine sichere „Versorgung mit Wasser verlassen." (vgl. dazu FR v. 2. Aug. 2001, 11). Generell zum Wasserproblem vgl. etwa Engelman R., Dye B., LeRoy P., Mensch, Wasser! Report über die Entwicklung der Weltbevölkerung und die Zukunft der Wasservorräte, Stuttgart ²2000 oder Petrella R., Wasser für alle. Ein globales Manifest, Zürich 2000 (mit „Wassermanifest").
5 Diese Dürre hatte übrigens auch noch einen ökologisch interessanten „Nebenef-

fekt". Neben dem landwirtschaftlichen Nutzvieh verdursteten nämlich auch die Kaninchen. Für Jahre war somit die Kaninchenplage gelöst, vgl. Heathcote 1969, 309 f..

6 Wijkman/Timberlake 1986, 74 f. Im örtlichen Sprachgebrauch heißen diese Maßnahmen, wie der Bau von Dämmen, Bau von Wasserauffangbecken, etc., auch „Dürreindustrie" („Industria da Seca"). Sie dienten den Reichen meist weit mehr als den Armen, ja nicht selten bauten arbeitslose Landarbeiter oder Kleinbauern „Dämme, die das Wasser auf das Land der Reichen und weg von ihren kleinen Bauernstellen holten".

7 Die Zahlenangaben bezüglich der Hungertoten entsprechen eher einer „Mickymaus-Statistik"; je nach Literaturangabe werden zu den einzelnen Katastrophen oft recht unterschiedliche Zahlenwerte veröffentlicht. Der Vollständigkeit halber sei erwähnt, dass um die Jahrhundertmitte China besonders unter den Wirren des Taipingaufstandes litt. Wie viele Menschen in diesen Wirren insgesamt durch Kampfhandlungen, Seuchen und Nahrungsmittelknappheit ums Leben kamen, wird in der Literatur äußerst kontrovers abgehandelt. Die Zahlen reichen von 2 Millionen Toten (Globale Trends 1996, 375) über 10 Millionen (Sivard 1991, 24) bis hin zu 40 Millionen Toten. Diese Zahl erwähnt Kulischer in seinem Buch „Wanderzüge" (1932, 42 Anm. 51). Nash berichtet in seiner Enzyklopädie „Darkest Hours of the World" (1977, 665), dass zwischen 1851 und 1866 im Dreieck Peking-Shanghai-Hankow rund 40 bis 50 Millionen Chinesen an den Folgen von Überschwemmungen, etc. umgekommen seien. Die mit Abstand höchste Opferbilanz findet sich im „Schwarzbuch des Kommunismus" (1998, 517). Dort ist die Rede von bis zu 100 (sic!) Millionen Toten. Laut Ternon (1998, 238) sollen die meisten Opfer verhungert sein. Stimmen diese Angaben, dann handelte es sich bei diesen Aufständen und deren Folgen um eine riesige Hungersnot. Laut Fairbank (1989, 90) soll die Bevölkerung Chinas von 410 Millionen (1850) auf 350 Millionen (1873) zurückgegangen sein.

8 In Unkenntnis der chinesischen Hungersnot von 1958 bis 1961 unter Mao Tsetung bezeichnen auch heutzutage noch viele Autoren die Katastrophe von 1876-78 als die schlimmste Hungerkatastrophe der Neuzeit überhaupt. So meint etwa Davis noch 1992: „The Great Chinese Famine of 1876-1878 remains, to this day, the worst recorded famine in the history of the world" (Davis 1992, 73). Diese Einschätzung scheint den historischen Fakten nicht Stand zu halten. Die Hungersnot unter Mao Tsetung (in den Jahren um 1958/61) dürfte um Vieles schlimmer gewesen sein, als die Katastrophe von 1876/78. Während allerdings die Weltöffentlichkeit von der Katastrophe 1876/78 sofort informiert wurde, dauerte es bei der Katastrophe von 1958/61 rund zwei Dezennien, bis die ersten Informationen in den Westen drangen, ja in vielen Hungerchroniken wird die Mao'sche Hungersnot heute noch nicht angeführt. Sollte dies ein Beweis dafür sein, dass das Informationswesen des 19. Jahrhunderts in manchen Bereichen gar besser war als in der zweiten Hälfte des 20. Jahrhunderts? Vgl. dazu unten 2.2.2.

9 Er hatte bereits einige Jahre in China gelebt und war von der Not und dem Elend der Bevölkerung tief betroffen. So reiste er predigend durch den ganzen Distrikt Weifang.

In seiner Autobiografie beschreibt Richard, wie er in einem Dorf auf eine Gruppe kleiner Jungen traf, die nur von Disteln und Blättern lebten, vgl. dazu Katastrophen 1991, 133.

10 So wird berichtet, dass „das Alleinreisen nicht sicher war, denn viele der Hungernden waren zu Kannibalen geworden". Die Eltern sollten ihre Kinder untereinander getauscht haben, „weil sie ihre eigenen nicht verzehren konnten" (Katastrophen 1991, 136). Die New York Times zitiert in ihrer Ausgabe vom 6. Juli 1878 einen Brief des Bischofs von Shanxi, Monsignore Louis Mongattas, in dem berichtet wird, dass „die Menschen sich bis vor kurzem damit zufrieden gaben, sich von den Toten zu ernähren; nun aber töten sie die Lebenden, um sie zu verzehren. Der Ehemann ißt seine Frau, die Eltern essen ihre Kinder, und Söhne und Töchter wiederum verzehren ihre Eltern." Vgl. dazu Walford 1878, 449; Katastrophen 1991, 137.

11 Katastrophen 1991, 136. Immer wieder wird auch vom Verkauf von Kindern und Frauen berichtet, ja die „Preise für Menschen" sollen sogar in den Keller gesunken sein. Ein Augenzeuge berichtet dazu aus Shanghai: „The people's faces are black with hunger; they are dying by thousands upon thousands. Women and girls and boys are openly offered for sale to any chance wayfarer. When I left the country, a respectable married woman could be easily bought for six dollars, and a little girl for two." Und der Augenzeuge berichtet weiter: „In cases, however, where it was found impossible to dispose of their children, parents have been known to kill them sooner than witness their prolonged sufferings, in many instances throwing themselves afterwards down wells, or committing suicide by arsenic." zitiert nach Walford 1878, 448.

12 Fairbank 1991, 302; In manchen Gegenden – so in der Provinz Shandong türmten sich die Leichen in den Dörfern und Städten so, dass sie schließlich in riesigen Gemeinschaftsgräbern, den so genannten „Zehntausendmannlöchern", bestattet wurden. Auch vor den Stadttoren diverser Städte wurden die Leichen der Verhungerten – getrennt zwischen Männern und Frauen – aufgetürmt. Ein Augenzeuge berichtet, dass er auf den einen Seite des Tores „einen Haufen nackter toter Männer, die wie die Schweine im Schlachthaus übereinandergestapelt waren" sah. Auf der anderen Seite lagen Frauenleichen. Die Kleider hatte man gestohlen, „um sie gegen Nahrungsmittel zu tauschen"; Katastrophen 1991, 135 f. Zu schlechter Letzt brach in Shanxi auch noch eine Typhusepidemie aus. Wie zuvor in Shandong versuchte jeder, dem es irgendwie möglich war, die Provinz zu verlassen. Die Zurückgebliebenen kämpften einen schier auswegslosen Kampf gegen Hunger, Krankheit und Tod; vgl. Katastrophen 1991, 136.

13 Hotz 1913, 261. Wie viele Inder in den späten 1890er-Jahren (1896 bis etwa 1901) den Hungertod starben, oder sonstigen Seuchen zum Opfer fielen, scheint nicht eindeutig geklärt. In der Literatur finden sich Zahlen von über einer Million Toten bis über 8 Millionen; siehe dazu Tab. 3; vgl. dazu weiter: Dando 1989, 145; Gras 1925, 206 Anm. 45; Hotz 1913, 261; Bhatia 1963, 343; Ghosh 1944, 200 und 203; Masefield 1963, 14; Nash 1977, 733.

14 Das wird sich auch im folgenden Absatz und bzgl. China nochmals gegen Ende von Kapitel 2.1.2 zeigen. Vor dem Ersten Weltkrieg sticht in China insbesondere

das Jahr 1907 noch mit einer besonders schweren Hungersnot ins Auge. Damals litten allein in Südchina offiziellen Schätzungen zufolge ca. zehn Millionen Menschen Hunger. Täglich – so heißt es im April 1907 – sterben 5.000 Menschen an Hunger (vgl. Chronik d. 20. Jh., 85). Teile Indiens waren 1907/08 ebenfalls von schwerer Hungersnot betroffen, so die „United Provinces", die „Central Provinces", Madras, Bengalen und Bombay. Auch diesmal werden wieder „Nahrungsmittelüberschüsse" aus den Hungerregionen exportiert, wie Sir Georg Watt berichtet: „Die besseren Klassen der Gemeinde exportieren die Überschüsse, die früher für Zeiten der Knappheit und des Hungers gelagert wurden." (Vgl. Bahtia 1963, 343; Collins/Moore Lappe 1978, 118).

15 Vgl. Hobshouse, Fünf Pflanzen verändern die Welt, 1988, 334, Anm. 29.
16 Eine ähnlich schlimme Hungersnot wie in Indien ereignete sich zur gleichen Zeit in China. Dürre hatte die Provinz Honan und andere Regionen heimgesucht. Wieder spricht man von 1 bis 3 Millionen Toten. Neben der Dürre war es sicherlich einerseits der innenpolitische Machtkampf zwischen Chiang Kai-shek und Mao Testung um die Vorherrschaft in China, sowie andererseits die Wirren des Zweiten Weltkrieges (China gegen Japan), welche diese Hungersnot noch verschärften. Die Lage in den betroffenen Gebieten muss jedenfalls katastrophal gewesen sein. Es wird berichtet, dass manche Familien „sold all they could for one last meal and than committed suicide" (vgl. Arnold 1988, 18). Wie oft in solchen Extremsituationen soll es auch damals wieder zu Fällen von Kannibalismus gekommen sein. Eltern sollen ihre Kinder verkocht haben, Eheleute sich gegenseitig verzehrt haben. Es wird berichtet, dass die Behörden die „Kannibalen" oft laufen ließen, wenn diese den Behörden versicherten, dass das Menschenfleisch erst verkochten, nachdem diese verstorben waren. In ihrer Arbeit „Thunder Out of China" haben Th.H. White und A. Jacoby Material zu dieser Hungersnot – auch zu den Kannibalismusfällen – zusammengetragen (vgl. Davis 1992, 73 ff.).
Laut Kingston und Lambert war „die schwerste Hungersnot des 20. Jahrhunderts" außerhalb Chinas und der Sowjetunion diese Bengalische (Kingston/Lambert 1980, 85).
17 Auch A. Sen weist auf das Faktum, dass trotz weiterer Dürreperioden im demokratischen Indien deren bisher gekannte Folgewirkungen stark gemildert werden konnten. Er verweist auf das indische Beispiel zudem als einen Beleg gegen das Argument, die Absenz von Hunger in Demokratien sei deswegen festzustellen, weil Demokratien überwiegend reiche Industrienationen wären (Sen 2000, 218 ff.).
18 Originalfassung des Films in Bengali, mit englischen Untertiteln; Dauer: 127 Minuten.
19 Es ist auch bei dieser Hungersnot schwer bis unmöglich, die „exakte" Opferzahl zu ermitteln, zumal mit ihr auch Epidemien (Ruhr z.B.) auftraten.
20 Vgl. dazu Shashi Tharoor, Indien. Zwischen Mythos und Moderne, Frankfurt/M. u. Leipzig 2000, 244 f.
21 So die Zeitung „The Hindu", zitiert nach der NZZ v. 25. April 2000 (ol 20).
22 FR v. 2. Mai 2000, 22.

23 Vgl. FR v. 2. Juli 2001, 7 und NZZ v. 30. Juni 2001, 23.
24 So laut einem Leserbrief in der FR v. 3. Aug. 2001, 9. Laut Fernsehsender Vox (12. Febr. 2001, ca. 23 Uhr) stellen in Indien die Ratten ein großes Problem dar, die sich große Teile der Ernte (bis zu einem Drittel) aneigneten. In manchen Gegenden werden sie fast göttlich verehrt, was die Situation keineswegs erleichtert.
25 Zit. nach: Wöhlcke 1992, 49 f..
26 Vgl. den nächsten Abschnitt, sowie: Spittler 1991, 50.
27 Ein Augenzeuge, Dr. John A. Dreisbach, berichtet darüber 1978: „I saw thousands of cattle carcasses ... Nomads who once owned them were in relief camps eating gift food sent by the rest of the world. We saw much malnutrition and sickness. In their weakened condition, many people died of pneumonia, measles, and whooping cough. I saw little starvation as such." vgl. dazu Davis 1992, 86 f. Es wird berichtet, dass mehr als drei Viertel der Menschen an Typhus, Lungenentzündung, Masern und Keuchhusten starben.
28 Chronik 1974, 50; Weitere Literatur dazu: Gebre-Medhin M., Vahlquist B., Famine in Ethiopia – The Period 1973 – 75, in: Nutrition Reviews, 35, 1977; Miller D. S., Holt F. F. J., The Ethiopian Famine. Proceedings of the Nutritional Society, 34, 1975. Holt J., Seaman J., Rivers J. P. W., The Ethiopian Famine of 1973 – 74: 2. Harerghe Province. Proceedings of the Nutritional Society, 24, 1975.
29 Kidron/Segal, Hunger und Waffen 1981, 44; Matthies, Horn/Afrika 1992, 58 f..
30 Manchen Autoren bezeichnen die Dürre von 1968/74 als die Schlimmste aller im 20. Jahrhundert nachgewiesenen Saheldürren, so etwa Lamb 1989, 293.
31 Lamb schätzt die Anzahl der toten Rinder auf rund vier Millionen in diesen Jahren, vgl. Lamb 1989, 340.
32 Die Jahre 1983/1985 gelten in vielen Ländern der Erde erneut als klassische Hungerjahre. Insbesondere Teile Südamerikas und des afrikanischen Kontinents waren von schweren Hungersnöten betroffen. In Bolivien waren 1983 etwa 1,6 Millionen Menschen vom Hungertod bedroht (Oltersdorf 1996, 13), in Brasilien vor allem im Nordosten etwa ein Drittel der Bevölkerung (Datta 1984, 78). Seit 1978 soll in gewissen Gebieten „kaum ein Tropfen Regen mehr gefallen" sein. In der Stadt Caninde stürmten rund 8.000 hungernde Landarbeiter in Verzweiflungsaktionen die Supermärkte, um sich Nahrungsmittel zu beschaffen. Auch in einer anderen Stadt, in Arcoverde, stürmten 2.000 Menschen die Lebensmittelgeschäfte. Die Behörden brachten die Lage nur mehr durch Lebensmittelgeschenke unter Kontrolle. Rund 24 Millionen der damals 128 Millionen Brasilianer waren von der hungerverursachenden Dürre direkt in Mitleidenschaft gezogen worden (SN v. 18. Aug. 1983, 10). In einigen Gebieten betrug der Ernteverlust neunzig Prozent, und die Menschen waren zum Teil gezwungen sich von „Eidechsen und Kakteen" zu ernähren (so Wijkman 1986, 64).
33 Ternon (1996, 267) beziffert allein 2 Millionen Tote auf Grund der gewaltigen Umsiedlungsaktion von 1985 (sie wurde 1986 abgebrochen).
34 Wijkman/Timberlake 1986, 66 ff.. In vielen Regionen der Erde kam es 1983 ff. zu Brot- und Hungerrevolten, was unzweideutig als Indiz für Lebensmittelknappheiten, Versorgungsengpässe oder Unerschwinglichkeit (Teuerung) der notwendigen Lebensmittel gewertet werden muss. In chronologischer Reihen-

folge wird auf einige dieser Aufstände hingewiesen: * Juli 1983, Bolivien: Nahrungsmittelunruhen; * Sommer 1983, Brasilien/Nordosten: Plünderung von Lebensmittelgeschäften (vgl. SN v. 18. Aug.83, 10); *29. Dezember 1983/3. Januar 1984, Tunesien: Lebensmittelunruhen. Der Aufstand bricht Ende Dezember in Kebili (Süden des Landes) aus, nachdem die Regierung die Verdoppelung der Brotpreise ab Neujahr angekündigt hatte. Am 3. Januar wird der Ausnahmezustand verhängt. Nach offiziellen Angaben sollen 80 Menschen bei den Ausschreitungen ums Leben gekommen sein (Brotrevolten in Nordafrika, 1989,8; Chr. 20. Jh., 1212); * 20./22. Dezember 1984, Marokko: Es kommt zu Unruhen wegen geplanter Preiserhöhungen infolge der Kürzung von Nahrungsmittelsubventionen. Die Unruhen werden blutig niedergeschlagen (Brotrevolten in Nordafrika, 1989, 52 ff.; Chr. '92, 8); * Januar 1984, Philippinen: Auch in diesem Land kommt es wegen Nahrungsmittelpreiserhöhungen (+ 50 Prozent) zu Nahrungsmittelunruhen (Hauser Bd 2 (1991), 529); * Frühling 1984, Dominikanische Republik: Wegen Nahrungsmittelpreiserhöhungen kommt es zu Unruhen. Diese brechen im Januar 1985 erneut aus (Hauser Bd 2 (1991), 529); * Mai/Oktober 1984, Ägypten: Nahrungsmittelunruhen wegen Anstieg des Brotpreises. Als im Oktober 1984 im Industrievorort Kafre-el-Dauar südlich von Alexandria erneut Arbeiterunruhen wegen Preissteigerungen ausbrechen, lässt Präsident Mubarak die Lebensmittelpreise wieder auf den alten Stand bringen (Hauser Bd 2 (1991), 529; Brotrevolten in Nordafrika, 1989, 88 ff.); *Mai/Juni 1984, Haiti: Auch auf Haiti kommt es wegen Nahrungsmittelknappheit zu Unruhen (Hauser Bd 2 (1991), 529); * Januar 1985, Jamaika: Unruhen wegen Nahrungsmittelpreiserhöhungen (Hauser Bd 2 (1991), 529); * März/April 1985, Sudan: Anfang April wird Präsident Numeiri nach tagelangen Unruhen wegen drastischer Preiserhöhungen in Abwesenheit von der Armee entmachtet (Chronik d. 20. Jh., 1230); *Dezember 1986, Sambia: Es kommt zu Nahrungsmittelunruhen wegen der Reduktion von Nahrungsmittelsubventionen (Hauser Bd 2 (1991), 529); * 1986, Ägypten: Nach 1984 kommt es erneut zu Brotunruhen (Brotrevolten in Nordafrika, 1989, 88 ff.).

35 Vgl. dazu etwa Nussbaumer, Rüthemann (2000, 61 ff.), wo die regionalen Auswirkungen des Tambora-Vulkanausbruches (1815 ff.) für Tirol/Österreich dargestellt sind.

36 So 1845 in einem Bericht aus Schlesien, vgl. Eggebrecht et al. 1980, 282.

37 Vgl. dazu etwa: Rürup 1984, 172; Sombart III, 362; Herbig 1980, 117; Haeser III, 691; Treue, WG+TG Preußens (1984), 450.

38 Diese Aussage gilt natürlich nur prinzipiell und nicht absolut wie einige Beispiele weiter unten (insbesondere Russland, vgl. 2.2.1) noch zeigen werden. Die Krise von 1846/47 – wird in der Literatur oft als letzte Krise des agrarischen, bzw. des vorindustriellen Typs bezeichnet. Zugleich aber verband sich diese letzte erntebedingte Hungersnot Europas (= „Krise vom 'type ancien'") „mit der ersten klarer bestimmbaren konjunkturellen Bewegung neuen Typs" vgl. Borchardt, in: Aubin/Zorn II, 257 f.; vgl. dazu auch Abel, Hunger 279 f..

39 Die Rätsel des Pilzes „Phytophtora infestans" (Herkunft, Typ, etc.) beschäftigen die Wissenschaftler (vor allem Molekularbiologen) bis heute und immer wieder werden auch alte Hypothesen verworfen. Glaubte man lange Zeit, dass der Erre-

ger ursprünglich aus Mexiko stammte, so wird neuerdings wieder Südamerika als Herkunftsort genannt. Die sichere Herkunft des Pilzes zu kennen, wäre auch deshalb wichtig, weil man in diesen Regionen wohl am ehesten (leichtesten) resistente Kartoffelpflanzen finden könnte, vgl. dazu NZZ v. 27. Juni 2001, 69 sowie ausführlicher: Nature 411 (2001), 695-697.

40 Die Sporen benötigten Wind zur Verbreitung und Feuchtigkeit zur Entwicklung. In Irland war dafür der ideale Nährboden (vgl. Elvert 1996, 342, Anm. 8). Die Kartoffelfäule ist bis zum heutigen Tag nicht ausgerottet. In den letzten Jahren (seit 1992) mehren sich vor allem in den USA die Meldungen, dass sie wieder im Vormarsch sei. Die Pilzkrankheit soll zudem noch aggressiver sein, als vor 150 Jahren. Das besonders Tückische daran ist, dass die Krankheit zunächst kaum zu entdecken ist und dann die Felder binnen weniger Tage ruinieren kann, vgl. Standard v. 19. März 1998, 21.

41 Immer wieder wird die irische Hungersnot, der „Great Famine" auch als „die größte Hungersnot der Neuzeit in Westeuropa" bezeichnet. So etwa neuerdings in der NZZ v. 7. April 2001, 97 (Zeitfragen) von Reinhard Straumann.

42 Johansen weist darauf hin, dass exakte Statistiken nicht vorliegen, da „besonders die unter freiem Himmel Gestorbenen unerfasst blieben" (Johansen 1993, 475). Trotzdem finden sich in der Literatur bisweilen ganz exakte Zahlen. Davis etwa nennt (ohne Quellenangabe) 1.029.552 Tote und 1.180.409 Auswanderer (Davis 1992, 85 f.).

43 Vgl. dazu etwa Elvert J., Geschichte Irlands, München 1996 (1993), 341 ff. In einem 1998 erschienen Kurzbeitrag in der Zeitschrift des Ludwig von Mises Instituts meint Mark Thornton: „The famine was not a plant disease, but England´s long-running political hegemony over Ireland." (Vgl. The Free Market, April 1998, 6). Eine weitere, kleine Bemerkung sei dazu noch angebracht: Als die Hungersnot in Irland ihrem Höhepunkt zuschritt, schrieb Karl Marx in London an seinem „Kommunistischen Manifest", auch er war vom Grauen dieser Leiden stark beeinflusst.

44 Vgl. Schaffner 1985, 51. Selbst David Ricardo kritisierte 1823 die Praktiken des Pachtsystems und der Großgrundbesitzer. Nach Ricardo, der als Großgrundbesitzer sicherlich alles andere als ein weichherziger Sozialreformer war, sollten Landarbeiter exakt ihr Existenzminimum verdienen. Jedes Mehr, aber auch jedes Weniger schade auf lange Sicht den Großgrundbesitzern selbst. „Irische Grundbesitzer" allerdings – so schreibt er – „... scheinen ihre Leute als Angehörige einer anderen, an alle Formen der Unterdrückung gewöhnten Spezies zu sehen: Sie teilen und unterteilen ihr Land, bis sie von den einzelnen nur noch winzige Pachtgelder beziehen, die in der Addition allerdings eine beträchtliche Summe ergeben. Die harten Maßnahmen, die sie brauchen, um diese Gelder einzutreiben, sind ihnen gleichgültig, ebenso die Not, die sie dadurch herbeiführen" (zitiert nach Schulte 1995, 57).

45 Es heißt darin etwa: „Ihre Wohnungen sind elende Hütten, mehrere Familienmitglieder schlafen zusammen auf einem Strohlager auf dem Boden, manchmal haben sie eine Decke, manchmal nicht einmal die. Ihre Nahrung besteht aus trokkenen Kartoffeln, und manchmal haben sie so wenig, dass sie mit einer kargen

Mahlzeit am Tag auskommen müssen. Gelegentlich haben sie etwas Milch, aber niemals Fleisch außer Weihnachten, Ostern und am Tag vor Aschermittwoch." Schon 1824 antwortete übrigens ein Experte vor einer Parlamentskommission auf die Frage, wie er sich die irische Situation angesichts wachsender Bevölkerung bei fehlenden Arbeitsplätzen in 15 Jahren vorstelle: „Darüber nachzudenken, glaube ich, ist schrecklich" (Zitate nach Schulte 1995, 58). Es dauerte noch knappe zwei Dezennien, bis diese Prophezeiung in Erfüllung gehen sollte.

46 Mitten in der Hungersnot wurde der Konservative Premierminister Peel vom Liberalen John Russel abgelöst.
47 Vgl. dazu R. Straumann in der NZZ v. 7. April 2001, 97.
48 Manche Autoren bezeichnen das Verhältnis von Irland zu England zwischen 1800 und 1850 einen „Modellfall einer Abhängigkeit"; vgl. dazu Medick 1985, 98 und Schaffner 1983 und 1985. R. Straumann etwa meint, dass der eigentliche „Sündenfall" der englischen Politik bezüglich dieser Hungersnot darin bestand, den Getreideexport aus Irland NICHT zu stoppen (vgl. NZZ v. 7. April 2001, 97).
49 Vgl. dazu auch NZZ v. 18./19. Juli 1998, 13 (Focus der Wirtschaft über die Irische Hungersnot). Laut Versicherungsstatistiken ist im 19. Jahrhundert jedes sechste Schiff, das einen europäischen Hafen verließ nicht am Bestimmungsort angekommen.
50 Vgl. dazu: „Ein Hungerschiff am East River" von P. Nonnenmacher in der FR v. 28. Dez. 2000, 3.
51 Allerdings meint etwa die Encyclopaedia Britannica dazu: „The government did not make available to the hungry people large quantities of rice that were available." (Enc. Brit. IV/1985, 675 f.).
52 Vgl. dazu insbesondere A. Sen, Poverty and Famines, 1986 (erstmals 1981). Dieses Theorie gilt natürlich nicht für die unter den Kapiteln 2.2 und 2.3 behandelten Hungersnöte!
53 Vgl. Nuscheler, HB d. III. W., Bd VII (1994), 17. 1998 betrug die Bevölkerung des Landes bereits über 125 Millionen, vgl. Fischer Weltalmanach 2001, 109.
54 Etwas ausführlicher dazu vgl. z.B. Sen 2000, 178. U.a. führt eine bessere Ausbildung von Mädchen in signifikanter Weise zu einem Absinken der Geburtenrate.
55 Trotz aller Wucht, Ohnmacht und Grausamkeit, welche die Natur bei solchen Ereignissen offenbart, finden sich in der Literatur auch zynische Beispiele, die – man fühlt sich ein wenig an Thomas Robert Malthus erinnert – gerade diesen Wirbelstürmen auch Positives abgewinnen können. Sie würden – so wird argumentiert – in bevölkerungsreichen Regionen für eine Entlastung der angespannten Wohnungssituation und der Ernährungslage sorgen. So schreibt etwa Norbert Fischer in seiner Arbeit aus dem Jahre 1925 über Wirbelstürme: „Rein wirtschaftlich gedacht, muß die Vernichtung von Menschenleben nicht immer ein Schaden sein, sondern kann in Anbetracht der durch die Verheerungen eingetretenen Wohnungs- und Hungersnot auch als ein neutrales Ereignis angesehen werden." (Vgl. Fischer 1925, 41).
56 Beispiele sind die verheerenden Wirbelsturmkatastrophen in Bangladesch 1970 und 1991. Sollte die These von der Erderwärmung stimmen, ist damit zu rechnen, dass sich jene Gebiete, in denen solche Stürme entstehen können

(Meeresoberflächentemperatur von mindestens 26/27 °C), noch ausdehnen und damit die Wirbelsturmhäufigkeit vermehren werden.
Man denke nur an die Flutkatastrophen in Asien vom August/September 1998. In China, Indien, Bangladesch, etc. haben dabei tausende Menschen ihr Leben verloren. Nicht weniger schlimm sind die Auswirkungen auf die Landwirtschaft, vor allem auf die Reisproduktion. Die Fluten zerstörten nicht nur Lagerbestände (in China musste man zum Abstützen der Deiche sogar volle Getreidesäcke verwenden), sondern gefährdeten vor allem auch die Aussaat für die nächste Ernte (vgl. dazu etwa TT v. 29. Aug. 1998, 34 oder NZZ v. 3. Sept. 1998, 47, etc.).

57 Semler vertritt in seiner „Tropischen Agrikultur" sogar die Meinung, dass auf den Fidschi-Inseln in früheren Zeiten häufig die Vernichtung von Bananenernten durch Wirbelstürme „Anlaß zur Menschenfresserei geworden" sei (Semler II/ 1901, 186 zitiert nach Fischer 1925, 40).

58 Knut Borchardt spricht bezüglich der Thesen von Malthus einmal von einer „Intellektualisierung einer ideologischen Position", vgl. dazu ifo-Schnelldienst 34 (1978), S. 14. Vgl. zu Malthus generell etwa die recht gut lesbare Arbeit von Winkler, Malthus. Krisenökonom und Moralist, Innsbruck/Wien 1996.

59 Vgl. Nussbaumer J., Zum Bevölkerungsproblem in der ökonomischen Dogmengeschichte, in: St. Fickl (Hg.), Bevölkerungsentwicklung und öffentliche Haushalte, Frankfurt/New York 1991, 31-50, 37. Malthus hat übrigens diese harte Formulierung in seiner zweiten Auflage (1803) weggelassen.

60 Nach neuesten (Sommer 2001) Berechnungen des Instituts für Angewandte Systemanalyse (IIASA) in Laxenburg bei Wien wird die Weltbevölkerung die 11 Milliardenmarke nie erreichen, sondern mit ca. 9 Mrd. Menschen um das Jahr 2075 den Zenit erreichen und dann wieder beginnen zu schrumpfen, vgl. dazu Der Standard v. 2. Aug. 2001, 31 und FR v. 2. Aug. 2001, 34.

Anmerkungen zu Kapitel 2.2

1 Angesichts der Gräuel, die der sowjetische Diktator Josef Stalin vor allem in der Ukraine verursacht hatte, könnte man meinen, dass er auf ewige Zeiten als Unperson tiefster Klasse gelten würde. Um sich dessen zu vergewissern, befragte man Mitte der 1990er Jahre in der Stadt Chemelnitzkij 200 Schulkinder zwischen neun und vierzehn Jahren zu Stalin. Das Ergebnis: Immerhin die Hälfte der Befragten ortete ihn als Diktator. 31 hielten ihn - nicht weit gefehlt - für einen Henker. Aber ganze 13 hatten von Stalin nie gehört, und 11 Schüler meinten sogar, der Mann sei ein berühmter Popstar !!! (vgl. Die Zeit v. 13. Sept. 1996, 2).

2 Die Ausführungen zu diesem Unterkapitel berufen sich vor allem auf Robert Conquest, The Harvest of Sorrow: Sowjet Collectivization and the Terror-Famine (erstmals 1986), deutsch: Die Ernte des Todes. Stalins Holocaust in der Ukraine 1929-1933, München 1988 (hier zitiert nach der Taschenbuchausgabe, Berlin 1990). Dieses Buch kann als der „Klassiker" zur Ukrainischen Hungersnot be-

zeichnet werden. Es wird darin auf eindrückliche Art und Weise der Massenterror, dem die Ukraine damals ausgesetzt war, beschrieben. Wie belastend für Conquest selbst die Arbeit an diesem Buch war, schildert er auf Seite 17, wo er meint: „für mich war, obwohl ich nicht Augenzeuge der schrecklichen Ereignisse war, die Arbeit an diesem Buch oft so belastend, dass ich fürchtete, nicht fortfahren zu können". In einem neuen Buch mit dem Titel: Steinerne Nächte. Leiden und Sterben in Russland (München 2001) arbeitet Catherine Merridale das Thema für die Zeit seit Ende des 19. Jahrhunderts auf. Zur ukrainischen Hungersnot siehe vor allem 213 ff..

3 Zum Kannibalismus vgl. auch: Glucksmann/Wolton 1989, 48; Arnold 1988, 19; Keys et al. 1950, 7; Conquest 1990, 314.
4 Sie sind in Tabelle 10 b zusammengestellt.

Tabelle 10 b: Hungertote in Russland (Ukraine) 1929/33

Zeit	Tote	Quelle
1929/33	7 Millionen	Conquest 1990, Umschlag
Insgesamt sollen 14,5 Mio. Menschen von 1930-1937 umgekommen sein		Conquest 1990, 367 ff.
1930	3 Millionen	Oltersdorf, Wg. 1996, 2
1930 ff	3 bis 10 Millionen	Blanckenburg 1986, 46
1930/33	ungefähr 6 Mio.	Dimitriewna 1936, 202
1932	5 Millionen	OFDA 1987, 169
1932/33	5 Millionen	Glucksmann/W '89, 48
1932/33	3 bis 10 Mio.	Masefield 1963, 14
1932/33	6,5 Millionen	Glucksmann/W '89, 24
1932/33	5 bis 7 Mio.	Merridale 2001, 215
1932/33	10 Millionen	HBdEG VII, 498
1932/34	5 Millionen	Nash 1977, 134
1932/34	5 Millionen	Enc. Brit.IV/85, 675 f.
1932/34	5 bis 6 Mio.	May. gr.T.Lex.81, 125
o. Zeit	5 bis 9 Mio.	Altrichter 1993, 227
d. Kollektivierung	10-20 Mio. Bauern	Standard 6.VII.91, 27

5 Vgl. dazu vor allem Conquest 1990, 316 f. und 375 ff.. Catherine Merridale (2001) beschreibt diese Hungersnot in Kapitel 6 mit der bezeichnenden Kapitelüberschrift „Das große Schweigen", vgl. S. 213 ff.. Für Merridal ist diese Hungersnot eine „Katastrophe ... ohne Beispiel" (so Seite 215).

6 Knappe drei Jahrzehnte später sollte bspw. Mao Tse-tung, Stalins ideologischer Ziehsohn, Ähnliches unternehmen, um die chinesische Hungersnot 1958 ff. vor der Weltöffentlichkeit jahrelang, ja jahrzehntelang fast völlig zu verbergen (vgl. den folgenden Abschnitt 2.2.2).
7 Zit. nach: Glucksmann/Wolton 1989, 48. Von Herriots Dolmetscher, Professor Seeberg vom Ukrainischen Kolleg für sprachliche Erziehung in Kiew, wird später berichtet, dass er verhaftet und zu fünf Jahren in einem karelischen Lager wegen „enger Beziehung" zu dem Franzosen verurteilt wurde; vgl. Conquest 1990, 382 ff..
8 So Muggeridge über ihn, vgl. Conquest 1990, 390.
9 So ein (zynischer) Slogan aus der Zeit dieser Hungersnot, zitiert nach Chang 1991, 265-269.
10 Vom Autor erschien in der Wiener Zeitschrift „zeitgeschichte" (Nr. 2/1999, 127-153) ein Beitrag, der für das Folgende im Wesentlichen als Grundlage diente.
11 Der ausgezeichnete Chinakenner Jonathan Spence meint in seiner Mao-Biografie, dass dieser bisweilen von „närrischen Ideen" umgeben war, vergleichbar den „Lords of Misruleaus" im Mittelalter, die für ein paar Tage die Macht ausübten, sie dann aber wieder hergeben mussten. Solch eine Unterbrechung des normalen Lebens könne erfrischend sein. Da Mao aber die Macht nach 1949 nicht mehr hergab, sei dies für China zu einer Katastrophe geworden (vgl. dazu die Rezension in NZZ v. 16. Mai 2000, „pol. Lit.").
12 Es gab Volkskommunen mit „nur" 2.000 Haushalten, aber auch welche mit 20.000 Haushalten; vgl. dazu Chang 1991, 270.
13 Neben dem Einsatz bei der Stahlproduktion wanderten etwa 30 Millionen Bauern (legal und illegal) in die Städte und fehlten bei der Agrarproduktion, vgl. dazu Spence 1995, 696.
14 Dass die „potemkinsche Methode" im heutigen China noch immer angewandt wird, zeigt ein Vorfall, auf den die FR v. 17. Nov. 1998 (S. 1: „Potemkinsche Körner") hinweist. So hätten im Mai 1998 Staatsdiener in der Provinz Anhui vor einem Besuch des Ministerpräsidenten Zhu Rongji kurzerhand mit geborgtem Geld Getreide aufgekauft und so das Lagerhaus voll gefüllt, um den hohen Gast zu beeindrucken. Der Schwindel flog auf, als Journalisten das betreffende Lagerhaus im September leer vorfanden.
15 Zu den Zahlen vgl. Chang 1991, 281; Domenach 1995, 211; Fairbank 1991, 295.
16 Zahlen nach Salisbury 1992, 208 und nach Becker 1996, 272. Becker widmet der Frage „How Many Died?" ein eigenes Kapitel, vgl. 266-274.
17 Die verschiedenen Schätzungen über die Anzahl der Hungertoten in China 1958 ff. werden im Folgenden nochmals nach einigen Quellen systematisch zusammengestellt (vgl. dazu die Tab. 11 auf der folgenden Seite).
Rummel 1997, 101 nennt 10.729.000 Todesopfer; er erwähnt in seinem Buch „Death by Government" die Hungersnot nicht, sondern spricht lediglich von Opfern des „Retrenchment" im Gefolge des Großen Sprungs.
18 Becker führt nur für die ersten fünf der genannten Provinzen eine Totenzahl von 33,2 Millionen an, vgl. Becker 1996, 272.
19 Salisbury 1992, 208; Becker führt z.T. noch höhere Zahlen an, vgl. Becker 1996,

Tabelle 11: Schätzungen über Hungertote in China 1958 ff.

Todesopfer	Quelle
10.729.000	Rummel 1997, 101
>15.000.000	Ternon 1996, 239
16.000.000	Domenach 1995, 211
20.000.000	Spence 1995, 688
20.000.000	Kremb 1997, 166
25.000.000	Glucksmann/Wolton 1989, 55
30.000.000	Domenach 1995, 211
30.000.000	Chang 1991, 281
mind. 30.000.000	Kennedy 1993, 216 f.
40.000.000	Kremb 1997, 166
43.000.000	Salisbury 1992, 208
46.000.000	Salisbury 1992, 208
50.000.000	Becker 1996, 272
bis 60.000.000	Becker 1996, 272
75.000.000	Domes/Näth 1992, 46
ca. 75.000.000	Lexikon III. Welt 2000, 149

272. Mao selbst, einer der großen Mitverursacher dieser Hungersnot, soll, so wird berichtet, monatelang auf den Verzehr von Schweinefleisch verzichtet haben. Man vermutet, dass dieser Verzicht direkt mit der Hungersnot zusammenhing, mit anderen Worten: Mao wusste natürlich von diesem Fiasko. Immerhin war „Essen" für Mao „das größte auf der Welt" und er war davon überzeugt, dass für die Bauern das „Essen so wichtig ist wie Gott." Vgl. dazu Salisbury 1992, 208 f..
20 Ashton et al., 1984, 613.
21 Dieser Einschnitt war allerdings nur von kurzer Dauer, schon 1962 wurde wieder das Niveau von 1958 erreicht, Anfang der 90er-Jahre vermehrte sich die Erde bereits um rund 80 (und mehr) Millionen Menschen (netto) pro Jahr.
22 Zahlen entnommen der „Database" des World Watch Institutes.
23 Vgl. dazu Jowett 1989, 150; zudem Ashton B. et al. 1984, 613. Gerade Letztgenanntere gehörten zu den ersten Forschern des Westens, die mit Hilfe demographischer Analysen auf diese Hungersnot hingewiesen haben.
24 J. Becker widmet in seiner Monografie zur Hungersnot dem Themenbereich ein ganzes Kapitel, vgl. Kapitel 14: „Cannibalism".
25 Chang 1991, 281. Jung Chang erwähnt noch eine andere Geschichte, die sie von einem alten Kollegen ihres Vaters, einem sehr freundlichen und tüchtigen Menschen, „der nicht zu Übertreibungen neigte", erfuhr: „Er erzählte mir tief bewegt,

was er während der Hungersnot in einer Volkskommune gesehen hatte. Eines Tages war ein Bauer hereingestürmt, warf sich auf den Boden und schrie, er habe ein schreckliches Verbrechen begangen und müsse bestraft werden. Es stellte sich heraus, daß er sein eigenes Baby getötet und gegessen hatte. Es hatte zehn Tage lang nichts zu essen gehabt, und der Hunger war so übermächtig geworden, daß er wie unter Hypnose ein Messer ergriffen und das Kind getötet hatte. Mit Tränen in den Augen ließ der Beamte den Bauern verhaften. Später wurde er erschossen, als abschreckendes Beispiel für die anderen Bauern."

26 Neuerdings wurde bekannt, dass die kannibalistische Praxis in Teilen des Landes über die Zeit des „Großen Sprungs" hinaus ein nicht unübliches Phänomen gewesen sein soll. In der Zeit der Kulturrevolution (1967 ff.) sollen nicht selten „die Leichen der `Klassenfeinde` zum Verzehr freigegeben" worden sein. Die politische Elite soll sich dabei meist „für Herz und Leber" entschieden haben. In einer Gesellschaft, in der in mehreren Fällen gleichsam als Rechtsnorm galt: „Es ist besser, 100 Unschuldige zu töten, als einen Schuldigen entkommen zu lassen", fiel für einen Teil der Gesellschaft letztlich sogar die Tabu-Schranke zum Kannibalismus. Vgl. dazu insbesondere den schaurigen Bericht in: „Die Zeit" v. 31. Mai 1996, 38, Zitate daselbst.

27 Der „Krieg gegen die Spatzen" wurde zwar 1957 von chinesischen Wissenschaftlern wieder gestoppt, allerdings führt man in China bis zum heutigen Tag einen „Volkskrieg" gegen die Vögel. Einerseits sind es die chinesischen Feinschmekker, die immer mehr Vögel in die Kochtöpfe wandern lassen, andererseits sind es die katastrophalen Umweltbedingungen, die immer mehr Vogelarten (bis zum Aussterben) bedrohen. Vgl. dazu in der FR v. 15 Mai 1998 (S. 27): „In allen Wipfeln herrscht Ruh. Maos Spatzenkrieg, die Essgier der Chinesen und die Umweltverschmutzung ließen seltene Vogelarten aussterben." Die kulinarischen Wünsche so mancher Chinesen bedrohen mittlerweile nicht nur ganze Arten von Vögeln, sondern ebenso beispielsweise solche von Schildkröten, wie nur nebenbei erwähnt sei (vgl. NZZ v. 8. März 2000, F+T).

28 Nicht zu unrecht wird von einer „Diktatur des Schweigens" gesprochen. Die Errichtung eines Meinungs-, Presse- und Informationsmonopols bildet geradezu eine Säule des Herrschaftsmonopols. Vermutlich hat der Westen zu spät erkannt, dass Sender und Mittel für Radiosendungen für den Osten bisweilen viel wichtiger gewesen wären als Raketen (vgl. dazu NZZ v. 8. Aug. 2000, ol: Gesichter des Kalten Krieges V).

29 Böswillige Zungen behaupten, dass kommunistische Systeme dem kapitalistischen System in zumindest einem Bereich weit überlegen sind, nämlich im Vertuschen von Tatbeständen.

30 Für die vorliegende Arbeit wurde jeweils die zweite Auflage von 1977 verwendet.

31 Das 1997 (deutsch 1998) erschienene „Schwarzbuch des Kommunismus" bediente sich dieser Monografie und berichtet auf 12 - von rund 900 Textseiten - davon.

32 Literatur zu Kambodscha gibt es wenig. Ein im Jahr 2000 in New York erschienenes Werk wurde 2001 von einem Berliner Verlag ins Deutsche übersetzt: In ihrer erschütternden Autobiografie beschreibt Loung Ung (geboren 1970), wie sie als Fünfjährige in die Wirrnisse der Pol Pot´schen Katastrophe hineingerissen wur-

de und diese Hungerjahre wie durch ein Wunder überlebte. Auf S. 161 schildert sie ihre Erfahrungen in folgendem Satz: „Die Hungerkrämpfe verstärken sich, als würde mein Magen sich selber verdauen."
Noch Jahrzehnte nach der Grauenherrschaft der Roten Khmer befindet sich Kambodscha in einem sehr tristen sozialen und ökonomischen Zustand. Henry Kamm meint in seinem Buch („Cambodia. Report from a Stricken Land, New York 1998), dass es Hoffnung nur für die gäbe, die noch nicht geboren sind, vgl. dazu B. Voykowitsch im Standard v. 22. Febr. 1999, 27).

33 Immer wieder spricht man davon, dass die Gräuel von Pol Pot und seinen Schergen eher unterschätzt wurden. So seien nach Berichten der Untersuchungskommission, welche Datenmaterial zu diesem Völkermord zusammenstellt, statt einiger hundert Massengräber „mehrere tausend" gefunden worden. Die Kommission geht somit neuerdings davon aus, dass die Opferzahl wesentlich höher ist als 1,5 Millionen (vgl. dazu FR v. 19. Februar 1996, 5).

Tabelle 12: Schätzungen der (Hunger-)Toten in Kambodscha 1975 ff.

Zeit	Tote	Quelle
1975/78	500.000	Schier 1994, 421
1975/78	1.000.000	Schier 1994, 421
1975/78	750.000 (zivil)	Sivard 1993, 21
1975/78	1.000.000 (inkl.mil.)	Sivard 1993, 21
1975/79	1.000.000	Enc. Brit.IV/'85, 675 f.
1975/79	1.000.000 dav.: 100.000 erschlagen; 900.000 ausgehungert	Weggel 1990, 92
1975/79	40 % der Bevölkerung	Thürk 1990, 345
1975/79	> 1.500.000	FR v. 19. II. 1996, 5
1975/79	2.000.000	Loung Ung 2000 Vorwort
1975/79	mehr als 2.000.000	Kur. v. 22. VI. 1997, 7
1975/79	nahezu 3.000.000	Thürk 1990, 280

34 Die Arbeit von Thürk (1990) diente dem gesamten Kapitel als eine Hauptquelle. Schon 1980 wurde von Ariane Barth und Tiziano Terzani in Hamburg als „Spiegel-Buch" die Arbeit „Holocaust in Kambodscha" veröffentlicht. Daselbst finden sich viele ähnliche Berichte.

35 Offensichtlich pervertierten manche Khmer Rouges Kämpfer in ihrem Rückwärtswahn zum Kannibalismus der „Ur-Väter". Schon zu Urzeiten sollten siegreiche Krieger die Leber ihrer getöteten Feinde verzehrt haben, da sie meinten, dadurch noch stärker und mutiger zu werden.

36 Vgl. dazu ähnlich den Bericht eines Kambodschaners, den Barth/Terzani (1980, S. 11) zitieren: „Unter Pol Pot war es verboten, Leichen einzuäschern. ´Holz ist dazu da, um Feuer zum Kochen zu machen, und sollte nicht verschwendet werden`, pflegten die Roten Khmer zu sagen. So begruben sie ihre Opfer zusammen mit Samen der Kokospalmen. ´Ich betrachte die Kokospalmen und habe noch im Ohr, wie die Chlop (die jungen Garden der Roten Khmer) mir zuflüsterten: *Gute Kokosnuß, gute Kokosnuß, töten, um einen guten Kokosnußbaum zu bekommen ...*` sagt Rim Rom, der zwei Jahre auf einer Kommune in Svay Rieng arbeitete."

37 Barth/Terzani (1980, 78) sprechen von 150.000 t Reis, die 1977 „zum Wohle des Volkes" exportiert worden seien. Auch Loung Ung berichtet in ihrer Autobiografie, wie ihr Bruder Tag für Tag „Reissäcke von hundert Kilogramm auf Laster" laden musste, die dann nach China fuhren (Loung Ung 2001, 167).

38 Pol Pot wurde im Juni 1979 von seinen eigenen Weggefährten entmachtet, verurteilt und unter Hausarrest gestellt. Nachdem es immer wieder Gerüchte über seinen Tod gegeben hatte, starb er am 15. April 1998 in der Urwaldregion im kambodschanisch-thailändischen Grenzgebiet an einem Herzinfarkt. Pol Pot hatte bis zum Schluss die ihm zur Last gelegten Gräueltaten bestritten und sein Schreckensregime verteidigt. Vgl. dazu Kurier v. 22. Juni 1997, 7 und Südwind Nr. 5/1998, 20 f..

39 Es handelt sich wohl um kein „Wunder der Natur ?", wie Glucksmann/Wolton (1989, 75) diesbezüglich ironisch fragen.

40 Wie ökonomisch und politisch fragil das Land immer noch ist, zeigte sich im Sommer 1997, als das Land wieder knapp vor einem Bürgerkrieg stand. Pol Pot ist zwar tot, aber sein Erbe lebt weiter, ja seine Genossen sind wieder in Amt und Würden. Vgl. dazu FR v. 10. Nov. 1997, 6: „Von den Toten auferstanden. Die Roten Khmer beherrschen wieder Teile Kambodschas" oder auch den Beitrag von Venzky G. „Pol Pots Erbe lebt", in: Die Zeit v. 23. April 1998, 12. Mit dem im August 1998 errungenen „Wahlsieg" Hun Sens, konnte dieser seinen Staatsstreich vom Juli 1997 „legitimieren". Eine Aufarbeitung der kambodschanischen Gräuelgeschichte ist damit in weite Ferne gerückt. Der Lebenskampf dreht sich auch heute wieder um das tägliche Überleben. Wie weit allerdings eine so intensiv verdrängte Leidensgeschichte dabei behilflich sein kann, mag zu bezweifeln sein (vgl. dazu NZZ v. 26. Aug. 1998, Ausland/online 9 und vom 3. Sept. 1998, Ausland/online).

41 Vgl. dazu NZZ v. 13. Juli 2000, Verm. Meldg.; FR v. 12. Aug. 1999, 32; FR v. 19. Mai 2001, Magazin 14; Dass „Natur"katastrophen gerade die ärmsten Länder besonders hart treffen, musste die Bevölkerung Kambodschas im Oktober 2000 erfahren, als über 300.000 Hektar Reisfelder überflutet und ein Großteil der Ernte zerstört wurden. In 20 der 23 Provinzen musste der Notstand ausgerufen werden (vgl. FR v. 11. Okt. 2000, 32).

42 Anfang August 2001 hatte nach der Nationalversammlung auch der kambodschanische Verfassungsrat einem UN-Tribunal zu den Roten Khmer zugestimmt, vgl. Standard v. 8. Aug. 2001, 4.

43 Mengistu trat 1991 zurück, ohne je von der OAU verurteilt worden zu sein. Auch

die UNO hat dieses Regime nie des Völkermords beschuldigt, vgl. dazu Ternon 1996, 267.
44 So der aus Südkorea stammende amerikanische Journalist Lee Chan Sam, der als chinesischer Verkäufer verkleidet im Dezember 1994 Nordkorea bereiste und Anfang Januar 1995 in der einflussreichen südkoreanischen Zeitung Joongang Daily News, deren Chicagoer Büro er leitete, über seine Reiseerfahrungen berichtete; vgl. dazu FR v.5.Jan. 1995, und NZZ v.6.Jan. 1995, 3.
45 So berichtete etwa Foster-Carter von „Potemkinschen Waisenhäusern", in welchen man einige Kinder für ausländische Kamerateams hungern lasse, während andere ausreichend ernährt seien. Vgl. dazu Forster-Carter A., Ist der Hunger hausgemacht? (über die Hungersnot in Nordkorea), in: FR v. 22. Dez. 1997, 10 (Dokumentation). Andererseits hieß es Anfang März 1998 in den Medien, dass nach Angaben der Regierung Nordkoreas die Getreidevorräte nur mehr für zwei Wochen reichten. Selbst wenn im März täglich nur 100 Gramm pro Person verteilt würden, wären die Lager Mitte des Monats leer, vgl. FR v. 3. März 1998, 2. Mit anderen Worten: Während einige Beobachter vermuteten, die nordkoreanische Bevölkerung hätte Mitte der 1990er-Jahre eine klassische stille Hungersnot à la China 1958 ff. erlitten, meinten andere, es handelte sich um einen Schwindel der Machthaber, die hofften, damit ausländische Hilfe zu bekommen, vgl. dazu Foster-Carter 1997, 10. Als Indiz, dass die Lage in Nordkorea angespannt war, war die Mitte März 1998 angekündigte Schließung von einem Drittel der Auslandsvertretungen Nordkoreas interpretiert worden, vgl. dazu FR v.16.März 1998, 2.
46 In Le monde diplomatique wird aus dem Jahr 1999 ebenfalls eine offizielle Angabe, und zwar von 250.000 Verhungerten (1995-98) erwähnt, die im Zusammenhang mit notwendigen Hilfslieferungen bekannt gegeben worden war (vgl. dt. Ausgabe v.Nov.1999, 22). Lediglich unter Berufung auf die „Natur"katastrophen, die Unwetter und Dürren der Jahre 1994 bis 97 und die dadurch bedingten Ernteausfälle, hatte Pjöngjang auch früher schon um Unterstützung aus dem Ausland gebeten, was unter Hilfswerken u.a. zur Diskussion geführt hatte, ob mit solchen Lieferungen nicht ein politisches System gestützt werde, dem es an der Bereitschaft fehle, notwendige Veränderungen anzugehen und dass seinerseits zu diesem Zwecke Kinder hungern lasse (vgl. dazu Foster-Carter 1997, 10). Zu einem Teil sind die sehr differierenden Opferzahlen zur Katastrophe durch die unterschiedlichen (politischen) Interessen bedingt, wie sie im Konflikt der Regierung mit den Hilfswerken erkennbar sind.
47 Die Regierung sprach von der schlimmsten Dürre seit 300 Jahren (NZZ v.28.Jul. 2001, 56).
48 Vgl. Kurier v.26.Apr. 1997, 4 und TT v.13.Aug. 1997, 7; sowie TT v.17.Sep. 1997, 8.
49 Vgl. NZZ v. 19.Nov.1998, 2 so wie Le Monde diplomatique v. Nov. 1999, 22 f. (dt. Ausgabe). Die Studie war 1997 noch in letzter Minute durch Einschränkungen seitens der Behörden vom Scheitern bedroht gewesen. Ohne Zugang zu Sperrgebieten im Norden des Landes, wo bislang noch kein westlicher Beobachter hingekommen war, waren die Hilfswerke ursprünglich zu dieser Arbeit nicht bereit, „bissen aber die Zähne zusammen und fanden sich mit einer erheblich eingeschränkten Erhebung ab" (vgl. dazu Foster-Carter 1997, 10).

50 Vgl. dazu FR v. 16. Juni 1998, 7: Hwang Yang Yop, der im Februar 1997 übergelaufen war, berichtete dies im Juni 1998 in Seoul im Club der Auslandspresse. Demnach seien 1995 eine halbe Million und in den beiden folgenden Jahren je eine Million Menschen verhungert.
51 Kurier v. 28. Sept. 1997, 3. Auch Foster-Carter (1997, 10) weist darauf hin, dass privilegierte Gruppen wie Soldaten, Bürokraten und die Bewohner der Hauptstadt nicht hungern, während dies am Lande sehr wohl der Fall sei: Dies war einer der Anlässe für die oben erwähnte Diskussion unter den Hilfswerken.
52 Diese Zahlen finden sich in der FAO-Online-Statistik unter: http://apps.fao.org.
53 Foster-Carter führt als Beispiel an, dass man in Nordkorea lange nur eine Ernte im Jahr kultivierte, nur weil Kim Il Sung sich gegen die zweimalige Bewirtschaftung auch dort ausgesprochen hatte, wo diese sinnvoll und nachweislich vorteilhafte gewesen wäre.
54 In den vorangegangenen 15 Jahren, berichtet die FAZ weiter, seien etwa 1,5 Millionen Personen in den Lagern ums Leben gekommen, das Schlimmste erlitten die Frauen. „Es gibt viele Vergewaltigungen, bei Schwangerschaften werden die Frauen umgebracht, die Föten kriegen die Tiere", wird der geflüchtete Ahn zitiert.
55 Ohne dass Quellen genannt würden, wurden im Laufe der verschiedenen Überarbeitungen und Auflagen des Lexikon Dritte Welt dann die Angaben immer weiter erhöht: Wie zitiert ganz ohne Angabe von Hungertoten und lediglich mit einem Hinweis auf den Ernterückgang wird auf die Katastrophe in der ersten Ausgabe, die im Signalverlag (Baden-Baden 1980, 77) erschien, eingegangen. Auf als eigentlich seriös zu betrachtende Quellen hätten sich die Verfasser dabei durchaus berufen können, auf Alain Peyrefitte's Buch „Wenn sich China erhebt ..." beispielsweise. Peyrefitte war unter der bürgerlichen Regierung von P. Messmer bis 1974 französischer Minister für Information, Wissenschaft und Forschung. Sein 570-seitiger Bericht fußt auf einer Studienreise, die ihn über mehr als 6.000 km in sechs Provinzen und acht große Städte Chinas führte und ihm Begegnungen mit Vertretern und Vertreterinnen von Behörden, Medien, Botschaften und aus dem Kunstbereich ermöglichte. Die französische Originalausgabe erschien 1973, im Klappentext der deutschen Ausgabe von 1976 wird Politique Etrangère zitiert: „Peyrefitte führt die Tradition der großen Reisebücher fort: er tut für China, was Tocqueville für Amerika getan hat". Auf S. 546 findet sich hier in der zusammenfassenden Chronologie trotzdem nicht mehr als folgende Aussage: „Die drei Ernten von 1959, 1960 und 1961 waren schlecht. China am Rande einer Hungersnot." (Sic!)
Das Lexikon Dritte Welt erschien 1984 vollständig überarbeitet erstmals als Taschenbuch im Rowohlt-Verlag. Hier (S. 123) und ebenso in der wieder aktualisierten und überarbeiteten Neuausgabe von 1989 (S. 137) werden (lediglich in einem Klammerausdruck) über 23 Millionen Hungertote *vermutet*, in der Ausgabe 1998 wird der Klammerausdruck zum Nebensatz, die Zahl wie zitiert um über 50 Mio. Opfer auf die genannten 75 Mio. erhöht und dies als Faktum niedergeschrieben. Auch 1998 noch immer nicht zur Kenntnis genommen wird die Katastrophe von anderen renommierten Lexikas, beispielsweise vom 24-bändi-

gen Goldmann Lexikon, obwohl nebst China auch das Stichwort „Großer Sprung" angeführt ist!
56 Als geradezu „klassisch" kann diesbezüglich ein Gesetz aus der UdSSR betrachtet werden, das am 7. Aug. 1932 erlassen wurde und das den Anbau von Getreide für den Eigenverbrauch mit Gefängnis oder mit dem Tode bestrafte, vgl. Moldenhauer H., Chronik der UdSSR, 1993, 71.

Anmerkungen zu Kapitel 2.3.1

1 Nicht nur des Islams.
2 In der Tat waren dann die Verluste – wie Lloyd George, der im Dezember 1916 das neu gegründete Ernährungsministerium übernahm, in seinem Buch „Mein Anteil am Weltkrieg" schreibt – ganz erheblich. So seien von 100 Überseedampfern, die England verließen, 25 nicht mehr zurückgekommen, vgl. dazu Luxenberg 1941, 339 f..
3 Vgl. dazu Kreibich 1986, 177 Anm. 33; Henning, Ind. Dtld. 1989, 34; Hardach 1973, 123 und 143; Luxenberg 1941, 308 f..
4 Vgl. dazu etwa Nussbaumer/Rüthemann 2000, 91.
5 Hardach 1973, 126; vgl. auch Köfner 1980, 41 Anm. 84; Prassnigger 1989, 21. Solche „kontraproduktiven" Reaktionsmuster sind geradezu typisch für die gesamte landwirtschaftliche Produktion. Sie sind zu verfolgen in den einzelnen Kriegswirtschaften bis herauf zum EU-Agrarmarkt.
6 Durch den direkten Verzehr von Getreideprodukten kann man bekanntlich viel mehr Menschen ernähren als indirekt über den Verzehr von Fleischprodukten.
7 So wurden z.B. in Preußen bis zum Ersten Weltkrieg die Ernteergebnisse durch Umfrage bei den Gemeindevorstehern geschätzt. Erst nach dem Ersten Weltkrieg wurden sie durch Flächenerhebung und Stichproben errechnet (Wesel 1991, 307).
8 Der tägliche Verbrauch wird ursprünglich auf 225 g pro Person festgesetzt, 1918 allerdings wieder auf 300 g erhöht. Dies war immerhin doppelt so viel wie im Deutschen Reich, wo ab Mai 1918 nur mehr 150 Gramm zur Verfügung standen. Vgl. Luxenberg 1941, 356; Chronik des 20. Jahrhunderts, 208.
9 Aus München etwa wird berichtet, dass man ironischer Weise jene Hütten, in welchen die Rüben verteilt und verkauft wurden als „Dotschenpalast" bezeichnete. Eine Betroffene aus der damaligen Zeit meint in ihrer Autobiografie: „Wenn du gemeint hast, jetzt machst einen Besuch irgendwo, daß d'vielleicht zum Essen eingeladen wirst, daß d'vielleicht einmal was anderes kriegst, dann haben die Leut auch bloß Dotschen gehabt. Daheim bist den Dotschen davon, und wo anders hast sie dann hingestellt kriegt. Ich kann seitdem keine mehr sehen." (so Heim 1990, 27).
10 Selbst an der Front war 1916 das Brot für die Soldaten schon Mangelware. Ein preußischer General namens Marx berichtete, „daß sich seine Leute freuten, in die furchtbare Schlacht um Verdun zu kommen, weil sie davon gehört hätten,

daß dort nicht die übliche magere Verpflegung, sondern 'Großkampfverpflegung' geliefert würde. Der Tod war also weniger schlimm als der ewige Brotmangel ..." (nach Jacob 1985, 383). Offiziell hatte man diese Mangelsituation allerdings nicht eingestanden. Ganz im Gegenteil: „Trotz anstrengendster Märsche, trotz Nässe und Kälte, trotz der einfachen Beköstigung, oft genug von Hungertagen unterbrochen, sehen unsere in Urlaub heimkehrenden Krieger frisch und gesund aus. Kein Schnupfen, keine Erkältung, kein Rheumatismus" schreibt Hitze (1917, 53).

Solche Zeilen vermitteln beinahe den Eindruck, es hätte ein Glücksfall für die Soldaten sein müssen, an diesem „abwehrsteigernden" Kriegsgeschehen teilnehmen zu dürfen.

11 Es handelt sich dabei um die so genannte „Spanische Grippe", die weltweit Ende 1918, Anfang 1919 wütete und vielen Millionen Menschen das Leben kostete. Immer wieder ist die Rede von 20 bis 25 Millionen Toten, bisweilen werden sogar noch höhere Zahlen kolportiert.

12 Harry Snyder in Minneapolis, ein amerikanischer Mühlen-Fachmann deutscher Abstammung, berichtet über diese Versuche wie folgt: „Zahlreich waren die Versuche, Sägespäne so zu behandeln, daß sie menschliche Nahrung abgaben: Kohlehydrate sollten denn also aus Zellulose gewonnen werden. Nun stimmt es, daß ein im Kalorimeter zu Asche gebranntes Pfund Sägespäne genau soviel Kalorien hergibt, wie ein Pfund Weizenmehl das tut. Doch der Sägestaub bleibt was er ist: unverdaulich – er entläßt seine Kalorien nicht in den Menschen- oder Tierkörper. Es braucht etwas mehr als nur 'Kalorien`, um verdauliche Nahrung zu schaffen". Vgl. dazu Jacob 1985, 384.

13 Hardach 1973, 127 u. 131; Hautmann, Hunger ist ein schlechter Koch, 668 nach Prassnigger 1989, 9.

14 In der Bayrischen Staatsbibliothek in München finden sich im Katalog über 80 Signaturen mit solchen Kochbüchern aus der Zeit von 1914 bis 1918. Hier einige wenige willkürlich ausgewählte Titel daraus:
Peters E., Kriegskochbuch, Dachau 1914.
Aldmeadow E., Home cookery in war-time, London 1914.
Kobert R., Die Benützung von Blut als Zusatz von Nahrungsmitteln, o.O. 1915.
Degen J., Fettarm und fleischlos! 100 Gerichte für vier Esser, Leipzig 1916.
Palm E., Erprobte Rezepte für sparsame Kriegskost, Stettin 1916.
Schobek , Kriegs Koch-Vorschriften, Schorndorf 1917.
Aabel K., Das Kriegs-Kartoffelbuch (mit mehr als 100 Kartoffelspeisen), München 1917. (PS: Alleine dieses Buch erlebte bis 1919 12. Auflagen!)
Klingemann, Die schmackhafte Kartoffel-küche unserer Zeit, Chemnitz 1917.
N.N., Durchhalten! Besonders gut speisen für das Kriegsjahr 1918 und Verwertung von Obst und Gemüse, Karlsruhe 1918. Bei diesen wenigen Titeln sei es belassen.

15 Der schon oben erwähnte Harry Snyder bezeichnete all diese Versuche als ein „ethisches Verbrechen" an der deutschen Bevölkerung. Hätte nämlich der Laie von dieser Ernährungs-Misere gewusst, so hätte er nicht weitergekämpft. *Er hätte in diesem verlorenen Krieg vielleicht schon um zwei volle Jahre früher die Waffen gestreckt, und Ströme von Blut wären der Menschheit erspart*

geblieben. Auch die schwere biologische Schwächung wäre den Deutschen erspart geblieben – mit ihr die Nachkriegs-Hysterie, der Wille zur Über-Kompensation, Hitler und der Zweite Weltkrieg" (nach Jacob 1985, 384, Hervorhebung J.N.).

16 Die Chronik entstammt den Kriegstagebüchern von Dr. Hugo Neugebauer. Sie wird auszugsweise in den Tiroler Heimatblättern 1938, 261 ff. zitiert. Die Eintragungen vermitteln ein recht eindeutiges Bild über das Hungern im damaligen Innsbruck. Der Chronist weist etwa darauf hin, „daß Weiber sich nicht scheuen, die halbrohen Kuttelflecke auf dem Marktplatz zu verschlingen!" An anderer Stelle schreibt er, dass nun die Straßenkehrer, die normalerweise nach der Marktzeit auf dem Gemüsemarkt beschäftigt waren, nichts mehr zu tun haben, „weil die hungernden Leute jedes Blatt, jeden Stengel, ja sogar ganz oder halb verfaultes Gemüse gierig aufklauben." „Nur noch einmal gut essen, dann aber sterben, um dem Hunger zu entgehen", wird als Wunsch geäußert.

17 Als Ernährungsinspektor der Waffen-SS startet er im Sommer 1943 im Konzentrationslager Mauthausen einen „Ernährungsversuch" an KZ-Häftlingen. Dabei wird untersucht, wie belastbar der Organismus – bis hin zum Hungertod – ist, vgl. dazu auch unten 2.3.2 (Klee E., 1997, 179 ff.).

18 „Im furchtbaren Winter 1943/44" – so schreibt er – „kamen Fälle von Menschenfresserei vor: Tote Soldaten wurden heimlich geschlachtet und verzehrt. Ihr Fleisch – zum Teil frisch und z.T. eingesalzen – diente dazu, die Ernährungskrise der kleinen bodenständigen Gemeinde zu lösen, denn es bedeutete eine willkommene Ration an stark eiweißhaltiger Nahrung." Vgl. dazu Camporesi 1990, 26.

19 Babicke berichtet etwa davon, dass man den Polen zudachte „Hunde, Katzen und Ratten zu essen und die Haut toter Tiere und Baumrinde auszukochen." (nach Castro 1959, 282).

20 „Im freien Handel ist heute ... nichts für uns zu machen" meinte 1919 ein Vertreter einer großen Getreidehandelsfirma, vgl. Löwenfeld-Ruß 1919, 29.

21 Die Schwarzmarkt-Preise wurden pikanterweise selbst im öffentlichen Statistischen Handbuch der Republik Österreich (Jg. 1921, 100 ff.) angeführt.

22 Die Beispiele wurden der „Dokumentation zur Zeitgeschichte Österreichs 1918 – 1928", Wien 1984, 122 ff. und 156 ff. entnommen und chronologisch aufgelistet.

23 Die Aktiva der Reichsbank (Gold in Barren und Münzen) sanken von 2.262 Millionen Mark (1918) auf 1.089 Millionen Mark (1919). Bei der Ziffer für das Jahr 1919 steht im Ausweis der deutschen Reichsbank der lapidare Hinweis „Rückzahlung im Zusammenhang mit der Abgabe von 1 Milliarde Mark an die Entente zur Beschaffung von Lebensmitteln"; vgl. dazu Schremmer 1978, 641.

24 Vgl. Chronik des 20. Jhts., 259. Für Jänner 1921 werden über die Lage der Kinder in Berlin folgende Zahlen veröffentlicht: Von den 485.000 Kindern waren 29.000 „tuberkulos", 77.000 „krank und stark unterernährt" und 120.000 „allgemein unterernährt". Die Säuglingssterblichkeit war doppelt so hoch wie vor dem Krieg; Chronik des 20. Jhts., 272.

25 Vgl. dazu etwa Chronik d. 20. Jhts, 286. Hungerkrawalle sind etwa dokumentiert aus Villach/Kärnten, Innsbruck/Tirol, Linz/Oberösterreich, oder aus dem Ruhr-

gebiet, aus Berlin oder auch aus München, um nur einige Orte zu nennen. Der Krieg war zwar z. T. schon Jahre zu Ende, der Hunger immer noch geblieben. Die Geldentwertung nach dem Kriege erschwerte zudem die „Realökonomie". Lebensmittel galten als „Edelvaluta". In Auma (Deutschland) wurde selbst der Strompreis in Naturalien bestimmt. Für eine Kilowattstunde elektrischer Energie musste man im September 1922 entweder 10 Eier, 3 Pfund Weizenmehl oder 1/4 Zentner Kartoffel hinlegen. Selbst bei heutigen (niedrigen) Lebensmittelpreisen wäre dies ein recht stattlicher Strompreis (Chronik d. 20. Jhts., 296). Dass in der damaligen Zeit auch Kafkas Erzählung „Ein Hungerkünstler" erstmals gedruckt wurde, passt gut in die eben geschilderten Zeitumstände.

26 So der frühere Generaldirektor der FAO, Lord John Boyd Orr, in einem Bericht zur damaligen Welternährungssituation (Scharlau 1953, 318 f.).
Auch der Anfang November 1952 von der FAO (gegründet im Oktober 1945) veröffentlichte zweite „World Food Survey" spricht davon, dass zwei Drittel der Weltbevölkerung unterernährt seien, ja in den armen Ländern habe sich die Kalorienversorgung seit dem Zweiten Weltkrieg noch verschlechtert (FAO, Second World Food Survey, Rome Nov. 1952; Blanckenburg 1986, 48).
Um zumindest große Hungerkatastrophen zu vermeiden, beschließt im Juni 1952 der UN-Rat für Ernährung und Landwirtschaft (FAO) die Gründung einer Lebensmittel-Notstandsreserve unter internationaler Verwaltung für schnelle und unbürokratische Hilfe bei Hungersnöten oder Naturkatastrophen (Chronik 1952, 92). Dass auch diese Aktion große Hungersnöte nicht verhindern konnte, gehört zu den großen Tragödien des 20. Jahrhunderts. Seit der Jahrhundertmitte konzentrieren sich schwere Hungersnöte in der „Dritten Welt". Ausnahme sind jene Gebiete in der „Ersten Welt", die vom Krieg heimgesucht werden – vgl. etwa Ex-Jugoslawien in den 1990er-Jahren (Hahlbrock 1991, 64).

27 Die Zahl von 800 Millionen Hungernden entspricht in etwa jenen Angaben, die auch heute immer wieder diesbezüglich genannt werden. Allerdings lebten damals nur rund 2,2 bis 2,4 Mrd. Menschen auf dem Globus, während es heute bereits über 6 Mrd. sind. Mit anderen Worten, die Welternährungslage war damals noch viel angespannter als heute, wiewohl auch die heutige Situation in keinster Weise als zufriedenstellend betrachtet werden kann.

28 Trittel 1990, 318 Anm. 135. Als Mitte Oktober 1945 die Militärregierung Erntebilanz zog, musste sie feststellen, dass der Rückgangs der Nahrungsmittelproduktion auf „less than half the consumption before the war" zu berechnen war. Zu bedenken ist allerdings, dass geschätzte rund 30 % der landwirtschaftlichen Produktion auf den „Schwarzen Markt" geflossen war, vgl. Trittel 1990, 32.

29 Deren Samen sind reich an Öl, Stärke und Eiweiß, allerdings sind sie durch das darin enthaltene Saponin auch „leicht giftig".

30 Vgl. Chronik d. 20. Jhs., 692; Chronik 1947, 140; Jose de Castro 1959, 289; Kleßmann/ Friedemann 1977, 23.

31 So der US-Militärgouverneur Lucius D. Clay im August 1947, vgl. Chronik d. 20. Jhts., 698.

32 Es heißt darin unter anderem: „Wir, die deutschen Ärzte, fühlen uns selbst verpflichtet, vor der ganzen Welt darauf hinzuweisen, daß die sich hier ereignenden

Dinge das neue Gegenteil der uns versprochenen ´education for democracy` sind, in Wahrheit bedeuten sie die Zerstörung der biologischen Grundlage der Demokratie." Vgl. Jose de Castro 1959, 290 f; Text daselbst.

33 Über ein Jahr (bis zum 30. September 1949) musste die Stadt aus der Luft versorgt werden. Der Versuch der UdSSR, die Stadt auszuhungern, scheiterte nicht zuletzt durch den entschlossenen Willen der USA. Heute sind die so genannten „Rosinenbomber", die Schokolade und Süßigkeiten an Fallschirmen für die Kinder Berlins abwarfen, beinahe vergessen, damals waren sie für die Stadt lebensrettend; vgl. dazu FR v. 1. Sept. 1993, 6 und v. 19. März 1994, 18. Nur mehr zu runden Jubiläen, wie zum 50. Jahrestag des Beginns der Blockade erinnert man sich symbolisch an die für Berlin äußerst prekäre Lage, vgl. dazu auch: Die Zeit v. 7. Mai 1998, 86.

34 Dies heißt allerdings nicht, alle Unterernährungsprobleme wären über Nacht gelöst gewesen. So wird etwa aus dem damaligen Bayern von immer noch 500.000 unterernährten Kindern berichtet (vgl. Seeberger et al. 1970, 231).

35 Bislang durfte in der BRD nur der dunklere und qualitativ minderwertigere Weizenmehltyp gehandelt werden, um im Ausland nicht den Eindruck zu erwecken, die Deutschen könnten sich als Kriegsverursacher und -verlierer ein Luxusleben leisten. Auf Grund der starken Konkurrenz auf dem Mehlmarkt wird die Beschränkung jedoch aufgehoben (vgl. Chronik 1952, 46).

36 Tabelle 22: Zwei Schätzungen zum Bevölkerungsverlust der UdSSR 1914 – 1923 (beide nach Bev. Ploetz 1965, IV/216.)

Schätzung A

Bereich	in Mio.
Armee bis 1917	2,0
Kriegsverluste 1918 bis 1920	
(Militär und Zivilbevölkerung)	1,5
Epidemien 1918 bis 1920	2,0
Hungersnot 1922 bis 1923	3,0
Sonstiger Sterbeüberschuss	3,5
Emigration (dv. 0,25 Mio. Ausländer)	1,75
Geborenendefizit	9 bis 10
Gesamtsumme	etwa 23

Schätzung B

Bereich	in Mio.
Militär	2,0
Zivilbevölkerung	14,0
Emigration	2,0
Geborenendefizit	10,0
Gesamtsumme	28,0

37 Vgl. Flemming, Weltmacht Wasser 1967, 142; Wenn E.G. Schenck 1965 meinte, die russische Hungersnot von 1917 bis 1922 sei in ihrem Ausmaß nach Dauer und Umfang die Schwerste gewesen, die Europa in der ersten Hälfte des Jahrhunderts traf, so ist diese Feststellung mit einem Fragezeichen zu versehen. Die

von Stalin verursachte Ukrainische Hungersnot von 1929/33 (vgl. dazu oben 2.2.1) erreichte eine ähnliche Dimension, zudem ist auf die Hungerpolitik der NAZIS (KZ's, Kriegsgefangene, Hungerblockaden, etc.) zu verweisen.

38 Die Hungersnot Anfang der 20er-Jahre wird vielfach der Natur (Dürre) zugerechnet. Es kann aber davon ausgegangen werden, dass auch der „man made"-Anteil erheblich war. Aus diesem Grund wird diese Katastrophe hier behandelt und nicht oben in Kapitel 2.1.1 oder 2.2. Die jahrelangen sozialen und ökonomischen Wirren boten wohl einen idealen Nährboden, auf dem die „Natur" ihre „Gewalt" in solcher Deutlichkeit zeigen konnte. Insgesamt gehörten diese Jahre, neben der von Stalin verursachten ukrainischen Hungersnot von 1929/33 (siehe 2.2.1) und der ungeheuren Fehl- und Mangelernährung in den russischen Gefängnissen und Lagern (Gulag) (vgl. Abschnitt 2.3.2), zu den schlimmsten Desastern der russischen Geschichte.

39 Beyrau D. meint dazu in seiner Arbeit „Petrograd, 25. Oktober. Die russische Revolution und der Aufstieg des Kommunismus" (München 2001, 74), dass die russische Bevölkerung – trotz der Verluste – im Ersten Weltkrieg noch zugenommen habe, dann aber im Bürgerkrieg von 143 Millionen Menschen (1918) bis zum Ausbruch der Hungersnot auf 134 Millionen geschrumpft sei. In der Hungersnot 1921/22 seien nochmals „bis zu fünf Millionen Menschen umgekommen".

40 Man nützte damals die prekäre Ernährungslage, um sich ein möglichst präzises Bild über die Bevölkerungszahl dieser Völker machen zu können. Jeder Bewohner, der sich zählen ließ, bekam nämlich von der Behörde eine bestimmte Menge an Lebensmitteln, vgl. Findeisen 1954, 2.

41 Braudel schreibt, dass die Malaria „von den heißen Wüstengebieten bis an den Rand der Arktis mit denselben Symptomen auftrat" und meint dazu weiter: „Unterernährung fördert ganz eindeutig die Ausbreitung ansteckender Krankheiten."; vgl. Braudel, Alltag 78. In analoger Weise stellt auch Mühlens zur damaligen Situation in der UdSSR fest: „In Zeiten von Hungersnot beginnt die Seuchenbekämpfung mit der Zuführung von Brot", nach Schenck 1965, 51.

42 Er wurde – wie Schenck schreibt – „nicht selten beobachtet" vgl. Schenck 1965, 51. „Mit der vollen Naivität prähistorischer Wesen hatten (die Menschen) ihre gestorbenen Gefährten gegessen – und lebten weiter" berichtet Jacob in Anlehnung an den deutschen Schriftsteller Holitscher, der Augenzeuge solcher Tatbestände wurde. In „The Medical Press" vom 13. Dezember 1922 sind auf Seite 498 sogar Fotos von Kannibalen abgebildet. Auch bei Figes findet sich eine Kannibalismusaufnahme (Figes1998, Seite 768 ff.: vgl. auch vorne die Wiedergabe auf S. 42). Solche „Quellenbelege" sind in der Literatur eher selten zu finden, ob der Authentizität möge sich der Leser seine eigene Meinung bilden!

43 Vgl. Conquest 1990, 50 und 60 f.. Lenin selbst gab später zu: „Praktisch nahmen wir alles Überschuß-Getreide weg – und manchmal sogar nicht nur Überschuß-Getreide, sondern einen Teil des Getreides, das der Bauer zum Essen brauchte." Wenn die Eintreibtruppen Getreide und Kartoffel requirierten, um daraus ihren Alkohol zu destillieren, so war dies ab Jänner 1919 legitim, schließlich handelte es sich um „notwendigen Staatsbedarf" (Zitat ebd.).

Anmerkungen zu Kapitel 2.3.2

1. Die Zahlen dürften sich unmittelbar auf das Deutsche Reich beziehen, vgl. HW-Buch d. Staatswiss. VIII (1928), 1062; Henning 1988, Ind. Dtld., 39 spricht von „mehr als 500.000" Hungertoten.
2. Zur Problematik der Vernichtung durch Hunger (Hungertod) im Rahmen der deutschen Vernichtungspolitk sind in letzter Zeit zwei sehr lesenswerte Arbeiten von Christian Gerlach erschienen: „Krieg, Ernährung, Völkermord. Forschungen zur deutschen Vernichtungspolitik im Zweiten Weltkrieg", Hamburg 1998 und die sehr umfangreiche Arbeit (über 1.200 Seiten) „Kalkulierte Morde. Die deutsche Wirtschafts- und Vernichtungspolitik in Weißrußland 1941 bis 1944", Hamburg 2000.
3. Vgl. auch Gerlach Chr., Krieg, Ernährung, Völkermord, Hamburg 1998, 30 ff..
4. Vgl. dazu auch Dirk Pohlmann (MDR) in seinem (ersten) Beitrag „Im Osten" zur dreiteiligen Dokumentation über Kriegsgefangene im Zweiten Weltkrieg im ARD v. 16. Nov. 2000, 20.15 Uhr. Es heißt dazu in einer Besprechung in der FR v. 16. Nov. 2000 (S. 29): „In den Kriegsgefangenenlagern, die Deutsche dort (im Osten, vor allem in Russland, J.N.) errichtet hatten, wurde der Hungertod russischer Soldaten systematisch geplant. Allein im Jahr 1941 verhungerten von den dreieinhalb Millionen Insassen über zwei Millionen. Die deutschen Lager gelten deshalb als die grausamsten überhaupt." PS: Die Teile 2 und 3 dieser Serie über Gefangene im Westen und die Heimkehrer wurden am 21. und 22. Nov. 2000 gesendet.
5. Manfred Messerschmidt meint zurecht, eine Zuteilung auf die unterschiedlichen Todesursachen werde nie mehr möglich sein (vgl. Die Zeit v. 29. Jan. 1993, 40).
6. Zitat aus einer Wandtafel zur Ausstellung „Verbrechen der Wehrmacht" in den Gängen der Universität Innsbruck im November und Dezember 1995.
7. Stieff, zit. nach: Janßen 1991, 46.
8. Ein ähnliches Szenario soll Hitler auch für Moskau geplant haben, allerdings sollte Moskau „ertränkt" werden. Dies soll Hitler zumindest bei einem Besuch bei der Heeresgruppe Mitte (am 24. September 1941) angedeutet haben. Er meinte damals, er habe „Vorkehrungen getroffen, um Moskau und seine Umgebung mittels riesiger Anlagen zu fluten und im Wasser zu ertränken" (vgl. Chronik 20. Jht., 577).
9. Vgl. dazu ORF v. 4. Dez. 1993, Abendjournal; Conquest, Terror 1992, 387; Spiegel 50/1990, 165.
10. Vgl. Blockade Leningrad (1992), 33; NZZ v. 17. IV. 1993, 31.
11. Bezeichnender Weise nennt Lichatschow seine Autobiografie auch „Hunger und Terror. Mein Leben zwischen Oktoberrevolution und Perestroika", dt. Ostfildern/Stuttgart 1997. Auch darin widmet er sich auf den Seiten 239 ff. der „Blockade Leningrads". Lichatschow starb Ende September 1999, ein Nachruf auf diesen bedeutenden russischen „Kulturhistoriker", der die Erfahrung des grausamen Hungers über Jahre machen musste, findet sich etwa in der NZZ v. 2. Oktober 1999 im Feuilleton.

12 ORF: Mittagsjournal und Journal-Panorama v. 4. Jan. 1993.
13 Vgl. Blockade Leningrad 1992, 29; Deutschlandfunk v. 26. Jan. 1994, 19.15 Uhr, sowie die Kurzinformation in der FR v. 26. Jan. 1994, 8.
14 Vgl. auch: NZZ v. 17. April 1993, 31. In: Blockade Leningrad (1992, 197 ff.) werden dazu als authentisch bezeichnete Fotos wiedergegeben.
15 Vgl. dazu Imfeld 1985, 130; Castro 1959, 283; Kingston/Lambert 1980, 86.
16 Vgl. dazu Castro 1959, 283; Kingston/Lambert 1980, 87.
17 Vgl. dazu Nord 1947, Einleitung; Castro 1959, 283 f..
18 Die Mahlzeiten in diesen hospitals werden von Davis 1992, 81 wie folgt beschrieben:* „Breakfast: 1 slice of bread; 1 cup of tea."* „Lunch: 2 potatoes, a small portion of ‚vegetables', some watery sauce."* „Dinner: 1 or 2 slices of bread, 1 plate of soup, 1 cup of ‚coffee substitute'."
19 Vgl. Chronik 1968, 116 und 140; PS: Ein US-Ärzteteam schätzte die Gesamtbevölkerung des Restterritoriums im Oktober 1969 eher vorsichtig auf nur 3,2 Millionen, vgl. Harneit-Sievers A. 1992, 288.
20 Harneit-Sievers A. 1992, 286 f.; Chronik 20. Jahrhundert, 995; Chronik 1968, 116. Insbesondere letztere Zahl dürfte aber zu hoch gegriffen sein, Fachleute von Hilfsorganisationen hielten zuverlässige Schätzungen für unmöglich.
21 Rummel R.J., Genocide and Mass Murder (in: Journal of Peace Research, Vol. 31 (1994), No 1, pp. 1-10); vgl. auch Globale Trends 1996, 377.
22 So Kotek J., Rigoulot P., Das Jahrhundert der Lager. Gefangenschaft, Zwangsarbeit, Vernichtung, Berlin/München 2001, 180. Kotek und Rigoulot beschäftigen sich auf den Seiten 180 bis 190 explizit mit dem Ernährungsproblem im Gulag und bringen dazu auch diverse Beispiele.
23 Tabelle 26: Tagesrationen im Gulag (an verschiedenen Orten und Zeiten)

Tabelle 26a: Lager Kolyma zur Zeit des 2. Weltkrieges

Normerfüllung > 100 %	bis zu 930 gr.
für 100 Prozent	815 gr.
für 70 bis 99 Prozent	715 gr.
für 50 bis 60 Prozent	500 gr.
Strafration	300 gr.

Dazu gab es „Suppe", 100 g Salzfisch und 65 g Grütze.
Die Information stammt von einem Ex-Häftling, der dann in den Westen gelangen konnte. Die Angaben beziehen sich vermutlich auf die Zeit etwa von 1938 bis 1946.

Tabelle 26b: Gleiches Gebiet wie 16a. 1942 bis 1950

Normerfüllung > 100 %	800 gr. Brot
Nichterfüllung der Norm	500 gr. Brot
als Strafration	300 gr. Brot

Tabelle 26c: Ein nördliches Lager im Winter 1941/42

für die volle Norm	700 gr. Brot + Suppe und Buchweizen
Nichterfüllung der Norm	400 gr. + Suppe

Diese Angaben – so vermutet Conquest – waren wahrscheinlich auch für die meisten Verpflegungsrationen in der Arktis in etwa zutreffend. Ein polnischer Bericht über den gleichen Zeitraum (1940 bis 1941), nennt 500 Gramm für 50 Prozent Normerfüllung und 300 Gramm für weniger.

Tabelle 26d: Lager außerhalb der eigentlichen Arktis zur Zeit des 2. Weltkrieges

über 100 %	750 bis 1.000 gr.
100 %	600 bis 650 gr.
50 bis 100 %	400 bis 475 gr.
Strafration (< 50 %)	300 bis 400 gr.

24 Nach einem Bericht in der NZZ vom 20./21. Februar 1994, 27.
25 So die gleichnamige Gulagbiografie von Janusz Bardach, vgl. Bardach J., Gleeson K., Der Mensch ist des Menschen Wolf. Mein Überleben im Gulag, München 2000.
26 Simon R., Der chinesische Gulag. Lager, Gefängnisse, staatliche Repression und politische Opposition, Reinbek 1996. Zur Situation der „Zwangsarbeit" in China vgl. etwa das Buch von Reeve Ch., Xuanwu Xi mit dem bezeichnenden Titel „Die Hölle auf Erden. Bürokratie, Zwangsarbeit und Business in China", Hamburg 2001 (französisch erstmals 1997). Auf Seite 30 findet sich die bezeichnende Charakterisierung: „China ist eine Bombe"!
27 Damit ist wohl die „Anpassungsakzeptanz" des Häftlings gemeint (J.N.).
28 Laut Covertext des Buches von Rainald Simon sind es „zehn Millionen", die „in Gefangenschaft leben, ausgebeutet werden, Zwangsarbeit leisten, geschlagen und gefoltert werden."
29 Quelle: Kelly P.K., Bastian G., Ludwig K. (Hrsg.), Tibet klagt an. Zur Lage in einem besetzten Land, Wuppertal 1990, 91 ff..
30 Vgl. dazu insbesondere FR v. 19. April 1993, 13.
31 Die Literatur über die nationalsozialistischen Vernichtungs- und Konzentrationslager ist zwar mittlerweile schon kaum mehr überschaubar – allein in deutscher Sprache existieren „mehrere tausend" Veröffentlichungen, allerdings meint Karin Orth in ihrer 1999 veröffentlichten Monografie „Das System der nationalsozialistischen Konzentrationslager. Eine politische Organisationsgeschichte (Hamburg 1999, S. 9), dass der Anfang der Sechzigerjahre des 20. Jahrhunderts formulierte Satz von Martin Broszat, „es existiere wenig sicheres Wissen über sie" [die Konzentrationslager, J.N.] immer noch gelte.

32 Dies war nicht der erste derartige „Hungerversuch". So wurden etwa schon von September 1941 bis Juli 1942 im Reserve-Lazarett Hamburg-Wandsbek ein Versuch an russischen Kriegsgefangnen zur Erforschung von „Ödemkrankheit" (= Hungerwassersucht) durchgeführt. Dem Untersuchungsteam stehen „Kranke" im Alter zwischen 20 und 54 Jahren zur Verfügung, deren Leiden (z.T. bis zum Tode) klinisch beschrieben werden. Eine Ironie dieser Tristesse besteht darin, dass der Leiter dieser Untersuchungen Dr. Heinrich Berning nach Ende des Krieges von 1963 bis 1974 sogar ärztlicher Direktor des Hamburger Allgemeinen Krankenhauses Hamburg-Barmbek und zudem internistischer Hauptgutachter des Hamburger Amtes für Wiedergutmachung war, vgl. dazu Ernst Klee, Auschwitz, die NS-Medizin und ihre Opfer, Frankfurt 1997, 258 f., sowie die dazu angeführte Literatur.
33 So die Beschreibung der Suppe durch einen gefangenen Häftling, vgl. Klee 1997, 185 Anm. 146.
34 So im „Ernährungsbericht Mauthausen" zitiert nach Klee 1997, 186. Einer der Rädelsführer dieser Hungerversuche an Menschen war der Artz Dr. Ernst Günther Schenck, der auch nach Kriegsende die Erkenntnisse dieser Forschungen noch zum Besten gab, ohne allerdings darauf hinzuweisen, dass es sich um KZ-Versuche handelte. Schenck publizierte unter anderem 1965 auch ein Buch über „Das Elend im 20. Jahrhundert. Kriegs- Hunger- und Politische Katastrophen Europas" (Herford), das auch an anderer Stelle in dieser Hungergeschichte zitiert wurde.
35 Herausgegeben von Heinz Schott et al., (Chronik Verlag) Dortmund 1993.
36 Das Dokument wurde vom Verlag 2001 (Frankfurt/Main) herausgegeben und ist vielfach aufgelegt worden. Hier wird zitiert nach der achten Auflage vom Januar 1993, 39 ff..
37 Dieser Augenzeuge bringt das Faktum Morden durch Verhungern-Lassen auf den Punkt.
38 Vgl. Kulischer 1932, 40 Anm. 45.
39 So 1953 US-Präsident Eisenhower, zitiert nach Marks, in: Biegert (Hrsg.) 1996, 222. Von Eisenhower stammt auch der Begriff „Military Industrial Complex". Die Rüstungsindustrie bindet in der Tat nicht nur Geld, sondern auch wissenschaftliche Kapazitäten. Man schätzte, dass Ende der 1980er-Jahre weltweit 20 % der Wissenschaftler mit waffentechnischen Forschungen befasst waren; vgl. dazu Brandt 1988, 61. Es ist (ideologisch) umstritten, was es bedeuten würde, würde man einen Teil dieser Wissenschaftler für den weiten Bereich der Hungerbekämpfung gewinnen können. Würde dadurch die suboptimale Allokation in Forschung und Entwicklung verbessert, gleich bleiben oder verschlechtert?
40 Zahlen aus Spiegel 1991, Sondernummer „Club of Rome", 59 und Atlas der Welt verwicklungen 1992, 177; Brandt 1988, 54.
41 Zitiert nach Brandt 1988, 97.
42 Glucksmann/Wolton 1989, 83.
43 Matthies 1988, 139.
44 Selbst der große Ökonom J.M. Keynes konnte nach dem I. Weltkrieg die Politiker der Siegermächte nicht davon überzeugen, dass die Überwälzung der Kriegs-

kosten auf die Verlierer nur in einem weiteren ökonomischen Fiasko enden würde (womit er leider recht behalten sollte). In seinen „economic consequences of the peace" (London 1919, dt. ebenfalls 1919) prophezeite er in groben Zügen bereits die Ereignisse, die eineinhalb bis zwei Jahrzehnte später eintreten sollten.
45 Man denke nur an das Prinzip der „verbrannten Erde", das vor allem Armeen, die sich im Rückzug befinden, oft praktizieren.
46 Vgl. dazu etwa FR v. 16. Nov. 1995, 1.
47 Zitiert aus TT v. 11. Aug. 1992, 22.
48 Vgl. oben: Motto zu Kap. 2 (Quelle ebd.: Fußnote 1).

Anmerkungen zu Kapitel 3

1 Zit. nach D. Thomä, in: Die Zeit vom 28.12.2000, 42.
2 In: Orientierung Nr. 10, 2000. Der Titel von Gellners ausführlicher Rezension des zweibändigen Werkes von H. Schmidinger, Die Bibel in der deutschsprachigen Literatur des 20. Jahrhunderts (Mainz 1999), ist ein Zitat aus dem Roman von R. Rothmann, Flieh, mein Freund! (Frankfurt 1998, 180).
3 Carl Améry formulierte dies in seinem Buch „Hitler als Vorläufer" einmal folgenderart: „Der Mensch kann die Krone der Schöpfung bleiben, wenn er begreift, dass er sie nicht ist." Zit. nach: Orientierung, Zürich 1999, Nr. 8, 87.
4 Die Angaben für die folgende Tabelle 29 sind entnommen aus: Rummel 1997, 2. „Demokratisch" und „Demokratien" wurde hier – anders als bei Rummel – unter Anführungszeichen gesetzt, da eine „Demokratie" um 1850 kaum mit einer auf Rechtsstaatlichkeit aufgebauten „Demokratie" des ausgehenden 20. Jahrhunderts verglichen werden kann.
5 Dies gilt auch für die große Hungersnot, die sich zu Ende des 20. Jahrhunderts im Sudan ereignete. Dort führte im August 1998 das Welternährungsprogramm „die größte Luftbrücke der Weltgeschichte durch." Die Kosten betrugen eine Million US-Dollar am Tag, finanziert wurden sie überwiegend von Großbritannien und den USA, vgl. dazu Catherine Bertini (=Exekutivdirektorin des Welternährungsprogramms der Vereinten Nationen) in: FR v. 14. Aug. 1998, 5.
6 Vgl. Gothe 2001, 28 ff.. In der gleichen Nr. von epd-Entwicklungspolitik, in welcher Gothes Artikel veröffentlicht wurde, findet sich ebenfalls eine ausführlichere Rezension des Sammelbandes: François Jean sowie Jean-Christophe Rufin (Hg.), Ökonomie der Bürgerkriege, Hamburg 1999.
Gothe D., Keine Befreiung, sondern „Raub in großem Stil". Zwei kritische Studien zu Bürgerkriegswirtschaft und humanitärer Hilfe, in: epd-Entwicklungspolitik Frankfurt, Nr. 6/2001, 28-31.
7 Die Reihung erfolgte nach den Geburtsdaten: Stalin (21. XII. 1879 - 5. III. 1953); Hitler (20. IV. 1889 - 30. IV. 1945), Mao (26. XII. 1893 - 9. IX. 1976).
8 Courtois St., Werth N., Panné J.-L., Paczkowski A., Bartosek K., Margolin J.-L., u.a., Das Schwarzbuch des Kommunismus. Unterdrückung, Verbrechen und Ter-

ror, München/Zürich 1998 (erstmals Paris 1997: Aus dem Französischen von Arnsberger I, Galli B., Heinemann E., Schäfer U., Schulte-Bersch K. und Wollermann Th.), 21 f..

9 Bisweilen versuchten – vor allem in den letzten zwei Jahrzehnten – die Medien (besonders das Fernsehen) auf große Hungerkatastrophen aufmerksam zu machen (vgl. vor allem in Äthiopien 1985). Mehr als ein Medien-Strohfeuer vermochten sie allerdings nicht anzuzünden.

10 El Pais (Madrid), 16.10.1998, zit. nach: Le monde diplomatique, deutschsprachige Ausgabe Nr. 11/1998.

11 Vgl. Wochenzeitung (Zürich) vom 3.5.2001: Und jetzt noch Dioxin. Britannien: Salmonellen, Schweinepest, Scrapie, BSE, MKS.

12 Der Standard berichtete am 13.1.2001 von Gefahren, die der niederländische Prionenforscher und Neuropathologe Gerard Jansen erst in vielen Jahren kommen sieht. Er befürchtet eine neue Variante der Creutzfeldt-Jakob-Erkrankung (nvCJD), die auf Grund dessen, dass die Inkubationszeit von deren Erregern 20-30 Jahre betrage und möglicherweise durch jedes BSE-verseuchte Rind zwei Menschen infiziert sein könnten, Europa erst in vielen Jahren eine millionenfach tödliche Epidemie bringen könnte.

13 Dies ergab eine 1998 vorgelegte Studie der größten Anti-Hungerorganisation der USA, „Second Harvest". Die Studie basiert auf 28.000 Interviews mit Betroffenen. Fast 40 Prozent derjenigen, die 1997 in den USA auf Lebensmittelhilfe angewiesen waren, arbeiteten regulär (vgl. dazu FR v. 12. März 1998, 1).

14 Ähnliches wie das oben zur Demokratie Gesagte, gilt auch für den Begriff „Marktwirtschaft". So fällt die Irische Hungersnot in eine Zeit des klassischen Manchester-Liberalismus, der mit einer „Sozialen Marktwirtschaft" eines Eucken oder Erhard wenig gemeinsam hat. Dass auch heute noch, wo viele „Marktwirtschaften" sich „neoliberal weiterentwickelten", eben in diesen „Marktwirtschaften" noch Hunger anzutreffen ist, gibt sicherlich zu denken.

15 Vgl. dazu The Global Burden of Disease, Bd. 1, Tabellen 6.2 bis 6.12, S. 311 ff. zitiert nach George S. 2001, 179.

16 Teuteberg 1972, 70.

17 Vgl. dazu etwa: Schenck 1965, 51; Fischer 1927, 109; Sorokin 1942; Keys et al. 1950, 7; Carter Huntly 1922, Teil 2, Seite 496. Wie groß schlussendlich Anzahl der verspeisten Personen alleine bei der russischen Hungersnot 1921/22 war, ist natürlich nicht feststellbar. Sorokin meint dazu: „There are no statistics of cannibalism in Russia, but their number may be computed by hundreds, if not thousands." (Sorokin 1942, 68, Anm. 28).

18 Vgl. dazu oben Kapitel 2.2.1.

19 Vgl. Schenck 1965, 78 f..

20 Vgl. dazu oben Kap. 2.3.2 (S. 190).

21 Vgl. dazu etwa den Augenzeugenbericht von W. Zdrazil in: News 3/1993, 34 f..

22 Camporesi 1990, 26.

23 Selbst aus dem „fleischlosen" Indien werden bisweilen Kannibalismusfälle berichtet.

24 Laut einer Reuter Meldung hätten sich die Japaner auf der Insel Neuguinea auch

von Menschenfleisch ernährt. Laut „Japan Times" entdeckte 1992 der Historiker Toshiyuki Tanaka (Prof. in Melbourne) in einer Heeresdirektive, dass den kaiserlichen Soldaten unter Androhung der Todesstrafe der Verzehr von Landsleuten strikt verboten wurde. Diese Strafandrohung galt jedoch ausdrücklich nicht für Japaner, die das Fleisch der Kriegsfeinde aßen. Opfer von hungrigen Truppenmitgliedern wurden deshalb Inder, Australier und Neuguineer. Manchmal seien sogar lebende Personen von solchem Kannibalismus betroffen gewesen. In einem Ermittlungsbericht der Siegermächte wird – Japan Times zufolge – ein australischer Feldwebel zitiert, der verstümmelte Kameraden bei der Beerdigung wieder erkannte. Einem Menschen sei von der Brust bis zu den Fersen die Haut abgezogen gewesen. In einem anderen Bericht hieß es, die hungernden Japaner hätten täglich einen Kriegsgefangenen geschlachtet, insgesamt bis zu hundert (Reuter, zitiert nach TT v. 12. August 1992, 24).

25 So etwa aus Auschwitz, Bergen-Belsen, Neubrandenburg, etc. vgl. dazu Schenck 1965, 102; Tannahill 1979, 179; Keys et al. 1950, 7; Konzentrationslager, Dokument F 321, 45.

26 Vgl. dazu Tannahill 1979, 179.

27 Vgl. dazu oben Kapitel 2.2.2. In China soll es auch während er Kulturrevolution zwischen 1966 und 1976 zu Kannibalismusfällen gekommen sein. Dies berichtet zumindest die „New York Times" unter Berufung auf chinesische Dissidenten, vgl. dazu TT v. 8. Jan. 1993, 1.

28 Auf Grund des Verdachts, dass das Fleisch verdorben sei, hatte ein Kunde das Paar bei der Polizei angezeigt. Die örtliche Polizei geht davon aus, dass das Fleisch aus einer staatlichen Klinik für Krebskranke stammt. Anstatt die amputierten Körperteile eines Patienten vorschriftsmäßig zu entsorgen, wurden sie offenbar in eine Mülltonne geworfen. Auf der Suche nach verwertbarem Abfall, heißt es, hätten die Bettler das Fleisch dort gefunden.
Die extreme Armut treibt nicht wenige der knapp vier Millionen Moldauer in die Fänge von Händlern, die in Westeuropa, insbesondere in der Türkei, mit menschlichen Organen handeln. Die Weltgesundheitsorganisation stellte unlängst fest, dass der Verkauf von Nieren und anderen Körperteilen für Bargeld allmählich zur Industrie in der Moldau werde (NZZ, 5..4.2001, Seite 64).

29 Peter-Röcher H., Mythos Menschenfresser. Ein Blick in die Kochtöpfe der Kannibalen, München 1998.

30 Entschuldbar wird Kannibalismus nie sein. Gegenüber dem Kannibalismus vor Hunger ist an dieser Stelle noch auf jene Experimente mit Hunger und Verhungernden zu verweisen, mittels welchen nationalsozialistische Ärzte in den KZ testeten, wo bei minimalster Nahrungsaufnahme die Grenze zwischen Geradenoch-Überleben und Verhungern liegt. Sie sind nochmals ganz anders gelagert und liegen in ihrer vollkommen zynischen Schrecklichkeit jenseits von jeglicher Möglichkeit des auch nur Nachvollziehbaren.

31 Nicht immer gelingt dies auch. Gerade in den vergangenen Jahren verstanden es aktive Globalisierungsgegner/innen mit erstaunlich rasch organisierbaren Widerstandsaktionen, Sand in den Turbo des weltumfassenden Kapitalismus zu streuen und diesen so zumindest teilweise auch zu behindern, beispielsweise beim

in aller Stille vorbereiteten Multinationalen Agreement of Investments (MAI) oder anlässlich von großen Konferenzen wie in Seattle oder Prag.
32 Zahlen nach „Atlas der Weltverwicklungen", Hrsg. v. Welthaus Bielefeld, Wuppertal 2001, 18 f.. Man mag solch „präzise" Zahlenangaben ruhig mit einer gewissen Skepsis begegnen, an der grundsätzlichen Aussage der Verschlechterung des globalen Arm-Reich-Verhältnisses im Verlaufe der Geschichte wird kaum zu rütteln sein.
33 Als UNO Sonderberichterstatter für Nahrung mit einem dreijährigen Mandat hat Jean Ziegler eine jährliche Debatte über das Recht auf Nahrung in der Uno-Generalversammlung vorgeschlagen (vgl. NZZ v. 3. April 2001, 2).
34 Vgl. dazu FR v. 12. April 02, 10: „Welthandel: Oxfam klagt über ´großen Raubzug`". Die Bush-Administration legt diesbezüglich sogar noch zu. Im Laufe der nächsten Jahre soll die staatlich US-Agrarsubvention von derzeit (2002) 52 auf 120 Mrd. $ erhöht werden.
35 Diesen Gedanken formulierte F. Nier-Fischer, IPS Wien, in einem nicht veröffentlichten Positionspapier.
36 So laut Bild der Wissenschaft plus 7/1996, 18.
37 So A. Huxley zum Bevölkerungsproblem, zitiert nach Natur 1/1990, 35. Letztlich ist die Frage, wie viele Menschen die Erde ernähren kann eine Frage nach dem Niveau der Ernährung und der Lebensweise, wie viele Menschen Baumwolle und wie viele Polyester tragen, wie viele Fleisch oder Sojabohnen essen, etc, vgl. dazu auch die Ausführungen von Joel Cohen von der Rockefeller-Universität (New York) im US-Wissenschaftsjournal „Science", nach Standard v. 25. Juli 1995, 12. Würden heutzutage alle Erdenbewohner auf US-Konsumniveau leben, wäre wohl der Planet Erde schon weit überbeansprucht.
38 Vgl. dazu Standard v. 8. März 1995, 4.
39 So laut Angaben bei der UN-Konferenz über Wasser in Paris im März 1998, vgl. dazu NZZ v. 20. März 1998 (Ausland/online).
40 Noch pessimistischere Angaben gehen davon aus, dass bereits zwei Milliarden Menschen kein sauberes Trinkwasser haben, vgl. dazu FR v. 17. Juli 1997, 32. Nach Schätzungen der UNO könnten schon in rund dreißig Jahren zwei Drittel der Menschheit in Ländern mit Wassernöten leben, vgl. Die Zeit v. 18. Juni 1997, 22.
41 Heute weisen schon ein Sechstel bis knapp ein Drittel der Weltagrarfläche (je nach Schätzung) bereits überhöhte Salzkonzentrationen auf, vgl. dazu Nussbaumer 1995, 266; FR v. 10. April 1995, 22.
42 Darauf wies der Stanforder Ökologe Peter Vitousek hin. Er warnte vor der Gefahr, dass ganze Regionen und Wirtschaftszweige an Überdüngung zusammenbrechen könnten, vgl. Standard v. 28. Febr. 1998, 22; der Originalbeitrag ist in der Wissenschaftszeitschrift „Science", vol 279, S. 988 zu finden.
43 G. Gadner meint dazu: „Heute sind mehr als 900 Insekten, Unkräuter und Pflanzenpathogene gegen mindestens ein Pestizid resistent – im Vergleich zu 182 resistenten Arten im Jahr 1962. Von mindestens 17 Schadinsekten weiß man, dass sie gegenüber allen wichtigen Insektizidklassen resistent sind. Zählte man vor einem Jahrzehnt erst ein Dutzend herbizidresistenter Unkrautarten, so sind es heute bereits 84", vgl. G. Gardner in: WW 3/1996, 31.

44 Dies ist vor allem auch unter dem Blickpunkt der Vernichtung von Arten zu sehen, die für eine zukünftige Ernährung von Bedeutung sein könnten.
45 Olav Hohmeyer (Fraunhofer-Institut in Karlsruhe) und Michael Gärtner haben Anfang der 1990er-Jahre in einem Bericht an die Kommission der Europäischen Gemeinschaft versucht „eine grobe Abschätzung der Größenordnungen" der „Kosten der Klimaänderung" zu geben. Dabei gehen sie von einer „Verschlechterung der allgemeinen Ernährungslage durch die Klimaveränderung" aus. Nach ihren Angaben sterben schon heute 10 Millionen Menschen jedes Jahr infolge Unterernährung und Hunger und sie rechnen damit, dass diese Zahl sich durch die Klimaveränderung auf 20 bis 30 Millionen pro Jahr steigern könnte. In Summe würde dies - nach ihren Schätzungen - bis zum Jahr 2030 etwa *900 Millionen Hungertote* (sic!) bedeuten, was in der Tat eine Horrorvision darstellt. Hauptursache wäre dabei eine „Veränderung der Niederschläge, die im Winter zu und im Sommer deutlich abnehmen" würden, vgl. Vgl. Hohmeyer/Gärtner 1994, 36 f. und 46; Standard v. 22. IV. 1994, 18. In der angesehenen medizinischen Zeitschrift „Lancet" wurde im November 1997 darauf hingewiesen, dass eine Verringerung der weltweiten CO2-Emissionen um 15 Prozent des Wertes von 1990 zwischen 2000 und 2020 acht Millionen Menschenleben (= 700.000 pro Jahr) retten würde, vgl. dazu FR v. 8. Nov. 1997, 24.
46 Lester Brown vom World Watch Institute „vermutet", dass „die pro Person verfügbare Menge an Fischen und Meeresfrüchten bis zum Jahr 2030 ... kontinuierlich abnehmen und so den Trend der letzten vierzig Jahre umkehren" werden. Seiner Meinung nach werden um das Jahr 2030 nur mehr 11 kg Fisch pro Kopf der Weltbevölkerung zur Verfügung stehen, was nur geringfügig über dem Stand von 1950 liegen würde, vgl. Brown L., Zur Lage der Welt 1994, 253 mit Grafik.
47 Obwohl ein Teil der Nutztiere Gras oder Abfälle frisst, dem Menschen also keine Nahrung streitig macht, landen heute knapp zwei Fünftel (rund 37 %) der weltweiten Getreideernten in den Futtertrögen von 1,3 Milliarden Rindern, 1,8 Milliarden Schafen und Ziegen, 900 Millionen Schweinen und 17 Milliarden Hühnern, Gänsen, Enten und Puten, vgl. dazu Die Zeit v. 14. VI. 1996, 9. Irreführend wird dieser Prozess oft als „Veredelung" bezeichnet, was suggeriert, dass tierische Nahrung wertvoller sei als pflanzliche, vgl. dazu Mühleisen 1988, 98.
48 Zu den Gesundheitskosten, vgl.: NZZ vom 22. Juli 2002, 16. Das Zitat von K. Annan ist der FR v. 6. Juli 1999, 1 entnommen.
49 Es gibt Schätzungen, dass weltweit 75 Prozent des Landes, das unter Privatbesitz fällt, von nur 2,5 Prozent aller Landbesitzer kontrolliert wird, vgl. Südwind 3/1993, 9; FR v. 11. Febr. 1991, 19.
50 Vgl. dazu auch oben z.B. FN 31. Solches ist inzwischen gelegentlich auch in auflagenstärkeren Medien zu lesen: Die Ungleichheit war „noch niemals in der Geschichte so eklatant wie jetzt", so der Kurier v. 28. Juli 1996, 8. An zwei weiteren gegensätzlichen Veröffentlichungen, die Jahr für Jahr erscheinen, sei dies belegt. Jährlich publiziert das US-Business-Magazin „Forbes" die Liste der Reichsten der Welt, zugleich erscheint seit geraumer Zeit jährlich der UN-Bericht über die menschliche Entwicklung. Vergleicht man diese beiden Publikationen für das Jahr 1996, kommt man zu dem Ergebnis, daß „ein paar hundert Menschen ... [exakt

358, J.N.] ... so viel Geld auf der hohen Kante (haben), wie 2,3 Milliarden andere verdienen - so sie nicht vorher an Hunger, Aids oder sonst einer Krankheit zugrunde gehen." (Kurier v. 28. Juli 1996, 8). Die Unterschiede im Lebensstandard zwischen Arm und Reich sind fast schon jenseits des Fassbaren. „Die Welt hat 157 (Dollar)Milliardäre, vielleicht 2 Millionen Millionäre, aber 100 Millionen Menschen rund um den Globus sind obdachlos, leben auf den Bürgersteigen, auf Mülldeponien und unter Brücken. Amerikaner geben jedes Jahr 5 Milliarden US-Dollar für spezielle Diäten aus, um ihren Kalorienverbrauch zu reduzieren, während die ärmstenn 400 Millionen Menschen so unterernährt sind, daß sie Wachstumsstörungen, geistige Behinderungen oder gar den Tod davontragen" meint etwa Durning, vgl. Durning 1992, 5.

51 Die EU ist, was Gentechnisch modifizierte Organismen (GVO) betrifft, auf Grund der Skepsis seitens der Konsumentinnen und Konsumenten, (noch) dem „Vorsichtsprinzip" verpflichtet. 1998 wurde ein Handelsmoratorium für „Genfood" erlassen, die großen europäischen Biotechunternehmen haben sich weitgehend aus dem Ernährungssektor zurückgezogen und konzentrieren sich inzwischen auf den Gesundheitsbereich. Amerikanische Konzerne sehen nun auch auf Grund ihres in der Zwischenzeit erreichten „Vorsprungs" neue Chancen. Sie streben daher eine Lockerung des europäischen Vorsichtsprinzips an und scheinen dabei auch die Schützenhilfe namhafter EU-Politiker, wie dem EU-Kommissar Pascal Lamy oder dem EU-Vertreter in Washington Tony Van der Haegen, zu finden. Weiter verstärken dürften diese (US-) Lobbyisten ihren Druck auf einschlägige Änderungen in der EU aber erst nach den Wahlen, die 2002 in Frankreich und Deutschland stattfinden (vgl. dazu: S. George „Die Vorsicht hat das Nachsehen", in: Le monde diplomatique, dt. Ausgabe vom Mai 2002, 4).

Literatur- und Quellenverzeichnis

Zeitungen und Periodika

Archiv der Gegenwart (AdG)
Bild der Wissenschaft
Book of the year, Hrsg. von der Encyclopaedia Britannica (BoY)
    (erscheint jährlich seit 1938)
Bulletin for the Seism. Soc. Am. (BSSA)
Earthquakes Information Bulletin (EIB)
Economist (Econ)
Earthquakes and Volcanoes (Nachfolgeorgan von Earthquakes Information Bulletin) (E+V)
epd-Entwicklungspolitik
Frankfurter Rundschau (FR)
Kurier (Kur.)
The Medical Press v. 13. Dez. 1922
Natur
News
Neue Zürcher Zeitung (NZZ)
Oberösterreichische Nachrichten (OÖN)
Ökologische Briefe (ÖB)
Orientierung
Profil
Salzburger Nachrichten (SN)
Spiegel (Spieg)
Standard (St)
Südwind
Tiroler Tageszeitung (TT)
UNESCO, Annual Summary of information on Natural Disaster, Paris (Nr. 1: 1966)
    Informationen meist ohne Angaben von Todesopfern
Weltwoche
WHO-Bulletin (WHO-Bul)
World Watch Magazin (WW)
Die Zeit (Zeit)

Aufsätze und Monographien

Aabel K., Das Kriegs-Kartoffelbuch (mit mehr als 100 Kartoffelspeisen), München 1917. (Das Buch erlebte alleine bis 1919 zwölf Auflagen!) • *Abel* W., Massenarmut und Hungerkrisen im vorindustriellen Europa. Versuch einer Synopsis, Hamburg/Berlin 1974 (auch zitiert als Abel, Hunger). • *AKUF*, Arbeitsgemeinschaft Kriegsursachenforschung, Universität Hamburg, Kriegsbilanz 1994 (Pressemitteilung v. 19. 12. 1994). • *AKUF*, Das Kriegsgeschehen 2000. Daten und Tendenzen der Kriege und bewaffneten Konflikte, Opladen 2001. • *Alamgir* M. et al., Famine 1974: Political Economy of Man Starvation in Bangladesh. A Statistical Annex. Bangladesh Institute of Development Studies, Dacca o.J.

• *Alamgir* M., Famine in South Asia: Political Economy of Mass Starvation, Cambridge/Mass. 1980. • *Albritton* C. C., Catastrophic Episodes in Earth History, London/New York 1989. • *Aldmeadow* E., Home cookery in war-time, London 1914. • *Alexander* D., Natural Disasters, London 1993. • *Alsdorf* L., Indien, Berlin 1940. • *Alt* G., Wrobel-Leipold A.(Hrsg.), Armut im Süden durch Wohlstand im Norden. Hans-Seidl-Stiftung, o.O. 1988. • *Altrichter* H., Kleine Geschichte der Sowjetunion 1917-1991, München 1993. • *Andreae* B., Das Welternährungsproblem als Herausforderung unserer Zeit, in: Hohnholz J.H. (Hrsg.), Die Armut der ländlichen Bevölkerung in der Dritten Welt, Baden-Baden 1980. • *Arakawa* H., Meteorological Conditions of the great Famines in the Last Half of The Tokugawa Period, Japan, in: Papers in Meteorology and Geophysics, vol. 6 (1955), Nr. 2, 101-115. • *Arnold* D., Famine. Social Crisis and historical Change, Oxford/New York 1988. • *Arnold* H., Hunger. Beiträge zur Sozialhygiene der chronischen Unterernährung, Habil. Uni Saarbrücken, Saarbrücken 1970. • *Ashton* B, Hill K., Piazza A. und Zeitz R, Famine in China, 1958-61, in: Population and Development Review 10, No. 4 (Dezember 1984), 613 - 645. • *Atlas der Weltverwicklungen*, Redaktion: Krämer G., Wuppertal 2001. • *Autret* M., Der Mensch und der Hunger, in: Atlantis (Freiburg/Br.), 33, 1961, 398-400. • *Aziz* S. (Hrsg.), Hunger, Politics and Markets: The Real Issues in the Food Crisis, New York 1975.

Baade F. (Hrsg.), Amerika und der deutsche Hunger. Dokumente aus den USA vom Morgenthau zum Marschall-Plan, Brannschweig 1948. • *Baade* F., Brot für ganz Europa, Hamburg 1952. • *Baade* F., Welternährungswirtschaft (=Rowohlts dt. Enzyklopädie, Bd. 29), Hamburg 1956. • *Baade* F., ...denn sie sollen satt werden. Strategie des Weltkampfes gegen den Hunger, Hamburg 1964. • *Bänzinger* A., Die Saat der Dürre. Afrika in den 80er Jahren, Göttingen 1986. • *Bardach* J., Gleeson K., Der Mensch ist des Menschen Wolf. Mein Überleben im Gulag, München 1998. • *Barth* A., Terzani T., Holocaust in Kambodscha, Hamburg 1980. • *Baskin* A., The Ford Hunger March - 1932, in: Labor History, 13(3), 1972, 331-360. • *Bassermann-Jordan* F., Geschichte des Weinbaus, Frankfurt/M 1923. • *Bauer* R. et al. (Hrsg.), Im Dunst aus Bier, Rauch und Volk: Arbeit und Leben in München von 1840 bis 1945. Ein Lesebuch, München 1989. • *Bauer* R., Ruinen-Jahre. Bilder aus dem zerstörten München 1945-1949, München 1988. • *Becher* U.A.J., Geschichte des modernen Lebensstils. Essen - Wohnen - Freizeit - Reisen, München 1990. • *Becker* J., Hungry Ghosts: China´s Secret Famine, London 1996. • *Bell* A.C., Die englische Hungerblockade im Weltkrieg 1914-15. Nach amtlichen englischen Darstellungen herausgegeben von Böhmert W., in: Veröffentlichungen des Deutschen Instituts für Außenpolitische Forschungen, Bd. 14, Essen 1943. • *Ben-Porath* Y., The Years of Plenty and the Years of Famine - A Political Business Cycle?, in: Kyklos, 28(2), 1975, 400-403. • *Bennett* M.K., World Population, Food Supply, and Point 4. Presented to the Conference on International Cooperation for World Economic Development, University of California. Berkeley 1950 • *Benz* W. (Hg.), Dimensionen des Völkermordes. Die Zahl der jüdischen Opfer des Nationalsozialismus, Müchen 1996. • *Bericht über die menschliche Entwicklung 1996*, Bonn 1996. • *Bernstein* H., Crow B. et al. (Hrsg.), The Food Question. Profits Versus People?, London 1990. • *Bevölkerungs-Ploetz*, Raum und Bevölkerung in der Weltgeschichte, Bde. II und IV, Würzburg 1965 (dritte Auflage). • *Beyrau* D., Petrograd, 25. Oktober 1917. Die russische Revolution und der Aufstieg des Kommunismus, München 2001. • *Bhatia* B.M., Famines in India. A Study in some Aspects of the Economic History of India (1860-1945), London 1963 (Bombay ²1967). • *Biegert* C. (Hrsg.), Der Montag, der die Welt veränderte. Ein Lesebuch des Atomzeitalters, Reinbek 1996. • *Bilanz (Die) des 20. Jahrhunderts*, Hrsg. v. Harenberg B., Dortmund 1991.

- *Billstein* R., Streiks und Hungerdemonstrationen in Köln 1946-1948, in: Ders.(Hrsg.): Das andere Köln. Demokratische Traditionen seit der Französischen Revolution, Köln 1979, 403-445. • *Blanckenburg* P., Welternährung. Gegenwartsprobleme und Strategien für die Zukunft, München 1986. • *Blockade Leningrad 1941-1944.* Dokumente und Essays von Russen und Deutschen, Reinbek 1992 (aus dem Russischen von Jäniche G., Kagan G., Landa R. und Leetz A.). • *Bollenbeck* G., Zur Bedeutung der Ernährung in den Arbeiter-Lebenserinnerungen, in: SOWI, 14, 1985, 110-117. • *Book of the great Disasters*, London 1977. • *Borchardt* K., Wirtschaftliches Wachstum und Wechsellagen 1800-1914, in: Aubin H., Zorn W. (Hrsg.), Handbuch der deutschen Wirtschafts -und Sozialgeschichte, Bd. 2, Stuttgart 1976, 198-275. • *Borchardt* K., Zur Ökonomik von Hungersnöten und der Hilfe für Hungrige, in: Arbeitsbuch für angewandte Mikroökonomik, Hrsg. v. Hesse H., Tübingen 1980, 24-32. • *Bork* H., Chinas Wirklichkeiten. Ein ausgewiesener Reporter berichtet, Frankfurt/New York 1996. • *Brandt* W., Der organisierte Wahnsinn. Wettrüsten und Welthunger, Köln 1988 (erstmals 1985). • *Braudel* F., Sozialgeschichte des 15.-18. Jahrhunderts. Der Alltag, München 1985. • *Braumann* R., Afrika wird totgefüttert, in: Internationales Afrikaforum, 4, 1984. Nachdruck in: Natur 2/1985. • *Braumann* R., Blumen gegen Hunger, in: Natur, 6/1985. • *Brauner* Chr., Das verdrängte Risiko. Können wir Katastrophen verhindern?, Freiburg/Br. 1990. • *Britten* U., Kindheit in der Dritten Welt, in: Aus Politik und Zeitgeschichte v. 28. Sept. 1990 (B 40-41/90), 21-29. • *Bronfenbrenner* M., A Working Library on Riots and Hunger, in: Journal of Human Resources, 4(3), 1969, 377-390. • *Brotrevolten* (Die) in Nordafrika 1983-1988. Tunesien, Marokko, Ägypten, Algerien, Düsseldorf o. J. (="Projekt Wüstensand", Aachenerstr. 1, 4000 Düsseldorf). • *Brown* L., Zur Lage der Welt 1989/90. Daten für das Überleben unseres Planeten, Frankfurt 1989. • *Brown* L., Young J.E., Welternährung: Wie dies in den 90er Jahren geschehen soll, in: Brown L. (Hrsg.), Zur Lage der Welt 90/91, Frankfurt 1990, 107-148. • *Brown* L., Die Welt erntet Hunger, in: World-Watch W Magazin, Mai/Juni 1992, 39-41. • *Brown* L., Chinas großer Hunger, in: World-Watch Magazin, Okt./Nov. 1994, 10-19. • *Brown* L., Im Angesicht des Hungers, in: World-Watch Magazin, Jan./Febr. 1996, 8-22. • *Brown* L,, Gardner G., Halweil B., Beyond Malthus, New York 1999. • *Bruce* B. (Red.), siehe: Hundert Jahre menschlicher Geschichte (dt. 2000). • *Bryson* R.A., Murray T.J., Climates of Hunger, Madison 1977. • *Buchenberger* A., Agrarwesen und Agrapolitik, 2 Bde., Bd. 1: Leipzig 1914 (2. Aufl.), Bd. 2: Leipzig 1893. • *Buerkner* T., Vom heiligen Brot. Tischsprüche für das nationalsozialistische Haus, Potsdam 1939. • *Bunting* A. H., Elston J., Wüsten, Trockenheit und Hungersnot, in: Fuchs V. (Hrsg.), Naturgewalten, Frankfurt/M 1978, 139-152. • *Burchardt* L., Die Auswirkungen der Kriegswirtschaft auf die deutsche Zivilbevölkerung im Ersten und im Zweiten Weltkrieg, in: Militärgeschichtliche Mitteilungen 1/1974, 65-97. • *Burger* G.C.E. et al., Malnutrition and Starvation in Western Netherlands, September 1944- July 1945, The Hague 1948. • *Busch* P. ,Bevölkerungswachstum und Nahrungsspielraum auf der Erde, Paderborn [11]1980. • *Buszello* H., „Wohlfeile" und „Teuerung" am Oberrhein 1340 - 1525 im Spiegel zeitgenössischer erzählender Quellen, in: Festschrift für Franz G. zum 80. Geburtstag, Stuttgart 1982, 18-42.

Camporesi P., Das Brot der Träume. Hunger und Halluzinationen im vorindustriellen Europa, Frankfurt 1990. • *Castro* J. de, Weltgeißel Hunger, Göttingen/Berlin 1959 (mehrere Auflagen, darunter auch Frankfurt 1973 unter dem Titel „Geopolitik des Hungers"). *Chadha* B., Teja R., Hunger im gesamtwirtschaftlichen Zusammenhang, in: Finanzierung und Entwicklung I/1990, 46-48. • *Chang* J., Wilde Schwäne. Die Geschichte einer Familie. Drei Frauen in China von der Kaiserzeit bis heute, München 1991. • *Chronicle* of the 20th Century, Hrsg. v. Derrik Mercer u.a., Chronicle Communications Ltd Farnborough/

Hampshire, Ausgabe 1988. • *Chronik 1945 (-1981)*, hrsg. v. Chronik Verlag, Dortmund 1991 ff.. • *Chronik 1958*, Hrsg. v. Chronik-Verlag, Gütersloh/München 1994. • *Chronik '82 (-'90)*, hrsg. v. Harenberg B., Dortmund 1988 (ff.). • *Chronik '91 (-'94)*, hrsg. v. Chronik Verlag, Dortmund 1991 (ff.). • *Chronik der Stadt München 1945-1948*, Hrsg. v. Schatthofer M., München 1980. • *Chronik der Stadt Stuttgart 1286-1886*, Stuttgart 1886. • *Chronik des 19. Jahrhunderts*, hrsg. v. Geis I., Chronik Verlag, Dortmund 1993. • *Chronik des 20. Jahrhunderts*, Harenberg Verlag, Dortmund 1983. • *Chronik des 20. Jahrhunderts*, hrsg. v. Bodo Harenberg, Dortmund 1992 (12. Aufl.). • *Clark* R., Wasser. Die politische, wirtschaftliche und ökologische Katastrophe und wie sie bewältigt werden kann, München 1994. • *Clay* E., Floods in Bangladesh, 1974 und 1984. From Famine to Flood-Crisis Management, in: Curtis D., Hubbard M., Shepherd A., Preventing famine: Policies and prospects for Africa. With contributions from Edward Clay et al, New York und London 1988, 131-137. • *Clement* H. et al., Das Echo der sowjetischen Missernten. Agrar- statt Technologieimport: Die sowjetische Wirtschaft 1981/1982, München 1982. • *Collins* J., Moore Lappe F., Vom Mythos des Hungers. Die Entlarvung einer Legende: Niemand muß hungern, Frankfurt 1978 (Orig.: San Francisco 1977). • *Conquest* R., Ernte des Todes. Stalins Holocaust in der Ukraine 1929-1933, Berlin 1990 (Taschenbuchausgabe; erstmals englisch unter dem Titel: „The Harvest of Sorrow: Soviet Collectivation and the Terror-Famine", Hutchinson 1986, übersetzt v. Löwenstein E.; ein Klassiker zur Ukrainischen Hungersnot). • *Conquest* R., Der große Terror. Sowjetunion 1934-1938, München 1992. • *Cotton* A., The Madras Famine. Report of the Indian Famine Comission, in: Famine in India, New York 1976. • *Courtois* St., Werth N., Panne J.-L., Paczkowski A., Bartosek K., Margolin J.-L., u.a., Das Schwarzbuch des Kommunismus. Unterdrückung, Verbrechen und Terror, München/Zürich 1998 (erstmals Paris 1997: Aus dem Französischen von Arnsberger I, Galli B., Heinemann E., Schäfer U., Schulte-Bersch K. und Wollermann Th.).

Daffa P., Haile T., Hunger und Bevölkerung, in: Muß das reiche Afrika hungern?, Saarbrücken/Fort Lauderdale 1986, 58-98. • *Dalrymple* D., The Soviet Famine of 1932-1934 (Soviet Studies, 15) 1964. • *Dalrymple* D., The Soviet Famine of 1932-1934. Some Further References (Soviet Studies, 16) 1965. • *Dando* W. A., The Geography of Famine, London 1980 (^{2}1989). • *Datta* R., Welthandel und Welthunger, München 1984. • *Davis* L., Natural Disasters. From the Black Plague to the eruption of Mt. Pinatubo, New York 1992. • *De Waall* A., Famine Mortality: A Case Study of Darfur, Sudan 1984-85, in: Population Studies, 43(1), 1989, 5-24. • *Decken* S.E., Die Front gegen den Hunger. Ernährungskrieg 1939/43, Berlin 1944. • *Degen* J., Fettarm und fleischlos! 100 Gerichte für vier Esser, Leipzig 1916. • *Deutsche Welthungerhilfe* (Hrsg.), Was eigentlich ist Hunger?, Bonn 1991. • *Deutsche Welthungerhilfe*, siehe auch: Welthungerhilfe Deutsche. • *Devereux* St., The Theories of Famine, New York, London et al. 1993. • *DFG* (Deutsche Forschungsgemeinschaft) (Hrsg.), Naturkatastrophen und Katastrophenvorbeugung. Bericht des wissenschaftlichen Beirats der DFG für die „Internationale Decade for Natural Disaster Reduction" (IDNDR), Weinheim 1993 (mit vielen Sammelbeiträgen). • *Delumeau* J., Die Angst im Abendland, Reinbek 1989. • *Die Hungernden sind die Nahrung der Macht*. Eine Studie zu den Hintergründen der Hungersnot in Afrika. Dritte-Welt-Haus Bielefeld (Hrsg.), Bielefeld 1985. • *Dimitriewna* O., 18 Jahre Sowjetherrschaft. Erlebnisse und Erfahrungen einer Frau, Wien 1936. • *Dingermann* R., Krisenherde der Welt. Konflikte und Kriege seit 1945. Daten, Fakten, Hintergründe (=Westermann Lexikon), Braunschweig 1996. • *Dinklage* K., Geschichte der Kärntner Arbeiterschaft, Klagenfurt 1976. • *Disasters* Alround the World - A Global and Regional View. World

Conference on Natural Disasters reduction, Yokohama/Japan, 23.-27. Mai 1994. Information Paper No. 4, April 1994. • *Dokumentation zur österreichischen Zeitgeschichte 1918-1928*, Hrsg. v. Klusacek Chr. und Stimmer K., Wien 1984. • *Dollinger* H., Schwarzbuch der Weltgeschichte. 5000 Jahre der Mensch dem Menschen Feind, München 1973. • *Dollinger* H., Rußland. 1200 Jahre in Bildern und Dokumenten, München 1977. • *Domes* J., Näth M.L., Geschichte der Volksrepublik China, Mannheim et al. 1992 • *Domenach* J.-L., Der vergessene Archipel. Gefängnisse und Lager in der Volksrepublik China, Hamburg 1995. • *Dopsch* A., Naturalwirtschaft und Geldwirtschaft in der Weltgeschichte, Wien 1930. • *Drebber* J., Hunger und Entwicklung, in: Muß das reiche Afrika hungern?, Saarbrücken/Fort Landerdale 1986. • *Drewermann* E, Der tödliche Fortschritt. Von der Zerstörung der Erde und des Menschen im Erbe des Christentums, Freiburg/Basel/Wien 1991. • *Dreze* J., Sen A., Hunger and public action, Oxford, New York, Toronto, Melbourne 1989. • *Dreze* J., Sen A., The political economy of Hunger. Volume 1. Entitlement and well-being., Oxford, New York, Toronto, Melbourne 1990. • *Dreze* J., Sen A., The political economy of hunger. Volume 2. Famine prevention, Oxford, New York, Toronto, Melbourne 1990. • *Dreze* J., Sen A., The political economy of hunger. Volume 3. Endemic hunger, Oxford, New York, Toronto, Melbourne 1991. • *Drugulin* W., Historische Bilderatlas, 2 Bde, Leipzig 1863, Reprint Hildesheim 1964. • *Dtv-Lexikon in 20 Bänden* (Taschenbuchausgabe), München 1975. • *Dubrowinsky* S., Von den Seuchen in Rußland, ihrer Epidemiologie und Bekämpfung in der Gegenwart, in: Klinische Wochenschrift 1925, 836 und 887. • *Durning* A.B., Armut. Das Ende der Not, in: Brown L. (Hrsg.): Zur Lage der Welt 90/91, Frankfurt 1990. • *Durning* A.B., Brough H.B., Zeitbombe Viehwirtschaft. Folgen der Massentierhaltung für die Umwelt, Schwalbach/Ts. 1993. • *Durning* A.B., Die Armutsfalle. Die Beziehungen zwischen Armut und Umwelt - Die Elendsspirale umdrehen, Schwalbach/Ts. 1992. • *Dyson* T., Maharatna A., Excess Mortality during the Bengal Famine: A Re-evaluation, in: Indian Economic and Social History, 28(3), 1991, 281-297. • *Dyson* T., On the Demography of South Asian Famines: Part I., in: Population Studies, 45(1), 1991, 5-25. • *Dyson* T., On the Demography of South Asian Famines: Part II, in: Population Studies, 45(2), 1991, 279-297.

Eberlei W., Fues Th, Bundesregierung beschließt Programm zur Armutsbekämpfung, Konzept im Kampf der Ressorts verwässert, in: E+Z Entwicklung und Zusammenarbeit Nr. 5/2001, 140 f. . • *Ege* K., Hunger auch in Silicon Valley. Studien über Hunger, Armut und Umverteilung in den USA, in: 1999. Zeitschrift für Sozialgeschichte des 20. und 21. Jahrhunderts, 3, 1988, 27-45. • *Eggebrecht* A., Flemming J. et al., Geschichte der Arbeit vom Alten Ägypten bis zur Gegenwart, Köln 1980. • *Eichler* H., Ökosystem Erde. Der Störfall Mensch - eine Schadens- und Vernetzungsanalyse, Mannheim et al., 1993. • *Eiselen* H., Der Hunger auf der Welt. Materialien zum Welternährungsproblem, Ulm 1983. • *Eiselen* H. (Hrsg.), Brotkultur, Köln 1995. • *Elster* H.J. (Hrsg.), Aktuelle Probleme der Welternährungslage, Stuttgart 1985. • *Elvert* J., Geschichte Irlands, München 1996 (2. Aufl.; erstmals 1993). • *Encyclopedia Americana, Ausgabe des Jahres 1965* und Ausgabe des Jahres 1991, jeweils der Band mit dem Stichwort „Disasters". • *Encyclopaedia Asiatica*, 3. Aufl. 1884, Reprint New Delhi 1976, Stichworte: Earthquakes, Famines and Drought, Floods, Volcanoes. • *Encyclopaedia Britannica*, The new Encyclopaedia Britannica, Vol. 4, 15th ed., 1985, Stichwort „famine". • *Ending Hunger*: An Idea whose time has come. The Hunger Project, New York et al. 1985. • *Engeli* Chr., Ribbe W., Berlin in der NS-Zeit (1933-1945), in: Ribbe W. (Hrsg.), Geschichte Berlins, München 1987, 2 Bde, Bd. 2, 927-1024. • *Engelmann* R., Dye B., LeRoy P., Mensch, Wasser! Report über die Entwicklung der Weltbevölkerung und die Zukunft der Wasservorräte, Stuttgart ²2000.

• *Enzyklopädie des Holocaust*. Die Verfolgung und Ermordung der europäischen Juden, (Hauptherausgeber Gutman I.), Zürich o.J (1997 ?), (Taschenbuchausgabe in vier Bänden). • *Erb* G., A plague of hunger, Ames 1990. • *Erdmann* H.E., The Food Problem, in: The Outlook for Postwar Europe, Los Angeles 1945. • *Erker* P., Ernährungskrise und Nachkriegsgesellschaft. Bauern und Arbeiterschaft in Bayern 1943-1953, Stuttgart 1990.

Fairbank J.K., Geschichte des modernen China 1800-1985, München 1991 (erstmals 1989). • *Famine Inquiry Comission*, India, Report on Bengal, New Delhi: Government of India 1945. • FAO (Ed), World Food Survey (I-V), Washington D.C. 1946 ff.. • *Färber* J., Hunger und Religion, in: Muß das reiche Afrika hungern?, Saarbrücken/Fort Landerdale 1986. • *Faschistische* (Die) Okkupationspolitik in Polen: 1939-1945. Dokumentationsauswahl und Einleitung v. Röhr W. unter Mitarbeit von Heckert E., Köln 1989. • *Feder* E., Agrarstruktur und Unterentwicklung in Lateinamerika, Frankfurt/M 1973. • *Fiege* K., Ramalho L., Landwirtschaft = Hungerwirtschaft? Umbrüche und Krisen in den Agrarsystemen der Dritten Welt, Saarbrücken/Fort Landerdale 1984. • *Figes* O., Die Tragödie eines Volkes. Die Epoche der Russischen Revolution 1891 bis 1924, Berlin 1998. • *Findeisen* H., Völkermord in Sibirien, Sonderdruck aus: ABN-Korrespondenz, 6. Jg., Nr 3-4, München 1954, 1-8. • *Fischer* H.H., The Famine in Soviet Russia, 1919-1923, Stanford 1927. • *Fischer* N., Die wirtschaftlichen Schäden der tropischen Wirbelstürme, in: Archiv der Deutschen Seewarte Nr. 1 (1925), Hamburg 1925, 1-54. • *Fischer Weltalmanach*, Frankfurt/M (diverse Ausgaben). • *Flavin* C., Klima: Die Erwärmung der Erde verlangsamen, in: Brown L. (Hrsg.), Zur Lage der Welt 90/91, Frankfurt/M 1990. • *Fleisch* A., Ernährungsprobleme in Mangelzeiten. Die schweizerische Kriegsernährung 1939-1946, Basel 1947. • *Flemming* H.W., Weltmacht Wasser, Göttingen 1967. • *Flohn* H., Klimaschwankungen im Mittelalter und ihre historische geographische Bedeutung, in: Berichte zur deutschen Landeskunde Bd 7 (1949/50), 347-357. • *Flohn* H., Das Problem der Klimaänderungen in Vergangenheit und Zukunft, Darmstadt 1988. • *Foster-Carter* A., Ist der Hunger hausgemacht? Die Not in Nordkorea ist eine Folge der politischen und wirtschaftlichen Krise, in: FR v. 22. Dez. 1997, 10 (Dokumentation). • *Franke* W. (Hrsg.), China-Handbuch. Gesellschaft, Politik, Staat, Wirtschaft. Reinbek 1977 (erstmals 1973). • *Friedburger* W., War Prosperity and Hunger: The New York Food Riots of 1917, in: Labor History, 25(2), 1984, 217-239. • *Friedel* F., Kaiserslauterns Notzeit 1940-1948 und was früher war, Otterbach/Kaiserslautern 1979. • *Fröbel* F., Heinrichs J., Kreye O., Die Armut des Volkes, Reinbek 1974. • *Fuchs* V. (Hrsg.), Naturgewalten, Frankfurt/M. 1978.

Gailus M., Straße und Brot. Sozialer Protest in den deutschen Staaten unter besonderer Berücksichtigung Preußens 1847-1849, Göttingen 1990. • *Galbraith* J.K., Die Arroganz der Satten, Bern, München 1982. • *Gantzel* K. J., Schwinghammer T., Die Kriege nach dem Zweiten Weltkrieg 1945 bis 1992. Daten und Tendenzen, Münster 1995. • *Gardner* G., Integrierter Pflanzenschutz oder der Kampf gegen die Schädlinge, in: World Watch Magazin 3/1996, 22-33. • *Gärtner* M., Hohmeyer O., Die Kosten der Klimaänderung. Eine grobe Abschätzung der Größenordnung, dt. Wien 1994. • *Gebre-Medhin* M., Vahlgnist B., Famine in Ethiopia - The Period 1973-75, in: Nutrition Reviews, 35, 1977. • *Geipel* R., Naturrisiken. Katastrophenbewältigung im sozialen Umfeld, Darmstadt 1992. • *George* S., Wie die anderen sterben. Die wahren Ursachen des Welthungers, Berlin 1978. • *Gerlach* Chr., Krieg, Ernährung, Völkermord. Forschungen zur deutschen Vernichtungspolitik im Zweiten Weltkrieg, Hamburg 1998. • *Gerlach* Chr., Kalkulierte Morde. Die deutsche Wirtschafts- und Vernichtungspolitik in Weißrußland 1941 bis 1944, Hamburg 2000. • *Geyer* M.H., Teuerungsprotest, Konsumentenpolitik und soziale Gerechtigkeit während der Inflation, München 1920-1923, in: Archiv für Sozialgeschichte, 30, 1990, 181-215. • *Ghosh* K.C., Famines in Bengal 1770-1943, Calcutta 1944. • *Glantz* M.H. (Hrsg.), The Politics of Natural Disaster: The Case of the Sahel Drought, New York 1976. • *Global 2000*, Der Bericht an den Präsidenten, Frankfurt/M ⁸1981. • *Globale Trends 93/94*. Daten zur Weltentwicklung, Frankfurt/M 1993. • *Globale Trends 1996*. Fakten, Analysen und Prognosen, Frankfurt/M 1995 • *Globale Trends 1998*. Fakten, Analysen und Prognosen, Frankfurt/M 1997. • *Glucksmann* A., Wolton Th., Politik des Schweigens: Hintergründe der Hungerkatastrophe in Äthiopien, Frankfurt/Berlin 1989 (erstmals Paris 1986, deutsch von Kohlenberger H.). • *Goldmann* Lexikon, (genehmigte Taschenbuchausgabe, hg. vom Bertelsmann Lexikographisches Institut) München 1998. • *Gore* A., Wege zum Gleichgewicht. Ein Marshallplan für die Erde, Frankfurt 1992. • *Göricke* F.V., Reimann M., Treibstoff statt Nahrungsmittel. Wie eine falsche energiepolitische Alternative den Hunger vermehrt, Reinbek 1982. • *Goswami* O., The Bengal Famine of 1943: Reexamining the Data, in: Indian Economic and Social History, 27(4), 1990, 445-463. • *Grant* J.P., Zur Situation der Kinder in der Welt 1986/87, Wuppertal 1986. • *Gras* N.S.B., A History of Agriculture, New York 1925. • *Greenpeace* (Hrsg.), The Climate Time Bomb. Signs of Climate Change from the Greenpeace Database, Amsterdam 1994. • *Griening* H., Münche S., Brot für alle hat die Erde, Berlin 1985. • *Griffin* K., The Chinese Economy after Mao, in: Griffin K., World hunger and the world economy: And other essays in development economics, New York 1987. • *Grigg* D., The World Food Problem 1950-1980, Oxford 1985. • *Grossmann* W., Ehrenburg I. (Hg.), Das Schwarzbuch. Der Genozid an den sowjetischen Juden, Hamburg 1994 (Deutsch von Ruth und Heinz Deutschland). • *Gruhl* H., Himmelfahrt ins Nichts. Der geplünderte Planet vor dem Ende. München 1992.

Haeser H., Lehrbuch der Geschichte der Medizin und der epidemischen Krankheiten, Bd. III, Jena 1882. • *Hagemann* F. (Hrsg.), Armut und Hunger in der Dritten und Vierten Welt, Stuttgart 1982. • *Hahlbrock* K., Kann unsere Erde die Menschen noch ernähren? Bevölkerungsexplosion, Umwelt, Gentechnik, München/Zürich 1991. • *Halbinger* J., siehe Heim C. • *Handbuch der Europäischen Geschichte Bd VII*, Stuttgart 1980. • *Handbuch der europäischen Wirtschafts- und Sozialgeschichte, Bd. V.*, Stuttgart 1985. • *Handbuch der europäischen Wirtschafts- und Sozialgeschichte, Bd. VI.*, Stuttgart 1987. • *Handbuch Wirtschaftsgeschichte*: Hrsg.v. Radant H. et al. (2 Bände), Berlin-Ost 1981. • *Handwörterbuch der Staatswissenschaften* (HWB d. StW) Bd. VIII, Jena 1928 (4. Aufl.), Stichwort Wirtschaftsblockade, 1057-1062 • *Hanisch* R., Katastrophen und ihre Opfer, in: Hanisch R., Moßmann P. (Hrsg.), Katastrophen und ihre Bewältigung in den Ländern des Südens, Deutsches Übersee Institut, Abt. Verlag, 1996, 56 ff.. • *Hardach* G., Der erste Weltkrieg, München 1973. • *Harenberg* B., Woerner G. (Hrsg.), Die Bilanz des 20. Jahrhunderts, Dortmund 1991. • *Harenberg Kompaktlexikon* in 5 Bänden, Bd III, Dortmund 1994. • *Harneit-Sievers* A., Nigeria: Der Sezessionskrieg um Biafra. Keine Sieger, keine Besiegten - Eine Erfolgsgeschichte?, in: Hofmeier R., Matthies V., Vergessene Kriege in Afrika, Göttingen 1992, 277-318. • *Harrison* P., Hunger and Armut. „Inside the Third World", Reinbek 1982. • *Hautmann* H., Hunger ist ein schlechter Koch. Die Ernährungslage der österreichischen Arbeiter im Ersten Weltkrieg, in: Botz G. et al.: Bewegung und Klasse, Wien et al. 1978. • *Hauser* J.A., Bevölkerungs- und Umweltprobleme der Dritten Welt, Bern/Stuttgart (Bd. 1) 1990. • *Hauser* J.A., Bevölkerungs- und Umweltprobleme der Dritten Welt, Bern/Stuttgart (Bd. 2) 1991. • *Hay* R.W., The Statistics of Hunger, in: Food Policy, Vol. 3, Nr. 4, 1978, 243-255. • *Heathcote* R.L., Die Dürre als Faktor der australischen Wirtschaft, in: Geographische Rundschau 1969, 308-315.

• *Hecker* J. F. C. (Hrsg. v. Hirsch A.), Die großen Volkskrankheiten im Mittelalter, Berlin 1865. • *Heer* H., Naumann K. (Hg.), Vernichtungskrieg. Verbrechen der Wehrmacht 1941-1944, Hamburg 1995. • *Heim* C. (Hrsg.), Josepha Halbinger, Jahrgang 1900. Lebensgeschichte eines Münchener Arbeiterkindes, München 1990. • *Heinrichs* J., Hunger und Zukunft. Aspekte des Welternährungssystems, Göttingen 1969. • *Helling* F., Der Katastrophenweg der Deutschen Geschichte, Frankfurt/M 1947. • *Helling* G., Nahrungsmittel-Produktion und Weltaußenhandel seit Anfang des 19. Jahrhunderts, Berlin 1977. • *Hellwig* G., Lexikon der Maße, Währungen und Gewichte, München 1990. • *Helweg-Larsen* P. et al., Famine Diseases in German Concentration Camps. Acta Medica Scandinavia, Suppl. 247., Stockholm 1952. • *Hennig* B., Zusätzliche Ernährung aus Wald und Flur. Kastanien und Eicheln als zusätzliche Nahrungsmitteln, Berlin 1948. • *Henning* F.-W., Das industrialisierte Deutschland 1914 bis 1986, Paderborn et al. 1988 (UTB-Taschenbuch, 6. Auflage). • *Herbig* R., Notizen aus der Sozial- Wirtschafts- und Gewerkschaftsgeschichte vom 14. Jahrhundert bis zur Gegenwart, Frankfurt/M 1980 (7. Auflage). • *Herrera* A. O., Scolnik H.D. et al., Grenzen des Elends. Das Bariloche-Modell: So kann die Menschheit überleben, Frankfurt 1977. • *Herzfeld* H., Erster Weltkrieg und Friede von Versailles, in: Propyläen Weltgeschichte, Hrsg. v. Mann G., Bd IX, Berlin/Frankfurt/M 1986, 75-127. • *Hildermeier* M., Geschichte der Sowjetunion 1917-1991. Entstehung und Niedergang des ersten sozialistischen Staates, München 1998. • *Hiller* H., Der gequälte Planet, Wien 1994. • *Hippel* W., Bevölkerungsentwicklung und Wirtschaftsstruktur im Königreich Württemberg 1815/1865, in: Engelhardt U./Sellin V./Stuke H. (Hrsg.), Soziale Bewegung und politische Verfassung, Stuttgart 1976, 270-371. • *Hitze* F., Geburtenrückgang und Sozialreform, Mönchengladbach 1917. • *Ho Ping-ti*, Studies on the Population of China, 1368-1953, Cambridge/Mass. 1959. • *Hobhouse* H., Fünf Pflanzen verändern die Welt, Stuttgart 1988. • *Hoffmann* R., Entmaoisierung in China. Zur Vorgeschichte der Kulturrevolution, München 1972. • *Hofmeier* R., Matthies V., Vergessene Kriege in Afrika, Göttingen 1992. • *Hohmeyer* O., Gärtner M., Die Kosten der Klimaänderung. Eine grobe Abschätzung der Größenordnung, Wien 1994 (erstmals 1992: im Auftrag von Greenpeace). • *Holenstein* A.M., Power J., Hunger. Die Welternährung zwischen Hoffnung und Skandal, Frankfurt 1976. • *Holt* I., Seaman I., Rivers I.P.W., The Ethiopian Famine of 1973-74. Harerghe Province, Proceedings of the Nutritional Society, 24, 1975. • *Holtfrerich* C.-L., Die deutsche Inflation 1914-1923. Ursachen und Folgen in internationaler Perspektive, Berlin/New York 1980. • *Horbelt* R. (Hrsg.), Wie wir hamsterten, hungerten und überlebten. 10 Frauen erzählen. Erlebnisse und Dokumente, Frankfurt/M 1983. • *Horlemann* J., Ein Tag für Afrika oder wie Hunger verkauft wird, Berlin 1987. • *Hundert Jahre menschlicher Geschichte*: Fortschritt, Rückschritt, Leiden und Hoffnung (Konzept und Redaktion von Bruce Bernard), dt. London 2000. • *Hunger durch Agrarexporte*, Dritte-Welt-Haus Bielefeld (Hrsg.), Bielefeld 1986. • *Hunger. Ein Report*, Hrsg. v. der Deutschen Welthungerhilfe, Bonn 1993.

IDNDR, Deutsches IDNDR-Komitee, Loseblatt „Große Naturkatastrophen 1900 bis 1993", Stand vom 19. Oktober 1993. • *IDNDR*, Deutsches IDNDR-Komitee für Katastrophenvorbeugung e.V. (Hrsg.), Journalisten-Handbuch zum Katastrophenmanagement, Bonn 1996 • *IDNDR*, Dt. IDNDR-Komitee für Katastrophenvorbeugung e.V., Journalisten-Handbuch zum Katastrophenmanagement 1998, Bonn 1998. • *IDNDR*, Organization and Task of the German Committee to the IDNDR, o.O.o.J. (Broschüre mit einer Liste großer Naturkatastrophen von 1900 bis 1990 auf Seite 28). • *Imfeld* A., Hunger und Hilfe. Provokationen, Zürich 1985. • *Imhof* A. E., Bevölkerungsgeschichte und historische Demographie, in: Rürup R. (Hrsg.), Historische Sozialwissenschaften, Göttingen 1977,

16-58. • *Imhof* A. E., Lebenserwartung in Deutschland vom 17. bis zum 19. Jahrhundert, Weinheim 1990.

Jacob H.E., 6000 Jahre Brot, 8959 Hopferau 1985 (4. Aufl., erstmals Hamburg 1954). • *Jacob* K., Entfesselte Gewalten. Stürme, Erdbeben und andere Naturkatastrophen, Basel et al. 1995. • *Jacobi* K., Uns bleiben 100 Jahre, Ursachen und Auswirkungen der Bevölkerungsexplosion, Frankfurt/M, Berlin 1986. • *Janßen* K.-H., „Beherrschen, verwalten, ausbeuten!" Der andere Holocaust: Das Hitler-Regime plante den Hungertod von 30 Millionen Russen (IV), in: Die Zeit v. 28. Juni 1991, 45 f. • *Johansen* A.H., Irland 1603-1851, in: Handbuch der europäischen Wirtschafts- und Sozialgeschichte Bd. IV, Stuttgart 1993, 462-475. • *Jonas* H., Das Prinzip Verantwortung, Frankfurt 1984. • *Jones* E.L., Das Wunder Europa, Tübingen 1991. • *Jowett* A.J., China: The Demographic Disaster of 1958-1961, in: Clark J.I., Curson P., Kayastha S.L., Nag P. (Ed.), Population and Disaster, Oxford 1989, 137-158.

Kahan A., Natural Calamities and Their Effect upon the Food Supply in Russia, in: Jahrbücher für Geschichte Osteuropas 16 (1968), 353-377. • *Kahan* A., Russian Economic History. The Nineteenth Century, Chicago/London 1989. • *Kalynyk* O., The famine (Ukraine 1932-33), in: The Ukrainian Quarterly, 38, 1982, 141-150. • *Kamm* H., Cambodia. Report from a Stricken Land, New York 1998. • *Kapusta* F., The early Holocaust in Europe. Collectivization and man-made Famine in Ukraine 1932-33, in: The Ukrainian Quarterly, 37, 1981, 369-382. • *Katastrophen*, die die Welt erschütterten. Dramatische Ereignisse, faszinierende Bilder, packende Berichte, Stuttgart/Wien/Zürich 1991. • *Katastrophen*. Die großen Katastrophen und Unglücksfälle. Unser Jahrhundert im Bild, (Chronikverlag) o.O. 1997. • *Katastrophen*. Weltkatastrophenbericht 1997 des Roten Kreuzes, Bonn 1997. • *Kellenbenz* H., Deutsche Wirtschaftsgeschichte, Bd. I, München 1977 und Bd. II, München 1981. • *Kelly* P.K., Bastian G., Ludwig K. (Hrsg.), Tibet klagt an. Zur Lage in einem besetzten Land, Wuppertal 1990. • *Kennedy* P., In Vorbereitung auf das 21. Jahrhundert, Frankfurt 1993. • *Keynes* J.M., Die wirtschaftlichen Folgen des Friedensvertrages, München/Leipzig 1920 (erstmals 1919, div. Auflagen). • *Keys* A., Brozek I., Henschel A., Michelsen O., Taylor H.L., The Biology of Human Starvation (2 Bände), Minneapolis/London 1950. • *Kidane* A., Demographic Consequences of the 1984-1985 Ethiopian Famine, in: Demography, 26(3), 1989, 515-522. • *Kidron* M./Segal R., Hunger und Waffen. Ein politischer Weltatlas zu den Krisen der 80er Jahr, Reinbek 1981. • *Kingston* J., Lambert D., Katastrophen und Krisen. Ereignisse, die die Welt erschüttern, Klagenfurt 1980. • *Klaus* D., Natürliche und anthropogene Klimaänderungen und ihre Auswirkungen auf den wirtschaftenden Menschen, Paderborn 1980. • *Klaus* W., Weiss H., Schwarzbuch Markenfirmen. Die Machenschaften der Weltkonzerne, Wien 2001. • *Klee* E., Auschwitz, Die NS-Medizin und ihre Opfer, Frankfurt 1997. • *Kleeberg* H.-B. (Hrsg.), Fluten und Dürren, in: DFG (Hrsg.), Naturkatastrophen und Katastrophenvorbeugung, Weinheim 1993, 467-512. • *Kleidel* W., Der Erste Weltkrieg. Daten - Zahlen - Fakten, Wien 1989. • *Kleßmann* Chr., Friedmann P., Streiks und Hungermärsche im Ruhrgebiet 1946-1948. Frankfurt/New York 1977. • *Klingemann*, Die schmackhafte Kartoffel-Küche unserer Zeit, Chemnitz 1917. • *Klocke* S., Daffa, P., Hunger und Politik, in: Muß das reiche Afrika Hungern?, Saarbrücken/Fort Landerdale 1986. • *Klötzli* F., Ökosysteme. Aufbau, Funktionen, Störungen, Tübingen et al. 1993 (3. Aufl.; UTB-Taschenbuch). • *Kluge* U., Kriegs- und Mangelernährung im Nationalsozialismus, in: Beiträge zur historischen Sozialkunde 15, 1985, 67-72. • *Knaur´s Chronik* 1977/78 in Bildern, München/Zürich 1979. • *Kobert* R., Die Benutzung von Blut als Zusatz zu Nahrungsmitteln, o.O.

1915. • *Köfner* G., Hunger, Not und Korruption. Der Übergang Österreichs von der Monarchie zur Republik am Beispiel Salzburgs, Salzburg 1980. • *Koning* I., Hunger diseases during the period of famine in 1945 (Holland), in: Gastroenerologia, 71, 1946, 327 ff. • *Konzentrationslager* Dokument F 321 für den Internationalen Militärgerichtshof Nürnberg, Hrsg. vom Französischen Büro des Informationsdienstes über Kriegsverbrechen, Frankfurt/M. et al. 1993 (8. Auflage) (Verlag Zweitausendeins). • *Körber* H. G., Vom Wetteraberglauben zur Wetterforschung, Leipzig 1989 (2. Aufl.). • *Kotek* J., Rigoulot P., Das Jahrhundert der Lager. Gefangenschaft, Zwangsarbeit, Vernichtung, München 2001. • *Krausnik* M., Hungrig! Die Lebensgeschichte des Jack London, Weinheim, Basel ²1989. • *Krauß* I., Die im Dunkeln sieht man nicht. Die Darstellung des Hungers in der bildenden Kunst von 1900 bis 1950 (Deutsches Brotmuseum), Ulm 2000. • *Kräutler* E., 500 Jahre Lateinamerika - Kein Grund zum Feiern, Wien 1992. • *Krebs* W., Dürren, Nothstände, Unruhen in China, in: Dt. Rundschau für Geographie und Statistik 1892, 106-113. • *Krebs* W., Dürren in China seit dem Jahre 1871 und bis 1892, in: Dt. Rundschau für Geographie und Statistik 1892, 202-210. • *Kreibich* R., Die Wissenschaftsgesellschaft. Von Galilei zur High-Tech-Revolution, Frankfurt/M 1986. • *Kremb* J., Bis zum letzten Atemzug. Wie Jingsheng und das Schicksal einer chinesischen Familie, München/Zürich 1997. • *Krengel* R., Die Weltbevölkerung von den Anfängen des anatomisch modernen Menschen bis zu den Problemen seiner Überlebensfähigkeit im 21. Jahrhundert, Berlin 1994. • *Kriege*, Krisen, Katastrophen. Das 20. Jahrhundert. Die erschütterndsten Ereignisse unseres Jahrhunderts. Digital Publishing (CD-Rom, o.J. (1997?); o.O. ?) • *Kriegsgeschehen* (Das) 1995. Daten und Tendenzen der Kriege und bewaffneten Konflikte im Jahr 1995, Hrsg. v. Schlichte K. für die Arbeitsgemeinschaft Kriegsursachenforschung, Hamburg 1996. • *Kuczynski* J., Geschichte des Alltags des deutschen Volkes, 6 Bände, Köln 1982. • *Kulischer* A./Kulischer E., Kriegs- und Wanderzüge. Weltgeschichte als Völkerwanderung, Berlin/Leipzig 1932. • *Küsters* H.J., Mensing H.P. (Hrsg.), Kriegsende und Neuanfang am Rhein. K. Adenauer in den Berichten des Schweizer Generalkonsuls Franz-Rudolph von Weiss 1944-1945, o.O./o.J..

Lamb H.H., Klima und Kulturgeschichte. Der Einfluß des Wetters auf den Gang der Geschichte, Reinbek 1989. • *Lammert* G., Geschichte der Seuchen, Hungers- und Kriegsnoth zur Zeit des Dreissigjährigen Krieges, Wiesbaden 1890. • *Lancaster* H.O., Expectations of Life. A Study in the Demography, Statistics and History of World Mortality, New York, Berlin et al. 1990. • *Landwehr* O., Hunger. Die Erschöpfungsjahre der Mittelmächte 1917/18, o.O. 1931. • *Lane* F.W., Wenn die Elemente wüten, Zürich 1952. • *Levi* C., Christus kam nur bis Eboli, o.O. 1947 (mehrere Auflagen). • *Lichatschow* D.S., Hunger und Terror. Mein Leben zwischen Oktoberrevolution und Perestroika, Ostfildern bei Stuttgart 1997 (edition tertium). • *Lipp* C., „Uns hat die Mutter not gesäugt an ihrem dürren Leibe". Die Verarbeitung von Hungererfahrungen in Autobiographien von Handwerkern, Arbeitern und Arbeiterinnen, in: Beiträge zur historischen Sozialkunde, 1985, 54-59. • *Lofchie* M.F., Political and Economic Origins of African Hunger, in: Journal of Modern African Studies, 14, 1975. • *Löwe* H.D., Die Lage der Bauern in Rußland 1880-1905, St. Katharinen 1987. • *Löwenfeld-Ruß* H., Ernährungswirtschaftliche Gegenwartsprobleme, Wien 1919. • *Löwenfeld-Ruß* H., Im Kampf gegen den Hunger, Wien 1986. • *Lüdtke* A., Hunger, Essen - „Genuß" und Politik bei Fabrikarbeitern und Arbeiterfrauen. Beispiele aus dem rheinisch-westfälischen Industriegebiet, 1910-1940, in: SOWI, 14, 1985, 118-126. • *Lüdtke* A., Medich H., Einleitung (zum Gesamtband, der dem Hungerthema gewidmet ist), in: SOWI, 14, 2, 1985, 83-84. • *Ludwig* G., Massenmord im Weltgeschehen. Bilanz zweier Jahrtausende, Stuttgart 1951. • *Lütkehaus* L., Das Böse und der Böse, in: NZZ v.

30. Jän. 2001, 68 f.. • *Luxenberg* B., Brotpolitik. Brotprobleme. Deutschlands Schicksalsfragen, Leipzig 1941 (Oldenburg 1949).

Mahalanobis P.C. et al., Famine and Rehabilitation in Bengal, Calcutta 1946. • *Mai* G., „Wenn der Mensch Hunger hat, hört alles auf." Wirtschaftliche und soziale Bedingungen der Weimarer Republik (1914-1924), in: Abelshauser W. (Hrsg.), Die Weimarer Republik als Wohlfahrtsstaat. Zum Verhältnis von Wirtschafts- und Sozialpolitik in der Industriegesellschaft, Stuttgart 1987. • *Mallory* W., China Land of Famine (Special Publications of the American Geographical Society, 6), 1928. • *Malnutrition* und Starvation in Western Netherlands. September 1944 - July 1945, (Part I und II.), The Hague 1948. • *Manstein* B., Liebe und Hunger. Die Urtriebe im Licht der Zukunft, München, Wien, Basel 1967. • *Marolla* F., Saenger G., Stein Z., Susser M., Famine and Human Development. The Dutch Hunger Winter of 1944-45, New York, London, Toronto 1975. • *Masefield* G.B., Famine. Its Prevention and Relief, Oxford 1963. • *Matis* H., Das Industriesystem. Wirtschaftswachstum und sozialer Wandel im 19. Jahrhundert, Wien 1988. • *Matthies* V., Kriegsschauplatz Dritte Welt, München 1988. • *Matthies* V., Horn von Afrika: Bürgerkrieg, Hunger, Massenflucht, in: Jahrbuch Dritte Welt 1991, München 1990, 138-153. • *Matthies* V., Der Konflikt Äthiopien/Eritrea, in: SOWI, 1991, 11-16. • *Matthies* V., Äthiopien, Eritreia, Somalia, Djibouti. Das Horn von Afrika, München 1992. • *Matthies* V., Immer wieder Krieg? Eindämmen - beenden - verhüten? Schutz und Hilfe für die Menschen, Oplden 1994. • *Matz* K.-J., Pauperismus und Bevölkerung. Die gesetzlichen Ehebeschränkungen in den süddeutschen Staaten während des 19. Jahrhunderts, Stuttgart 1980. • *Matzke* O., Platonische „Charta für Welternährungssicherheit", in: NZZ, 30.11.1985. • *Matzke* O., Welthunger und Welternährung, in: Aus Politik und Zeitgeschichte. Beilage zur Wochenzeitung Das Parlament, B 19/1983, 14.5.1983, 3f. • *McAlpin* M.B., Death, Famine, and Risk: The Changing Impact of Crop Failures in Western India, 1870-1920, in: Journal of Economic History, 39(1), 1979, 143-157. • *McKibben* B., Das Ende der Natur, München 1990. • *Medick* H., „Hungerkrisen" in der historischen Forschung. Beispiele aus Mitteleuropa vom 17. bis 19. Jahrhundert, in: SOWI 14 (1985), Heft 2, 95-103 (PS. Die ganze Nummer ist dem Generalthema Hunger gewidmet). • *Mehnert* K., China nach dem Sturm, München 1973. • *Merl* St., Rußland und die Sowjetunion 1914-1980, in: Handbuch der europäischen Wirtschafts- und Sozialgeschichte, Bd. VI., Stuttgart 1987, 640-728. • *Merridale* C., Steinerne Nächte. Leiden und Sterben in Russland, München 2001. • *Metternich* A., Die Wüste droht, Bremen 1947. • *Meyers großes Konversationslexikon*, Bd. IX (1909), Stichwort „Hunger". • *Michel* R., Lange J., Hunger und Rüstung, in: Muß das reiche Afrika hungern?, Saarbrücken/Fort Landerdale 1986. • *Michler* W., Weißbuch Afrika, Bonn ²1991 (erstmals 1988). • *Miller* D.S., Holt F.F.J., The Ethiopian Famine. Proceedings of the Nutritional Society, 34, 1975. • *Millmann* S., Kates R.W., Toward Understanding Hunger, in: Newman L.F. (Ed.), Hunger in History. Food Shortage, Poverty and Deprivation, Oxford 1990, 3-24. • *Milward* A.S., Der Zweite Weltkrieg. Krieg, Wirtschaft und Gesellschaft 1939-1945 (=Geschichte der Weltwirtschaft im 20. Jahrhundert, Bd. 5), München 1977. • *Mirow* K.R., Die Diktatur der Kartelle, Reinbek 1978. • *Mohr* H., Hungersnot oder chronische Unterernährung. Möglichkeiten und Grenzen der Ertragssteigerung in der Landwirtschaft, in: Umschau in Wissenschaft und Technik, 79, 1979. • *Moldenhauer* H., Stolberg E.-V., Chronik der UdSSR. Die wichtigsten Daten und Ereignisse im Überblick, München 1993. • *Molt* W., Sie hungern nach Brot und Freiheit, Frankfurt 1960. • *Mooney* P.R., Saat-Multis und Welthunger. Wie die Konzerne die Nahrungsschätze der Welt plündern, Reinbek 1981. • *Mooney* P.R., Fowler C., Die Saat des Hungers. Wie wir die Grundlagen unserer Ernährung vernichten, Reinbek

1991. • *Moritsch* A., Landwirtschaft und Agrarpolitik in Rußland vor der Revolution, Wien et al. 1986. • *Mucke* P., Zum Beispiel Wasser, Göttingen 1991. • *Mühleisen* I., Gute Argumente: Ernährung, München 1988. • *Mühlens* P., Die russische Hunger- und Seuchenkatastrophe in Jahren 1921-22, in: Zeitschrift für Hyg. u. Inf. 99, (1), 1923. • *Münchener Rückversicherungsgesellschaft*, Weltkarte der Naturgefahren, München 1988. • *Muß das reiche Afrika hungern*? Ursachen und Hintergründe der jüngsten Hungerkatastrophen in Afrika, Hrsg. v. Daffa P. et al., Saarbrücken/Fort Landerdale 1986.

N.N., Durchhalten! Besonders gut speisen für das Kriegsjahr 1918 und Verwertung von Obst und Gemüse, Karlsruhe 1918. • *Nash* J. R., Darkest Hours. A narrative encyclopedia of worldwide disasters from ancient times to the present, 1. Auflage Chicago 1976, 2. Auflage Chicago 1977. (Nash bietet immer noch eine der besten Zusammenfassungen von Ereignissen zur Katastrophengeschichte). • *Nauheimer* H., Der Umgang mit dem Mangel. Produktionsstrategien in Trockengebieten und Trockenzeiten, in: Scholz F. (Hrsg.), Nomaden. Mobile Tierhaltung, Berlin 1991, 213-232. • *Neugebauer* H., Aus einer Innsbrucker Hungerchronik (1915-1918), in: Tiroler Heimatblätter 1938, 261-263 (=Heft 9/10). • *Neumann* G., Hungerkünstler und Menschenfresser. Zum Verhältniss von Kunst und kulturellem Ritual im Werk Franz Kafkas, in: Archiv für Kulturgeschichte 1984, 347-388. • *Newmann* L.F (Ed.), Hunger in History. Food Shortage, Poverty and Deprivation, Oxford 1990. • *Nohlen* D. (Hg.), Lexikon Dritte Welt, Länder, Organisationen, Theorien, Begriffe, Personen, Reinbek, mehrere Ausgaben seit 1980. • *Nord* M., Amsterdam tijdens de Hongerwinter, Amsterdam 1947. • *Nuscheler* F., Nohlen D. (Hrsg.), Handbuch der Dritten Welt Bd 7 (Südasien und Südostasien), Bonn 1994. • *Nussbaumer* J., Zur Materiellen Zukunftsbetrachtung, in: Conceptus, Zeitschrift für Philosophie, 39, 1982, 6-21. • *Nussbaumer* J., Zum Bevölkerungsproblem in der ökonomischen Dogmengeschichte, in: Fickl St. (Hg.), Bevölkerungsentwicklung und öffentliche Haushalte, Frankfurt 1991, 31-50. • *Nussbaumer* J., Hunger. Traurige Randbemerkungen zu einem sozialökonomischen Dauerbrenner, in: SOWI-Perspektiven 2/1993, 12-14. Eine überarbeitete Fassung dieses Beitrages erschien unter dem Titel „Brot für alle?" in: Eiselen H. (Hrsg.), Brotkultur, Köln 1995, 260 - 268. • *Nussbaumer* J., Die Chinesische Hungersnot 1958/62, in: SoWi-Perspektiven I, Innsbruck (1996 a). • *Nussbaumer* J., Als ein Vulkanausbruch bei den Antipoden (1815) in Tirol zu einer Hungersnot (1816/17) führte, in: Tiroler Chronist IV/1996, 2-8 (1996 b). • *Nussbaumer* J., Die Gewalt der Natur. Eine Chronik der Naturkatastrophen von 1500 bis heute, Grünbach 1996 (1996 c), 2. Auflage 1998. • *Nussbaumer* J./Winkler H., Wird die Natur gewalttätiger ?, in: Diskussionsbeiträge des Inst. f. Wirtschaftstheorie und -politik, Innsbruck (1996) Der Aufsatz wurde leicht verändert wiederabgedruckt in der Vierteljahrsschrift für Sozial- und Wirtschaftsgeschichte (VSWG), Stuttgart Bd. 84 (1997), 544-562. • *Nussbaumer* J., Tragödien. Katastrophen in Industrie, Verkehr und Zivilleben (2 Bände), Grünbach 1999a. • *Nussbaumer* J., Die große chinesische Hungersnot (1958-1961), in: Zeitgeschichte (Wien) 2/1999, 127-153 (1999b) • *Nussbaumer* J., Rüthemann G., Vergessene Zeiten in Tirol. Lesebuch zur Hungergeschichte einer europäischen Region. Mit einem Vorwort von EU-Kommissar Franz Fischler, Innsbruck 2000.

OFDA (Office of U.S. Foreign Disaster Assistance Agency for International Development) (Hrsg.), Disaster History. Significant Data on major disasters worldwide, 1900-Present, Washington, D.C. Ausgabe Juni 1987. • *OFDA* (Office of U.S. Foreign Disaster Assistance Agency for International Development) (Hrsg.), Disaster History. Significant Data on major disasters worldwide, 1900-Present, Washington, D.C. Ausgabe Juni 1995. • *OFDA* (Office of U.S. Foreign Disaster Assistance Agency for International Development) (Hrsg.), Disaster History. Significant Data on major disasters worldwide, 1900-1995, Washington, D.C., Ausgabe Juni 1996. • *Oltersdorf* U., Weingärtner L., Handbuch der Welternährung. Die zwei Gesichter der globalen Nahrungssituation, (Hrsg. v. der Deutschen Welthungershilfe), Bonn 1996. • *Opitz* P.J. (Hrsg.), Weltprobleme, München 1980. • *Opitz* P.J., Grundprobleme der Entwicklungsregionen. Der Süden an der Schwelle zum 21. Jahrhundert, München 1997. • *Opletal* H., China, Wien 1990. • *Orth* K., Das System der nationalsozialistischen Konzentrationslager. Eine politische Organisationsgeschichte, Hamburg 1999.

Paddock W., Paddock P., Vor uns die mageren Jahre?, Bern et al. 1969. • *Pallach* U.-Chr. (Hrsg.), Hunger. Quellen zu einem Alltagsproblem in Europa und der Dritten Welt. 17. bis 20. Jahrhundert, München 1986. • *Palm* E., Erprobte Rezepte für sparsame Kriegskost, Stettin 1916. • *Pank* W., Der Hunger in der Welt, Basel et al. 1959. • *Pearce* F., Treibhaus Erde. Die Gefahren der weltweiten Klimaänderung. Braunschweig 1990. • *Peking* United International, Famine Relief Committee. 1922. The North China Famine of 1920-21, Reprinted Taipei 1971. • *Perkins* D.H., Agricultural Development in China 1368-1968, Chicago 1969. • *Peter-Röcher* H., Mythos Menschfresserei. Ein Blick in die Kochtöpfe der Kannibalen, München 1998. • *Peters* E., Ein Kriegskochbuch, Dachau 1914. • *Petrella* R., Wasser für alle. Ein globales Manifest, Zürich 2000. • *Peyrefitte* A., Wenn China sich erhebt, Reinbek b. Hamburg 1976 (franz. Originalausgabe 1973, dt. Erstausgabe bei P. Zsolnay-Verlag Wien 1974). • *Pfeiffer* L., Ruhland C., Pestilentia in nummis. Geschichte der großen Volkskrankheiten in numismatischen Documenten, Tübingen 1882. • *Pfetsch* F.R. (Hrsg.), Konflikte seit 1945. Daten, Fakten, Hintergründe, Freiburg 1991 (Ploetz-Verlag: 5 Bände: verwendet wurden die Bände (Eur) Europa, (SW) Schwarzafrika, (As) Asien, Australien und Ozeanien und (Ara) Die arabisch-islamische Welt. • *Pfetsch* F.R., Billing P., Datenhandbuch nationaler und internationaler Konflikte, Baden-Baden 1994. • *Pfister* Chr., Hunger - Ein interdisziplinäres Problemfeld, in: Archiv für Sozialgeschichte, 1988, 382-390. • *Pierenkemper* T. (Hrsg.), Haushalt und Verbrauch in historischer Perspektive, St. Katharinen 1987. • *Pigido-Pravobereshny* F., The Stalin Famine, London 1953. • *Pipes* R., Rußland vor der Revolution. Staat und Gesellschaft im Zarenreich, München 1977. • *Platt* D.C.M., Mikey Mouse numbers in world history: The short view, London 1989. • *Ploetz* K., Auszug aus der Geschichte, Würzburg ^{27}1968. • *Pointner* J., Im Schattenreich der Gefahren. Naturgewalten und Zivilisationskatastrophen, Wien 1995. • *Portisch* H., So sah in China. Ein Tatsachen- und Erlebnisbericht aus dem Reich Mao Tsetungs, Wien 1965. • *Pössinger* H., Schoop W., Der Kampf gegen den Hunger. Kirchliche Aktivitäten zur Verbesserung der Ernährungssituation in der Dritten Welt, Aachen 1984. • *Postel* S., Die Grenzen der Erde und ihre Tragfähigkeit, in: Zur Lage der Welt 1994, Hrsg. vom Worldwatch Institute, Frankfurt 1994. • *Postel* S., Landwirtschaft: Wasser sparen, in: Brown L.R., Zur Lage der Welt 90/91, Frankfurt/M 1990. • *Prassnigger* G., Hunger in Tirol 1918-1920, Dipl. am Inst. f. Zeitgeschichte der Univ. Ibk., Innsbruck 1989. • *Prassnigger* G., Hunger in Tirol, in: Eisterer K., Steininger R. (Hrsg.), Tirol und der Erste Weltkrieg, Innsbruck 1995, 179-210. • *Prentice* E.P., Hunger and History. The influence of hunger on human history, New York 1939. • *Protzner* W. (Hrsg.), Vom Hungerwinter zum kulinarischen Schlaraffenland. Aspekte einer Kulturgeschichte des Essens in der BRD, Wiesbaden 1987.

Radkau J., Natur und Macht. Eine Weltgeschichte der Umwelt, München 2000. • *Ramonet* I., 1999, 1: „2000", in: Le monde diplomatique, dt. Ausgabe v. Dez. 1999. • *Ramonet* I., 2001, 1: „Heller Wahn", in: Le monde diplomatique, dt. Ausgabe v. Apr. 2001. • *Raupach*

H., Geschichte der Sowjetwirtschaft, Reinbek 1964. • *Ravallion* M., Markets and Famines, Oxford, New York, Toronto, Melbourne 1987. • *Ravallion* M., The Performance of Rice Markets in Bangladesh during the 1974 Famine, in: Economic Journal, 95(377), 1985, 15-29. • *Reeve* Ch., Xuanwu Xi, Die Hölle auf Erden. Bürokratie, Zwangsarbeit und Business in China, Hamburg 2001. • *Riskin* C., Food, Poverty, and Development Strategy in the People's Republic of China, in: Newmann L.F (Ed.), Hunger in History. Food Shortage, Poverty and Deprivation, Oxford 1990, 331-352. • *Ritschel* A., Die NS-Wirtschaftsideologie. Modernisierungsprogramm oder Reaktionäre Utopie?, in: Prinz M., Zitelmann R. (Hrsg.), Nationalsozialismus und Modernisierung, Darmstadt 1991, 48-70. • *Rockefeller Foundation* (NY) (Hrsg.), Strategy for the Conquest of Hunger, New York, 1968. • *Roerkohl* A., Hungerblockade und Heimatfront. Die kommunale Lebensmittelversorgung in Westfalen während des Ersten Weltkrieges, Stuttgart 1991 • *Rohland* W., Bewegte Zeiten. Erinnerungen eines Eisenhüttenmannes, Stuttgart 1978. • *Rosmann* P., Geschichte der Stadt Breisach, Freiburg 1851. • *Rotberg* R.I., Rabb Th.K. (eds.), Climate and History, Princeton 1981. • *Rotberg* R.I., Rabb Th.K. (eds.), Hunger and History, New York 1985. • *Rothenberger* K.H., Die Hungerjahre nach dem Zweiten Weltkrieg. Ernährungs- und Landwirtschaft in Rheinland-Pfalz, Boppard am Rhein 1980. • *Rothermund* D., Indiens wirtschaftliche Entwicklung, Paderborn et al. 1985. • *Rowntree* N., Die großen Überschwemmungen, in: Fuchs V. (Hrsg.), Naturgewalten, Frankfurt/M 1978, 171-200. • *Rühle* O., Illustrierte Kultur- und Sittengeschichte des Proletariats, erstmals 1930, Nachdruck: Frankfurt/M 1971. • *Rummel* R.J., China's Bloody Century. Genocide and Mass Murder Since 1900, New Brunswick (USA)/London (UK) 1991. • *Rummel* R.J., Death by Government, New Brunswick, N.J. 1997. • *Rummel* R.J., Democide. Nazi Genocide and Mass Murder, New Brunswick (USA)/London (UK) 1992. • *Rummel* R.J., Lethal Politics. Soviet Genocide and Mass Murder since 1917, New Brunswick 1996. • *Rummel* R.J., Power, Genocide and Mass Murder, in: Journal of Peace Researche, vol. 31, no. 1/1994, 1-10. • *Rürup* R., Deutschland im 19. Jahrhundert (1815-1871), Göttingen 1984.

Saenger G., Marolla F., Famine and Human Development. The Dutch Hunger Winter of 1944-1945, London 1975. • *Salentiny* F., 6000 Jahre Naturkatastrophen, Zürich 1978. • *Salisbury* E.H., Die neuen Kaiser. China in der Ära Maos und Dengs, Frankfurt/M 1992. • *Sapper* K., Die Ernährungswirtschaft der Erde und ihre Zukunftsaussichten für die Menschen (=Strömungen der Weltwirtschaft Bd. 5), Stuttgart 1939. • *Sauer* H.D., Falscher Prophet mit ständiger Hochkonjunktur. Gegen das von Malthus formulierte „Bevölkerungsgesetz" hilft nur die Überwindung der Armut, in: epd-Entwicklungspolitik Nr. 9/1998, 23-25. • *Schaffner* M., Die Irische Hungersnot der Jahre 1845-1849, in: Beiträge zur historischen Sozialkunde, 1985, 49-53. • *Schatthofer* M. (Hrsg.), Chronik der Stadt München 1945-1948, München 1980. • *Schenck* E.-G., Das menschliche Elend im 20. Jahrhundert. Eine Pathographie der Kriegs-, Hunger- und politischen Katastrophen Europas, Herford 1965. • *Schier* P., Kambodscha, in: Nohlen D., Nuscheler F. (Hrsg.), Handbuch der Dritten Welt Bd 7 (Südasien und Südostasien), Bonn 1994, 416-435. • *Schiffers* H. (Hrsg.), Nach der Dürre. Die Zukunft des Sahel. München 1976. • *Schlange-Schöningen* H. (Hrsg.), Im Schatten des Hungers. Dokumentarisches zur Ernährungspolitik und Ernährungswirtschaft in den Jahren 1945-1949, Hamburg, Berlin 1955. • *Schlichte* K., Das Kriegsgeschehen 1995. Daten und Tendenzen der Kriege und bewaffneten Konflikte im Jahr 1995, Hamburg 1996. • *Schmauderer* E., Studien zur Geschichte der Lebensmittelwissenschaft, Wiesbaden 1975. • *Schmelzer* M., Geschichte der Preise und Löhne in Rattenberg vom Ende des 15. Jahrhunderts bis in die Hälfte des 19. Jahrhunderts, Hist. Diss., Innsbruck 1972 (2 Bde.). • *Schmidt-Wulffen* W., Dürre- und Hungerkatastrophen in Schwarzafrika - das Fallbeispiel Mali, in: Geographische Zeitschrift, 73, 1985. • *Schmincke* H. U., et al., Vulkanismus, in: DFG (Hrsg.), Naturkatastrophen und Katastrophenvorbeugung, Weinheim 1993, 353-408. • *Schmincke* H. U., Vulkaneruptionen, Vulkangefahren, Vulkankatastrophen, in: Geographische Rundschau 1994, 440-448. • *Schmithusen* J., Die Wirkungen des trockenen Sommers 1947 als Forschungsaufgabe, in: Ber. zur Dt. Landeskunde 5 (1948), 37-52. • *Schmitz* H., Die Bewirtschaftung der Nahrungsmittel und Verbraucher 1939-1950. Dargestellt am Beispiel der Stadt Essen, Essen 1956. • *Schneider* G., Naturkatastrophen, Stuttgart 1980. • *Schnurrer* F., Chronik der Seuchen. Erster Theil, Tübingen 1823. • *Schnurrer* F., Chronik der Seuchen. Zweiter Theil, Tübingen 1825. • *Schobek*, Kriegs Koch-Vorschriften, Schorndorf 1917. • *Scholl-Latour* P., Der Tod im Reisfeld. Dreißig Jahre Krieg in Indochina, München 1992 (8. Auflage). • *Schönwiese* Ch. D., Klima im Wandel. Von Treibhauseffekt, Ozonloch und Naturkatastrophen, Reinbek 1994. • *Schott* H. et al., Die Chronik der Medizin, Dortmund 1993. • *Schremmer* E., Deutsche Lebensmittelimporte und ihre Finanzierung zwischen Waffenstillstand und Friedensvertrag, in: Festschrift für H. Kellenbenz, Bd. III, 1978, 627-651. • *Schulte* K., „Das Herz bricht einem beim Anblick" (über die große Hungersnot in Irland vor 150 Jahren), in: Die Zeit v. 13. Oktober 1995, 56 ff.. • *Schwarberg* G., Das Getto, Göttingen 1993. • *Schwarzbuch des Kommunismus*, siehe Courtois St., Werth N., Panne J.-L., Paczkowski A., Bartosek K., Margolin J.-L., u.a.. • *Scott* J.R., The Moral Economy of The Peasant. Rebellion and Susbistance in South-East Asia, New Haven 1976. • *Seaman* J., Holt J., Markets and Famines in the Third World, in: Disasters, 4, 1980. • *See* H., Französische Wirtschaftgeschichte, 2 Bde., Jena 1930 und Jena 1936. • *Seeberger* K., Rauchwetter G., München 1945 bis heute. Chronik eines Aufstieges, München 1970. • *Seibold* E., Entfesselte Erde. Vom Umgang mit Naturkatastrophen. Stuttgart 1995. • *Seier* W., Dürre als Ursache von Wirtschaftsinstabilität. Eine wirtschaftsgeographische Untersuchung mit besonderer Berücksichtigung der Tropen und ihrer Randgebiete, Diss. Würzburg 1922. • *Sen* A.K., Poverty and Famines. An Essay on Entitlement and Deprivation, Oxford 1982, ⁴1989. • *Sen* A.K., The Causes of Famine. A Reply, in: Food Policy, 1986, 125-132. • *Sen* B.R., Freiheit von Hunger - ein erreichbares Ziel, in: Atlantis, 33, 1961, 392-398. • *Seraphim* H.J., Die ländliche Besiedlung Westsibieriens durch Rußland, Jena 1923. • *Seuffert* G.K.L., Statistik des Getreide- und Viktualien-Handels im Königreiche Bayern mit Berücksichtigung des Auslandes, München 1857. • *Shah* B.V., Is the environment becoming more hazardous? - A global survey 1947 to 1980, in: Disasters Vol 7 (1983), No. 3, 202-209. • *Shepherd* J., The Politics of Starvation, New York 1975. • *Shub* B., Starvation over Europe, New York 1943. • *Shukla* R., Public Works Policy during Droughts and Famines and Its Lessons for an Employment Policy, Ahmedabad 1979. • *Simon* R., Der chinesische Gulag. Lager, Gefängnisse, staatliche Repression und politische Opposition, Reinbek 1996. • *Singh* K.S., The Indian Famine 1967: A Study in Crisis and Change, New Delhi 1975. • *SIPRI-Report*. Die Kriege der Welt. Das sowjetische Erbe. Die Verbreitung von Massenvernichtungswaffen, Göttingen 1993. • *Sivard* R.L., Entwicklung der Militär- und Sozialausgaben in 140 Ländern der Erde (= Militärpolitik, Extra 4 Dokumentation), Frankfurt o.J. (1984 ?). • *Sivard* R.L., World Military and Social Expenditures 1991, Washington 1991. • *Sivard* R.L., World Military and Social Expenditures 1993, Washington 1993. • *Skriver* A., Zu viele Menschen? Die Bevölkerungskatastrophe ist vermeidbar, München 1986. • *Smith* D., Der Fischer Atlas Kriege und Konflikte, Frankfurt 1997. • *Sobhan* R., Politics of Food and Famine in Bangladesh, in: Economic and Political Weekly, 14, 1979. • *Sombart* W., Der moderne Kapitalismus, Bd. III: Das Wirtschaftsleben im Zeitalter des Hochkapitalismus, München 1987 (Reprint).

• *Sorokin* P.A., Man and Society in Calamity, New York 1942. • *Spence* J.D., Chinas Weg in die Moderne, München/Wien 1995. • *Spence* J.D., Chin A., Das Jahrhundert Chinas, München 1996. • *Spittler* G., Nomaden sind keine Opfer. Wie die Kel Ewey-Tuareg Dürren und Hungerkrisen meistern, in: Stüben P.E./Thurn V. (Hg.), WüsenErde. Der Kampf gegen Durst, Dürre und Desertifikation (=ökozid 7), Gießen 1991, 43-57. • *Srivastava* H.S., The History of Indian Famines 1858-1918, Agra 1968. • *Statistisches Handbuch der Stadt München 1954*, Hrsg. v. Stat. Amt der Landeshauptstadt München 1954. • *Stein* Z., Susser M., Saenger M., Marolla F., Famine and Human Development: The Dutch Hunger Winter of 1944-1945, New York/ London/Toronto 1975. • *Stommel* H., Stommel E., 1816: Das Jahr ohne Sommer, in: Spectrum der Wissenschaft (Sondernummer: Vulkanismus. Naturgewalt. Klimafaktor und kosmische Formkraft), Heidelberg 1985, 128-135. • *Strauss* Th., Die Wucherbekämpfung am bayerischen Getreidemarkt (1918-1923), (Dissertation) München 1924. • *Stüber* G., Der Kampf gegen den Hunger 1945-1950. Die Ernährung in der Britischen Zone Deutschlands, insbesondere in Schleswig-Holstein und Hamburg, Neumünster 1984. • *Sukhatme* P.V., Hunger und Unterernährung - Statistisch gesehen, in: Atlantis, 33, 1961, 401-402. • *Sundag* U., Hunger und Natur, in: Muß das Reiche Afrika hungern?, Saarbrücken/Fort Landerdale 1986, 3-57. • *Sundbärg* G., Bevölkerungsstatistik Schweden 1750-1900, Stockholm 1907, Neuauflage 1970.

Tannahil R., Kulturgeschichte des Essens. Von der letzten Eiszeit bis heute, Wien et al. 1973. • *Tannahill* R., Fleisch und Blut. Eine Kulturgeschichte des Kannibalismus, München 1979. • *Ternon* Y., Der verbrecherische Staat. Völkermord im 20. Jahrhundert, Hamburg 1996 (aus dem Französischen von Langendorf C.). • *Teuteberg* H.J., Studien zur Volksernährung unter sozial- und wirtschaftsgeschichtlichen Aspekten, in: Teuteberg H.J./ Wiegelmann G., Der Wandel der Nahrungsgewohnheiten unter dem Einfluß der Industrialisierung, Göttingen 1972, 13-221. • *Teuteberg* H.J., Nahrungsmangel und Teuerung, in: Eiselen H. (Hrsg.), Brotkultur, Köln 1995, 137-163. • *Tharoor* S., Indien. Zwischen Mythos und Moderne, Frankfurt/M u. Leipzig 2000. • *Thornton* M., What Caused the Irish Potato Famine?, in: The Free Market (Zeitschrift des Ludwig von Mises Instituts), April 1998, 6-8. • *Thürk* H., Der Reis und das Blut. Kambodscha unter Pol Pot: Ereignisse, Tatsachen, Zusammenhänge, Berlin (Brandenburgisches Verlagshaus) 1990. • *Tickner* V., Military Attacks, Drought and Hunger in Mosambique, in: Review of African Political Economy, 33, 1985, 89 ff. • *Tilling* R. I., Coping with Volcanic Hazards: A Global Perspective, in: Earthquakes and Volcanoes 22 (1990), 154-160. • *Timberlake* L., Krisenkontinent Afrika. Der Umwelt-Bankrott, Wuppertal 1986. • *Treue* W., Wirtschafts- und Technikgeschichte Preußens, Berlin/New York 1984. • *Trittel* G.J., Das Scheitern der Bodenreform im „Schatten des Hungers", in: Foschepoth, Steininger R. (Hrsg.), Britische Deutschland- und Besatzungspolitik 1945-1949, Paderborn 1985, 153-170. • *Trittel* G.J., Hunger und Politik in Westdeutschland 1945-49. Umrisse eines zentralen Nachkriegsphänomens, in: SOWI, 14, 1985, 126-135. • *Trittel* G.J., Hunger und Politik. Die Ernährungskrise in der Bizone (1945-1949), Frankfurt/M, New York 1990. • *Tyszka* C.v., Ernährung und Lebenshaltung des deutschen Volkes, Berlin 1934. • *Tyszka* C.v., Hunger und Ernährung, in: Gottskin, A., Schlossmann, A., Teleky, L. (Hrsg.), Handbuch der Sozialen Hygiene und Gesundheitsfürsorge Bd. 5, Hrsg. von Allers R., Berlin 1927.

UNESCO, Annual Summary of information on Natural Disaster, Paris (Nr. 1: 1966). • *Ung* L., Der weite Weg der Hoffnung, Berlin 2001. • *Ungern-Sternberg* R.V., Schubnel H., Grundriß der Bevölkerungswissenschaft (Demographie), Stuttgart 1950. • *United Nations development decade world campaign against hunger*, disease and ignorance.

United Nations Economic and Social Council, New York 1964. • *Urlanis* B.C., Bilanz der Kriege. Die Menschenverluste Europas vom 17. Jahrhundert bis zur Gegenwart, Berlin 1965. *Venzky* G., Morden in aller Stille, in: Die Zeit, 18, 26.4.1991. • *Vernichtungskrieg*. Verbrechen der Wehrmacht 1941-1944, Hrsg. v. Heer H., Naumann K., Hamburg 1995.
• *Vigener* W., Die Weltproduktion wichtiger Waren (1870 bis 1970), Berlin 1970. • *Vincent* C.P., The Politics of Hunger: The Allied Blockade of Germany, 1915-1919, o.O. 1986.
• *Vincent* E.A., Vulkane, in: Fuchs V. (Hrsg.), Naturgewalten, Frankfurt/M 1978, 203-216.
• *Vital Signs*, Hrsg. vom World Watch Institute, seit 1993 jährlich (New York/London).
• *Vogel* W., Das neue Europa und seine historisch-geographischen Grundlagen, Bonn/Leipzig 1923 (erstmals 1921). • *Vogt* W., Die Erde rächt sich, Nürnberg 1950. • *Voigt* A., Hunger und Armut in den Entwicklungsländern, in: Autorenkollektiv: Handbuch der Entwicklungsländer, Wien 1988.

Walford C., The Famines of the World: Past and Present, in: Journal of the Statistical Society XLI (1878), 433-535. • *Walter* H., Vegetation und Klimazonen, Stuttgart ⁶1990. • *Walter* J., Daffa P., Hunger und Wirtschaft, in: Muß das reiche Afrika Hungern?, Saarbrücken/Fort Lauderdale 1986, 121-139. • *Walton* D.J., Hunger and Food, in: The World Ten Years after the „Brandt-Report", Wien 1989, 14-23. • *Warnock* J.W., The politics of hunger: The global Food System, New York/Toronto/London/Sydney 1987. • *Watkins* S.C., Menken J., Famines in Historical Perspective, in: Population and Development Review, 11(4), 1985, 647-675. • *Watschnadse* G., Rußland ohne Zensur. Eine Bilanz, Frankfurt 1993 • *Weber* A., Ehlers H., Untersuchungen zur historischen und künftigen Entwicklung der Getreideerträge in verschiedenen Weltteilen, Kiel 1988. • *Weggel* O., Indochina. Vietnam - Kambodscha - Laos (= Beck´sche Reihe: Aktuelle Länderkunde), München 1990 (2. Auflage).
• *Weikinn* C., Quellentexte zur Witterungsgeschichte Europas von der Zeitwende bis zum Jahre 1850, Hydrographie, 4 Teile (Zeitwende - 1750), Berlin 1958, 1960, 1961 und 1963.
• *Weizen als Waffe*. Die neue Getreidestrategie der amerikanischen Außenpolitik. (Eine Studie des North American Congress on Latin America), Reinbek 1976. • *Welt 1997*. Krisen - Kriege - Putsche. Verhandlungen - Vermittlung - Friedensschlüsse. Sechste jährliche Konfliktanalyse des Heidelberger Instituts für Internationale Konfliktforschung e.V., Heidelberg, Dezember 1997. • *Weltbevölkerungsbericht 1995*, Bonn 1995. • *Welthungerhilfe Deutsche* (Hrsg.), Was eigentlich ist Hunger?, Bonn 1991. • *Weltkatastrophenbericht 1996* des Roten Kreuzes, Hrsg. vom Deutschen Roten Kreuz, Bonn 1996. • *Weltkatastrophenbericht des Roten Kreuzes ´97*, Hrsg. vom Deutschen Roten Kreuz, Bonn 1997. • *Wesel* R., Landwirtschaft und Ernährung, in: Opitz, P.J. (Hrsg), Grundprobleme der Entwicklungsländer, München 1991, 93-117. • *Wessel* J., Hantman M., Getreidefieber. US-Agrarkrise, Konzernmacht und Welternährung, München 1987. • *Wessler* H., Als das Brot kostbar war; ein ostpreußisches Schicksal, Wuppertal/Kassel 1978.
• *Westermann* D., Geschichte Afrikas. Staatenbildung südlich der Sahara, Köln 1952.
• *Wijkman* A., Timberlake L., Die Rache der Schöpfung. Naturkatastrophen: Verhängnis oder Menschenwerk?, München 1986. • *Wildt* M., Der Traum vom Sattwerden. Hunger und Protest, Schwarzmarkt und Selbsthilfe in Hamburg 1945-1948, Hamburg 1986.
• *Winkler* H., Malthus. Krisenökonom und Moralist, Innsbruck 1996. • *Wiseberg* L., An International Perspective on the African Famines, in: Glantz, H.M. (Hrsg.): The Politics of Natural Disaster: The Case of the Sahel Drought, New York 1976. • *Wöhlcke* M., Umweltflüchtlinge. Ursachen und Folgen, München 1992. • *World Bank* (Ed.), Poverty and Hunger, Issues and Options for Food. Security in Developing Countries. A World Bank Policy Study, Washington D.C. 1986. • *World Catalogue of very large Floods*, Paris (UNESCO Press) 1976. • *World Disaster Report 1995*, Hrsg. vom International Federation

of Red Cross and Red Crescent Societies, Geneva 1995. • *World Disaster Report 2001*, Hrsg. vom International Federation of Red Cross and Red Crescent Societies, Geneva 2001. • *World Ressources* 1992-93, Toward Sustainable Development, Hrsg. v. World Ressources Institute, New York/Oxford 1992. • *World Watch Institute Report* (Hrsg), Zur Lage der Welt 1998. Daten für das Überleben unseres Planeten, Frankfurt/M 1998. • *World Watch Institute*, Database.

Zedler's „Großes vollständiges Universallexikon aller Wissenschaften und Künste ... des Erdreichs ... aller Potentaten, Gelehrten ... Künstler, Päpste ...", Leipzig/Halle 1732-1754 (64 Bände). Stichwort „Anthropophagie". • *Zeiss* H., Seuchenlage in Rußland, in: Münchner medizinische Wochenschrift, Nr. 24, 1925. • *Zischka* A., Brot für Zwei Milliarden Menschen. Der Kampf um die Nahrung der Welt, o.O. o.J. • *Zur Lage der Welt*, Hrsg. v. World Watch Institute (seit Mitte der 1980er Jahre jährlich). • *Zurek* E.C., Rahmanzadeh A., Perspektiven der Welternährung, München 1984. • *Zwerenz* G., Vergiß die Träume deiner Jugend nicht. Eine autobiographische Deutschlandsage, Hamburg 1989.

Abkürzungen

Es wurden meist die ersten drei bis fünf Buchstaben des Autors angeführt (vgl. dazu das Literaturverzeichnis), dazu kam in Kurzform (zwei Zahlen) die Jahreszahl des Erscheinungsdatums und nach dem Beistrich die Seitenzahl der Belegstelle. Jedes Ereignis sollte so „quellenmäßig" nachprüfbar sein. Als spezielle Abkürzungen wurden folgende Kurzversionen verwendet:

AdG:	Archiv der Gegenwart	Kur:	Kurier
BGD:	Book of the Great Disasters	Kztg:	Neue Kronenzeitung
BilXX:	Bilanz des 20. Jahrhunderts	MKL:	Meyers großes Konversationslexikon
BoY:	Book of the Year		
Chr19:	Chronik des 19. Jahrhunderts	MRück:	Münchener Rückversicherungsgesellschaft
Chr20:	Chronik des 20. Jahrhunderts		
Chr45:	Chronik 1945, etc., etc.	NZZ:	Neue Zürcher Zeitung
	In analoger Weise wurden alle Chroniken zitiert.	ÖB:	Ökologische Briefe
		OFDA:	Office of U.S. Foreign Disaster Assistance Agency for International Development
E+V:	Earthquakes and Volcanoes		
Econ:	Economist		
EIB:	Earthquakes Information Bulletin	ol:	online
		OÖN:	Oberösterreichische Nachrichten
Enc.Br.:	Encyclopaedia Britannica	ORF:	Österreichischer Rundfunk (meist Nachrichten des angeführten Tages)
Enc.As.:	Encyclopaedia Asiatica		
FR:	Frankfurter Rundschau		
GT:	Globale Trends	SN:	Salzburger Nachrichten
IDNDR:	International Decade for Natural Disasters Reduction	Spieg:	Spiegel
		St:	Der Standard
IUA1/88:	Internationaler Umweltatlas Bd 1/1988	TT:	Tiroler Tageszeitung
		Wa1878:	Walford
K+L80:	Kingston J., Lambert D.	WW:	World Watch Magazin

Quellenangaben zu den Abbildungen der Seiten 41 ff.

Seite 41 und 45, aus: Bruce Bernard, 1999; Seite 42, aus: Orlando Figes, 1998, 768 f.; Seite 43, aus: Schott H. et al., Dortmund 1993, 465; Seite 44, aus: Jonathan D. Spence/Annping Chin, 1996, 190 f.; Seite 46, aus: FR 28. Juni 01, S. 2.

Verzeichnis der Tabellen

Tab. 1	Große Katastrophen im 20. Jahrhundert
Tab. 2	Katastrophentote weltweit pro Jahr
Tab. 3	Opfer großer Hungersnöte in Indien und China 1850-1914 (Auswahl/Schätzungen)
Tab. 4	Große Hungerkatastrophen außerhalb Europas 1939-1945 (Schätzungen)
Tab. 5	Ursachenkaleidoskop der indischen Hungersnot von 1942/1944
Tab. 6	Schätzungen zu den Hungertoten in Indien 1965 ff.
Tab. 7	Angaben zu Todesopfer durch Dürre (Sahelzone/Äthiopien 1968 ff.)
Tab. 8	Schätzungen von Hungertoten 1983-1985 in der Sahelzone und in Äthiopien
Tab. 9	Schätzungen über Tote und Auswanderer der Irischen Hungersnot 1845 ff.
Tab. 10 a	Opferschätzung zur ukrainischen Hungersnot von 1932/1933
Tab. 10 b	Hungertote in Russland (Ukraine) 1932/33 - Schätzungen(in Fußnote 4, Kap.2.2)
Tab. 11	Schätzungen über die Anzahl der Hungertoten in China 1958 ff. (in: FN = Fußnote 17, Kap. 2.2)
Tab. 12	Schätzungen der (Hunger-)Toten in Kambodscha 1975 ff. (in: FN 33, Kap.2.2)
Tab. 13	Schätzungen über Hungertote in Nordkorea 1996 ff.
Tab. 14	Elemente „kommunistischer" Hungersnöte
Tab. 15	Getreideproduktion in Millionen Tonnen 1913-1918 (Deutschland, Österreich-Ungarn und England im Vergleich)
Tab. 16	Getreideproduktion in Kilogramm/Hektar 1913/1918 (Deutschland, Österreich-Ungarn und England im Vergleich)
Tab. 17	Kalorienwerte der Normalverbraucherrationen 1941-1944 (Auswahl einzelner europäischer Länder)
Tab. 18	Zugeteilte Lebensmittelmengen in Österreich Ende 1918
Tab. 19	Lebensmittelzuteilung in Kaiserslautern vom 6.-15. Nov. 1918
Tab. 20	Landwirtschaftlicher Produktivitätsrückgang in Europa (1945/46 im Vergleich zu 1934/38)
Tab. 21	Effektive Lebensmittelrationen im Ruhrgebiet (April-Mai 1947)
Tab. 22	Schätzungen zum Bevölkerungsverlust in Russland/UdSSR 1914-1923 (in: FN 36, Kap.2.3.1)
Tab. 23	Opfer-Schätzungen zur Hungersnot in der UdSSR 1921 ff.
Tab. 24	Hungerkriege – Kriegshunger in den 1990er Jahren
Tab. 25	Schätzungen zu den (Hunger-) Toten des Biafrakrieges 1967-1970
Tab. 26 a-d	Tagesrationen im russischen Gulag (in Fußnote 23, Kap.2.3.2)
Tab. 27	Getreidezuteilung in chinesischen Gefängnissen
Tab. 28	Kleine Übersicht schwerer Hungerkatastrophen seit 1845 (Auswahl)
Tab. 29	Kriege 1816-1991
Tab. 30	Beispiele schweren Hungers verursacht durch Stalin, Hitler und Mao Tsetung

Verzeichnis der Grafiken

1. Bevölkerungsbilanz und Roggenpreis im Hungerjahr 1772
2. Die Sterberate in weiteren europäischen Städten (1771/72)
3. Getreidepreissteigerungen während der Hungerperiode 200 Jahre zuvor
4. Getreidepreise in Mitteleuropa vom 13. bis zum 20. Jahrhundert
5. Preise im 20. Jh. für Getreide, Fleisch, Milchprodukte und Zucker
6. Die schwersten Hungerkatastrophen seit 1845
7. Wie viele „verhungern" pro Jahr?
8. Schwere Dürrekatastrophen seit 1850
9. Dürre und Unruhen in China 1889-1892 (Karte)
10a / b Die Hungerkatastrophe von 1984/85 in Afrika (Karten)
11. Subsistenzunruhen in Europa 1846/47 (Karte)
12. Die Bevölkerung in Irland (1751-1910)
13. Irische Auswanderung nach Nordamerika (19. Jahrhundert)
14. Irland: Übersterblichkeit 1846-1850 nach Grafschaften
15. Rückgang der Geburtenrate in Bangladesch (1974/75)
16. Todesursachen nach Vulkanausbrüchen (Neuzeit)
17. Getreideproduktion in China (1950-1966)
18. Wie viele verhungerten in China 1958 ff.?
19. Hungersnot in China (1958 ff.): Besonders betroffene Provinzen
20. Entwicklung der Weltbevölkerung in Prozent (1950-2000)
21. Geburten- und Sterberate Chinas (1958-1964)
22. Bevölkerungspyramide Chinas (1953 und 1982 im Vergleich)
23. Entwicklung der Weltbevölkerung absolut (1950-2000)
24. Tageskalorienmengen in China (1952-1970)
25. a) Lager in Nordkorea 1953
    b) KZ´s in Nordkorea (aus FAZ)
26. Österreichs Verlust ungarischen Getreides und Mehls (1909-1917)
27. Unterschiedliche Agrarpolitik von England und Deutschland (1913/20)
28. Hungerindikator Kartoffelernte (Ernte im Deutsches Reich 1913/18)
29. Hoovers Hungerkarte von Europa (1918)
30. Kaloriendefizite in europäischen Ländern im Jahr 1944
31. Amtliche Wochenrationen für Deutsche und Polen im besetzten Polen (1942)
32. Deutschlands Ernten von Getreide bzw. Kartoffeln im Ersten und Zweiten Weltkrieg
33. Industrielle Produktion und Kalorienzuteilung
34. Nach dem Zweiten Weltkrieg gab es noch jahrelang wenig Fleisch und Fett
35. Das ökonomische Desaster der UdSSR (1914-22)
36. Hölle Leningrad: Brotrationen im Winter 1944
37. Der Archipel Gulag (Karte)
38. Karikaturen zum Krieg
39. Kriege/Massaker seit 1850 mit mehr als ½ Million Toten (Auswahl)
40. Wahnsinn Erster Weltkrieg (Kriegstote in Europa und Russland)
41. Wahnsinn Zweiter Weltkrieg (Kriegstote in Europa und Russland)
42. Tote durch Kriege im letzten Viertel des 20. Jahrhunderts (Auswahl)
43. Die Weltgetreideproduktion stieg 1870-1990 fast doppelt so rasch wie die Weltbevölkerung

Die bisherigen Bände der „Weltchronik der Katastrophen"
von Josef Nussbaumer

Bd. 1: *Gewalt der Natur*
346 Seiten
euro 36,-/sfr 48,-
isbn 3-900943-37-0

Bd. 2: *Tragödien* Teil I:
Beispiele: 432 S.
euro 36,-/sfr 48,-
isbn 3-900943-62-1

Teil II:
Chroniken: 201 S.
euro 36,-/sfr 48,-
isbn 3-900943-69-9

Erhältlich bei: Edition Geschichte der Heimat, A-4264 Grünbach.
E-Mail: geschichte-heimat@aon.at

„Die vorliegenden Untersuchungen von Nussbaumer sind sehr hilfreich für Hypothesen- und Theorienbildung. Durch Jahrhunderte hindurch stellt er aus allen Kontinenten Katastrophen aller Art zusammen. Durch diese Zusammenstellungen kommt man weg von Klischees wie Hunger gebe es bloß in Afrika. Menschen vergessen rasch. Sie nehmen sich nicht die Zeit, darüber nachzudenken. Heute aber, bei derart unstabilen Verhältnissen auf diesem Globus, haben wir nach Trends zu suchen, um vielleicht doch etwas dagegen tun zu können, bevor solches Unheil ausbricht."

epd-Entwicklungspolitik

In Vorbereitung: Bd. 3: Gewalt.Macht.Hunger, Teil II: Chroniken.
Ca. 160 Seiten, isbn 3-7065-1831-7. Erhältlich in Ihrer Buchhandlung
oder beim Studienverlag: Vgl. nächste Seite.

Josef Nussbaumer
unter Mitarbeit von Guido Rüthemann

VERGESSENE ZEITEN IN TIROL

Lesebuch zur Hungergeschichte einer europäischen Region

Mit einem Vorwort von EU-Kommissar Franz Fischler

STUDIENVerlag

Geschichte Akademie

184 Seiten euro 18,00/sfr 32,80 ISBN 3-7065-1467-2

„Ein aufrüttelndes Buch des Innsbrucker Wirtschaftswissenschafters Josef Nussbaumer gibt nun Zeugnis davon, dass die Zeiten, in denen in Tirol gehungert wurde, in denen die Menschen zu Gott flehten, er möge ihnen doch das tägliche Brot für die Kinder (wenigstens für diese) geben, noch gar nicht so lange her sind. ... Die Wohlstandsgesellschaft hat diese Zeiten vergessen. Vieles scheint unwiederholbar. Tatsächlich? Das Buch lehrt das Gegenteil." *Tiroler Kurier*

„Die Geschichte des Hungers ist eine Geschichte des Verdrängens und Vergessens: ‚The hungry rarely write history, and historians are rarely hungry.' Sie ist aber auch eine Geschichte falscher Erinnerung. Hungersnöte werden immer noch auf Wetterunbillen oder schlechte agrarische Bedingungen zurückgeführt – was aber gar nicht mit der Entwicklung der letzten 50 Jahre in Europa zusammenpasst."
Der Standard

StudienVerlag

Innsbruck
Wien
München
Bozen

Erhältlich in Ihrer Buchhandlung
oder portofrei
über unsere Homepage:
www.studienverlag.at